2024版

工会资产制度文件选编

中华全国总工会资产监督管理部◎编

GONGHUI ZICHAN ZHIDU WENJIAN XUANBIAN

中国工人出版社

出版说明

根据工会资产工作需要，我们编辑了《工会资产制度文件选编》（2024版）一书，供广大工会工作者特别是工会资产监督管理部门和工会企事业单位干部职工学习使用。

本书选录了《工会资产制度文件选编》（2019版）中现今仍适用的文件，同时收录了2019年以来全国总工会研究制定的有关工会资产工作制度文件。全书共编录64个文件，按照业务性质分为五个大类。

（一）综合类，收录国家法律法规，党中央、国务院的重要文件等；

（二）工会资产监督管理类，收录关于工会资产的标识管理、产权管理、资产统计、资产配置、资产使用和资产处置，以及工会企事业的分类监管、业绩考核、清理整改、改革发展等方面的文件；

（三）职工文化教育体育服务事业类，收录关于工人文化宫（俱乐部）、工会干部培训、职工学校等方面的文件；

（四）职工疗休养服务事业类，收录关于工会疗休养院（所）、国际海员俱乐部等方面的文件；

（五）职工服务中心和职工互助保障事业类，收录关于职工服务中心、职工互助互济保障等方面的文件。

本书在编辑过程中，得到了全总书记处领导同志和全总有关部门、中国工人出版社的指导、支持和帮助，在此谨致诚挚的谢意。

由于编者水平有限，本书难免存在不足和疏漏之处，诚请广大工会工作者和读者予以批评指正。

编　者

2024年2月

CONTENTS 目　录

一、综合

二、工会资产监督管理

三、职工文化教育体育服务事业

四、职工疗休养服务事业

五、职工服务中心和职工互助保障事业

一、综合

中华人民共和国宪法（节录）

（1982年12月4日第五届全国人民代表大会第五次会议通过　1982年12月4日全国人民代表大会公告公布施行　根据1988年4月12日第七届全国人民代表大会第一次会议通过的《中华人民共和国宪法修正案》、1993年3月29日第八届全国人民代表大会第一次会议通过的《中华人民共和国宪法修正案》、1999年3月15日第九届全国人民代表大会第二次会议通过的《中华人民共和国宪法修正案》、2004年3月14日第十届全国人民代表大会第二次会议通过的《中华人民共和国宪法修正案》和2018年3月11日第十三届全国人民代表大会第一次会议通过的《中华人民共和国宪法修正案》修正）

第一章　总　　纲

第十四条　国家通过提高劳动者的积极性和技术水平，推广先进的科学技术，完善经济管理体制和企业经营管理制度，实行各种形式的社会主义责任制，改进劳动组织，以不断提高劳动生产率和经济效益，发展社会生产力。

……

第十九条　国家发展社会主义的教育事业，提高全国人民的科学文化水平。

国家举办各种学校，普及初等义务教育，发展中等教育、职业教育和高等教育，并且发展学前教育。

国家发展各种教育设施，扫除文盲，对工人、农民、国家工作人员和其他劳动者进行政治、文化、科学、技术、业务的教育，鼓励自学成才。

国家鼓励集体经济组织、国家企业事业组织和其他社会力量依照法律规定举办各种教育事业。

……

第二十一条　国家发展医疗卫生事业，发展现代医药和我国传统医药，鼓励和支持农村集体经济组织、国家企业事业组织和街道组织举办各种医疗卫生设施，开展群众性的卫生活动，保护人民健康。

国家发展体育事业，开展群众性的体育活动，增强人民体质。

第二十二条 国家发展为人民服务、为社会主义服务的文学艺术事业、新闻广播电视事业、出版发行事业、图书馆博物馆文化馆和其他文化事业，开展群众性的文化活动。

……

第二十四条 国家通过普及理想教育、道德教育、文化教育、纪律和法制教育，通过在城乡不同范围的群众中制定和执行各种守则、公约，加强社会主义精神文明的建设。

……

第二章 公民的基本权利和义务

……

第四十二条 中华人民共和国公民有劳动的权利和义务。

国家通过各种途径，创造劳动就业条件，加强劳动保护，改善劳动条件，并在发展生产的基础上，提高劳动报酬和福利待遇。

劳动是一切有劳动能力的公民的光荣职责。国有企业和城乡集体经济组织的劳动者都应当以国家主人翁的态度对待自己的劳动。国家提倡社会主义劳动竞赛，奖励劳动模范和先进工作者。国家提倡公民从事义务劳动。

国家对就业前的公民进行必要的劳动就业训练。

第四十三条 中华人民共和国劳动者有休息的权利。

国家发展劳动者休息和休养的设施，规定职工的工作时间和休假制度。

……

第四十五条 中华人民共和国公民在年老、疾病或者丧失劳动能力的情况下，有从国家和社会获得物质帮助的权利。国家发展为公民享受这些权利所需要的社会保险、社会救济和医疗卫生事业。

……

中华人民共和国民法典（节录）

（2020 年 5 月 28 日第十三届全国人民代表大会第三次会议通过）

第一编　总　　则

第五章　民 事 权 利

……

第一百一十四条　民事主体依法享有物权。

物权是权利人依法对特定的物享有直接支配和排他的权利，包括所有权、用益物权和担保物权。

第一百一十五条　物包括不动产和动产。法律规定权利作为物权客体的，依照其规定。

……

第二编　物　　权

第一分编　通　　则

第一章　一 般 规 定

……

第二百零八条　不动产物权的设立、变更、转让和消灭，应当依照法律规定登记。动产物权的设立和转让，应当依照法律规定交付。

……

第二分编　所 有 权

第四章　一 般 规 定

第二百四十条　所有权人对自己的不动产或者动产，依法享有占有、使用、收益和处分的权利。

第二百四十一条　所有权人有权在自己的不动产或者动产上设立用益

物权和担保物权。用益物权人、担保物权人行使权利，不得损害所有权人的权益。

……

第五章　国家所有权和集体所有权、私人所有权

……

第二百六十九条　营利法人对其不动产和动产依照法律、行政法规以及章程享有占有、使用、收益和处分的权利。

营利法人以外的法人，对其不动产和动产的权利，适用有关法律、行政法规以及章程的规定。

第二百七十条　社会团体法人、捐助法人依法所有的不动产和动产，受法律保护。

中华人民共和国劳动法（节录）

（1994年7月5日第八届全国人民代表大会常务委员会第八次会议通过　根据2009年8月27日第十一届全国人民代表大会常务委员会第十次会议《关于修改部分法律的决定》第一次修正　根据2018年12月29日第十三届全国人民代表大会常务委员会第七次会议《关于修改〈中华人民共和国劳动法〉等七部法律的决定》第二次修正）

第一章　总　　则

……

第三条　劳动者享有平等就业和选择职业的权利、取得劳动报酬的权利、休息休假的权利、获得劳动安全卫生保护的权利、接受职业技能培训的权利、享受社会保险和福利的权利、提请劳动争议处理的权利以及法律规定的其他劳动权利。

劳动者应当完成劳动任务，提高职业技能，执行劳动安全卫生规程，遵守劳动纪律和职业道德。

……

第五条　国家采取各种措施，促进劳动就业，发展职业教育，制定劳动标准，调节社会收入，完善社会保险，协调劳动关系，逐步提高劳动者的生活水平。

第六条　国家提倡劳动者参加社会义务劳动，开展劳动竞赛和合理化建议活动，鼓励和保护劳动者进行科学研究、技术革新和发明创造，表彰和奖励劳动模范和先进工作者。

……

第二章　促进就业

第十条　国家通过促进经济和社会发展，创造就业条件，扩大就业机会。

国家鼓励企业、事业组织、社会团体在法律、行政法规规定的范围内兴办产业或者拓展经营，增加就业。

……

第十一条 地方各级人民政府应当采取措施，发展多种类型的职业介绍机构，提供就业服务。

……

第八章 职业培训

第六十六条 国家通过各种途径，采取各种措施，发展职业培训事业，开发劳动者的职业技能，提高劳动者素质，增强劳动者的就业能力和工作能力。

第六十七条 各级人民政府应当把发展职业培训纳入社会经济发展的规划，鼓励和支持有条件的企业、事业组织、社会团体和个人进行各种形式的职业培训。

第六十八条 用人单位应当建立职业培训制度，按照国家规定提取和使用职业培训经费，根据本单位实际，有计划地对劳动者进行职业培训。

……

第九章 社会保险和福利

……

第七十四条 社会保险基金经办机构依照法律规定收支、管理和运营社会保险基金，并负有使社会保险基金保值增值的责任。

社会保险基金监督机构依照法律规定，对社会保险基金的收支、管理和运营实施监督。

社会保险基金经办机构和社会保险基金监督机构的设立和职能由法律规定。

任何组织和个人不得挪用社会保险基金。

第七十五条 国家鼓励用人单位根据本单位实际情况为劳动者建立补充保险。

……

第七十六条 国家发展社会福利事业，兴建公共福利设施，为劳动者休息、休养和疗养提供条件。

用人单位应当创造条件，改善集体福利，提高劳动者的福利待遇。

中华人民共和国工会法

（1992 年 4 月 3 日第七届全国人民代表大会第五次会议通过　根据 2001 年 10 月 27 日第九届全国人民代表大会常务委员会第二十四次会议《关于修改〈中华人民共和国工会法〉的决定》第一次修正　根据 2009 年 8 月 27 日第十一届全国人民代表大会常务委员会第十次会议《关于修改部分法律的决定》第二次修正　根据 2021 年 12 月 24 日第十三届全国人民代表大会常务委员会第三十二次会议《关于修改〈中华人民共和国工会法〉的决定》第三次修正）

目　　录

第一章　总　　则

第一条　为保障工会在国家政治、经济和社会生活中的地位，确定工会的权利与义务，发挥工会在社会主义现代化建设事业中的作用，根据宪法，制定本法。

第二条　工会是中国共产党领导的职工自愿结合的工人阶级群众组织，是中国共产党联系职工群众的桥梁和纽带。

中华全国总工会及其各工会组织代表职工的利益，依法维护职工的合法权益。

第三条　在中国境内的企业、事业单位、机关、社会组织（以下统称用人单位）中以工资收入为主要生活来源的劳动者，不分民族、种族、性别、职业、宗教信仰、教育程度，都有依法参加和组织工会的权利。任何组织和个人不得阻挠和限制。

工会适应企业组织形式、职工队伍结构、劳动关系、就业形态等方面的发展变化，依法维护劳动者参加和组织工会的权利。

第四条 工会必须遵守和维护宪法，以宪法为根本的活动准则，以经济建设为中心，坚持社会主义道路，坚持人民民主专政，坚持中国共产党的领导，坚持马克思列宁主义、毛泽东思想、邓小平理论、“三个代表”重要思想、科学发展观、习近平新时代中国特色社会主义思想，坚持改革开放，保持和增强政治性、先进性、群众性，依照工会章程独立自主地开展工作。

工会会员全国代表大会制定或者修改《中国工会章程》，章程不得与宪法和法律相抵触。

国家保护工会的合法权益不受侵犯。

第五条 工会组织和教育职工依照宪法和法律的规定行使民主权利，发挥国家主人翁的作用，通过各种途径和形式，参与管理国家事务、管理经济和文化事业、管理社会事务；协助人民政府开展工作，维护工人阶级领导的、以工农联盟为基础的人民民主专政的社会主义国家政权。

第六条 维护职工合法权益、竭诚服务职工群众是工会的基本职责。工会在维护全国人民总体利益的同时，代表和维护职工的合法权益。

工会通过平等协商和集体合同制度等，推动健全劳动关系协调机制，维护职工劳动权益，构建和谐劳动关系。

工会依照法律规定通过职工代表大会或者其他形式，组织职工参与本单位的民主选举、民主协商、民主决策、民主管理和民主监督。

工会建立联系广泛、服务职工的工会工作体系，密切联系职工，听取和反映职工的意见和要求，关心职工的生活，帮助职工解决困难，全心全意为职工服务。

第七条 工会动员和组织职工积极参加经济建设，努力完成生产任务和工作任务。教育职工不断提高思想道德、技术业务和科学文化素质，建设有理想、有道德、有文化、有纪律的职工队伍。

第八条 工会推动产业工人队伍建设改革，提高产业工人队伍整体素质，发挥产业工人骨干作用，维护产业工人合法权益，保障产业工人主人翁地位，造就一支有理想守信念、懂技术会创新、敢担当讲奉献的宏大产业工人队伍。

第九条 中华全国总工会根据独立、平等、互相尊重、互不干涉内部事务的原则，加强同各国工会组织的友好合作关系。

第二章　工会组织

第十条　工会各级组织按照民主集中制原则建立。

各级工会委员会由会员大会或者会员代表大会民主选举产生。企业主要负责人的近亲属不得作为本企业基层工会委员会成员的人选。

各级工会委员会向同级会员大会或者会员代表大会负责并报告工作，接受其监督。

工会会员大会或者会员代表大会有权撤换或者罢免其所选举的代表或者工会委员会组成人员。

上级工会组织领导下级工会组织。

第十一条　用人单位有会员二十五人以上的，应当建立基层工会委员会；不足二十五人的，可以单独建立基层工会委员会，也可以由两个以上单位的会员联合建立基层工会委员会，也可以选举组织员一人，组织会员开展活动。女职工人数较多的，可以建立工会女职工委员会，在同级工会领导下开展工作；女职工人数较少的，可以在工会委员会中设女职工委员。

企业职工较多的乡镇、城市街道，可以建立基层工会的联合会。

县级以上地方建立地方各级总工会。

同一行业或者性质相近的几个行业，可以根据需要建立全国的或者地方的产业工会。

全国建立统一的中华全国总工会。

第十二条　基层工会、地方各级总工会、全国或者地方产业工会组织的建立，必须报上一级工会批准。

上级工会可以派员帮助和指导企业职工组建工会，任何单位和个人不得阻挠。

第十三条　任何组织和个人不得随意撤销、合并工会组织。

基层工会所在的用人单位终止或者被撤销，该工会组织相应撤销，并报告上一级工会。

依前款规定被撤销的工会，其会员的会籍可以继续保留，具体管理办法由中华全国总工会制定。

第十四条　职工二百人以上的企业、事业单位、社会组织的工会，可以设专职工会主席。工会专职工作人员的人数由工会与企业、事业单位、社会组织协商确定。

第十五条　中华全国总工会、地方总工会、产业工会具有社会团体法人资格。

基层工会组织具备民法典规定的法人条件的，依法取得社会团体法人资格。

第十六条 基层工会委员会每届任期三年或者五年。各级地方总工会委员会和产业工会委员会每届任期五年。

第十七条 基层工会委员会定期召开会员大会或者会员代表大会，讨论决定工会工作的重大问题。经基层工会委员会或者三分之一以上的工会会员提议，可以临时召开会员大会或者会员代表大会。

第十八条 工会主席、副主席任期未满时，不得随意调动其工作。因工作需要调动时，应当征得本级工会委员会和上一级工会的同意。

罢免工会主席、副主席必须召开会员大会或者会员代表大会讨论，非经会员大会全体会员或者会员代表大会全体代表过半数通过，不得罢免。

第十九条 基层工会专职主席、副主席或者委员自任职之日起，其劳动合同期限自动延长，延长期限相当于其任职期间；非专职主席、副主席或者委员自任职之日起，其尚未履行的劳动合同期限短于任期的，劳动合同期限自动延长至任期期满。但是，任职期间个人严重过失或者达到法定退休年龄的除外。

第三章 工会的权利和义务

第二十条 企业、事业单位、社会组织违反职工代表大会制度和其他民主管理制度，工会有权要求纠正，保障职工依法行使民主管理的权利。

法律、法规规定应当提交职工大会或者职工代表大会审议、通过、决定的事项，企业、事业单位、社会组织应当依法办理。

第二十一条 工会帮助、指导职工与企业、实行企业化管理的事业单位、社会组织签订劳动合同。

工会代表职工与企业、实行企业化管理的事业单位、社会组织进行平等协商，依法签订集体合同。集体合同草案应当提交职工代表大会或者全体职工讨论通过。

工会签订集体合同，上级工会应当给予支持和帮助。

企业、事业单位、社会组织违反集体合同，侵犯职工劳动权益的，工会可以依法要求企业、事业单位、社会组织予以改正并承担责任；因履行集体合同发生争议，经协商解决不成的，工会可以向劳动争议仲裁机构提请仲裁，仲裁机构不予受理或者对仲裁裁决不服的，可以向人民法院提起诉讼。

第二十二条 企业、事业单位、社会组织处分职工，工会认为不适当的，有权提出意见。

用人单位单方面解除职工劳动合同时，应当事先将理由通知工会，工会认为用人单位违反法律、法规和有关合同，要求重新研究处理时，用人单位应当研究工会的意见，并将处理结果书面通知工会。

职工认为用人单位侵犯其劳动权益而申请劳动争议仲裁或者向人民法院提起诉讼的，工会应当给予支持和帮助。

第二十三条 企业、事业单位、社会组织违反劳动法律法规规定，有下列侵犯职工劳动权益情形，工会应当代表职工与企业、事业单位、社会组织交涉，要求企业、事业单位、社会组织采取措施予以改正；企业、事业单位、社会组织应当予以研究处理，并向工会作出答复；企业、事业单位、社会组织拒不改正的，工会可以提请当地人民政府依法作出处理：

（一）克扣、拖欠职工工资的；

（二）不提供劳动安全卫生条件的；

（三）随意延长劳动时间的；

（四）侵犯女职工和未成年工特殊权益的；

（五）其他严重侵犯职工劳动权益的。

第二十四条 工会依照国家规定对新建、扩建企业和技术改造工程中的劳动条件和安全卫生设施与主体工程同时设计、同时施工、同时投产使用进行监督。对工会提出的意见，企业或者主管部门应当认真处理，并将处理结果书面通知工会。

第二十五条 工会发现企业违章指挥、强令工人冒险作业，或者生产过程中发现明显重大事故隐患和职业危害，有权提出解决的建议，企业应当及时研究答复；发现危及职工生命安全的情况时，工会有权向企业建议组织职工撤离危险现场，企业必须及时作出处理决定。

第二十六条 工会有权对企业、事业单位、社会组织侵犯职工合法权益的问题进行调查，有关单位应当予以协助。

第二十七条 职工因工伤亡事故和其他严重危害职工健康问题的调查处理，必须有工会参加。工会应当向有关部门提出处理意见，并有权要求追究直接负责的主管人员和有关责任人员的责任。对工会提出的意见，应当及时研究，给予答复。

第二十八条 企业、事业单位、社会组织发生停工、怠工事件，工会应当代表职工同企业、事业单位、社会组织或者有关方面协商，反映职工的意见和要求并提出解决意见。对于职工的合理要求，企业、事业单位、社会组织应当予以解决。工会协助企业、事业单位、社会组织做好工作，尽快恢复生产、工作秩序。

第二十九条 工会参加企业的劳动争议调解工作。

地方劳动争议仲裁组织应当有同级工会代表参加。

第三十条 县级以上各级总工会依法为所属工会和职工提供法律援助等法律服务。

第三十一条 工会协助用人单位办好职工集体福利事业，做好工资、劳动安全卫生和社会保险工作。

第三十二条 工会会同用人单位加强对职工的思想政治引领，教育职工以国家主人翁态度对待劳动，爱护国家和单位的财产；组织职工开展群众性的合理化建议、技术革新、劳动和技能竞赛活动，进行业余文化技术学习和职工培训，参加职业教育和文化体育活动，推进职业安全健康教育和劳动保护工作。

第三十三条 根据政府委托，工会与有关部门共同做好劳动模范和先进生产（工作）者的评选、表彰、培养和管理工作。

第三十四条 国家机关在组织起草或者修改直接涉及职工切身利益的法律、法规、规章时，应当听取工会意见。

县级以上各级人民政府制定国民经济和社会发展计划，对涉及职工利益的重大问题，应当听取同级工会的意见。

县级以上各级人民政府及其有关部门研究制定劳动就业、工资、劳动安全卫生、社会保险等涉及职工切身利益的政策、措施时，应当吸收同级工会参加研究，听取工会意见。

第三十五条 县级以上地方各级人民政府可以召开会议或者采取适当方式，向同级工会通报政府的重要的工作部署和与工会工作有关的行政措施，研究解决工会反映的职工群众的意见和要求。

各级人民政府劳动行政部门应当会同同级工会和企业方面代表，建立劳动关系三方协商机制，共同研究解决劳动关系方面的重大问题。

第四章　基层工会组织

第三十六条 国有企业职工代表大会是企业实行民主管理的基本形式，是职工行使民主管理权力的机构，依照法律规定行使职权。

国有企业的工会委员会是职工代表大会的工作机构，负责职工代表大会的日常工作，检查、督促职工代表大会决议的执行。

第三十七条 集体企业的工会委员会，应当支持和组织职工参加民主管理和民主监督，维护职工选举和罢免管理人员、决定经营管理的重大问题的权力。

第三十八条 本法第三十六条、第三十七条规定以外的其他企业、事业单位的工会委员会，依照法律规定组织职工采取与企业、事业单位相适应的形式，参与企业、事业单位民主管理。

第三十九条 企业、事业单位、社会组织研究经营管理和发展的重大问题应当听取工会的意见；召开会议讨论有关工资、福利、劳动安全卫生、工作时间、休息休假、女职工保护和社会保险等涉及职工切身利益的问题，必须有工会代表参加。

企业、事业单位、社会组织应当支持工会依法开展工作，工会应当支持企业、事业单位、社会组织依法行使经营管理权。

第四十条 公司的董事会、监事会中职工代表的产生，依照公司法有关规定执行。

第四十一条 基层工会委员会召开会议或者组织职工活动，应当在生产或者工作时间以外进行，需要占用生产或者工作时间的，应当事先征得企业、事业单位、社会组织的同意。

基层工会的非专职委员占用生产或者工作时间参加会议或者从事工会工作，每月不超过三个工作日，其工资照发，其他待遇不受影响。

第四十二条 用人单位工会委员会的专职工作人员的工资、奖励、补贴，由所在单位支付。社会保险和其他福利待遇等，享受本单位职工同等待遇。

第五章 工会的经费和财产

第四十三条 工会经费的来源：

（一）工会会员缴纳的会费；

（二）建立工会组织的用人单位按每月全部职工工资总额的百分之二向工会拨缴的经费；

（三）工会所属的企业、事业单位上缴的收入；

（四）人民政府的补助；

（五）其他收入。

前款第二项规定的企业、事业单位、社会组织拨缴的经费在税前列支。

工会经费主要用于为职工服务和工会活动。经费使用的具体办法由中华全国总工会制定。

第四十四条 企业、事业单位、社会组织无正当理由拖延或者拒不拨缴工会经费，基层工会或者上级工会可以向当地人民法院申请支付令；拒不执行支付令的，工会可以依法申请人民法院强制执行。

第四十五条 工会应当根据经费独立原则，建立预算、决算和经费审查监督制度。

各级工会建立经费审查委员会。

各级工会经费收支情况应当由同级工会经费审查委员会审查，并且定期向会员大会或者会员代表大会报告，接受监督。工会会员大会或者会员代表大会有权对经费使用情况提出意见。

工会经费的使用应当依法接受国家的监督。

第四十六条 各级人民政府和用人单位应当为工会办公和开展活动，提供必要的设施和活动场所等物质条件。

第四十七条 工会的财产、经费和国家拨给工会使用的不动产，任何组织和个人不得侵占、挪用和任意调拨。

第四十八条 工会所属的为职工服务的企业、事业单位，其隶属关系不得随意改变。

第四十九条 县级以上各级工会的离休、退休人员的待遇，与国家机关工作人员同等对待。

第六章 法律责任

第五十条 工会对违反本法规定侵犯其合法权益的，有权提请人民政府或者有关部门予以处理，或者向人民法院提起诉讼。

第五十一条 违反本法第三条、第十二条规定，阻挠职工依法参加和组织工会或者阻挠上级工会帮助、指导职工筹建工会的，由劳动行政部门责令其改正；拒不改正的，由劳动行政部门提请县级以上人民政府处理；以暴力、威胁等手段阻挠造成严重后果，构成犯罪的，依法追究刑事责任。

第五十二条 违反本法规定，对依法履行职责的工会工作人员无正当理由调动工作岗位，进行打击报复的，由劳动行政部门责令改正、恢复原工作；造成损失的，给予赔偿。

对依法履行职责的工会工作人员进行侮辱、诽谤或者进行人身伤害，构成犯罪的，依法追究刑事责任；尚未构成犯罪的，由公安机关依照治安管理处罚法的规定处罚。

第五十三条 违反本法规定，有下列情形之一的，由劳动行政部门责令恢复其工作，并补发被解除劳动合同期间应得的报酬，或者责令给予本人年收入二倍的赔偿：

（一）职工因参加工会活动而被解除劳动合同的；

（二）工会工作人员因履行本法规定的职责而被解除劳动合同的。

第五十四条 违反本法规定，有下列情形之一的，由县级以上人民政府责令改正，依法处理：

（一）妨碍工会组织职工通过职工代表大会和其他形式依法行使民主权利的；

（二）非法撤销、合并工会组织的；

（三）妨碍工会参加职工因工伤亡事故以及其他侵犯职工合法权益问题的调查处理的；

（四）无正当理由拒绝进行平等协商的。

第五十五条 违反本法第四十七条规定，侵占工会经费和财产拒不返还的，工会可以向人民法院提起诉讼，要求返还，并赔偿损失。

第五十六条 工会工作人员违反本法规定，损害职工或者工会权益的，由同级工会或者上级工会责令改正，或者予以处分；情节严重的，依照《中国工会章程》予以罢免；造成损失的，应当承担赔偿责任；构成犯罪的，依法追究刑事责任。

第七章 附 则

第五十七条 中华全国总工会会同有关国家机关制定机关工会实施本法的具体办法。

第五十八条 本法自公布之日起施行。1950 年 6 月 29 日中央人民政府颁布的《中华人民共和国工会法》同时废止。

中国工会章程

（中国工会第十八次全国代表大会部分修改，二〇二三年十月十二日通过）

总　　则

中国工会是中国共产党领导的职工自愿结合的工人阶级群众组织，是党联系职工群众的桥梁和纽带，是国家政权的重要社会支柱，是会员和职工利益的代表。

中国工会以宪法为根本活动准则，按照《中华人民共和国工会法》和本章程独立自主地开展工作，依法行使权利和履行义务。

工人阶级是我国的领导阶级，是先进生产力和生产关系的代表，是中国共产党最坚实最可靠的阶级基础，是改革开放和社会主义现代化建设的主力军，是维护社会安定的强大而集中的社会力量。中国工会高举中国特色社会主义伟大旗帜，坚持马克思列宁主义、毛泽东思想、邓小平理论、“三个代表”重要思想、科学发展观，全面贯彻习近平新时代中国特色社会主义思想，贯彻执行党的以经济建设为中心，坚持四项基本原则，坚持改革开放的基本路线，保持和增强政治性、先进性、群众性，坚定不移地走中国特色社会主义工会发展道路，推动党的全心全意依靠工人阶级的根本指导方针的贯彻落实，全面履行工会的社会职能，在维护全国人民总体利益的同时，更好地表达和维护职工的具体利益，团结和动员全国职工自力更生、艰苦创业，坚持和发展中国特色社会主义，为全面建成社会主义现代化强国、实现第二个百年奋斗目标，以中国式现代化全面推进中华民族伟大复兴而奋斗。

中国工会坚持自觉接受中国共产党的领导，承担团结引导职工群众听党话、跟党走的政治责任，巩固和扩大党执政的阶级基础和群众基础。

中国工会的基本职责是维护职工合法权益、竭诚服务职工群众。

中国工会按照中国特色社会主义事业“五位一体”总体布局和“四个全面”战略布局，贯彻创新、协调、绿色、开放、共享的新发展理念，把握为实现中华民族伟大复兴的中国梦而奋斗的工人运动时代主题，弘扬劳模精神、劳动精神、工匠精神，动员和组织职工积极参加建设和改革，努力促进经济、政治、文化、社会和生态文明建设；发展全过程人民民主，代表和组织职工参与管理国家事务、管理经济和文化事业、管理社会事务，参与企业、事业单位、机关、社会组织的民主管理；教育职工践行社会主义核心价值观，不断提高思想道德素质、科学文化素质和技术技能素质，建设有理想、有道德、有文化、有纪律的职工队伍，不断发展工人阶级先进性。

中国工会以忠诚党的事业、竭诚服务职工为己任，坚持组织起来、切实维权的工作方针，坚持以职工为本、主动依法科学维权的维权观，促进完善社会主义劳动法律，维护职工的经济、政治、文化和社会权利，参与协调劳动关系和社会利益关系，推动构建和谐劳动关系，促进经济高质量发展和社会的长期稳定，维护工人阶级和工会组织的团结统一，为构建社会主义和谐社会作贡献。

中国工会维护工人阶级领导的、以工农联盟为基础的人民民主专政的社会主义国家政权，协助人民政府开展工作，依法发挥民主参与和社会监督作用。

中国工会推动产业工人队伍建设改革，强化产业工人思想政治引领，提高产业工人队伍整体素质，发挥产业工人骨干作用，维护产业工人合法权益，保障产业工人主人翁地位，造就一支有理想守信念、懂技术会创新、敢担当讲奉献的宏大产业工人队伍。

中国工会在企业、事业单位、社会组织中，按照促进企事业和社会组织发展、维护职工权益的原则，支持行政依法行使管理权力，组织职工参与本单位民主选举、民主协商、民主决策、民主管理和民主监督，与行政方面建立协商制度，保障职工的合法权益，调动职工的积极性，促进企业、事业单位、社会组织的发展。

中国工会实行产业和地方相结合的组织领导原则，坚持民主集中制。

中国工会坚持以改革创新精神加强自身建设，健全联系广泛、服务职工的工作体系，增强团结教育、维护权益、服务职工的功能，坚持群众化、民主化，保持同会员群众的密切联系，依靠会员群众开展工会工作。各级工会领导机关坚持把工作重点放到基层，着力扩大覆盖面、增强代表性，着力强化服务意识、提高维权能力，着力加强队伍建设、提升保障水平，坚持服务职工群众的工作生命线，全心全意为基层、为职工服务，构建智慧工会，增强基层工会的吸引力凝聚力战斗力，把工会组织建设得更加充满活力、更加坚强有力，成为深受职工群众信赖的学习型、服务型、创新型“职工之家”。

工会兴办的企业、事业单位，坚持公益性、服务性，坚持为改革开放和发展社会生产力服务，为职工群众服务，为推进工运事业服务。

中国工会努力巩固和发展工农联盟，坚持最广泛的爱国统一战线，加强包括香港特别行政区同胞、澳门特别行政区同胞、台湾同胞和海外侨胞在内的全国各族人民的大团结，促进祖国的统一、繁荣和富强。

中国工会在国际事务中坚持独立自主、互相尊重、求同存异、加强合作、增进友谊的方针，在独立、平等、互相尊重、互不干涉内部事务的原则基础上，广泛建立和发展同国际和各国工会组织的友好关系，积极参与“一带一路”建设，增进我国工人阶级同各国工人阶级的友谊，同全世界工人和工会一起，在推动构建人类命运共同体中发挥作用，为世界的和平、发展、合作、工人权益和社会进步而共同努力。

中国工会深入学习贯彻习近平总书记关于党的建设的重要思想，落实新时代党的建设总要求，贯彻全面从严治党战略方针，以党的政治建设为统领，加强党的建设，深刻领悟“两个确立”的决定性意义，增强“四个意识”、坚定“四个自信”、做到“两个维护”，在思想上政治上行动上同以习近平同志为核心的党中央保持高度一致。

第一章　会　　员

第一条　凡在中国境内的企业、事业单位、机关、社会组织中，以工资收入为主要生活来源或者与用人单位建立劳动关系的劳动者，不分民族、种族、性别、职业、宗教信仰、教育程度，承认工会章程，都可以加入工会为会员。

工会适应企业组织形式、职工队伍结构、劳动关系、就业形态等方面的发展变化，依法维护劳动者参加和组织工会的权利。

第二条　职工加入工会，由本人自愿申请，经基层工会委员会批准并发给会员证。

第三条　会员享有以下权利：

（一）选举权、被选举权和表决权。

（二）对工会工作进行监督，提出意见和建议，要求撤换或者罢免不称职的工会工作人员。

（三）对国家和社会生活问题及本单位工作提出批评与建议，要求工会组织向有关方面如实反映。

（四）在合法权益受到侵犯时，要求工会给予保护。

（五）工会提供的文化、教育、体育、旅游、疗休养、互助保障、生活救助、法律服务、就业服务等优惠待遇；工会给予的各种奖励。

（六）在工会会议和工会媒体上，参加关于工会工作和职工关心问题的讨论。

第四条　会员履行下列义务：

（一）认真学习贯彻习近平新时代中国特色社会主义思想，学习政治、经济、文化、法律、科技和工会基本知识等。

（二）积极参加民主管理，努力完成生产和工作任务，立足本职岗位建功立业。

（三）遵守宪法和法律，践行社会主义核心价值观，弘扬中华民族传统美德，恪守社会公德、职业道德、家庭美德、个人品德，遵守劳动纪律。

（四）正确处理国家、集体、个人三者利益关系，向危害国家、社会利益的行为作斗争。

（五）维护中国工人阶级和工会组织的团结统一，发扬阶级友爱，搞好互助互济。

（六）遵守工会章程，执行工会决议，参加工会活动，按月交纳会费。

第五条　会员组织关系随劳动（工作）关系变动，凭会员证明接转。

第六条　会员有退会自由。会员退会由本人向工会小组提出，由基层工会委员会宣布其退会并收回会员证。

会员没有正当理由连续六个月不交纳会费、不参加工会组织生活，经教育拒不改正，应当视为自动退会。

第七条　对不执行工会决议、违反工会章程的会员，给予批评教育。对严重违法犯罪并受到刑事处罚的会员，开除会籍。开除会员会籍，须经工会小组讨论，提出意见，由基层工会委员会决定，报上一级工会备案。

第八条　会员离休、退休和失业，可保留会籍。保留会籍期间免交会费。

工会组织要关心离休、退休和失业会员的生活，积极向有关方面反映他们的愿望和要求。

第二章　组织制度

第九条　中国工会实行民主集中制，主要内容是：

（一）个人服从组织，少数服从多数，下级组织服从上级组织。

（二）工会的各级领导机关，除它们派出的代表机关外，都由民主选举产生。

（三）工会的最高领导机关，是工会的全国代表大会和它所产生的中华全国总工会执行委员会。工会的地方各级领导机关，是工会的地方各级代表大会和它所产生的总工会委员会。

（四）工会各级委员会，向同级会员大会或者会员代表大会负责并报告工作，接受会员监督。会员大会和会员代表大会有权撤换或者罢免其所选举的代表和工会委员会组成人员。

（五）工会各级委员会，实行集体领导和分工负责相结合的制度。凡属重大问题由委员会民主讨论，作出决定，委员会成员根据集体的决定和分工，履行自己的职责。

（六）工会各级领导机关，加强对下级组织的领导和服务，经常向下级组织通报情况，听取下级组织和会员的意见，研究和解决他们提出的问题。下级组织应及时向上级组织请示报告工作。

第十条 工会各级代表大会的代表和委员会的产生，要充分体现选举人的意志。候选人名单，要反复酝酿，充分讨论。选举采用无记名投票方式，可以直接采用候选人数多于应选人数的差额选举办法进行正式选举，也可以先采用差额选举办法进行预选，产生候选人名单，然后进行正式选举。任何组织和个人，不得以任何方式强迫选举人选举或不选举某个人。

第十一条 中国工会实行产业和地方相结合的组织领导原则。同一企业、事业单位、机关、社会组织中的会员，组织在一个基层工会组织中；同一行业或者性质相近的几个行业，根据需要建立全国的或者地方的产业工会组织。除少数行政管理体制实行垂直管理的产业，其产业工会实行产业工会和地方工会双重领导，以产业工会领导为主外，其他产业工会均实行以地方工会领导为主，同时接受上级产业工会领导的体制。各产业工会的领导体制，由中华全国总工会确定。

省、自治区、直辖市，设区的市和自治州，县（旗）、自治县、不设区的市建立地方总工会。地方总工会是当地地方工会组织和产业工会地方组织的领导机关。全国建立统一的中华全国总工会。中华全国总工会是各级地方总工会和各产业工会全国组织的领导机关。

中华全国总工会执行委员会委员和产业工会全国委员会委员实行替补制，各级地方总工会委员会委员和地方产业工会委员会委员，也可以实行替补制。

第十二条 县和县以上各级地方总工会委员会，根据工作需要可以派出代表机关。

县和县以上各级工会委员会，在两次代表大会之间，认为有必要时，可以召集代表会议，讨论和决定需要及时解决的重大问题。代表会议代表的名额和产生办法，由召集代表会议的总工会决定。

全国产业工会、各级地方产业工会、乡镇工会、城市街道工会和区域性、行业性工会联合会的委员会，可以按照联合制、代表制原则，由下一级工会组织民主选举的主要负责人和适当比例的有关方面代表组成。

上级工会可以派员帮助和指导用人单位的职工组建工会。

第十三条 各级工会代表大会选举产生同级经费审查委员会。中华全国总工会经费审查委员会设常务委员会，省、自治区、直辖市总工会经费审查委员会和独立管理经费的全国产业工会经费审查委员会，应当设常务委员会。经费审查委员会负责审查同级工会组织及其直属企业、事业单位的经费收支和资产管理情况，监督财经法纪的贯彻执行和工会经费的使用，并接受上级工会经费审查委员会的指导和监督。工会经费审查委员会向同级会员大会或会员代表大会负责并报告工作；在大会闭会期间，向同级工会委员会负责并报告工作。

上级经费审查委员会应当对下一级工会及其直属企业、事业单位的经费收支和资产管理情况进行审查。

中华全国总工会经费审查委员会委员实行替补制，各级地方总工会经费审查委员会委员和独立管理经费的产业工会经费审查委员会委员，也可以实行替补制。

第十四条 各级工会建立女职工委员会，表达和维护女职工的合法权益。女职工委员会由同级工会委员会提名，在充分协商的基础上组成或者选举产生，女职工委员会与工会委员会同时建立，在同级工会委员会领导下开展工作。企业工会女职工委员会是县或者县以上妇联的团体会员，通过县以上地方工会接受妇联的业务指导。

第十五条 县和县以上各级工会组织应当建立法律服务机构，为保护职工和工会组织的合法权益提供服务。

各级工会组织应当组织和代表职工开展劳动法律监督。

第十六条 成立或者撤销工会组织，必须经会员大会或者会员代表大会通过，并报上一级工会批准。基层工会组织所在的企业终止，或者所在的事业单位、机关、社会组织被撤销，该工会组织相应撤销，并报上级工会备案。其他组织和个人不得随意撤销工会组织，也不得把工会组织的机构撤销、合并或者归属其他工作部门。

第三章 全国组织

第十七条 中国工会全国代表大会，每五年举行一次，由中华全国总工会执行委员会召集。在特殊情况下，由中华全国总工会执行委员会主席团提议，经执行委员会全体会议通过，可以提前或者延期举行。代表名额和代表选举办法由中华全国总工会决定。

第十八条 中国工会全国代表大会的职权是：

（一）审议和批准中华全国总工会执行委员会的工作报告。

（二）审议和批准中华全国总工会执行委员会的经费收支情况报告和经费审查委员会的工作报告。

（三）修改中国工会章程。

（四）选举中华全国总工会执行委员会和经费审查委员会。

第十九条 中华全国总工会执行委员会，在全国代表大会闭会期间，负责贯彻执行全国代表大会的决议，领导全国工会工作。

执行委员会全体会议选举主席一人、副主席若干人、主席团委员若干人，组成主席团。

执行委员会全体会议由主席团召集，每年至少举行一次。

第二十条 中华全国总工会执行委员会全体会议闭会期间，由主席团行使执行委员会的职权。主席团全体会议，由主席召集。

主席团闭会期间，由主席、副主席组成的主席会议行使主席团职权。主席会议由中华全国总工会主席召集并主持。

主席团下设书记处，由主席团在主席团成员中推选第一书记一人，书记若干人组成。书记处在主席团领导下，主持中华全国总工会的日常工作。

第二十一条 产业工会全国组织的设置，由中华全国总工会根据需要确定。

产业工会全国委员会的建立，经中华全国总工会批准，可以按照联合制、代表制原则组成，也可以由产业工会全国代表大会选举产生。全国委员会每届任期五年。任期届满，应当如期召开会议，进行换届选举。在特殊情况下，经中华全国总工会批准，可以提前或者延期举行。

产业工会全国代表大会和按照联合制、代表制原则组成的产业工会全国委员会全体会议的职权是：审议和批准产业工会全国委员会的工作报告；选举产业工会全国委员会或者产业工会全国委员会常务委员会。独立管理经费的产业工会，选举经费审查委员会，并向产业工会全国代表大会或者委员会全体会议报告工作。产业工会全国委员会常务委员会由主席一人、副主席若干人、常务委员若干人组成。

第四章　地 方 组 织

第二十二条　省、自治区、直辖市，设区的市和自治州，县（旗）、自治县、不设区的市的工会代表大会，由同级总工会委员会召集，每五年举行一次。在特殊情况下，由同级总工会委员会提议，经上一级工会批准，可以提前或者延期举行。工会的地方各级代表大会的职权是：

（一）审议和批准同级总工会委员会的工作报告。

（二）审议和批准同级总工会委员会的经费收支情况报告和经费审查委员会的工作报告。

（三）选举同级总工会委员会和经费审查委员会。

各级地方总工会委员会，在代表大会闭会期间，执行上级工会的决定和同级工会代表大会的决议，领导本地区的工会工作，定期向上级总工会委员会报告工作。

根据工作需要，省、自治区总工会可在地区设派出代表机关。直辖市和设区的市总工会在区一级建立总工会。

县和城市的区可在乡镇和街道建立乡镇工会和街道工会组织，具备条件的，建立总工会。

第二十三条　各级地方总工会委员会选举主席一人、副主席若干人、常务委员若干人，组成常务委员会。工会委员会、常务委员会和主席、副主席以及经费审查委员会的选举结果，报上一级总工会批准。

各级地方总工会委员会全体会议，每年至少举行一次，由常务委员会召集。各级地方总工会常务委员会，在委员会全体会议闭会期间，行使委员会的职权。

第二十四条　各级地方产业工会组织的设置，由同级地方总工会根据本地区的实际情况确定。

第五章　基 层 组 织

第二十五条　企业、事业单位、机关、社会组织等基层单位，应当依法建立工会组织。社区和行政村可以建立工会组织。从实际出发，建立区域性、行业性工会联合会，推进新经济组织、新社会组织工会组织建设。

有会员二十五人以上的，应当成立基层工会委员会；不足二十五人的，可以单独建立基层工会委员会，也可以由两个以上单位的会员联合建立基层工会委员会，也可以选举组织员或者工会主席一人，主持基层工会工作。基层工会委员会有女会员十人以上的建立女职工委员会，不足十人的设女职工委员。

职工二百人以上企业、事业单位、社会组织的工会设专职工会主席。工会专职工作人员的人数由工会与企业、事业单位、社会组织协商确定。

基层工会组织具备民法典规定的法人条件的，依法取得社会团体法人资格，工会主席为法定代表人。

第二十六条 基层工会会员大会或者会员代表大会，每年至少召开一次。经基层工会委员会或者三分之一以上的工会会员提议，可以临时召开会员大会或者会员代表大会。工会会员在一百人以下的基层工会应当召开会员大会。

工会会员大会或者会员代表大会的职权是：

（一）审议和批准基层工会委员会的工作报告。

（二）审议和批准基层工会委员会的经费收支情况报告和经费审查委员会的工作报告。

（三）选举基层工会委员会和经费审查委员会。

（四）撤换或者罢免其所选举的代表或者工会委员会组成人员。

（五）讨论决定工会工作的重大问题。

基层工会委员会和经费审查委员会每届任期三年或者五年，具体任期由会员大会或者会员代表大会决定。任期届满，应当如期召开会议，进行换届选举。在特殊情况下，经上一级工会批准，可以提前或者延期举行。

会员代表大会的代表实行常任制，任期与本单位工会委员会相同。

第二十七条 基层工会委员会的委员，应当在会员或者会员代表充分酝酿协商的基础上选举产生；主席、副主席，可以由会员大会或者会员代表大会直接选举产生，也可以由基层工会委员会选举产生。大型企业、事业单位的工会委员会，根据工作需要，经上级工会委员会批准，可以设立常务委员会。基层工会委员会、常务委员会和主席、副主席以及经费审查委员会的选举结果，报上一级工会批准。

第二十八条 基层工会委员会的基本任务是：

（一）执行会员大会或者会员代表大会的决议和上级工会的决定，主持基层工会的日常工作。

（二）代表和组织职工依照法律规定，通过职工代表大会、厂务公开和其他形式，参与本单位民主选举、民主协商、民主决策、民主管理和民主监督，保障职工知情权、参与权、表达权和监督权，在公司制企业落实职工董事、职工监事制度。企业、事业单位工会委员会是职工代表大会工作机构，负责职工代表大会的日常工作，检查、督促职工代表大会决议的执行。

（三）参与协调劳动关系和调解劳动争议，与企业、事业单位、社会组织行政方面建立协商制度，协商解决涉及职工切身利益问题。帮助和指导职工与企业、事业单位、社会组织行政方面签订和履行劳动合同，代表职工与企业、事业单位、社会组织行政方面签订集体合同或者其他专项协议，并监督执行。

（四）组织职工开展劳动和技能竞赛、合理化建议、技能培训、技术革新和技术协作等活动，培育工匠、高技能人才，总结推广先进经验。做好劳动模范和先进生产（工作）者的评选、表彰、培养和管理服务工作。

（五）加强对职工的政治引领和思想教育，开展法治宣传教育，重视人文关怀和心理疏导，鼓励支持职工学习文化科学技术和管理知识，开展健康的文化体育活动。推进企业文化职工文化建设，办好工会文化、教育、体育事业。

（六）监督有关法律、法规的贯彻执行。协助和督促行政方面做好工资、安全生产、职业病防治和社会保险等方面的工作，推动落实职工福利待遇。办好职工集体福利事业，改善职工生活，对困难职工开展帮扶。依法参与生产安全事故和职业病危害事故的调查处理。

（七）维护女职工的特殊权益，同歧视、虐待、摧残、迫害女职工的现象作斗争。

（八）搞好工会组织建设，健全民主制度和民主生活。建立和发展工会积极分子队伍。做好会员的发展、接收、教育和会籍管理工作。加强职工之家建设。

（九）收好、管好、用好工会经费，管理好工会资产和工会的企业、事业。

第二十九条 教育、科研、文化、卫生、体育等事业单位和机关工会，从脑力劳动者比较集中的特点出发开展工作，积极了解和关心职工的思想、工作和生活，推动党的知识分子政策的贯彻落实。组织职工搞好本单位的民主选举、民主协商、民主决策、民主管理和民主监督，为发挥职工的聪明才智创造良好的条件。

第三十条 基层工会委员会根据工作需要，可以在分厂、车间（科室）建立分厂、车间（科室）工会委员会。分厂、车间（科室）工会委员会由分厂、车间（科室）会员大会或者会员代表大会选举产生，任期和基层工会委员会相同。

基层工会委员会和分厂、车间（科室）工会委员会，可以根据需要设若干专门委员会或者专门小组。

按照生产（行政）班组建立工会小组，民主选举工会小组长，积极开展工会小组活动。

第六章　工 会 干 部

第三十一条　各级工会组织按照革命化、年轻化、知识化、专业化的要求，落实新时代好干部标准，努力建设一支坚持党的基本路线，熟悉本职业务，热爱工会工作，受到职工信赖的干部队伍。

第三十二条　工会干部要努力做到：

（一）认真学习马克思列宁主义、毛泽东思想、邓小平理论、“三个代表”重要思想、科学发展观、习近平新时代中国特色社会主义思想，学习党的基本知识和党的历史，学习政治、经济、历史、文化、法律、科技和工会业务等知识，提高政治能力、思维能力、实践能力，增强推动高质量发展本领、服务群众本领、防范化解风险本领。

（二）执行党的基本路线和各项方针政策，遵守国家法律、法规，在改革开放和社会主义现代化建设中勇于开拓创新。

（三）信念坚定，忠于职守，勤奋工作，敢于担当，廉洁奉公，顾全大局，维护团结。

（四）坚持实事求是，认真调查研究，如实反映职工的意见、愿望和要求。

（五）坚持原则，不谋私利，热心为职工说话办事，依法维护职工的合法权益。

（六）作风民主，联系群众，增强群众意识和群众感情，自觉接受职工群众的批评和监督。

第三十三条　各级工会组织根据有关规定管理工会干部，重视发现培养和选拔优秀年轻干部、女干部、少数民族干部，成为培养干部的重要基地。

基层工会主席、副主席任期未满不得随意调动其工作。因工作需要调动时，应事先征得本级工会委员会和上一级工会同意。

县和县以上工会可以为基层工会选派、聘用社会化工会工作者等工作人员。

第三十四条　各级工会组织建立与健全干部培训制度。办好工会干部院校和各种培训班。

第三十五条　各级工会组织关心工会干部的思想、学习和生活，督促落实相应的待遇，支持他们的工作，坚决同打击报复工会干部的行为作斗争。

县和县以上工会设立工会干部权益保障金，保障工会干部依法履行职责。

第七章　工会经费和资产

第三十六条　工会经费的来源：

（一）会员交纳的会费。

（二）企业、事业单位、机关、社会组织按全部职工工资总额的百分之二向工会拨缴的经费或者建会筹备金。

（三）工会所属的企业、事业单位上缴的收入。

（四）人民政府和企业、事业单位、机关、社会组织的补助。

（五）其他收入。

第三十七条　工会经费主要用于为职工服务和开展工会活动。各级工会组织应坚持正确使用方向，加强预算管理，优化支出结构，开展监督检查。

第三十八条　县和县以上各级工会应当与税务、财政等有关部门合作，依照规定做好工会经费收缴和应当由财政负担的工会经费拨缴工作。

未成立工会的企业、事业单位、机关、社会组织，按工资总额的百分之二向上级工会拨缴工会建会筹备金。

具备社会团体法人资格的工会应当依法设立独立经费账户。

第三十九条　工会资产是社会团体资产，中华全国总工会对各级工会的资产拥有终极所有权。各级工会依法依规加强对工会资产的监督、管理，保护工会资产不受损害，促进工会资产保值增值。根据经费独立原则，建立预算、决算、资产监管和经费审查监督制度。实行“统一领导、分级管理”的财务体制、“统一所有、分级监管、单位使用”的资产监管体制和“统一领导、分级管理、分级负责、下审一级”的经费审查监督体制。工会经费、资产的管理和使用办法以及工会经费审查监督制度，由中华全国总工会制定。

第四十条　各级工会委员会按照规定编制和审批预算、决算，定期向会员大会或者会员代表大会和上一级工会委员会报告经费收支和资产管理情况，接受上级和同级工会经费审查委员会审查监督。

第四十一条　工会经费、资产和国家及企业、事业单位等拨给工会的不动产和拨付资金形成的资产受法律保护，任何单位和个人不得侵占、挪用和任意调拨；不经批准，不得改变工会所属企业、事业单位的隶属关系和产权关系。

工会组织合并，其经费资产归合并后的工会所有；工会组织撤销或者解散，其经费资产由上级工会处置。

第八章　会　　徽

第四十二条　中国工会会徽，选用汉字“中”、“工”两字，经艺术造型呈圆形重叠组成，并在两字外加一圆线，象征中国工会和中国工人阶级的团结统一。会徽的制作标准，由中华全国总工会规定。

第四十三条　中国工会会徽，可在工会办公地点、活动场所、会议会场悬挂，可作为纪念品、办公用品上的工会标志，也可以作为徽章佩戴。

第九章　附　　则

第四十四条　本章程解释权属于中华全国总工会。

中华人民共和国公共文化服务保障法

（2016 年 12 月 25 日第十二届全国人民代表大会常务委员会第二十五次会议通过）

目　录

第一章　总　　则

第一条　为了加强公共文化服务体系建设，丰富人民群众精神文化生活，传承中华优秀传统文化，弘扬社会主义核心价值观，增强文化自信，促进中国特色社会主义文化繁荣发展，提高全民族文明素质，制定本法。

第二条　本法所称公共文化服务，是指由政府主导、社会力量参与，以满足公民基本文化需求为主要目的而提供的公共文化设施、文化产品、文化活动以及其他相关服务。

第三条　公共文化服务应当坚持社会主义先进文化前进方向，坚持以人民为中心，坚持以社会主义核心价值观为引领；应当按照“百花齐放、百家争鸣”的方针，支持优秀公共文化产品的创作生产，丰富公共文化服务内容。

第四条　县级以上人民政府应当将公共文化服务纳入本级国民经济和社会发展规划，按照公益性、基本性、均等性、便利性的要求，加强公共文化设施建设，完善公共文化服务体系，提高公共文化服务效能。

第五条　国务院根据公民基本文化需求和经济社会发展水平，制定并调整国家基本公共文化服务指导标准。

省、自治区、直辖市人民政府根据国家基本公共文化服务指导标准，结合当地实际需求、财政能力和文化特色，制定并调整本行政区域的基本公共文化服务实施标准。

第六条 国务院建立公共文化服务综合协调机制，指导、协调、推动全国公共文化服务工作。国务院文化主管部门承担综合协调具体职责。

地方各级人民政府应当加强对公共文化服务的统筹协调，推动实现共建共享。

第七条 国务院文化主管部门、新闻出版广电主管部门依照本法和国务院规定的职责负责全国的公共文化服务工作；国务院其他有关部门在各自职责范围内负责相关公共文化服务工作。

县级以上地方人民政府文化、新闻出版广电主管部门根据其职责负责本行政区域内的公共文化服务工作；县级以上地方人民政府其他有关部门在各自职责范围内负责相关公共文化服务工作。

第八条 国家扶助革命老区、民族地区、边疆地区、贫困地区的公共文化服务，促进公共文化服务均衡协调发展。

第九条 各级人民政府应当根据未成年人、老年人、残疾人和流动人口等群体的特点与需求，提供相应的公共文化服务。

第十条 国家鼓励和支持公共文化服务与学校教育相结合，充分发挥公共文化服务的社会教育功能，提高青少年思想道德和科学文化素质。

第十一条 国家鼓励和支持发挥科技在公共文化服务中的作用，推动运用现代信息技术和传播技术，提高公众的科学素养和公共文化服务水平。

第十二条 国家鼓励和支持在公共文化服务领域开展国际合作与交流。

第十三条 国家鼓励和支持公民、法人和其他组织参与公共文化服务。

对在公共文化服务中作出突出贡献的公民、法人和其他组织，依法给予表彰和奖励。

第二章　公共文化设施建设与管理

第十四条 本法所称公共文化设施是指用于提供公共文化服务的建筑物、场地和设备，主要包括图书馆、博物馆、文化馆（站）、美术馆、科技馆、纪念馆、体育场馆、工人文化宫、青少年宫、妇女儿童活动中心、老年人活动中心、乡镇（街道）和村（社区）基层综合性文化服务中心、农家（职工）书屋、公共阅报栏（屏）、广播电视播出传输覆盖设施、公共数字文化服务点等。

县级以上地方人民政府应当将本行政区域内的公共文化设施目录及有

关信息予以公布。

第十五条 县级以上地方人民政府应当将公共文化设施建设纳入本级城乡规划，根据国家基本公共文化服务指导标准、省级基本公共文化服务实施标准，结合当地经济社会发展水平、人口状况、环境条件、文化特色，合理确定公共文化设施的种类、数量、规模以及布局，形成场馆服务、流动服务和数字服务相结合的公共文化设施网络。

公共文化设施的选址，应当征求公众意见，符合公共文化设施的功能和特点，有利于发挥其作用。

第十六条 公共文化设施的建设用地，应当符合土地利用总体规划和城乡规划，并依照法定程序审批。

任何单位和个人不得侵占公共文化设施建设用地或者擅自改变其用途。因特殊情况需要调整公共文化设施建设用地的，应当重新确定建设用地。调整后的公共文化设施建设用地不得少于原有面积。

新建、改建、扩建居民住宅区，应当按照有关规定、标准，规划和建设配套的公共文化设施。

第十七条 公共文化设施的设计和建设，应当符合实用、安全、科学、美观、环保、节约的要求和国家规定的标准，并配置无障碍设施设备。

第十八条 地方各级人民政府可以采取新建、改建、扩建、合建、租赁、利用现有公共设施等多种方式，加强乡镇（街道）、村（社区）基层综合性文化服务中心建设，推动基层有关公共设施的统一管理、综合利用，并保障其正常运行。

第十九条 任何单位和个人不得擅自拆除公共文化设施，不得擅自改变公共文化设施的功能、用途或者妨碍其正常运行，不得侵占、挪用公共文化设施，不得将公共文化设施用于与公共文化服务无关的商业经营活动。

因城乡建设确需拆除公共文化设施，或者改变其功能、用途的，应当依照有关法律、行政法规的规定重建、改建，并坚持先建设后拆除或者建设拆除同时进行的原则。重建、改建的公共文化设施的设施配置标准、建筑面积等不得降低。

第二十条 公共文化设施管理单位应当按照国家规定的标准，配置和更新必需的服务内容和设备，加强公共文化设施经常性维护管理工作，保障公共文化设施的正常使用和运转。

第二十一条 公共文化设施管理单位应当建立健全管理制度和服务规范，建立公共文化设施资产统计报告制度和公共文化服务开展情况的年报制度。

第二十二条 公共文化设施管理单位应当建立健全安全管理制度，开展公共文化设施及公众活动的安全评价，依法配备安全保护设备和人员，保障公共文化设施和公众活动安全。

第二十三条 各级人民政府应当建立有公众参与的公共文化设施使用效能考核评价制度，公共文化设施管理单位应当根据评价结果改进工作，提高服务质量。

第二十四条 国家推动公共图书馆、博物馆、文化馆等公共文化设施管理单位根据其功能定位建立健全法人治理结构，吸收有关方面代表、专业人士和公众参与管理。

第二十五条 国家鼓励和支持公民、法人和其他组织兴建、捐建或者与政府部门合作建设公共文化设施，鼓励公民、法人和其他组织依法参与公共文化设施的运营和管理。

第二十六条 公众在使用公共文化设施时，应当遵守公共秩序，爱护公共设施，不得损坏公共设施设备和物品。

第三章 公共文化服务提供

第二十七条 各级人民政府应当充分利用公共文化设施，促进优秀公共文化产品的提供和传播，支持开展全民阅读、全民普法、全民健身、全民科普和艺术普及、优秀传统文化传承活动。

第二十八条 设区的市级、县级地方人民政府应当根据国家基本公共文化服务指导标准和省、自治区、直辖市基本公共文化服务实施标准，结合当地实际，制定公布本行政区域公共文化服务目录并组织实施。

第二十九条 公益性文化单位应当完善服务项目、丰富服务内容，创造条件向公众提供免费或者优惠的文艺演出、陈列展览、电影放映、广播电视节目收听收看、阅读服务、艺术培训等，并为公众开展文化活动提供支持和帮助。

国家鼓励经营性文化单位提供免费或者优惠的公共文化产品和文化活动。

第三十条 基层综合性文化服务中心应当加强资源整合，建立完善公共文化服务网络，充分发挥统筹服务功能，为公众提供书报阅读、影视观赏、戏曲表演、普法教育、艺术普及、科学普及、广播播送、互联网上网和群众性文化体育活动等公共文化服务，并根据其功能特点，因地制宜提供其他公共服务。

第三十一条 公共文化设施应当根据其功能、特点，按照国家有关规定，向公众免费或者优惠开放。

公共文化设施开放收取费用的，应当每月定期向中小学生免费开放。

公共文化设施开放或者提供培训服务等收取费用的，应当报经县级以上人民政府有关部门批准；收取的费用，应当用于公共文化设施的维护、管理和事业发展，不得挪作他用。

公共文化设施管理单位应当公示服务项目和开放时间；临时停止开放的，应当及时公告。

第三十二条　国家鼓励和支持机关、学校、企业事业单位的文化体育设施向公众开放。

第三十三条　国家统筹规划公共数字文化建设，构建标准统一、互联互通的公共数字文化服务网络，建设公共文化信息资源库，实现基层网络服务共建共享。

国家支持开发数字文化产品，推动利用宽带互联网、移动互联网、广播电视网和卫星网络提供公共文化服务。

地方各级人民政府应当加强基层公共文化设施的数字化和网络建设，提高数字化和网络服务能力。

第三十四条　地方各级人民政府应当采取多种方式，因地制宜提供流动文化服务。

第三十五条　国家重点增加农村地区图书、报刊、戏曲、电影、广播电视节目、网络信息内容、节庆活动、体育健身活动等公共文化产品供给，促进城乡公共文化服务均等化。

面向农村提供的图书、报刊、电影等公共文化产品应当符合农村特点和需求，提高针对性和时效性。

第三十六条　地方各级人民政府应当根据当地实际情况，在人员流动量较大的公共场所、务工人员较为集中的区域以及留守妇女儿童较为集中的农村地区，配备必要的设施，采取多种形式，提供便利可及的公共文化服务。

第三十七条　国家鼓励公民主动参与公共文化服务，自主开展健康文明的群众性文化体育活动；地方各级人民政府应当给予必要的指导、支持和帮助。

居民委员会、村民委员会应当根据居民的需求开展群众性文化体育活动，并协助当地人民政府有关部门开展公共文化服务相关工作。

国家机关、社会组织、企业事业单位应当结合自身特点和需要，组织开展群众性文化体育活动，丰富职工文化生活。

第三十八条　地方各级人民政府应当加强面向在校学生的公共文化服

务，支持学校开展适合在校学生特点的文化体育活动，促进德智体美教育。

第三十九条 地方各级人民政府应当支持军队基层文化建设，丰富军营文化体育活动，加强军民文化融合。

第四十条 国家加强民族语言文字文化产品的供给，加强优秀公共文化产品的民族语言文字译制及其在民族地区的传播，鼓励和扶助民族文化产品的创作生产，支持开展具有民族特色的群众性文化体育活动。

第四十一条 国务院和省、自治区、直辖市人民政府制定政府购买公共文化服务的指导性意见和目录。国务院有关部门和县级以上地方人民政府应当根据指导性意见和目录，结合实际情况，确定购买的具体项目和内容，及时向社会公布。

第四十二条 国家鼓励和支持公民、法人和其他组织通过兴办实体、资助项目、赞助活动、提供设施、捐赠产品等方式，参与提供公共文化服务。

第四十三条 国家倡导和鼓励公民、法人和其他组织参与文化志愿服务。

公共文化设施管理单位应当建立文化志愿服务机制，组织开展文化志愿服务活动。

县级以上地方人民政府有关部门应当对文化志愿活动给予必要的指导和支持，并建立管理评价、教育培训和激励保障机制。

第四十四条 任何组织和个人不得利用公共文化设施、文化产品、文化活动以及其他相关服务，从事危害国家安全、损害社会公共利益和其他违反法律法规的活动。

第四章 保障措施

第四十五条 国务院和地方各级人民政府应当根据公共文化服务的事权和支出责任，将公共文化服务经费纳入本级预算，安排公共文化服务所需资金。

第四十六条 国务院和省、自治区、直辖市人民政府应当增加投入，通过转移支付等方式，重点扶助革命老区、民族地区、边疆地区、贫困地区开展公共文化服务。

国家鼓励和支持经济发达地区对革命老区、民族地区、边疆地区、贫困地区的公共文化服务提供援助。

第四十七条 免费或者优惠开放的公共文化设施，按照国家规定享受补助。

第四十八条 国家鼓励社会资本依法投入公共文化服务，拓宽公共文化服务资金来源渠道。

第四十九条 国家采取政府购买服务等措施，支持公民、法人和其他组织参与提供公共文化服务。

第五十条 公民、法人和其他组织通过公益性社会团体或者县级以上人民政府及其部门，捐赠财产用于公共文化服务的，依法享受税收优惠。

国家鼓励通过捐赠等方式设立公共文化服务基金，专门用于公共文化服务。

第五十一条 地方各级人民政府应当按照公共文化设施的功能、任务和服务人口规模，合理设置公共文化服务岗位，配备相应专业人员。

第五十二条 国家鼓励和支持文化专业人员、高校毕业生和志愿者到基层从事公共文化服务工作。

第五十三条 国家鼓励和支持公民、法人和其他组织依法成立公共文化服务领域的社会组织，推动公共文化服务社会化、专业化发展。

第五十四条 国家支持公共文化服务理论研究，加强多层次专业人才教育和培训。

第五十五条 县级以上人民政府应当建立健全公共文化服务资金使用的监督和统计公告制度，加强绩效考评，确保资金用于公共文化服务。任何单位和个人不得侵占、挪用公共文化服务资金。

审计机关应当依法加强对公共文化服务资金的审计监督。

第五十六条 各级人民政府应当加强对公共文化服务工作的监督检查，建立反映公众文化需求的征询反馈制度和有公众参与的公共文化服务考核评价制度，并将考核评价结果作为确定补贴或者奖励的依据。

第五十七条 各级人民政府及有关部门应当及时公开公共文化服务信息，主动接受社会监督。

新闻媒体应当积极开展公共文化服务的宣传报道，并加强舆论监督。

第五章 法律责任

第五十八条 违反本法规定，地方各级人民政府和县级以上人民政府有关部门未履行公共文化服务保障职责的，由其上级机关或者监察机关责令限期改正；情节严重的，对直接负责的主管人员和其他直接责任人员依法给予处分。

第五十九条 违反本法规定，地方各级人民政府和县级以上人民政府有关部门，有下列行为之一的，由其上级机关或者监察机关责令限期改正；情节严重的，对直接负责的主管人员和其他直接责任人员依法给予处分：

（一）侵占、挪用公共文化服务资金的；

（二）擅自拆除、侵占、挪用公共文化设施，或者改变其功能、用途，或者妨碍其正常运行的；

（三）未依照本法规定重建公共文化设施的；

（四）滥用职权、玩忽职守、徇私舞弊的。

第六十条 违反本法规定，侵占公共文化设施的建设用地或者擅自改变其用途的，由县级以上地方人民政府土地主管部门、城乡规划主管部门依据各自职责责令限期改正；逾期不改正的，由作出决定的机关依法强制执行，或者依法申请人民法院强制执行。

第六十一条 违反本法规定，公共文化设施管理单位有下列情形之一的，由其主管部门责令限期改正；造成严重后果的，对直接负责的主管人员和其他直接责任人员，依法给予处分：

（一）未按照规定对公众开放的；

（二）未公示服务项目、开放时间等事项的；

（三）未建立安全管理制度的；

（四）因管理不善造成损失的。

第六十二条 违反本法规定，公共文化设施管理单位有下列行为之一的，由其主管部门或者价格主管部门责令限期改正，没收违法所得，违法所得五千元以上的，并处违法所得两倍以上五倍以下罚款；没有违法所得或者违法所得五千元以下的，可以处一万元以下的罚款；对直接负责的主管人员和其他直接责任人员，依法给予处分：

（一）开展与公共文化设施功能、用途不符的服务活动的；

（二）对应当免费开放的公共文化设施收费或者变相收费的；

（三）收取费用未用于公共文化设施的维护、管理和事业发展，挪作他用的。

第六十三条 违反本法规定，损害他人民事权益的，依法承担民事责任；构成违反治安管理行为的，由公安机关依法给予治安管理处罚；构成犯罪的，依法追究刑事责任。

第六章 附 则

第六十四条 境外自然人、法人和其他组织在中国境内从事公共文化服务的，应当符合相关法律、行政法规的规定。

第六十五条 本法自2017年3月1日起施行。

中华人民共和国慈善法

（2016年3月16日第十二届全国人民代表大会第四次会议通过　根据2023年12月29日第十四届全国人民代表大会常务委员会第七次会议《关于修改〈中华人民共和国慈善法〉的决定》修正）

目　　录

第一章　总　　则

第一条　为了发展慈善事业，弘扬慈善文化，规范慈善活动，保护慈善组织、捐赠人、志愿者、受益人等慈善活动参与者的合法权益，促进社会进步，共享发展成果，制定本法。

第二条　自然人、法人和非法人组织开展慈善活动以及与慈善有关的活动，适用本法。其他法律有特别规定的，依照其规定。

第三条　本法所称慈善活动，是指自然人、法人和非法人组织以捐赠财产或者提供服务等方式，自愿开展的下列公益活动：

（一）扶贫、济困；

（二）扶老、救孤、恤病、助残、优抚；

（三）救助自然灾害、事故灾难和公共卫生事件等突发事件造成的损害；

（四）促进教育、科学、文化、卫生、体育等事业的发展；

（五）防治污染和其他公害，保护和改善生态环境；

（六）符合本法规定的其他公益活动。

第四条 慈善工作坚持中国共产党的领导。

开展慈善活动，应当遵循合法、自愿、诚信、非营利的原则，不得违背社会公德，不得危害国家安全、损害社会公共利益和他人合法权益。

第五条 国家鼓励和支持自然人、法人和非法人组织践行社会主义核心价值观，弘扬中华民族传统美德，依法开展慈善活动。

第六条 县级以上人民政府应当统筹、协调、督促和指导有关部门在各自职责范围内做好慈善事业的扶持发展和规范管理工作。

国务院民政部门主管全国慈善工作，县级以上地方各级人民政府民政部门主管本行政区域内的慈善工作；县级以上人民政府有关部门依照本法和其他有关法律法规，在各自的职责范围内做好相关工作，加强对慈善活动的监督、管理和服务；慈善组织有业务主管单位的，业务主管单位应当对其进行指导、监督。

第七条 每年9月5日为中华慈善日。

第二章 慈善组织

第八条 本法所称慈善组织，是指依法成立、符合本法规定，以面向社会开展慈善活动为宗旨的非营利性组织。

慈善组织可以采取基金会、社会团体、社会服务机构等组织形式。

第九条 慈善组织应当符合下列条件：

（一）以开展慈善活动为宗旨；

（二）不以营利为目的；

（三）有自己的名称和住所；

（四）有组织章程；

（五）有必要的财产；

（六）有符合条件的组织机构和负责人；

（七）法律、行政法规规定的其他条件。

第十条 设立慈善组织，应当向县级以上人民政府民政部门申请登记，民政部门应当自受理申请之日起三十日内作出决定。符合本法规定条件的，准予登记并向社会公告；不符合本法规定条件的，不予登记并书面说明理由。

已经设立的基金会、社会团体、社会服务机构等非营利性组织，可以向办理其登记的民政部门申请认定为慈善组织，民政部门应当自受理申请之日起二十日内作出决定。符合慈善组织条件的，予以认定并向社会公告；不符合慈善组织条件的，不予认定并书面说明理由。

有特殊情况需要延长登记或者认定期限的，报经国务院民政部门批准，可以适当延长，但延长的期限不得超过六十日。

第十一条　慈善组织的章程，应当符合法律法规的规定，并载明下列事项：

（一）名称和住所；

（二）组织形式；

（三）宗旨和活动范围；

（四）财产来源及构成；

（五）决策、执行机构的组成及职责；

（六）内部监督机制；

（七）财产管理使用制度；

（八）项目管理制度；

（九）终止情形及终止后的清算办法；

（十）其他重要事项。

第十二条　慈善组织应当根据法律法规以及章程的规定，建立健全内部治理结构，明确决策、执行、监督等方面的职责权限，开展慈善活动。

慈善组织应当执行国家统一的会计制度，依法进行会计核算，建立健全会计监督制度，并接受政府有关部门的监督管理。

第十三条　慈善组织应当每年向办理其登记的民政部门报送年度工作报告和财务会计报告。报告应当包括年度开展募捐和接受捐赠、慈善财产的管理使用、慈善项目实施、募捐成本、慈善组织工作人员工资福利以及与境外组织或者个人开展合作等情况。

第十四条　慈善组织的发起人、主要捐赠人以及管理人员，不得利用其关联关系损害慈善组织、受益人的利益和社会公共利益。

慈善组织的发起人、主要捐赠人以及管理人员与慈善组织发生交易行为的，不得参与慈善组织有关该交易行为的决策，有关交易情况应当向社会公开。

第十五条　慈善组织不得从事、资助危害国家安全和社会公共利益的活动，不得接受附加违反法律法规和违背社会公德条件的捐赠，不得对受益人附加违反法律法规和违背社会公德的条件。

第十六条 有下列情形之一的，不得担任慈善组织的负责人：

（一）无民事行为能力或者限制民事行为能力的；

（二）因故意犯罪被判处刑罚，自刑罚执行完毕之日起未逾五年的；

（三）在被吊销登记证书或者被取缔的组织担任负责人，自该组织被吊销登记证书或者被取缔之日起未逾五年的；

（四）法律、行政法规规定的其他情形。

第十七条 慈善组织有下列情形之一的，应当终止：

（一）出现章程规定的终止情形的；

（二）因分立、合并需要终止的；

（三）连续二年未从事慈善活动的；

（四）依法被撤销登记或者吊销登记证书的；

（五）法律、行政法规规定应当终止的其他情形。

第十八条 慈善组织终止，应当进行清算。

慈善组织的决策机构应当在本法第十七条规定的终止情形出现之日起三十日内成立清算组进行清算，并向社会公告。不成立清算组或者清算组不履行职责的，办理其登记的民政部门可以申请人民法院指定有关人员组成清算组进行清算。

慈善组织清算后的剩余财产，应当按照慈善组织章程的规定转给宗旨相同或者相近的慈善组织；章程未规定的，由办理其登记的民政部门主持转给宗旨相同或者相近的慈善组织，并向社会公告。

慈善组织清算结束后，应当向办理其登记的民政部门办理注销登记，并由民政部门向社会公告。

第十九条 慈善组织依法成立行业组织。

慈善行业组织应当反映行业诉求，推动行业交流，提高慈善行业公信力，促进慈善事业发展。

第二十条 慈善组织的组织形式、登记管理的具体办法由国务院制定。

第三章　慈善募捐

第二十一条 本法所称慈善募捐，是指慈善组织基于慈善宗旨募集财产的活动。

慈善募捐，包括面向社会公众的公开募捐和面向特定对象的定向募捐。

第二十二条 慈善组织开展公开募捐，应当取得公开募捐资格。依法登记满一年的慈善组织，可以向办理其登记的民政部门申请公开募捐资格。民政部门应当自受理申请之日起二十日内作出决定。慈善组织符合内部治理结构健全、运作规范的条件的，发给公开募捐资格证书；不符合条件的，不发给公开募捐资格证书并书面说明理由。

其他法律、行政法规规定可以公开募捐的非营利性组织，由县级以上人民政府民政部门直接发给公开募捐资格证书。

第二十三条 开展公开募捐，可以采取下列方式：

（一）在公共场所设置募捐箱；

（二）举办面向社会公众的义演、义赛、义卖、义展、义拍、慈善晚会等；

（三）通过广播、电视、报刊、互联网等媒体发布募捐信息；

（四）其他公开募捐方式。

慈善组织采取前款第一项、第二项规定的方式开展公开募捐的，应当在办理其登记的民政部门管辖区域内进行，确有必要在办理其登记的民政部门管辖区域外进行的，应当报其开展募捐活动所在地的县级以上人民政府民政部门备案。捐赠人的捐赠行为不受地域限制。

第二十四条 开展公开募捐，应当制定募捐方案。募捐方案包括募捐目的、起止时间和地域、活动负责人姓名和办公地址、接受捐赠方式、银行账户、受益人、募得款物用途、募捐成本、剩余财产的处理等。

募捐方案应当在开展募捐活动前报慈善组织登记的民政部门备案。

第二十五条 开展公开募捐，应当在募捐活动现场或者募捐活动载体的显著位置，公布募捐组织名称、公开募捐资格证书、募捐方案、联系方式、募捐信息查询方法等。

第二十六条 不具有公开募捐资格的组织或者个人基于慈善目的，可以与具有公开募捐资格的慈善组织合作，由该慈善组织开展公开募捐，合作方不得以任何形式自行开展公开募捐。具有公开募捐资格的慈善组织应当对合作方进行评估，依法签订书面协议，在募捐方案中载明合作方的相关信息，并对合作方的相关行为进行指导和监督。

具有公开募捐资格的慈善组织负责对合作募得的款物进行管理和会计核算，将全部收支纳入其账户。

第二十七条 慈善组织通过互联网开展公开募捐的，应当在国务院民政部门指定的互联网公开募捐服务平台进行，并可以同时在其网站进行。

国务院民政部门指定的互联网公开募捐服务平台，提供公开募捐信息展示、捐赠支付、捐赠财产使用情况查询等服务；无正当理由不得拒绝为具有公开募捐资格的慈善组织提供服务，不得向其收费，不得在公开募捐信息页面插入商业广告和商业活动链接。

第二十八条 广播、电视、报刊以及网络服务提供者、电信运营商，应当对利用其平台开展公开募捐的慈善组织的登记证书、公开募捐资格证书进行验证。

第二十九条 慈善组织自登记之日起可以开展定向募捐。

慈善组织开展定向募捐，应当在发起人、理事会成员和会员等特定对象的范围内进行，并向募捐对象说明募捐目的、募得款物用途等事项。

第三十条 开展定向募捐，不得采取或者变相采取本法第二十三条规定的方式。

第三十一条 开展募捐活动，应当尊重和维护募捐对象的合法权益，保障募捐对象的知情权，不得通过虚构事实等方式欺骗、诱导募捐对象实施捐赠。

第三十二条 开展募捐活动，不得摊派或者变相摊派，不得妨碍公共秩序、企业生产经营和居民生活。

第三十三条 禁止任何组织或者个人假借慈善名义或者假冒慈善组织开展募捐活动，骗取财产。

第四章 慈善捐赠

第三十四条 本法所称慈善捐赠，是指自然人、法人和非法人组织基于慈善目的，自愿、无偿赠与财产的活动。

第三十五条 捐赠人可以通过慈善组织捐赠，也可以直接向受益人捐赠。

第三十六条 捐赠人捐赠的财产应当是其有权处分的合法财产。捐赠财产包括货币、实物、房屋、有价证券、股权、知识产权等有形和无形财产。

捐赠人捐赠的实物应当具有使用价值，符合安全、卫生、环保等标准。

捐赠人捐赠本企业产品的，应当依法承担产品质量责任和义务。

第三十七条 自然人、法人和非法人组织开展演出、比赛、销售、拍卖等经营性活动，承诺将全部或者部分所得用于慈善目的的，应当在举办活动前与慈善组织或者其他接受捐赠的人签订捐赠协议，活动结束后按照捐赠协议履行捐赠义务，并将捐赠情况向社会公开。

第三十八条 慈善组织接受捐赠，应当向捐赠人开具由财政部门统一监（印）制的捐赠票据。捐赠票据应当载明捐赠人、捐赠财产的种类及数量、慈善组织名称和经办人姓名、票据日期等。捐赠人匿名或者放弃接受捐赠票据的，慈善组织应当做好相关记录。

第三十九条 慈善组织接受捐赠，捐赠人要求签订书面捐赠协议的，慈善组织应当与捐赠人签订书面捐赠协议。

书面捐赠协议包括捐赠人和慈善组织名称，捐赠财产的种类、数量、质量、用途、交付时间等内容。

第四十条 捐赠人与慈善组织约定捐赠财产的用途和受益人时，不得指定或者变相指定捐赠人的利害关系人作为受益人。

任何组织和个人不得利用慈善捐赠违反法律规定宣传烟草制品，不得利用慈善捐赠以任何方式宣传法律禁止宣传的产品和事项。

第四十一条 捐赠人应当按照捐赠协议履行捐赠义务。捐赠人违反捐赠协议逾期未交付捐赠财产，有下列情形之一的，慈善组织或者其他接受捐赠的人可以要求交付；捐赠人拒不交付的，慈善组织和其他接受捐赠的人可以依法向人民法院申请支付令或者提起诉讼：

（一）捐赠人通过广播、电视、报刊、互联网等媒体公开承诺捐赠的；

（二）捐赠财产用于本法第三条第一项至第三项规定的慈善活动，并签订书面捐赠协议的。

捐赠人公开承诺捐赠或者签订书面捐赠协议后经济状况显著恶化，严重影响其生产经营或者家庭生活的，经向公开承诺捐赠地或者书面捐赠协议签订地的县级以上人民政府民政部门报告并向社会公开说明情况后，可以不再履行捐赠义务。

第四十二条 捐赠人有权查询、复制其捐赠财产管理使用的有关资料，慈善组织应当及时主动向捐赠人反馈有关情况。

慈善组织违反捐赠协议约定的用途，滥用捐赠财产的，捐赠人有权要求其改正；拒不改正的，捐赠人可以向县级以上人民政府民政部门投诉、举报或者向人民法院提起诉讼。

第四十三条 国有企业实施慈善捐赠应当遵守有关国有资产管理的规定，履行批准和备案程序。

第五章　慈 善 信 托

第四十四条 本法所称慈善信托属于公益信托，是指委托人基于慈善目的，依法将其财产委托给受托人，由受托人按照委托人意愿以受托人名义进行管理和处分，开展慈善活动的行为。

第四十五条 设立慈善信托、确定受托人和监察人，应当采取书面形式。受托人应当在慈善信托文件签订之日起七日内，将相关文件向受托人所在地县级以上人民政府民政部门备案。

未按照前款规定将相关文件报民政部门备案的，不享受税收优惠。

第四十六条 慈善信托的委托人不得指定或者变相指定其利害关系人作为受益人。

慈善信托的受托人确定受益人，应当坚持公开、公平、公正的原则，不得指定或者变相指定受托人及其工作人员的利害关系人作为受益人。

第四十七条 慈善信托的受托人，可以由委托人确定其信赖的慈善组织或者信托公司担任。

第四十八条 慈善信托的受托人违反信托义务或者难以履行职责的，委托人可以变更受托人。变更后的受托人应当自变更之日起七日内，将变更情况报原备案的民政部门重新备案。

第四十九条 慈善信托的受托人管理和处分信托财产，应当按照信托目的，恪尽职守，履行诚信、谨慎管理的义务。

慈善信托的受托人应当根据信托文件和委托人的要求，及时向委托人报告信托事务处理情况、信托财产管理使用情况。慈善信托的受托人应当每年至少一次将信托事务处理情况及财务状况向办理其备案的民政部门报告，并向社会公开。

第五十条 慈善信托的委托人根据需要，可以确定信托监察人。

信托监察人对受托人的行为进行监督，依法维护委托人和受益人的权益。信托监察人发现受托人违反信托义务或者难以履行职责的，应当向委托人报告，并有权以自己的名义向人民法院提起诉讼。

第五十一条 慈善信托的设立、信托财产的管理、信托当事人、信托的终止和清算等事项，本章未规定的，适用本法其他有关规定；本法未规定的，适用《中华人民共和国信托法》的有关规定。

第六章 慈善财产

第五十二条 慈善组织的财产包括：

（一）发起人捐赠、资助的创始财产；

（二）募集的财产；

（三）其他合法财产。

第五十三条 慈善组织的财产应当根据章程和捐赠协议的规定全部用于慈善目的，不得在发起人、捐赠人以及慈善组织成员中分配。

任何组织和个人不得私分、挪用、截留或者侵占慈善财产。

第五十四条 慈善组织对募集的财产，应当登记造册，严格管理，专款专用。

捐赠人捐赠的实物不易储存、运输或者难以直接用于慈善目的的，慈善组织可以依法拍卖或者变卖，所得收入扣除必要费用后，应当全部用于慈善目的。

第五十五条 慈善组织为实现财产保值、增值进行投资的，应当遵循合法、安全、有效的原则，投资取得的收益应当全部用于慈善目的。慈善组织的重大投资方案应当经决策机构组成人员三分之二以上同意。政府资助的财产和捐赠协议约定不得投资的财产，不得用于投资。慈善组织的负责人和工作人员不得在慈善组织投资的企业兼职或者领取报酬。

前款规定事项的具体办法，由国务院民政部门制定。

第五十六条 慈善组织开展慈善活动，应当依照法律法规和章程的规定，按照募捐方案或者捐赠协议使用捐赠财产。慈善组织确需变更募捐方案规定的捐赠财产用途的，应当报原备案的民政部门备案；确需变更捐赠协议约定的捐赠财产用途的，应当征得捐赠人同意。

第五十七条 慈善组织应当合理设计慈善项目，优化实施流程，降低运行成本，提高慈善财产使用效益。

慈善组织应当建立项目管理制度，对项目实施情况进行跟踪监督。

第五十八条 慈善项目终止后捐赠财产有剩余的，按照募捐方案或者捐赠协议处理；募捐方案未规定或者捐赠协议未约定的，慈善组织应当将剩余财产用于目的相同或者相近的其他慈善项目，并向社会公开。

第五十九条 慈善组织确定慈善受益人，应当坚持公开、公平、公正的原则，不得指定或者变相指定慈善组织管理人员的利害关系人作为受益人。

第六十条 慈善组织根据需要可以与受益人签订协议，明确双方权利义务，约定慈善财产的用途、数额和使用方式等内容。

受益人应当珍惜慈善资助，按照协议使用慈善财产。受益人未按照协议使用慈善财产或者有其他严重违反协议情形的，慈善组织有权要求其改正；受益人拒不改正的，慈善组织有权解除协议并要求受益人返还财产。

第六十一条 慈善组织应当积极开展慈善活动，遵循管理费用、募捐成本等最必要原则，厉行节约，减少不必要的开支，充分、高效运用慈善财产。具有公开募捐资格的基金会开展慈善活动的年度支出，不得低于上一年总收入的百分之七十或者前三年收入平均数额的百分之七十；年度管理费用不得超过当年总支出的百分之十；特殊情况下，年度支出和管理费用难以符合前述规定的，应当报告办理其登记的民政部门并向社会公开说明情况。

慈善组织开展慈善活动的年度支出、管理费用和募捐成本的标准由国务院民政部门会同财政、税务等部门制定。

捐赠协议对单项捐赠财产的慈善活动支出和管理费用有约定的，按照其约定。

慈善信托的年度支出和管理费用标准，由国务院民政部门会同财政、税务和金融监督管理等部门制定。

第七章　慈 善 服 务

第六十二条　本法所称慈善服务，是指慈善组织和其他组织以及个人基于慈善目的，向社会或者他人提供的志愿无偿服务以及其他非营利服务。

慈善组织开展慈善服务，可以自己提供或者招募志愿者提供，也可以委托有服务专长的其他组织提供。

第六十三条　开展慈善服务，应当尊重受益人、志愿者的人格尊严，不得侵害受益人、志愿者的隐私。

第六十四条　开展医疗康复、教育培训等慈善服务，需要专门技能的，应当执行国家或者行业组织制定的标准和规程。

慈善组织招募志愿者参与慈善服务，需要专门技能的，应当对志愿者开展相关培训。

第六十五条　慈善组织招募志愿者参与慈善服务，应当公示与慈善服务有关的全部信息，告知服务过程中可能发生的风险。

慈善组织根据需要可以与志愿者签订协议，明确双方权利义务，约定服务的内容、方式和时间等。

第六十六条　慈善组织应当对志愿者实名登记，记录志愿者的服务时间、内容、评价等信息。根据志愿者的要求，慈善组织应当无偿、如实出具志愿服务记录证明。

第六十七条　慈善组织安排志愿者参与慈善服务，应当与志愿者的年龄、文化程度、技能和身体状况相适应。

第六十八条　志愿者接受慈善组织安排参与慈善服务的，应当服从管理，接受必要的培训。

第六十九条 慈善组织应当为志愿者参与慈善服务提供必要条件，保障志愿者的合法权益。

慈善组织安排志愿者参与可能发生人身危险的慈善服务前，应当为志愿者购买相应的人身意外伤害保险。

第八章 应急慈善

第七十条 发生重大突发事件需要迅速开展救助时，履行统一领导职责或者组织处置突发事件的人民政府应当依法建立协调机制，明确专门机构、人员，提供需求信息，及时有序引导慈善组织、志愿者等社会力量开展募捐和救助活动。

第七十一条 国家鼓励慈善组织、慈善行业组织建立应急机制，加强信息共享、协商合作，提高慈善组织运行和慈善资源使用的效率。

在发生重大突发事件时，鼓励慈善组织、志愿者等在有关人民政府的协调引导下依法开展或者参与慈善活动。

第七十二条 为应对重大突发事件开展公开募捐的，应当及时分配或者使用募得款物，在应急处置与救援阶段至少每五日公开一次募得款物的接收情况，及时公开分配、使用情况。

第七十三条 为应对重大突发事件开展公开募捐，无法在募捐活动前办理募捐方案备案的，应当在活动开始后十日内补办备案手续。

第七十四条 县级以上人民政府及其有关部门应当为捐赠款物分配送达提供便利条件。乡级人民政府、街道办事处和村民委员会、居民委员会，应当为捐赠款物分配送达、信息统计等提供力所能及的帮助。

第九章 信息公开

第七十五条 国家建立健全慈善信息统计和发布制度。

国务院民政部门建立健全统一的慈善信息平台，免费提供慈善信息发布服务。

县级以上人民政府民政部门应当在前款规定的平台及时向社会公开慈善信息。

慈善组织和慈善信托的受托人应当在本条第二款规定的平台发布慈善信息，并对信息的真实性负责。

第七十六条 县级以上人民政府民政部门和其他有关部门应当及时向社会公开下列慈善信息：

（一）慈善组织登记事项；

（二）慈善信托备案事项；

（三）具有公开募捐资格的慈善组织名单；

（四）具有出具公益性捐赠税前扣除票据资格的慈善组织名单；

（五）对慈善活动的税收优惠、资助补贴等促进措施；

（六）向慈善组织购买服务的信息；

（七）对慈善组织、慈善信托开展检查、评估的结果；

（八）对慈善组织和其他组织以及个人的表彰、处罚结果；

（九）法律法规规定应当公开的其他信息。

第七十七条 慈善组织、慈善信托的受托人应当依法履行信息公开义务。信息公开应当真实、完整、及时。

第七十八条 慈善组织应当向社会公开组织章程和决策、执行、监督机构成员信息以及国务院民政部门要求公开的其他信息。上述信息有重大变更的，慈善组织应当及时向社会公开。

慈善组织应当每年向社会公开其年度工作报告和财务会计报告。具有公开募捐资格的慈善组织的财务会计报告须经审计。

第七十九条 具有公开募捐资格的慈善组织应当定期向社会公开其募捐情况和慈善项目实施情况。

公开募捐周期超过六个月的，至少每三个月公开一次募捐情况，公开募捐活动结束后三个月内应当全面、详细公开募捐情况。

慈善项目实施周期超过六个月的，至少每三个月公开一次项目实施情况，项目结束后三个月内应当全面、详细公开项目实施情况和募得款物使用情况。

第八十条 慈善组织开展定向募捐的，应当及时向捐赠人告知募捐情况、募得款物的管理使用情况。

第八十一条 慈善组织、慈善信托的受托人应当向受益人告知其资助标准、工作流程和工作规范等信息。

第八十二条 涉及国家秘密、商业秘密、个人隐私的信息以及捐赠人、慈善信托的委托人不同意公开的姓名、名称、住所、通讯方式等信息，不得公开。

第十章 促进措施

第八十三条 县级以上人民政府应当将慈善事业纳入国民经济和社会发展规划，制定促进慈善事业发展的政策和措施。

县级以上人民政府有关部门应当在各自职责范围内，向慈善组织、慈善信托的受托人等提供慈善需求信息，为慈善活动提供指导和帮助。

第八十四条 县级以上人民政府民政部门应当建立与其他部门之间的慈善信息共享机制。

第八十五条 国家鼓励、引导、支持有意愿有能力的自然人、法人和非法人组织积极参与慈善事业。

国家对慈善事业实施税收优惠政策，具体办法由国务院财政、税务部门会同民政部门依照税收法律、行政法规的规定制定。

第八十六条 慈善组织及其取得的收入依法享受税收优惠。

第八十七条 自然人、法人和非法人组织捐赠财产用于慈善活动的，依法享受税收优惠。企业慈善捐赠支出超过法律规定的准予在计算企业所得税应纳税所得额时当年扣除的部分，允许结转以后三年内在计算应纳税所得额时扣除。

境外捐赠用于慈善活动的物资，依法减征或者免征进口关税和进口环节增值税。

第八十八条 自然人、法人和非法人组织设立慈善信托开展慈善活动的，依法享受税收优惠。

第八十九条 受益人接受慈善捐赠，依法享受税收优惠。

第九十条 慈善组织、捐赠人、受益人依法享受税收优惠的，有关部门应当及时办理相关手续。

第九十一条 捐赠人向慈善组织捐赠实物、有价证券、股权和知识产权的，依法免征权利转让的相关行政事业性费用。

第九十二条 国家对开展扶贫济困、参与重大突发事件应对、参与重大国家战略的慈善活动，实行特殊的优惠政策。

第九十三条 慈善组织开展本法第三条第一项、第二项规定的慈善活动需要慈善服务设施用地的，可以依法申请使用国有划拨土地或者农村集体建设用地。慈善服务设施用地非经法定程序不得改变用途。

第九十四条 国家为慈善事业提供金融政策支持，鼓励金融机构为慈善组织、慈善信托提供融资和结算等金融服务。

第九十五条 各级人民政府及其有关部门可以依法通过购买服务等方式，支持符合条件的慈善组织向社会提供服务，并依照有关政府采购的法律法规向社会公开相关情况。

国家鼓励在慈善领域应用现代信息技术；鼓励社会力量通过公益创投、孵化培育、人员培训、项目指导等方式，为慈善组织提供资金支持和能力建设服务。

第九十六条　国家鼓励有条件的地方设立社区慈善组织，加强社区志愿者队伍建设，发展社区慈善事业。

第九十七条　国家采取措施弘扬慈善文化，培育公民慈善意识。

学校等教育机构应当将慈善文化纳入教育教学内容。国家鼓励高等学校培养慈善专业人才，支持高等学校和科研机构开展慈善理论研究。

广播、电视、报刊、互联网等媒体应当积极开展慈善公益宣传活动，普及慈善知识，传播慈善文化。

第九十八条　国家鼓励企业事业单位和其他组织为开展慈善活动提供场所和其他便利条件。

第九十九条　经受益人同意，捐赠人对其捐赠的慈善项目可以冠名纪念，法律法规规定需要批准的，从其规定。

第一百条　国家建立慈善表彰制度，对在慈善事业发展中做出突出贡献的自然人、法人和非法人组织，由县级以上人民政府或者有关部门予以表彰。

第一百零一条　县级以上人民政府民政等有关部门将慈善捐赠、志愿服务记录等信息纳入相关主体信用记录，健全信用激励制度。

第一百零二条　国家鼓励开展慈善国际交流与合作。

慈善组织接受境外慈善捐赠、与境外组织或者个人合作开展慈善活动的，根据国家有关规定履行批准、备案程序。

第十一章　监 督 管 理

第一百零三条　县级以上人民政府民政部门应当依法履行职责，对慈善活动进行监督检查，对慈善行业组织进行指导。

第一百零四条　县级以上人民政府民政部门对涉嫌违反本法规定的慈善组织、慈善信托的受托人，有权采取下列措施：

（一）对慈善组织、慈善信托的受托人的住所和慈善活动发生地进行现场检查；

（二）要求慈善组织、慈善信托的受托人作出说明，查阅、复制有关资料；

（三）向与慈善活动有关的单位和个人调查与监督管理有关的情况；

（四）经本级人民政府批准，可以查询慈善组织的金融账户；

（五）法律、行政法规规定的其他措施。

慈善组织、慈善信托的受托人涉嫌违反本法规定的，县级以上人民政府民政部门可以对有关负责人进行约谈，要求其说明情况、提出改进措施。

其他慈善活动参与者涉嫌违反本法规定的，县级以上人民政府民政部门可以会同有关部门调查和处理。

第一百零五条 县级以上人民政府民政部门对慈善组织、有关单位和个人进行检查或者调查时，检查人员或者调查人员不得少于二人，并应当出示合法证件和检查、调查通知书。

第一百零六条 县级以上人民政府民政部门应当建立慈善组织及其负责人、慈善信托的受托人信用记录制度，并向社会公布。

县级以上人民政府民政部门应当建立慈善组织评估制度，鼓励和支持第三方机构对慈善组织的内部治理、财务状况、项目开展情况以及信息公开等进行评估，并向社会公布评估结果。

第一百零七条 慈善行业组织应当建立健全行业规范，加强行业自律。

第一百零八条 任何单位和个人发现慈善组织、慈善信托有违法行为的，可以向县级以上人民政府民政部门、其他有关部门或者慈善行业组织投诉、举报。民政部门、其他有关部门或者慈善行业组织接到投诉、举报后，应当及时调查处理。

国家鼓励公众、媒体对慈善活动进行监督，对假借慈善名义或者假冒慈善组织骗取财产以及慈善组织、慈善信托的违法违规行为予以曝光，发挥舆论和社会监督作用。

第十二章　法律责任

第一百零九条 慈善组织有下列情形之一的，由县级以上人民政府民政部门责令限期改正，予以警告或者责令限期停止活动，并没收违法所得；情节严重的，吊销登记证书并予以公告：

（一）未按照慈善宗旨开展活动的；

（二）私分、挪用、截留或者侵占慈善财产的；

（三）接受附加违反法律法规或者违背社会公德条件的捐赠，或者对受益人附加违反法律法规或者违背社会公德的条件的。

第一百一十条 慈善组织有下列情形之一的，由县级以上人民政府民政部门责令限期改正，予以警告，并没收违法所得；逾期不改正的，责令限期停止活动并进行整改：

（一）违反本法第十四条规定造成慈善财产损失的；

（二）指定或者变相指定捐赠人、慈善组织管理人员的利害关系人作为受益人的；

（三）将不得用于投资的财产用于投资的；

（四）擅自改变捐赠财产用途的；

（五）因管理不善造成慈善财产重大损失的；

（六）开展慈善活动的年度支出、管理费用或者募捐成本违反规定的；

（七）未依法履行信息公开义务的；

（八）未依法报送年度工作报告、财务会计报告或者报备募捐方案的；

（九）泄露捐赠人、志愿者、受益人个人隐私以及捐赠人、慈善信托的委托人不同意公开的姓名、名称、住所、通讯方式等信息的。

慈善组织违反本法规定泄露国家秘密、商业秘密的，依照有关法律的规定予以处罚。

慈善组织有前两款规定的情形，经依法处理后一年内再出现前款规定的情形，或者有其他情节严重情形的，由县级以上人民政府民政部门吊销登记证书并予以公告。

第一百一十一条 慈善组织开展募捐活动有下列情形之一的，由县级以上人民政府民政部门予以警告，责令停止募捐活动；责令退还违法募集的财产，无法退还的，由民政部门予以收缴，转给其他慈善组织用于慈善目的；情节严重的，吊销公开募捐资格证书或者登记证书并予以公告，公开募捐资格证书被吊销的，五年内不得再次申请：

（一）通过虚构事实等方式欺骗、诱导募捐对象实施捐赠的；

（二）向单位或者个人摊派或者变相摊派的；

（三）妨碍公共秩序、企业生产经营或者居民生活的；

（四）与不具有公开募捐资格的组织或者个人合作，违反本法第二十六条规定的；

（五）通过互联网开展公开募捐，违反本法第二十七条规定的；

（六）为应对重大突发事件开展公开募捐，不及时分配、使用募得款物的。

第一百一十二条 慈善组织有本法第一百零九条、第一百一十条、第一百一十一条规定情形的，由县级以上人民政府民政部门对直接负责的主管人员和其他直接责任人员处二万元以上二十万元以下罚款，并没收违法所得；情节严重的，禁止其一年至五年内担任慈善组织的管理人员。

第一百一十三条 不具有公开募捐资格的组织或者个人擅自开展公开募捐的，由县级以上人民政府民政部门予以警告，责令停止募捐活动；责令退还违法募集的财产，无法退还的，由民政部门予以收缴，转给慈善组织用于慈善目的；情节严重的，对有关组织或者个人处二万元以上二十万元以下罚款。

自然人、法人或者非法人组织假借慈善名义或者假冒慈善组织骗取财产的，由公安机关依法查处。

第一百一十四条 互联网公开募捐服务平台违反本法第二十七条规定的，由省级以上人民政府民政部门责令限期改正；逾期不改正的，由国务院民政部门取消指定。

未经指定的互联网信息服务提供者擅自提供互联网公开募捐服务的，由县级以上人民政府民政部门责令限期改正；逾期不改正的，由县级以上人民政府民政部门会同网信、工业和信息化部门依法进行处理。

广播、电视、报刊以及网络服务提供者、电信运营商未依法履行验证义务的，由其主管部门责令限期改正，予以警告；逾期不改正的，予以通报批评。

第一百一十五条 慈善组织不依法向捐赠人开具捐赠票据、不依法向志愿者出具志愿服务记录证明或者不及时主动向捐赠人反馈有关情况的，由县级以上人民政府民政部门予以警告，责令限期改正；逾期不改正的，责令限期停止活动。

第一百一十六条 慈善组织弄虚作假骗取税收优惠的，由税务机关依法查处；情节严重的，由县级以上人民政府民政部门吊销登记证书并予以公告。

第一百一十七条 慈善组织从事、资助危害国家安全或者社会公共利益活动的，由有关机关依法查处，由县级以上人民政府民政部门吊销登记证书并予以公告。

第一百一十八条 慈善信托的委托人、受托人有下列情形之一的，由县级以上人民政府民政部门责令限期改正，予以警告，并没收违法所得；对直接负责的主管人员和其他直接责任人员处二万元以上二十万元以下罚款：

（一）将信托财产及其收益用于非慈善目的的；

（二）指定或者变相指定委托人、受托人及其工作人员的利害关系人作为受益人的；

（三）未按照规定将信托事务处理情况及财务状况向民政部门报告的；

（四）违反慈善信托的年度支出或者管理费用标准的；

（五）未依法履行信息公开义务的。

第一百一十九条 慈善服务过程中，因慈善组织或者志愿者过错造成受益人、第三人损害的，慈善组织依法承担赔偿责任；损害是由志愿者故意或者重大过失造成的，慈善组织可以向其追偿。

志愿者在参与慈善服务过程中，因慈善组织过错受到损害的，慈善组织依法承担赔偿责任；损害是由不可抗力造成的，慈善组织应当给予适当补偿。

第一百二十条 县级以上人民政府民政部门和其他有关部门及其工作人员有下列情形之一的，由上级机关或者监察机关责令改正；依法应当给予处分的，由任免机关或者监察机关对直接负责的主管人员和其他直接责任人员给予处分：

（一）未依法履行信息公开义务的；

（二）摊派或者变相摊派捐赠任务，强行指定志愿者、慈善组织提供服务的；

（三）未依法履行监督管理职责的；

（四）违法实施行政强制措施和行政处罚的；

（五）私分、挪用、截留或者侵占慈善财产的；

（六）其他滥用职权、玩忽职守、徇私舞弊的行为。

第一百二十一条 违反本法规定，构成违反治安管理行为的，由公安机关依法给予治安管理处罚；构成犯罪的，依法追究刑事责任。

第十三章 附 则

第一百二十二条 城乡社区组织、单位可以在本社区、单位内部开展群众性互助互济活动。

第一百二十三条 慈善组织以外的其他组织可以开展力所能及的慈善活动。

第一百二十四条 个人因疾病等原因导致家庭经济困难，向社会发布求助信息的，求助人和信息发布人应当对信息真实性负责，不得通过虚构、隐瞒事实等方式骗取救助。

从事个人求助网络服务的平台应当经国务院民政部门指定，对通过其发布的求助信息真实性进行查验，并及时、全面向社会公开相关信息。具体管理办法由国务院民政部门会同网信、工业和信息化等部门另行制定。

第一百二十五条 本法自2016年9月1日起施行。

中华人民共和国公司法

（1993年12月29日第八届全国人民代表大会常务委员会第五次会议通过　根据1999年12月25日第九届全国人民代表大会常务委员会第十三次会议《关于修改〈中华人民共和国公司法〉的决定》第一次修正　根据2004年8月28日第十届全国人民代表大会常务委员会第十一次会议《关于修改〈中华人民共和国公司法〉的决定》第二次修正　2005年10月27日第十届全国人民代表大会常务委员会第十八次会议第一次修订　根据2013年12月28日第十二届全国人民代表大会常务委员会第六次会议《关于修改〈中华人民共和国海洋环境保护法〉等七部法律的决定》第三次修正　根据2018年10月26日第十三届全国人民代表大会常务委员会第六次会议《关于修改〈中华人民共和国公司法〉的决定》第四次修正　2023年12月29日第十四届全国人民代表大会常务委员会第七次会议第二次修订）

目　　录

第一章　总　　则

第一条　为了规范公司的组织和行为，保护公司、股东、职工和债权人的合法权益，完善中国特色现代企业制度，弘扬企业家精神，维护社会经济秩序，促进社会主义市场经济的发展，根据宪法，制定本法。

第二条　本法所称公司，是指依照本法在中华人民共和国境内设立的有限责任公司和股份有限公司。

第三条　公司是企业法人，有独立的法人财产，享有法人财产权。公司以其全部财产对公司的债务承担责任。

公司的合法权益受法律保护，不受侵犯。

第四条　有限责任公司的股东以其认缴的出资额为限对公司承担责任；股份有限公司的股东以其认购的股份为限对公司承担责任。

公司股东对公司依法享有资产收益、参与重大决策和选择管理者等权利。

第五条　设立公司应当依法制定公司章程。公司章程对公司、股东、董事、监事、高级管理人员具有约束力。

第六条　公司应当有自己的名称。公司名称应当符合国家有关规定。

公司的名称权受法律保护。

第七条　依照本法设立的有限责任公司，应当在公司名称中标明有限责任公司或者有限公司字样。

依照本法设立的股份有限公司，应当在公司名称中标明股份有限公司或者股份公司字样。

第八条　公司以其主要办事机构所在地为住所。

第九条　公司的经营范围由公司章程规定。公司可以修改公司章程，变更经营范围。

公司的经营范围中属于法律、行政法规规定须经批准的项目，应当依法经过批准。

第十条 公司的法定代表人按照公司章程的规定，由代表公司执行公司事务的董事或者经理担任。

担任法定代表人的董事或者经理辞任的，视为同时辞去法定代表人。

法定代表人辞任的，公司应当在法定代表人辞任之日起三十日内确定新的法定代表人。

第十一条 法定代表人以公司名义从事的民事活动，其法律后果由公司承受。

公司章程或者股东会对法定代表人职权的限制，不得对抗善意相对人。

法定代表人因执行职务造成他人损害的，由公司承担民事责任。公司承担民事责任后，依照法律或者公司章程的规定，可以向有过错的法定代表人追偿。

第十二条 有限责任公司变更为股份有限公司，应当符合本法规定的股份有限公司的条件。股份有限公司变更为有限责任公司，应当符合本法规定的有限责任公司的条件。

有限责任公司变更为股份有限公司的，或者股份有限公司变更为有限责任公司的，公司变更前的债权、债务由变更后的公司承继。

第十三条 公司可以设立子公司。子公司具有法人资格，依法独立承担民事责任。

公司可以设立分公司。分公司不具有法人资格，其民事责任由公司承担。

第十四条 公司可以向其他企业投资。

法律规定公司不得成为对所投资企业的债务承担连带责任的出资人的，从其规定。

第十五条 公司向其他企业投资或者为他人提供担保，按照公司章程的规定，由董事会或者股东会决议；公司章程对投资或者担保的总额及单项投资或者担保的数额有限额规定的，不得超过规定的限额。

公司为公司股东或者实际控制人提供担保的，应当经股东会决议。

前款规定的股东或者受前款规定的实际控制人支配的股东，不得参加前款规定事项的表决。该项表决由出席会议的其他股东所持表决权的过半数通过。

第十六条 公司应当保护职工的合法权益，依法与职工签订劳动合同，参加社会保险，加强劳动保护，实现安全生产。

公司应当采用多种形式，加强公司职工的职业教育和岗位培训，提高职工素质。

第十七条 公司职工依照《中华人民共和国工会法》组织工会，开展工会活动，维护职工合法权益。公司应当为本公司工会提供必要的活动条件。公司工会代表职工就职工的劳动报酬、工作时间、休息休假、劳动安全卫生和保险福利等事项依法与公司签订集体合同。

公司依照宪法和有关法律的规定，建立健全以职工代表大会为基本形式的民主管理制度，通过职工代表大会或者其他形式，实行民主管理。

公司研究决定改制、解散、申请破产以及经营方面的重大问题、制定重要的规章制度时，应当听取公司工会的意见，并通过职工代表大会或者其他形式听取职工的意见和建议。

第十八条 在公司中，根据中国共产党章程的规定，设立中国共产党的组织，开展党的活动。公司应当为党组织的活动提供必要条件。

第十九条 公司从事经营活动，应当遵守法律法规，遵守社会公德、商业道德，诚实守信，接受政府和社会公众的监督。

第二十条 公司从事经营活动，应当充分考虑公司职工、消费者等利益相关者的利益以及生态环境保护等社会公共利益，承担社会责任。

国家鼓励公司参与社会公益活动，公布社会责任报告。

第二十一条 公司股东应当遵守法律、行政法规和公司章程，依法行使股东权利，不得滥用股东权利损害公司或者其他股东的利益。

公司股东滥用股东权利给公司或者其他股东造成损失的，应当承担赔偿责任。

第二十二条 公司的控股股东、实际控制人、董事、监事、高级管理人员不得利用关联关系损害公司利益。

违反前款规定，给公司造成损失的，应当承担赔偿责任。

第二十三条 公司股东滥用公司法人独立地位和股东有限责任，逃避债务，严重损害公司债权人利益的，应当对公司债务承担连带责任。

股东利用其控制的两个以上公司实施前款规定行为的，各公司应当对任一公司的债务承担连带责任。

只有一个股东的公司，股东不能证明公司财产独立于股东自己的财产的，应当对公司债务承担连带责任。

第二十四条 公司股东会、董事会、监事会召开会议和表决可以采用电子通信方式，公司章程另有规定的除外。

第二十五条 公司股东会、董事会的决议内容违反法律、行政法规的无效。

第二十六条 公司股东会、董事会的会议召集程序、表决方式违反法律、行政法规或者公司章程，或者决议内容违反公司章程的，股东自决议作出之日起六十日内，可以请求人民法院撤销。但是，股东会、董事会的会议召集程序或者表决方式仅有轻微瑕疵，对决议未产生实质影响的除外。

未被通知参加股东会会议的股东自知道或者应当知道股东会决议作出之日起六十日内，可以请求人民法院撤销；自决议作出之日起一年内没有行使撤销权的，撤销权消灭。

第二十七条 有下列情形之一的，公司股东会、董事会的决议不成立：

（一）未召开股东会、董事会会议作出决议；

（二）股东会、董事会会议未对决议事项进行表决；

（三）出席会议的人数或者所持表决权数未达到本法或者公司章程规定的人数或者所持表决权数；

（四）同意决议事项的人数或者所持表决权数未达到本法或者公司章程规定的人数或者所持表决权数。

第二十八条 公司股东会、董事会决议被人民法院宣告无效、撤销或者确认不成立的，公司应当向公司登记机关申请撤销根据该决议已办理的登记。

股东会、董事会决议被人民法院宣告无效、撤销或者确认不成立的，公司根据该决议与善意相对人形成的民事法律关系不受影响。

第二章 公司登记

第二十九条 设立公司，应当依法向公司登记机关申请设立登记。

法律、行政法规规定设立公司必须报经批准的，应当在公司登记前依法办理批准手续。

第三十条 申请设立公司，应当提交设立登记申请书、公司章程等文件，提交的相关材料应当真实、合法和有效。

申请材料不齐全或者不符合法定形式的，公司登记机关应当一次性告知需要补正的材料。

第三十一条 申请设立公司，符合本法规定的设立条件的，由公司登记机关分别登记为有限责任公司或者股份有限公司；不符合本法规定的设立条件的，不得登记为有限责任公司或者股份有限公司。

第三十二条 公司登记事项包括：

（一）名称；

（二）住所；

（三）注册资本；

（四）经营范围；

（五）法定代表人的姓名；

（六）有限责任公司股东、股份有限公司发起人的姓名或者名称。

公司登记机关应当将前款规定的公司登记事项通过国家企业信用信息公示系统向社会公示。

第三十三条 依法设立的公司，由公司登记机关发给公司营业执照。公司营业执照签发日期为公司成立日期。

公司营业执照应当载明公司的名称、住所、注册资本、经营范围、法定代表人姓名等事项。

公司登记机关可以发给电子营业执照。电子营业执照与纸质营业执照具有同等法律效力。

第三十四条 公司登记事项发生变更的，应当依法办理变更登记。

公司登记事项未经登记或者未经变更登记，不得对抗善意相对人。

第三十五条 公司申请变更登记，应当向公司登记机关提交公司法定代表人签署的变更登记申请书、依法作出的变更决议或者决定等文件。

公司变更登记事项涉及修改公司章程的，应当提交修改后的公司章程。

公司变更法定代表人的，变更登记申请书由变更后的法定代表人签署。

第三十六条 公司营业执照记载的事项发生变更的，公司办理变更登记后，由公司登记机关换发营业执照。

第三十七条 公司因解散、被宣告破产或者其他法定事由需要终止的，应当依法向公司登记机关申请注销登记，由公司登记机关公告公司终止。

第三十八条 公司设立分公司，应当向公司登记机关申请登记，领取营业执照。

第三十九条 虚报注册资本、提交虚假材料或者采取其他欺诈手段隐瞒重要事实取得公司设立登记的，公司登记机关应当依照法律、行政法规的规定予以撤销。

第四十条　公司应当按照规定通过国家企业信用信息公示系统公示下列事项：

（一）有限责任公司股东认缴和实缴的出资额、出资方式和出资日期，股份有限公司发起人认购的股份数；

（二）有限责任公司股东、股份有限公司发起人的股权、股份变更信息；

（三）行政许可取得、变更、注销等信息；

（四）法律、行政法规规定的其他信息。

公司应当确保前款公示信息真实、准确、完整。

第四十一条　公司登记机关应当优化公司登记办理流程，提高公司登记效率，加强信息化建设，推行网上办理等便捷方式，提升公司登记便利化水平。

国务院市场监督管理部门根据本法和有关法律、行政法规的规定，制定公司登记注册的具体办法。

第三章　有限责任公司的设立和组织机构

第一节　设　　立

第四十二条　有限责任公司由一个以上五十个以下股东出资设立。

第四十三条　有限责任公司设立时的股东可以签订设立协议，明确各自在公司设立过程中的权利和义务。

第四十四条　有限责任公司设立时的股东为设立公司从事的民事活动，其法律后果由公司承受。

公司未成立的，其法律后果由公司设立时的股东承受；设立时的股东为二人以上的，享有连带债权，承担连带债务。

设立时的股东为设立公司以自己的名义从事民事活动产生的民事责任，第三人有权选择请求公司或者公司设立时的股东承担。

设立时的股东因履行公司设立职责造成他人损害的，公司或者无过错的股东承担赔偿责任后，可以向有过错的股东追偿。

第四十五条　设立有限责任公司，应当由股东共同制定公司章程。

第四十六条　有限责任公司章程应当载明下列事项：

（一）公司名称和住所；

（二）公司经营范围；

（三）公司注册资本；

（四）股东的姓名或者名称；

（五）股东的出资额、出资方式和出资日期；

（六）公司的机构及其产生办法、职权、议事规则；

（七）公司法定代表人的产生、变更办法；

（八）股东会认为需要规定的其他事项。

股东应当在公司章程上签名或者盖章。

第四十七条 有限责任公司的注册资本为在公司登记机关登记的全体股东认缴的出资额。全体股东认缴的出资额由股东按照公司章程的规定自公司成立之日起五年内缴足。

法律、行政法规以及国务院决定对有限责任公司注册资本实缴、注册资本最低限额、股东出资期限另有规定的，从其规定。

第四十八条 股东可以用货币出资，也可以用实物、知识产权、土地使用权、股权、债权等可以用货币估价并可以依法转让的非货币财产作价出资；但是，法律、行政法规规定不得作为出资的财产除外。

对作为出资的非货币财产应当评估作价，核实财产，不得高估或者低估作价。法律、行政法规对评估作价有规定的，从其规定。

第四十九条 股东应当按期足额缴纳公司章程规定的各自所认缴的出资额。

股东以货币出资的，应当将货币出资足额存入有限责任公司在银行开设的账户；以非货币财产出资的，应当依法办理其财产权的转移手续。

股东未按期足额缴纳出资的，除应当向公司足额缴纳外，还应当对给公司造成的损失承担赔偿责任。

第五十条 有限责任公司设立时，股东未按照公司章程规定实际缴纳出资，或者实际出资的非货币财产的实际价额显著低于所认缴的出资额的，设立时的其他股东与该股东在出资不足的范围内承担连带责任。

第五十一条 有限责任公司成立后，董事会应当对股东的出资情况进行核查，发现股东未按期足额缴纳公司章程规定的出资的，应当由公司向该股东发出书面催缴书，催缴出资。

未及时履行前款规定的义务，给公司造成损失的，负有责任的董事应当承担赔偿责任。

第五十二条 股东未按照公司章程规定的出资日期缴纳出资，公司依照前条第一款规定发出书面催缴书催缴出资的，可以载明缴纳出资的宽限期；宽限期自公司发出催缴书之日起，不得少于六十日。宽限期届满，股东仍未履行出资义务的，公司经董事会决议可以向该股东发出失权通知，通知应当以书面形式发出。自通知发出之日起，该股东丧失其未缴纳出资的股权。

依照前款规定丧失的股权应当依法转让，或者相应减少注册资本并注销该股权；六个月内未转让或者注销的，由公司其他股东按照其出资比例足额缴纳相应出资。

股东对失权有异议的，应当自接到失权通知之日起三十日内，向人民法院提起诉讼。

第五十三条 公司成立后，股东不得抽逃出资。

违反前款规定的，股东应当返还抽逃的出资；给公司造成损失的，负有责任的董事、监事、高级管理人员应当与该股东承担连带赔偿责任。

第五十四条 公司不能清偿到期债务的，公司或者已到期债权的债权人有权要求已认缴出资但未届出资期限的股东提前缴纳出资。

第五十五条 有限责任公司成立后，应当向股东签发出资证明书，记载下列事项：

（一）公司名称；

（二）公司成立日期；

（三）公司注册资本；

（四）股东的姓名或者名称、认缴和实缴的出资额、出资方式和出资日期；

（五）出资证明书的编号和核发日期。

出资证明书由法定代表人签名，并由公司盖章。

第五十六条 有限责任公司应当置备股东名册，记载下列事项：

（一）股东的姓名或者名称及住所；

（二）股东认缴和实缴的出资额、出资方式和出资日期；

（三）出资证明书编号；

（四）取得和丧失股东资格的日期。

记载于股东名册的股东，可以依股东名册主张行使股东权利。

第五十七条 股东有权查阅、复制公司章程、股东名册、股东会会议记录、董事会会议决议、监事会会议决议和财务会计报告。

股东可以要求查阅公司会计账簿、会计凭证。股东要求查阅公司会计账簿、会计凭证的，应当向公司提出书面请求，说明目的。公司有合理根据认为股东查阅会计账簿、会计凭证有不正当目的，可能损害公司合法利益的，可以拒绝提供查阅，并应当自股东提出书面请求之日起十五日内书面答复股东并说明理由。公司拒绝提供查阅的，股东可以向人民法院提起诉讼。

股东查阅前款规定的材料，可以委托会计师事务所、律师事务所等中介机构进行。

股东及其委托的会计师事务所、律师事务所等中介机构查阅、复制有关材料，应当遵守有关保护国家秘密、商业秘密、个人隐私、个人信息等法律、行政法规的规定。

股东要求查阅、复制公司全资子公司相关材料的，适用前四款的规定。

第二节　组织机构

第五十八条　有限责任公司股东会由全体股东组成。股东会是公司的权力机构，依照本法行使职权。

第五十九条　股东会行使下列职权：

（一）选举和更换董事、监事，决定有关董事、监事的报酬事项；

（二）审议批准董事会的报告；

（三）审议批准监事会的报告；

（四）审议批准公司的利润分配方案和弥补亏损方案；

（五）对公司增加或者减少注册资本作出决议；

（六）对发行公司债券作出决议；

（七）对公司合并、分立、解散、清算或者变更公司形式作出决议；

（八）修改公司章程；

（九）公司章程规定的其他职权。

股东会可以授权董事会对发行公司债券作出决议。

对本条第一款所列事项股东以书面形式一致表示同意的，可以不召开股东会会议，直接作出决定，并由全体股东在决定文件上签名或者盖章。

第六十条　只有一个股东的有限责任公司不设股东会。股东作出前条第一款所列事项的决定时，应当采用书面形式，并由股东签名或者盖章后置备于公司。

第六十一条　首次股东会会议由出资最多的股东召集和主持，依照本法规定行使职权。

第六十二条　股东会会议分为定期会议和临时会议。

定期会议应当按照公司章程的规定按时召开。代表十分之一以上表决权的股东、三分之一以上的董事或者监事会提议召开临时会议的，应当召开临时会议。

第六十三条　股东会会议由董事会召集，董事长主持；董事长不能履行职务或者不履行职务的，由副董事长主持；副董事长不能履行职务或者不履行职务的，由过半数的董事共同推举一名董事主持。

董事会不能履行或者不履行召集股东会会议职责的，由监事会召集和主持；监事会不召集和主持的，代表十分之一以上表决权的股东可以自行召集和主持。

第六十四条 召开股东会会议，应当于会议召开十五日前通知全体股东；但是，公司章程另有规定或者全体股东另有约定的除外。

股东会应当对所议事项的决定作成会议记录，出席会议的股东应当在会议记录上签名或者盖章。

第六十五条 股东会会议由股东按照出资比例行使表决权；但是，公司章程另有规定的除外。

第六十六条 股东会的议事方式和表决程序，除本法有规定的外，由公司章程规定。

股东会作出决议，应当经代表过半数表决权的股东通过。

股东会作出修改公司章程、增加或者减少注册资本的决议，以及公司合并、分立、解散或者变更公司形式的决议，应当经代表三分之二以上表决权的股东通过。

第六十七条 有限责任公司设董事会，本法第七十五条另有规定的除外。

董事会行使下列职权：

（一）召集股东会会议，并向股东会报告工作；

（二）执行股东会的决议；

（三）决定公司的经营计划和投资方案；

（四）制订公司的利润分配方案和弥补亏损方案；

（五）制订公司增加或者减少注册资本以及发行公司债券的方案；

（六）制订公司合并、分立、解散或者变更公司形式的方案；

（七）决定公司内部管理机构的设置；

（八）决定聘任或者解聘公司经理及其报酬事项，并根据经理的提名决定聘任或者解聘公司副经理、财务负责人及其报酬事项；

（九）制定公司的基本管理制度；

（十）公司章程规定或者股东会授予的其他职权。

公司章程对董事会职权的限制不得对抗善意相对人。

第六十八条 有限责任公司董事会成员为三人以上，其成员中可以有公司职工代表。职工人数三百人以上的有限责任公司，除依法设监事会并有公司职工代表的外，其董事会成员中应当有公司职工代表。董事会中的职工代表由公司职工通过职工代表大会、职工大会或者其他形式民主选举产生。

董事会设董事长一人，可以设副董事长。董事长、副董事长的产生办法由公司章程规定。

第六十九条 有限责任公司可以按照公司章程的规定在董事会中设置由董事组成的审计委员会，行使本法规定的监事会的职权，不设监事会或者监事。公司董事会成员中的职工代表可以成为审计委员会成员。

第七十条 董事任期由公司章程规定，但每届任期不得超过三年。董事任期届满，连选可以连任。

董事任期届满未及时改选，或者董事在任期内辞任导致董事会成员低于法定人数的，在改选出的董事就任前，原董事仍应当依照法律、行政法规和公司章程的规定，履行董事职务。

董事辞任的，应当以书面形式通知公司，公司收到通知之日辞任生效，但存在前款规定情形的，董事应当继续履行职务。

第七十一条 股东会可以决议解任董事，决议作出之日解任生效。

无正当理由，在任期届满前解任董事的，该董事可以要求公司予以赔偿。

第七十二条 董事会会议由董事长召集和主持；董事长不能履行职务或者不履行职务的，由副董事长召集和主持；副董事长不能履行职务或者不履行职务的，由过半数的董事共同推举一名董事召集和主持。

第七十三条 董事会的议事方式和表决程序，除本法有规定的外，由公司章程规定。

董事会会议应当有过半数的董事出席方可举行。董事会作出决议，应当经全体董事的过半数通过。

董事会决议的表决，应当一人一票。

董事会应当对所议事项的决定作成会议记录，出席会议的董事应当在会议记录上签名。

第七十四条 有限责任公司可以设经理，由董事会决定聘任或者解聘。

经理对董事会负责，根据公司章程的规定或者董事会的授权行使职权。经理列席董事会会议。

第七十五条 规模较小或者股东人数较少的有限责任公司，可以不设董事会，设一名董事，行使本法规定的董事会的职权。该董事可以兼任公司经理。

第七十六条 有限责任公司设监事会，本法第六十九条、第八十三条另有规定的除外。

监事会成员为三人以上。监事会成员应当包括股东代表和适当比例的公司职工代表，其中职工代表的比例不得低于三分之一，具体比例由公司章程规定。监事会中的职工代表由公司职工通过职工代表大会、职工大会或者其他形式民主选举产生。

监事会设主席一人，由全体监事过半数选举产生。监事会主席召集和主持监事会会议；监事会主席不能履行职务或者不履行职务的，由过半数的监事共同推举一名监事召集和主持监事会会议。

董事、高级管理人员不得兼任监事。

第七十七条 监事的任期每届为三年。监事任期届满，连选可以连任。

监事任期届满未及时改选，或者监事在任期内辞任导致监事会成员低于法定人数的，在改选出的监事就任前，原监事仍应当依照法律、行政法规和公司章程的规定，履行监事职务。

第七十八条 监事会行使下列职权：

（一）检查公司财务；

（二）对董事、高级管理人员执行职务的行为进行监督，对违反法律、行政法规、公司章程或者股东会决议的董事、高级管理人员提出解任的建议；

（三）当董事、高级管理人员的行为损害公司的利益时，要求董事、高级管理人员予以纠正；

（四）提议召开临时股东会会议，在董事会不履行本法规定的召集和主持股东会会议职责时召集和主持股东会会议；

（五）向股东会会议提出提案；

（六）依照本法第一百八十九条的规定，对董事、高级管理人员提起诉讼；

（七）公司章程规定的其他职权。

第七十九条 监事可以列席董事会会议，并对董事会决议事项提出质询或者建议。

监事会发现公司经营情况异常，可以进行调查；必要时，可以聘请会计师事务所等协助其工作，费用由公司承担。

第八十条 监事会可以要求董事、高级管理人员提交执行职务的报告。

董事、高级管理人员应当如实向监事会提供有关情况和资料，不得妨碍监事会或者监事行使职权。

第八十一条 监事会每年度至少召开一次会议，监事可以提议召开临时监事会会议。

监事会的议事方式和表决程序，除本法有规定的外，由公司章程规定。

监事会决议应当经全体监事的过半数通过。

监事会决议的表决，应当一人一票。

监事会应当对所议事项的决定作成会议记录，出席会议的监事应当在会议记录上签名。

第八十二条 监事会行使职权所必需的费用，由公司承担。

第八十三条 规模较小或者股东人数较少的有限责任公司，可以不设监事会，设一名监事，行使本法规定的监事会的职权；经全体股东一致同意，也可以不设监事。

第四章　有限责任公司的股权转让

第八十四条 有限责任公司的股东之间可以相互转让其全部或者部分股权。

股东向股东以外的人转让股权的，应当将股权转让的数量、价格、支付方式和期限等事项书面通知其他股东，其他股东在同等条件下有优先购买权。股东自接到书面通知之日起三十日内未答复的，视为放弃优先购买权。两个以上股东行使优先购买权的，协商确定各自的购买比例；协商不成的，按照转让时各自的出资比例行使优先购买权。

公司章程对股权转让另有规定的，从其规定。

第八十五条 人民法院依照法律规定的强制执行程序转让股东的股权时，应当通知公司及全体股东，其他股东在同等条件下有优先购买权。其他股东自人民法院通知之日起满二十日不行使优先购买权的，视为放弃优先购买权。

第八十六条 股东转让股权的，应当书面通知公司，请求变更股东名册；需要办理变更登记的，并请求公司向公司登记机关办理变更登记。公司拒绝或者在合理期限内不予答复的，转让人、受让人可以依法向人民法院提起诉讼。

股权转让的，受让人自记载于股东名册时起可以向公司主张行使股东权利。

第八十七条 依照本法转让股权后，公司应当及时注销原股东的出资证明书，向新股东签发出资证明书，并相应修改公司章程和股东名册中有关股东及其出资额的记载。对公司章程的该项修改不需再由股东会表决。

第八十八条 股东转让已认缴出资但未届出资期限的股权的，由受让人承担缴纳该出资的义务；受让人未按期足额缴纳出资的，转让人对受让人未按期缴纳的出资承担补充责任。

未按照公司章程规定的出资日期缴纳出资或者作为出资的非货币财产的实际价额显著低于所认缴的出资额的股东转让股权的，转让人与受让人在出资不足的范围内承担连带责任；受让人不知道且不应当知道存在上述情形的，由转让人承担责任。

第八十九条 有下列情形之一的，对股东会该项决议投反对票的股东可以请求公司按照合理的价格收购其股权：

（一）公司连续五年不向股东分配利润，而公司该五年连续盈利，并且符合本法规定的分配利润条件；

（二）公司合并、分立、转让主要财产；

（三）公司章程规定的营业期限届满或者章程规定的其他解散事由出现，股东会通过决议修改章程使公司存续。

自股东会决议作出之日起六十日内，股东与公司不能达成股权收购协议的，股东可以自股东会决议作出之日起九十日内向人民法院提起诉讼。

公司的控股股东滥用股东权利，严重损害公司或者其他股东利益的，其他股东有权请求公司按照合理的价格收购其股权。

公司因本条第一款、第三款规定的情形收购的本公司股权，应当在六个月内依法转让或者注销。

第九十条 自然人股东死亡后，其合法继承人可以继承股东资格；但是，公司章程另有规定的除外。

第五章 股份有限公司的设立和组织机构

第一节 设 立

第九十一条 设立股份有限公司，可以采取发起设立或者募集设立的方式。

发起设立，是指由发起人认购设立公司时应发行的全部股份而设立公司。

募集设立，是指由发起人认购设立公司时应发行股份的一部分，其余股份向特定对象募集或者向社会公开募集而设立公司。

第九十二条 设立股份有限公司，应当有一人以上二百人以下为发起人，其中应当有半数以上的发起人在中华人民共和国境内有住所。

第九十三条 股份有限公司发起人承担公司筹办事务。

发起人应当签订发起人协议，明确各自在公司设立过程中的权利和义务。

第九十四条 设立股份有限公司，应当由发起人共同制订公司章程。

第九十五条 股份有限公司章程应当载明下列事项：

（一）公司名称和住所；

（二）公司经营范围；

（三）公司设立方式；

（四）公司注册资本、已发行的股份数和设立时发行的股份数，面额股的每股金额；

（五）发行类别股的，每一类别股的股份数及其权利和义务；

（六）发起人的姓名或者名称、认购的股份数、出资方式；

（七）董事会的组成、职权和议事规则；

（八）公司法定代表人的产生、变更办法；

（九）监事会的组成、职权和议事规则；

（十）公司利润分配办法；

（十一）公司的解散事由与清算办法；

（十二）公司的通知和公告办法；

（十三）股东会认为需要规定的其他事项。

第九十六条 股份有限公司的注册资本为在公司登记机关登记的已发行股份的股本总额。在发起人认购的股份缴足前，不得向他人募集股份。

法律、行政法规以及国务院决定对股份有限公司注册资本最低限额另有规定的，从其规定。

第九十七条 以发起设立方式设立股份有限公司的，发起人应当认足公司章程规定的公司设立时应发行的股份。

以募集设立方式设立股份有限公司的，发起人认购的股份不得少于公司章程规定的公司设立时应发行股份总数的百分之三十五；但是，法律、行政法规另有规定的，从其规定。

第九十八条 发起人应当在公司成立前按照其认购的股份全额缴纳股款。

发起人的出资，适用本法第四十八条、第四十九条第二款关于有限责任公司股东出资的规定。

第九十九条 发起人不按照其认购的股份缴纳股款，或者作为出资的非货币财产的实际价额显著低于所认购的股份的，其他发起人与该发起人在出资不足的范围内承担连带责任。

第一百条 发起人向社会公开募集股份，应当公告招股说明书，并制作认股书。认股书应当载明本法第一百五十四条第二款、第三款所列事项，由认股人填写认购的股份数、金额、住所，并签名或者盖章。认股人应当按照所认购股份足额缴纳股款。

第一百零一条 向社会公开募集股份的股款缴足后，应当经依法设立的验资机构验资并出具证明。

第一百零二条 股份有限公司应当制作股东名册并置备于公司。股东名册应当记载下列事项：

（一）股东的姓名或者名称及住所；

（二）各股东所认购的股份种类及股份数；

（三）发行纸面形式的股票的，股票的编号；

（四）各股东取得股份的日期。

第一百零三条 募集设立股份有限公司的发起人应当自公司设立时应发行股份的股款缴足之日起三十日内召开公司成立大会。发起人应当在成立大会召开十五日前将会议日期通知各认股人或者予以公告。成立大会应当有持有表决权过半数的认股人出席，方可举行。

以发起设立方式设立股份有限公司成立大会的召开和表决程序由公司章程或者发起人协议规定。

第一百零四条 公司成立大会行使下列职权：

（一）审议发起人关于公司筹办情况的报告；

（二）通过公司章程；

（三）选举董事、监事；

（四）对公司的设立费用进行审核；

（五）对发起人非货币财产出资的作价进行审核；

（六）发生不可抗力或者经营条件发生重大变化直接影响公司设立的，可以作出不设立公司的决议。

成立大会对前款所列事项作出决议，应当经出席会议的认股人所持表决权过半数通过。

第一百零五条 公司设立时应发行的股份未募足，或者发行股份的股款缴足后，发起人在三十日内未召开成立大会的，认股人可以按照所缴股款并加算银行同期存款利息，要求发起人返还。

发起人、认股人缴纳股款或者交付非货币财产出资后，除未按期募足股份、发起人未按期召开成立大会或者成立大会决议不设立公司的情形外，不得抽回其股本。

第一百零六条 董事会应当授权代表，于公司成立大会结束后三十日内向公司登记机关申请设立登记。

第一百零七条 本法第四十四条、第四十九条第三款、第五十一条、第五十二条、第五十三条的规定，适用于股份有限公司。

第一百零八条 有限责任公司变更为股份有限公司时，折合的实收股本总额不得高于公司净资产额。有限责任公司变更为股份有限公司，为增加注册资本公开发行股份时，应当依法办理。

第一百零九条 股份有限公司应当将公司章程、股东名册、股东会会议记录、董事会会议记录、监事会会议记录、财务会计报告、债券持有人名册置备于本公司。

第一百一十条 股东有权查阅、复制公司章程、股东名册、股东会会议记录、董事会会议决议、监事会会议决议、财务会计报告，对公司的经营提出建议或者质询。

连续一百八十日以上单独或者合计持有公司百分之三以上股份的股东要求查阅公司的会计账簿、会计凭证的，适用本法第五十七条第二款、第三款、第四款的规定。公司章程对持股比例有较低规定的，从其规定。

股东要求查阅、复制公司全资子公司相关材料的，适用前两款的规定。

上市公司股东查阅、复制相关材料的，应当遵守《中华人民共和国证券法》等法律、行政法规的规定。

第二节　股　东　会

第一百一十一条 股份有限公司股东会由全体股东组成。股东会是公司的权力机构，依照本法行使职权。

第一百一十二条 本法第五十九条第一款、第二款关于有限责任公司股东会职权的规定，适用于股份有限公司股东会。

本法第六十条关于只有一个股东的有限责任公司不设股东会的规定，适用于只有一个股东的股份有限公司。

第一百一十三条 股东会应当每年召开一次年会。有下列情形之一的，应当在两个月内召开临时股东会会议：

（一）董事人数不足本法规定人数或者公司章程所定人数的三分之

二时；

（二）公司未弥补的亏损达股本总额三分之一时；

（三）单独或者合计持有公司百分之十以上股份的股东请求时；

（四）董事会认为必要时；

（五）监事会提议召开时；

（六）公司章程规定的其他情形。

第一百一十四条 股东会会议由董事会召集，董事长主持；董事长不能履行职务或者不履行职务的，由副董事长主持；副董事长不能履行职务或者不履行职务的，由过半数的董事共同推举一名董事主持。

董事会不能履行或者不履行召集股东会会议职责的，监事会应当及时召集和主持；监事会不召集和主持的，连续九十日以上单独或者合计持有公司百分之十以上股份的股东可以自行召集和主持。

单独或者合计持有公司百分之十以上股份的股东请求召开临时股东会会议的，董事会、监事会应当在收到请求之日起十日内作出是否召开临时股东会会议的决定，并书面答复股东。

第一百一十五条 召开股东会会议，应当将会议召开的时间、地点和审议的事项于会议召开二十日前通知各股东；临时股东会会议应当于会议召开十五日前通知各股东。

单独或者合计持有公司百分之一以上股份的股东，可以在股东会会议召开十日前提出临时提案并书面提交董事会。临时提案应当有明确议题和具体决议事项。董事会应当在收到提案后二日内通知其他股东，并将该临时提案提交股东会审议；但临时提案违反法律、行政法规或者公司章程的规定，或者不属于股东会职权范围的除外。公司不得提高提出临时提案股东的持股比例。

公开发行股份的公司，应当以公告方式作出前两款规定的通知。

股东会不得对通知中未列明的事项作出决议。

第一百一十六条 股东出席股东会会议，所持每一股份有一表决权，类别股股东除外。公司持有的本公司股份没有表决权。

股东会作出决议，应当经出席会议的股东所持表决权过半数通过。

股东会作出修改公司章程、增加或者减少注册资本的决议，以及公司合并、分立、解散或者变更公司形式的决议，应当经出席会议的股东所持表决权的三分之二以上通过。

第一百一十七条 股东会选举董事、监事，可以按照公司章程的规定或者股东会的决议，实行累积投票制。

本法所称累积投票制，是指股东会选举董事或者监事时，每一股份拥有与应选董事或者监事人数相同的表决权，股东拥有的表决权可以集中使用。

第一百一十八条 股东委托代理人出席股东会会议的，应当明确代理人代理的事项、权限和期限；代理人应当向公司提交股东授权委托书，并在授权范围内行使表决权。

第一百一十九条 股东会应当对所议事项的决定作成会议记录，主持人、出席会议的董事应当在会议记录上签名。会议记录应当与出席股东的签名册及代理出席的委托书一并保存。

第三节 董事会、经理

第一百二十条 股份有限公司设董事会，本法第一百二十八条另有规定的除外。

本法第六十七条、第六十八条第一款、第七十条、第七十一条的规定，适用于股份有限公司。

第一百二十一条 股份有限公司可以按照公司章程的规定在董事会中设置由董事组成的审计委员会，行使本法规定的监事会的职权，不设监事会或者监事。

审计委员会成员为三名以上，过半数成员不得在公司担任除董事以外的其他职务，且不得与公司存在任何可能影响其独立客观判断的关系。公司董事会成员中的职工代表可以成为审计委员会成员。

审计委员会作出决议，应当经审计委员会成员的过半数通过。

审计委员会决议的表决，应当一人一票。

审计委员会的议事方式和表决程序，除本法有规定的外，由公司章程规定。

公司可以按照公司章程的规定在董事会中设置其他委员会。

第一百二十二条 董事会设董事长一人，可以设副董事长。董事长和副董事长由董事会以全体董事的过半数选举产生。

董事长召集和主持董事会会议，检查董事会决议的实施情况。副董事长协助董事长工作，董事长不能履行职务或者不履行职务的，由副董事长履行职务；副董事长不能履行职务或者不履行职务的，由过半数的董事共同推举一名董事履行职务。

第一百二十三条 董事会每年度至少召开两次会议，每次会议应当于会议召开十日前通知全体董事和监事。

代表十分之一以上表决权的股东、三分之一以上董事或者监事会，可以提议召开临时董事会会议。董事长应当自接到提议后十日内，召集和主持董事会会议。

董事会召开临时会议，可以另定召集董事会的通知方式和通知时限。

第一百二十四条　董事会会议应当有过半数的董事出席方可举行。董事会作出决议，应当经全体董事的过半数通过。

董事会决议的表决，应当一人一票。

董事会应当对所议事项的决定作成会议记录，出席会议的董事应当在会议记录上签名。

第一百二十五条　董事会会议，应当由董事本人出席；董事因故不能出席，可以书面委托其他董事代为出席，委托书应当载明授权范围。

董事应当对董事会的决议承担责任。董事会的决议违反法律、行政法规或者公司章程、股东会决议，给公司造成严重损失的，参与决议的董事对公司负赔偿责任；经证明在表决时曾表明异议并记载于会议记录的，该董事可以免除责任。

第一百二十六条　股份有限公司设经理，由董事会决定聘任或者解聘。

经理对董事会负责，根据公司章程的规定或者董事会的授权行使职权。经理列席董事会会议。

第一百二十七条　公司董事会可以决定由董事会成员兼任经理。

第一百二十八条　规模较小或者股东人数较少的股份有限公司，可以不设董事会，设一名董事，行使本法规定的董事会的职权。该董事可以兼任公司经理。

第一百二十九条　公司应当定期向股东披露董事、监事、高级管理人员从公司获得报酬的情况。

第四节　监　事　会

第一百三十条　股份有限公司设监事会，本法第一百二十一条第一款、第一百三十三条另有规定的除外。

监事会成员为三人以上。监事会成员应当包括股东代表和适当比例的公司职工代表，其中职工代表的比例不得低于三分之一，具体比例由公司章程规定。监事会中的职工代表由公司职工通过职工代表大会、职工大会或者其他形式民主选举产生。

监事会设主席一人，可以设副主席。监事会主席和副主席由全体监事过半数选举产生。监事会主席召集和主持监事会会议；监事会主席不能履行职务或者不履行职务的，由监事会副主席召集和主持监事会会议；监事会副主席不能履行职务或者不履行职务的，由过半数的监事共同推举一名监事召集和主持监事会会议。

董事、高级管理人员不得兼任监事。

本法第七十七条关于有限责任公司监事任期的规定，适用于股份有限公司监事。

第一百三十一条 本法第七十八条至第八十条的规定，适用于股份有限公司监事会。

监事会行使职权所必需的费用，由公司承担。

第一百三十二条 监事会每六个月至少召开一次会议。监事可以提议召开临时监事会会议。

监事会的议事方式和表决程序，除本法有规定的外，由公司章程规定。

监事会决议应当经全体监事的过半数通过。

监事会决议的表决，应当一人一票。

监事会应当对所议事项的决定作成会议记录，出席会议的监事应当在会议记录上签名。

第一百三十三条 规模较小或者股东人数较少的股份有限公司，可以不设监事会，设一名监事，行使本法规定的监事会的职权。

第五节 上市公司组织机构的特别规定

第一百三十四条 本法所称上市公司，是指其股票在证券交易所上市交易的股份有限公司。

第一百三十五条 上市公司在一年内购买、出售重大资产或者向他人提供担保的金额超过公司资产总额百分之三十的，应当由股东会作出决议，并经出席会议的股东所持表决权的三分之二以上通过。

第一百三十六条 上市公司设独立董事，具体管理办法由国务院证券监督管理机构规定。

上市公司的公司章程除载明本法第九十五条规定的事项外，还应当依照法律、行政法规的规定载明董事会专门委员会的组成、职权以及董事、监事、高级管理人员薪酬考核机制等事项。

第一百三十七条 上市公司在董事会中设置审计委员会的，董事会对下列事项作出决议前应当经审计委员会全体成员过半数通过：

（一）聘用、解聘承办公司审计业务的会计师事务所；

（二）聘任、解聘财务负责人；

（三）披露财务会计报告；

（四）国务院证券监督管理机构规定的其他事项。

第一百三十八条 上市公司设董事会秘书，负责公司股东会和董事会会议的筹备、文件保管以及公司股东资料的管理，办理信息披露事务等事宜。

第一百三十九条 上市公司董事与董事会会议决议事项所涉及的企业或者个人有关联关系的，该董事应当及时向董事会书面报告。有关联关系的董事不得对该项决议行使表决权，也不得代理其他董事行使表决权。该董事会会议由过半数的无关联关系董事出席即可举行，董事会会议所作决议须经无关联关系董事过半数通过。出席董事会会议的无关联关系董事人数不足三人的，应当将该事项提交上市公司股东会审议。

第一百四十条 上市公司应当依法披露股东、实际控制人的信息，相关信息应当真实、准确、完整。

禁止违反法律、行政法规的规定代持上市公司股票。

第一百四十一条 上市公司控股子公司不得取得该上市公司的股份。

上市公司控股子公司因公司合并、质权行使等原因持有上市公司股份的，不得行使所持股份对应的表决权，并应当及时处分相关上市公司股份。

第六章 股份有限公司的股份发行和转让

第一节 股份发行

第一百四十二条 公司的资本划分为股份。公司的全部股份，根据公司章程的规定择一采用面额股或者无面额股。采用面额股的，每一股的金额相等。

公司可以根据公司章程的规定将已发行的面额股全部转换为无面额股或者将无面额股全部转换为面额股。

采用无面额股的，应当将发行股份所得股款的二分之一以上计入注册资本。

第一百四十三条 股份的发行，实行公平、公正的原则，同类别的每一股份应当具有同等权利。

同次发行的同类别股份，每股的发行条件和价格应当相同；认购人所认购的股份，每股应当支付相同价额。

第一百四十四条 公司可以按照公司章程的规定发行下列与普通股权利不同的类别股：

（一）优先或者劣后分配利润或者剩余财产的股份；

（二）每一股的表决权数多于或者少于普通股的股份；

（三）转让须经公司同意等转让受限的股份；

（四）国务院规定的其他类别股。

公开发行股份的公司不得发行前款第二项、第三项规定的类别股；公开发行前已发行的除外。

公司发行本条第一款第二项规定的类别股的，对于监事或者审计委员会成员的选举和更换，类别股与普通股每一股的表决权数相同。

第一百四十五条 发行类别股的公司，应当在公司章程中载明以下事项：

（一）类别股分配利润或者剩余财产的顺序；

（二）类别股的表决权数；

（三）类别股的转让限制；

（四）保护中小股东权益的措施；

（五）股东会认为需要规定的其他事项。

第一百四十六条 发行类别股的公司，有本法第一百一十六条第三款规定的事项等可能影响类别股股东权利的，除应当依照第一百一十六条第三款的规定经股东会决议外，还应当经出席类别股股东会议的股东所持表决权的三分之二以上通过。

公司章程可以对需经类别股股东会议决议的其他事项作出规定。

第一百四十七条 公司的股份采取股票的形式。股票是公司签发的证明股东所持股份的凭证。

公司发行的股票，应当为记名股票。

第一百四十八条 面额股股票的发行价格可以按票面金额，也可以超过票面金额，但不得低于票面金额。

第一百四十九条 股票采用纸面形式或者国务院证券监督管理机构规定的其他形式。

股票采用纸面形式的，应当载明下列主要事项：

（一）公司名称；

（二）公司成立日期或者股票发行的时间；

（三）股票种类、票面金额及代表的股份数，发行无面额股的，股票代表的股份数。

股票采用纸面形式的，还应当载明股票的编号，由法定代表人签名，公司盖章。

发起人股票采用纸面形式的，应当标明发起人股票字样。

第一百五十条　股份有限公司成立后，即向股东正式交付股票。公司成立前不得向股东交付股票。

第一百五十一条　公司发行新股，股东会应当对下列事项作出决议：

（一）新股种类及数额；

（二）新股发行价格；

（三）新股发行的起止日期；

（四）向原有股东发行新股的种类及数额；

（五）发行无面额股的，新股发行所得股款计入注册资本的金额。

公司发行新股，可以根据公司经营情况和财务状况，确定其作价方案。

第一百五十二条　公司章程或者股东会可以授权董事会在三年内决定发行不超过已发行股份百分之五十的股份。但以非货币财产作价出资的应当经股东会决议。

董事会依照前款规定决定发行股份导致公司注册资本、已发行股份数发生变化的，对公司章程该项记载事项的修改不需再由股东会表决。

第一百五十三条　公司章程或者股东会授权董事会决定发行新股的，董事会决议应当经全体董事三分之二以上通过。

第一百五十四条　公司向社会公开募集股份，应当经国务院证券监督管理机构注册，公告招股说明书。

招股说明书应当附有公司章程，并载明下列事项：

（一）发行的股份总数；

（二）面额股的票面金额和发行价格或者无面额股的发行价格；

（三）募集资金的用途；

（四）认股人的权利和义务；

（五）股份种类及其权利和义务；

（六）本次募股的起止日期及逾期未募足时认股人可以撤回所认股份的说明。

公司设立时发行股份的，还应当载明发起人认购的股份数。

第一百五十五条　公司向社会公开募集股份，应当由依法设立的证券公司承销，签订承销协议。

第一百五十六条　公司向社会公开募集股份，应当同银行签订代收股款协议。

代收股款的银行应当按照协议代收和保存股款，向缴纳股款的认股人出具收款单据，并负有向有关部门出具收款证明的义务。

公司发行股份募足股款后，应予公告。

第二节 股份转让

第一百五十七条 股份有限公司的股东持有的股份可以向其他股东转让，也可以向股东以外的人转让；公司章程对股份转让有限制的，其转让按照公司章程的规定进行。

第一百五十八条 股东转让其股份，应当在依法设立的证券交易场所进行或者按照国务院规定的其他方式进行。

第一百五十九条 股票的转让，由股东以背书方式或者法律、行政法规规定的其他方式进行；转让后由公司将受让人的姓名或者名称及住所记载于股东名册。

股东会会议召开前二十日内或者公司决定分配股利的基准日前五日内，不得变更股东名册。法律、行政法规或者国务院证券监督管理机构对上市公司股东名册变更另有规定的，从其规定。

第一百六十条 公司公开发行股份前已发行的股份，自公司股票在证券交易所上市交易之日起一年内不得转让。法律、行政法规或者国务院证券监督管理机构对上市公司的股东、实际控制人转让其所持有的本公司股份另有规定的，从其规定。

公司董事、监事、高级管理人员应当向公司申报所持有的本公司的股份及其变动情况，在就任时确定的任职期间每年转让的股份不得超过其所持有本公司股份总数的百分之二十五；所持本公司股份自公司股票上市交易之日起一年内不得转让。上述人员离职后半年内，不得转让其所持有的本公司股份。公司章程可以对公司董事、监事、高级管理人员转让其所持有的本公司股份作出其他限制性规定。

股份在法律、行政法规规定的限制转让期限内出质的，质权人不得在限制转让期限内行使质权。

第一百六十一条 有下列情形之一的，对股东会该项决议投反对票的股东可以请求公司按照合理的价格收购其股份，公开发行股份的公司除外：

（一）公司连续五年不向股东分配利润，而公司该五年连续盈利，并且符合本法规定的分配利润条件；

（二）公司转让主要财产；

（三）公司章程规定的营业期限届满或者章程规定的其他解散事由出现，股东会通过决议修改章程使公司存续。

自股东会决议作出之日起六十日内，股东与公司不能达成股份收购协议的，股东可以自股东会决议作出之日起九十日内向人民法院提起诉讼。

公司因本条第一款规定的情形收购的本公司股份，应当在六个月内依法转让或者注销。

第一百六十二条 公司不得收购本公司股份。但是，有下列情形之一的除外：

（一）减少公司注册资本；

（二）与持有本公司股份的其他公司合并；

（三）将股份用于员工持股计划或者股权激励；

（四）股东因对股东会作出的公司合并、分立决议持异议，要求公司收购其股份；

（五）将股份用于转换公司发行的可转换为股票的公司债券；

（六）上市公司为维护公司价值及股东权益所必需。

公司因前款第一项、第二项规定的情形收购本公司股份的，应当经股东会决议；公司因前款第三项、第五项、第六项规定的情形收购本公司股份的，可以按照公司章程或者股东会的授权，经三分之二以上董事出席的董事会会议决议。

公司依照本条第一款规定收购本公司股份后，属于第一项情形的，应当自收购之日起十日内注销；属于第二项、第四项情形的，应当在六个月内转让或者注销；属于第三项、第五项、第六项情形的，公司合计持有的本公司股份数不得超过本公司已发行股份总数的百分之十，并应当在三年内转让或者注销。

上市公司收购本公司股份的，应当依照《中华人民共和国证券法》的规定履行信息披露义务。上市公司因本条第一款第三项、第五项、第六项规定的情形收购本公司股份的，应当通过公开的集中交易方式进行。

公司不得接受本公司的股份作为质权的标的。

第一百六十三条 公司不得为他人取得本公司或者其母公司的股份提供赠与、借款、担保以及其他财务资助，公司实施员工持股计划的除外。

为公司利益，经股东会决议，或者董事会按照公司章程或者股东会的授权作出决议，公司可以为他人取得本公司或者其母公司的股份提供财务资助，但财务资助的累计总额不得超过已发行股本总额的百分之十。董事会作出决议应当经全体董事的三分之二以上通过。

违反前两款规定，给公司造成损失的，负有责任的董事、监事、高级管理人员应当承担赔偿责任。

第一百六十四条 股票被盗、遗失或者灭失，股东可以依照《中华人民共和国民事诉讼法》规定的公示催告程序，请求人民法院宣告该股票失效。人民法院宣告该股票失效后，股东可以向公司申请补发股票。

第一百六十五条 上市公司的股票，依照有关法律、行政法规及证券交易所交易规则上市交易。

第一百六十六条 上市公司应当依照法律、行政法规的规定披露相关信息。

第一百六十七条 自然人股东死亡后，其合法继承人可以继承股东资格；但是，股份转让受限的股份有限公司的章程另有规定的除外。

第七章 国家出资公司组织机构的特别规定

第一百六十八条 国家出资公司的组织机构，适用本章规定；本章没有规定的，适用本法其他规定。

本法所称国家出资公司，是指国家出资的国有独资公司、国有资本控股公司，包括国家出资的有限责任公司、股份有限公司。

第一百六十九条 国家出资公司，由国务院或者地方人民政府分别代表国家依法履行出资人职责，享有出资人权益。国务院或者地方人民政府可以授权国有资产监督管理机构或者其他部门、机构代表本级人民政府对国家出资公司履行出资人职责。

代表本级人民政府履行出资人职责的机构、部门，以下统称为履行出资人职责的机构。

第一百七十条 国家出资公司中中国共产党的组织，按照中国共产党章程的规定发挥领导作用，研究讨论公司重大经营管理事项，支持公司的组织机构依法行使职权。

第一百七十一条 国有独资公司章程由履行出资人职责的机构制定。

第一百七十二条 国有独资公司不设股东会，由履行出资人职责的机构行使股东会职权。履行出资人职责的机构可以授权公司董事会行使股东会的部分职权，但公司章程的制定和修改，公司的合并、分立、解散、申请破产，增加或者减少注册资本，分配利润，应当由履行出资人职责的机构决定。

第一百七十三条 国有独资公司的董事会依照本法规定行使职权。

国有独资公司的董事会成员中，应当过半数为外部董事，并应当有公司职工代表。

董事会成员由履行出资人职责的机构委派；但是，董事会成员中的职工代表由公司职工代表大会选举产生。

董事会设董事长一人，可以设副董事长。董事长、副董事长由履行出资人职责的机构从董事会成员中指定。

第一百七十四条 国有独资公司的经理由董事会聘任或者解聘。

经履行出资人职责的机构同意，董事会成员可以兼任经理。

第一百七十五条 国有独资公司的董事、高级管理人员，未经履行出资人职责的机构同意，不得在其他有限责任公司、股份有限公司或者其他经济组织兼职。

第一百七十六条 国有独资公司在董事会中设置由董事组成的审计委员会行使本法规定的监事会职权的，不设监事会或者监事。

第一百七十七条 国家出资公司应当依法建立健全内部监督管理和风险控制制度，加强内部合规管理。

第八章 公司董事、监事、高级管理人员的资格和义务

第一百七十八条 有下列情形之一的，不得担任公司的董事、监事、高级管理人员：

（一）无民事行为能力或者限制民事行为能力；

（二）因贪污、贿赂、侵占财产、挪用财产或者破坏社会主义市场经济秩序，被判处刑罚，或者因犯罪被剥夺政治权利，执行期满未逾五年，被宣告缓刑的，自缓刑考验期满之日起未逾二年；

（三）担任破产清算的公司、企业的董事或者厂长、经理，对该公司、企业的破产负有个人责任的，自该公司、企业破产清算完结之日起未逾三年；

（四）担任因违法被吊销营业执照、责令关闭的公司、企业的法定代表人，并负有个人责任的，自该公司、企业被吊销营业执照、责令关闭之日起未逾三年；

（五）个人因所负数额较大债务到期未清偿被人民法院列为失信被执行人。

违反前款规定选举、委派董事、监事或者聘任高级管理人员的，该选举、委派或者聘任无效。

董事、监事、高级管理人员在任职期间出现本条第一款所列情形的，公司应当解除其职务。

第一百七十九条 董事、监事、高级管理人员应当遵守法律、行政法规和公司章程。

第一百八十条 董事、监事、高级管理人员对公司负有忠实义务，应

当采取措施避免自身利益与公司利益冲突，不得利用职权牟取不正当利益。

董事、监事、高级管理人员对公司负有勤勉义务，执行职务应当为公司的最大利益尽到管理者通常应有的合理注意。

公司的控股股东、实际控制人不担任公司董事但实际执行公司事务的，适用前两款规定。

第一百八十一条 董事、监事、高级管理人员不得有下列行为：

（一）侵占公司财产、挪用公司资金；

（二）将公司资金以其个人名义或者以其他个人名义开立账户存储；

（三）利用职权贿赂或者收受其他非法收入；

（四）接受他人与公司交易的佣金归为己有；

（五）擅自披露公司秘密；

（六）违反对公司忠实义务的其他行为。

第一百八十二条 董事、监事、高级管理人员，直接或者间接与本公司订立合同或者进行交易，应当就与订立合同或者进行交易有关的事项向董事会或者股东会报告，并按照公司章程的规定经董事会或者股东会决议通过。

董事、监事、高级管理人员的近亲属，董事、监事、高级管理人员或者其近亲属直接或者间接控制的企业，以及与董事、监事、高级管理人员有其他关联关系的关联人，与公司订立合同或者进行交易，适用前款规定。

第一百八十三条 董事、监事、高级管理人员，不得利用职务便利为自己或者他人谋取属于公司的商业机会。但是，有下列情形之一的除外：

（一）向董事会或者股东会报告，并按照公司章程的规定经董事会或者股东会决议通过；

（二）根据法律、行政法规或者公司章程的规定，公司不能利用该商业机会。

第一百八十四条 董事、监事、高级管理人员未向董事会或者股东会报告，并按照公司章程的规定经董事会或者股东会决议通过，不得自营或者为他人经营与其任职公司同类的业务。

第一百八十五条 董事会对本法第一百八十二条至第一百八十四条规定的事项决议时，关联董事不得参与表决，其表决权不计入表决权总数。出席董事会会议的无关联关系董事人数不足三人的，应当将该事项提交股东会审议。

第一百八十六条 董事、监事、高级管理人员违反本法第一百八十一条至第一百八十四条规定所得的收入应当归公司所有。

第一百八十七条 股东会要求董事、监事、高级管理人员列席会议的，董事、监事、高级管理人员应当列席并接受股东的质询。

第一百八十八条 董事、监事、高级管理人员执行职务违反法律、行政法规或者公司章程的规定，给公司造成损失的，应当承担赔偿责任。

第一百八十九条 董事、高级管理人员有前条规定的情形的，有限责任公司的股东、股份有限公司连续一百八十日以上单独或者合计持有公司百分之一以上股份的股东，可以书面请求监事会向人民法院提起诉讼；监事有前条规定的情形的，前述股东可以书面请求董事会向人民法院提起诉讼。

监事会或者董事会收到前款规定的股东书面请求后拒绝提起诉讼，或者自收到请求之日起三十日内未提起诉讼，或者情况紧急、不立即提起诉讼将会使公司利益受到难以弥补的损害的，前款规定的股东有权为公司利益以自己的名义直接向人民法院提起诉讼。

他人侵犯公司合法权益，给公司造成损失的，本条第一款规定的股东可以依照前两款的规定向人民法院提起诉讼。

公司全资子公司的董事、监事、高级管理人员有前条规定情形，或者他人侵犯公司全资子公司合法权益造成损失的，有限责任公司的股东、股份有限公司连续一百八十日以上单独或者合计持有公司百分之一以上股份的股东，可以依照前三款规定书面请求全资子公司的监事会、董事会向人民法院提起诉讼或者以自己的名义直接向人民法院提起诉讼。

第一百九十条 董事、高级管理人员违反法律、行政法规或者公司章程的规定，损害股东利益的，股东可以向人民法院提起诉讼。

第一百九十一条 董事、高级管理人员执行职务，给他人造成损害的，公司应当承担赔偿责任；董事、高级管理人员存在故意或者重大过失的，也应当承担赔偿责任。

第一百九十二条 公司的控股股东、实际控制人指示董事、高级管理人员从事损害公司或者股东利益的行为的，与该董事、高级管理人员承担连带责任。

第一百九十三条 公司可以在董事任职期间为董事因执行公司职务承担的赔偿责任投保责任保险。

公司为董事投保责任保险或者续保后，董事会应当向股东会报告责任保险的投保金额、承保范围及保险费率等内容。

第九章　公司债券

第一百九十四条　本法所称公司债券，是指公司发行的约定按期还本付息的有价证券。

公司债券可以公开发行，也可以非公开发行。

公司债券的发行和交易应当符合《中华人民共和国证券法》等法律、行政法规的规定。

第一百九十五条　公开发行公司债券，应当经国务院证券监督管理机构注册，公告公司债券募集办法。

公司债券募集办法应当载明下列主要事项：

（一）公司名称；

（二）债券募集资金的用途；

（三）债券总额和债券的票面金额；

（四）债券利率的确定方式；

（五）还本付息的期限和方式；

（六）债券担保情况；

（七）债券的发行价格、发行的起止日期；

（八）公司净资产额；

（九）已发行的尚未到期的公司债券总额；

（十）公司债券的承销机构。

第一百九十六条　公司以纸面形式发行公司债券的，应当在债券上载明公司名称、债券票面金额、利率、偿还期限等事项，并由法定代表人签名，公司盖章。

第一百九十七条　公司债券应当为记名债券。

第一百九十八条　公司发行公司债券应当置备公司债券持有人名册。

发行公司债券的，应当在公司债券持有人名册上载明下列事项：

（一）债券持有人的姓名或者名称及住所；

（二）债券持有人取得债券的日期及债券的编号；

（三）债券总额，债券的票面金额、利率、还本付息的期限和方式；

（四）债券的发行日期。

第一百九十九条　公司债券的登记结算机构应当建立债券登记、存管、付息、兑付等相关制度。

第二百条　公司债券可以转让，转让价格由转让人与受让人约定。

公司债券的转让应当符合法律、行政法规的规定。

第二百零一条 公司债券由债券持有人以背书方式或者法律、行政法规规定的其他方式转让；转让后由公司将受让人的姓名或者名称及住所记载于公司债券持有人名册。

第二百零二条 股份有限公司经股东会决议，或者经公司章程、股东会授权由董事会决议，可以发行可转换为股票的公司债券，并规定具体的转换办法。上市公司发行可转换为股票的公司债券，应当经国务院证券监督管理机构注册。

发行可转换为股票的公司债券，应当在债券上标明可转换公司债券字样，并在公司债券持有人名册上载明可转换公司债券的数额。

第二百零三条 发行可转换为股票的公司债券的，公司应当按照其转换办法向债券持有人换发股票，但债券持有人对转换股票或者不转换股票有选择权。法律、行政法规另有规定的除外。

第二百零四条 公开发行公司债券的，应当为同期债券持有人设立债券持有人会议，并在债券募集办法中对债券持有人会议的召集程序、会议规则和其他重要事项作出规定。债券持有人会议可以对与债券持有人有利害关系的事项作出决议。

除公司债券募集办法另有约定外，债券持有人会议决议对同期全体债券持有人发生效力。

第二百零五条 公开发行公司债券的，发行人应当为债券持有人聘请债券受托管理人，由其为债券持有人办理受领清偿、债权保全、与债券相关的诉讼以及参与债务人破产程序等事项。

第二百零六条 债券受托管理人应当勤勉尽责，公正履行受托管理职责，不得损害债券持有人利益。

受托管理人与债券持有人存在利益冲突可能损害债券持有人利益的，债券持有人会议可以决议变更债券受托管理人。

债券受托管理人违反法律、行政法规或者债券持有人会议决议，损害债券持有人利益的，应当承担赔偿责任。

第十章　公司财务、会计

第二百零七条 公司应当依照法律、行政法规和国务院财政部门的规定建立本公司的财务、会计制度。

第二百零八条 公司应当在每一会计年度终了时编制财务会计报告，并依法经会计师事务所审计。

财务会计报告应当依照法律、行政法规和国务院财政部门的规定制作。

第二百零九条 有限责任公司应当按照公司章程规定的期限将财务会计报告送交各股东。

股份有限公司的财务会计报告应当在召开股东会年会的二十日前置备于本公司，供股东查阅；公开发行股份的股份有限公司应当公告其财务会计报告。

第二百一十条 公司分配当年税后利润时，应当提取利润的百分之十列入公司法定公积金。公司法定公积金累计额为公司注册资本的百分之五十以上的，可以不再提取。

公司的法定公积金不足以弥补以前年度亏损的，在依照前款规定提取法定公积金之前，应当先用当年利润弥补亏损。

公司从税后利润中提取法定公积金后，经股东会决议，还可以从税后利润中提取任意公积金。

公司弥补亏损和提取公积金后所余税后利润，有限责任公司按照股东实缴的出资比例分配利润，全体股东约定不按照出资比例分配利润的除外；股份有限公司按照股东所持有的股份比例分配利润，公司章程另有规定的除外。

公司持有的本公司股份不得分配利润。

第二百一十一条 公司违反本法规定向股东分配利润的，股东应当将违反规定分配的利润退还公司；给公司造成损失的，股东及负有责任的董事、监事、高级管理人员应当承担赔偿责任。

第二百一十二条 股东会作出分配利润的决议的，董事会应当在股东会决议作出之日起六个月内进行分配。

第二百一十三条 公司以超过股票票面金额的发行价格发行股份所得的溢价款、发行无面额股所得股款未计入注册资本的金额以及国务院财政部门规定列入资本公积金的其他项目，应当列为公司资本公积金。

第二百一十四条 公司的公积金用于弥补公司的亏损、扩大公司生产经营或者转为增加公司注册资本。

公积金弥补公司亏损，应当先使用任意公积金和法定公积金；仍不能弥补的，可以按照规定使用资本公积金。

法定公积金转为增加注册资本时，所留存的该项公积金不得少于转增前公司注册资本的百分之二十五。

第二百一十五条 公司聘用、解聘承办公司审计业务的会计师事务所，按照公司章程的规定，由股东会、董事会或者监事会决定。

公司股东会、董事会或者监事会就解聘会计师事务所进行表决时，应当允许会计师事务所陈述意见。

第二百一十六条 公司应当向聘用的会计师事务所提供真实、完整的会计凭证、会计账簿、财务会计报告及其他会计资料，不得拒绝、隐匿、谎报。

第二百一十七条 公司除法定的会计账簿外，不得另立会计账簿。

对公司资金，不得以任何个人名义开立账户存储。

第十一章 公司合并、分立、增资、减资

第二百一十八条 公司合并可以采取吸收合并或者新设合并。

一个公司吸收其他公司为吸收合并，被吸收的公司解散。两个以上公司合并设立一个新的公司为新设合并，合并各方解散。

第二百一十九条 公司与其持股百分之九十以上的公司合并，被合并的公司不需经股东会决议，但应当通知其他股东，其他股东有权请求公司按照合理的价格收购其股权或者股份。

公司合并支付的价款不超过本公司净资产百分之十的，可以不经股东会决议；但是，公司章程另有规定的除外。

公司依照前两款规定合并不经股东会决议的，应当经董事会决议。

第二百二十条 公司合并，应当由合并各方签订合并协议，并编制资产负债表及财产清单。公司应当自作出合并决议之日起十日内通知债权人，并于三十日内在报纸上或者国家企业信用信息公示系统公告。债权人自接到通知之日起三十日内，未接到通知的自公告之日起四十五日内，可以要求公司清偿债务或者提供相应的担保。

第二百二十一条 公司合并时，合并各方的债权、债务，应当由合并后存续的公司或者新设的公司承继。

第二百二十二条 公司分立，其财产作相应的分割。

公司分立，应当编制资产负债表及财产清单。公司应当自作出分立决议之日起十日内通知债权人，并于三十日内在报纸上或者国家企业信用信息公示系统公告。

第二百二十三条 公司分立前的债务由分立后的公司承担连带责任。但是，公司在分立前与债权人就债务清偿达成的书面协议另有约定的除外。

第二百二十四条 公司减少注册资本，应当编制资产负债表及财产清单。

公司应当自股东会作出减少注册资本决议之日起十日内通知债权人，并于三十日内在报纸上或者国家企业信用信息公示系统公告。债权人自接到通知之日起三十日内，未接到通知的自公告之日起四十五日内，有权要求公司清偿债务或者提供相应的担保。

公司减少注册资本，应当按照股东出资或者持有股份的比例相应减少出资额或者股份，法律另有规定、有限责任公司全体股东另有约定或者股份有限公司章程另有规定的除外。

第二百二十五条 公司依照本法第二百一十四条第二款的规定弥补亏损后，仍有亏损的，可以减少注册资本弥补亏损。减少注册资本弥补亏损的，公司不得向股东分配，也不得免除股东缴纳出资或者股款的义务。

依照前款规定减少注册资本的，不适用前条第二款的规定，但应当自股东会作出减少注册资本决议之日起三十日内在报纸上或者国家企业信用信息公示系统公告。

公司依照前两款的规定减少注册资本后，在法定公积金和任意公积金累计额达到公司注册资本百分之五十前，不得分配利润。

第二百二十六条 违反本法规定减少注册资本的，股东应当退还其收到的资金，减免股东出资的应当恢复原状；给公司造成损失的，股东及负有责任的董事、监事、高级管理人员应当承担赔偿责任。

第二百二十七条 有限责任公司增加注册资本时，股东在同等条件下有权优先按照实缴的出资比例认缴出资。但是，全体股东约定不按照出资比例优先认缴出资的除外。

股份有限公司为增加注册资本发行新股时，股东不享有优先认购权，公司章程另有规定或者股东会决议决定股东享有优先认购权的除外。

第二百二十八条 有限责任公司增加注册资本时，股东认缴新增资本的出资，依照本法设立有限责任公司缴纳出资的有关规定执行。

股份有限公司为增加注册资本发行新股时，股东认购新股，依照本法设立股份有限公司缴纳股款的有关规定执行。

第十二章 公司解散和清算

第二百二十九条 公司因下列原因解散：

（一）公司章程规定的营业期限届满或者公司章程规定的其他解散事由出现；

（二）股东会决议解散；

（三）因公司合并或者分立需要解散；

（四）依法被吊销营业执照、责令关闭或者被撤销；

（五）人民法院依照本法第二百三十一条的规定予以解散。

公司出现前款规定的解散事由，应当在十日内将解散事由通过国家企业信用信息公示系统予以公示。

第二百三十条 公司有前条第一款第一项、第二项情形，且尚未向股东分配财产的，可以通过修改公司章程或者经股东会决议而存续。

依照前款规定修改公司章程或者经股东会决议，有限责任公司须经持有三分之二以上表决权的股东通过，股份有限公司须经出席股东会会议的股东所持表决权的三分之二以上通过。

第二百三十一条 公司经营管理发生严重困难，继续存续会使股东利益受到重大损失，通过其他途径不能解决的，持有公司百分之十以上表决权的股东，可以请求人民法院解散公司。

第二百三十二条 公司因本法第二百二十九条第一款第一项、第二项、第四项、第五项规定而解散的，应当清算。董事为公司清算义务人，应当在解散事由出现之日起十五日内组成清算组进行清算。

清算组由董事组成，但是公司章程另有规定或者股东会决议另选他人的除外。

清算义务人未及时履行清算义务，给公司或者债权人造成损失的，应当承担赔偿责任。

第二百三十三条 公司依照前条第一款的规定应当清算，逾期不成立清算组进行清算或者成立清算组后不清算的，利害关系人可以申请人民法院指定有关人员组成清算组进行清算。人民法院应当受理该申请，并及时组织清算组进行清算。

公司因本法第二百二十九条第一款第四项的规定而解散的，作出吊销营业执照、责令关闭或者撤销决定的部门或者公司登记机关，可以申请人民法院指定有关人员组成清算组进行清算。

第二百三十四条 清算组在清算期间行使下列职权：

（一）清理公司财产，分别编制资产负债表和财产清单；

（二）通知、公告债权人；

（三）处理与清算有关的公司未了结的业务；

（四）清缴所欠税款以及清算过程中产生的税款；

（五）清理债权、债务；

（六）分配公司清偿债务后的剩余财产；

（七）代表公司参与民事诉讼活动。

第二百三十五条 清算组应当自成立之日起十日内通知债权人，并于六十日内在报纸上或者国家企业信用信息公示系统公告。债权人应当自接到通知之日起三十日内，未接到通知的自公告之日起四十五日内，向清算组申报其债权。

债权人申报债权，应当说明债权的有关事项，并提供证明材料。清算组应当对债权进行登记。

在申报债权期间，清算组不得对债权人进行清偿。

第二百三十六条 清算组在清理公司财产、编制资产负债表和财产清单后，应当制订清算方案，并报股东会或者人民法院确认。

公司财产在分别支付清算费用、职工的工资、社会保险费用和法定补偿金，缴纳所欠税款，清偿公司债务后的剩余财产，有限责任公司按照股东的出资比例分配，股份有限公司按照股东持有的股份比例分配。

清算期间，公司存续，但不得开展与清算无关的经营活动。公司财产在未依照前款规定清偿前，不得分配给股东。

第二百三十七条 清算组在清理公司财产、编制资产负债表和财产清单后，发现公司财产不足清偿债务的，应当依法向人民法院申请破产清算。

人民法院受理破产申请后，清算组应当将清算事务移交给人民法院指定的破产管理人。

第二百三十八条 清算组成员履行清算职责，负有忠实义务和勤勉义务。

清算组成员怠于履行清算职责，给公司造成损失的，应当承担赔偿责任；因故意或者重大过失给债权人造成损失的，应当承担赔偿责任。

第二百三十九条 公司清算结束后，清算组应当制作清算报告，报股东会或者人民法院确认，并报送公司登记机关，申请注销公司登记。

第二百四十条 公司在存续期间未产生债务，或者已清偿全部债务的，经全体股东承诺，可以按照规定通过简易程序注销公司登记。

通过简易程序注销公司登记，应当通过国家企业信用信息公示系统予以公告，公告期限不少于二十日。公告期限届满后，未有异议的，公司可以在二十日内向公司登记机关申请注销公司登记。

公司通过简易程序注销公司登记，股东对本条第一款规定的内容承诺不实的，应当对注销登记前的债务承担连带责任。

第二百四十一条 公司被吊销营业执照、责令关闭或者被撤销，满三年未向公司登记机关申请注销公司登记的，公司登记机关可以通过国家企业信用信息公示系统予以公告，公告期限不少于六十日。公告期限届满后，未有异议的，公司登记机关可以注销公司登记。

依照前款规定注销公司登记的，原公司股东、清算义务人的责任不受影响。

第二百四十二条 公司被依法宣告破产的，依照有关企业破产的法律实施破产清算。

第十三章 外国公司的分支机构

第二百四十三条 本法所称外国公司，是指依照外国法律在中华人民共和国境外设立的公司。

第二百四十四条 外国公司在中华人民共和国境内设立分支机构，应当向中国主管机关提出申请，并提交其公司章程、所属国的公司登记证书等有关文件，经批准后，向公司登记机关依法办理登记，领取营业执照。

外国公司分支机构的审批办法由国务院另行规定。

第二百四十五条 外国公司在中华人民共和国境内设立分支机构，应当在中华人民共和国境内指定负责该分支机构的代表人或者代理人，并向该分支机构拨付与其所从事的经营活动相适应的资金。

对外国公司分支机构的经营资金需要规定最低限额的，由国务院另行规定。

第二百四十六条 外国公司的分支机构应当在其名称中标明该外国公司的国籍及责任形式。

外国公司的分支机构应当在本机构中置备该外国公司章程。

第二百四十七条 外国公司在中华人民共和国境内设立的分支机构不具有中国法人资格。

外国公司对其分支机构在中华人民共和国境内进行经营活动承担民事责任。

第二百四十八条 经批准设立的外国公司分支机构，在中华人民共和国境内从事业务活动，应当遵守中国的法律，不得损害中国的社会公共利益，其合法权益受中国法律保护。

第二百四十九条 外国公司撤销其在中华人民共和国境内的分支机构时，应当依法清偿债务，依照本法有关公司清算程序的规定进行清算。未清偿债务之前，不得将其分支机构的财产转移至中华人民共和国境外。

第十四章 法律责任

第二百五十条 违反本法规定，虚报注册资本、提交虚假材料或者采取其他欺诈手段隐瞒重要事实取得公司登记的，由公司登记机关责令改正，对虚报注册资本的公司，处以虚报注册资本金额百分之五以上百分之十五以下的罚款；对提交虚假材料或者采取其他欺诈手段隐瞒重要事实的公司，处以五万元以上二百万元以下的罚款；情节严重的，吊销营业执照；对直接负责的主管人员和其他直接责任人员处以三万元以上三十万元以下的罚款。

第二百五十一条 公司未依照本法第四十条规定公示有关信息或者不如实公示有关信息的，由公司登记机关责令改正，可以处以一万元以上五万元以下的罚款。情节严重的，处以五万元以上二十万元以下的罚款；对直接负责的主管人员和其他直接责任人员处以一万元以上十万元以下的罚款。

第二百五十二条 公司的发起人、股东虚假出资，未交付或者未按期交付作为出资的货币或者非货币财产的，由公司登记机关责令改正，可以处以五万元以上二十万元以下的罚款；情节严重的，处以虚假出资或者未出资金额百分之五以上百分之十五以下的罚款；对直接负责的主管人员和其他直接责任人员处以一万元以上十万元以下的罚款。

第二百五十三条 公司的发起人、股东在公司成立后，抽逃其出资的，由公司登记机关责令改正，处以所抽逃出资金额百分之五以上百分之十五以下的罚款；对直接负责的主管人员和其他直接责任人员处以三万元以上三十万元以下的罚款。

第二百五十四条 有下列行为之一的，由县级以上人民政府财政部门依照《中华人民共和国会计法》等法律、行政法规的规定处罚：

（一）在法定的会计账簿以外另立会计账簿；

（二）提供存在虚假记载或者隐瞒重要事实的财务会计报告。

第二百五十五条 公司在合并、分立、减少注册资本或者进行清算时，不依照本法规定通知或者公告债权人的，由公司登记机关责令改正，对公司处以一万元以上十万元以下的罚款。

第二百五十六条 公司在进行清算时，隐匿财产，对资产负债表或者财产清单作虚假记载，或者在未清偿债务前分配公司财产的，由公司登记机关责令改正，对公司处以隐匿财产或者未清偿债务前分配公司财产金额百分之五以上百分之十以下的罚款；对直接负责的主管人员和其他直接责任人员处以一万元以上十万元以下的罚款。

第二百五十七条 承担资产评估、验资或者验证的机构提供虚假材料或者提供有重大遗漏的报告的，由有关部门依照《中华人民共和国资产评估法》、《中华人民共和国注册会计师法》等法律、行政法规的规定处罚。

承担资产评估、验资或者验证的机构因其出具的评估结果、验资或者验证证明不实，给公司债权人造成损失的，除能够证明自己没有过错的外，在其评估或者证明不实的金额范围内承担赔偿责任。

第二百五十八条 公司登记机关违反法律、行政法规规定未履行职责或者履行职责不当的，对负有责任的领导人员和直接责任人员依法给予政务处分。

第二百五十九条 未依法登记为有限责任公司或者股份有限公司，而冒用有限责任公司或者股份有限公司名义的，或者未依法登记为有限责任公司或者股份有限公司的分公司，而冒用有限责任公司或者股份有限公司的分公司名义的，由公司登记机关责令改正或者予以取缔，可以并处十万元以下的罚款。

第二百六十条 公司成立后无正当理由超过六个月未开业的，或者开业后自行停业连续六个月以上的，公司登记机关可以吊销营业执照，但公司依法办理歇业的除外。

公司登记事项发生变更时，未依照本法规定办理有关变更登记的，由公司登记机关责令限期登记；逾期不登记的，处以一万元以上十万元以下的罚款。

第二百六十一条 外国公司违反本法规定，擅自在中华人民共和国境内设立分支机构的，由公司登记机关责令改正或者关闭，可以并处五万元以上二十万元以下的罚款。

第二百六十二条 利用公司名义从事危害国家安全、社会公共利益的严重违法行为的，吊销营业执照。

第二百六十三条 公司违反本法规定，应当承担民事赔偿责任和缴纳罚款、罚金的，其财产不足以支付时，先承担民事赔偿责任。

第二百六十四条 违反本法规定，构成犯罪的，依法追究刑事责任。

第十五章 附　　则

第二百六十五条 本法下列用语的含义：

（一）高级管理人员，是指公司的经理、副经理、财务负责人，上市公司董事会秘书和公司章程规定的其他人员。

（二）控股股东，是指其出资额占有限责任公司资本总额超过百分之五十或者其持有的股份占股份有限公司股本总额超过百分之五十的股东；出资额或者持有股份的比例虽然低于百分之五十，但依其出资额或者持有的股份所享有的表决权已足以对股东会的决议产生重大影响的股东。

（三）实际控制人，是指通过投资关系、协议或者其他安排，能够实际支配公司行为的人。

（四）关联关系，是指公司控股股东、实际控制人、董事、监事、高级管理人员与其直接或者间接控制的企业之间的关系，以及可能导致公司利益转移的其他关系。但是，国家控股的企业之间不仅因为同受国家控股而具有关联关系。

第二百六十六条 本法自 2024 年 7 月 1 日起施行。

本法施行前已登记设立的公司，出资期限超过本法规定的期限的，除法律、行政法规或者国务院另有规定外，应当逐步调整至本法规定的期限以内；对于出资期限、出资额明显异常的，公司登记机关可以依法要求其及时调整。具体实施办法由国务院规定。

中共中央关于加强和改进党的群团工作的意见

（中发〔2015〕4号　2015年1月8日）

群团事业是党的事业的重要组成部分，党的群团工作是党治国理政的一项经常性、基础性工作，是党组织动员广大人民群众为完成党的中心任务而奋斗的重要法宝。工会、共青团、妇联等群团组织联系的广大人民群众是全面建成小康社会、坚持和发展中国特色社会主义的基本力量，是全面深化改革、全面推进依法治国、巩固党的执政地位、维护国家长治久安的基本依靠。为更好发挥群团组织作用，把广大人民群众更加紧密地团结在党的周围，汇聚起实现“两个一百年”奋斗目标、实现中华民族伟大复兴中国梦的强大正能量，现就加强和改进党的群团工作提出如下意见。

一、新形势下加强和改进党的群团工作的重要性和紧迫性

在革命、建设、改革各个历史时期，党始终高度重视群团工作，加强群团组织建设，发挥群团组织特殊优势，团结带领广大人民群众共同为实现党在各个时期的历史任务而奋斗。新形势下，党的群团工作只能加强，不能削弱；只能改进提高，不能停滞不前。

党的十八大提出“两个一百年”奋斗目标，习近平总书记提出实现中华民族伟大复兴的中国梦，描绘了国家富强、民族振兴、人民幸福的美好前景。实现我们党确定的宏伟目标，根本上要靠全体人民的劳动、创造、奉献，必须加强和改进党的群团工作，更好组织动员群众、教育引导群众、联系服务群众、维护群众合法权益，充分激发蕴藏在人民群众中的巨大创造力，凝聚起实现“两个一百年”奋斗目标和中国梦的磅礴力量。

当前，全面建成小康社会、全面深化改革、全面推进依法治国、全面从严治党的历史重任摆在全党面前。人民是国家的主人、改革的主体。做好改革发展稳定各项工作，必须依靠人民群众支持和拥护，必须加强和改进党的群团工作，充分发挥群团组织作用，调动人民群众的积极性、主动性、创造性。

我国发展的内外环境正在发生深刻变化，党面临的挑战和考验前所未有。人心向背关系党的生死存亡。巩固党的执政地位，经受住执政考验、改革开放考验、市场经济考验、外部环境考验，应对好精神懈怠危险、能力不足危险、脱离群众危险、消极腐败危险，核心是保持党同人民群众的血肉联系。必须加强和改进党的群团工作，全心全意依靠工人阶级和广大人民群众，最大限度把人民群众团结在党的周围，打造抵御国内外敌对势力干扰破坏和“颜色革命”的铜墙铁壁，夯实党执政治国的群众基础。

这些年，党的群团工作在继承创新中不断加强，但与新形势新任务的要求相比仍存在许多不适应的问题。有的地方和部门党组织对群团工作重视不够，对群团工作的特点和规律缺乏深入研究，对发挥群团组织作用缺乏有力指导和支持。群团组织基层基础薄弱、有效覆盖面不足、吸引力凝聚力不够问题突出，特别是在非公有制经济组织、社会组织和各类新兴群体中的影响力亟待增强；有的群团组织工作和活动方式单一，进取意识和创新精神不强，存在机关化、脱离群众现象；群团干部能力素质需要进一步提高，作风需要改进。各级党委必须高度重视做好新形势下党的群团工作，全面提高水平，切实解决问题，不断开创党的群团工作新局面。

二、坚定不移走中国特色社会主义群团发展道路

中国特色社会主义群团发展道路，是对党的群团工作长期奋斗历史经验的科学总结。这条道路是中国共产党开展群众工作、推进党的事业的伟大创造，是党领导群众实现共同梦想的历史选择，是群团组织与时俱进、发展壮大的必由之路。这条道路是中国特色社会主义道路的重要组成部分，其基本特征是各群团自觉接受党的领导、团结服务所联系群众、依法依章程开展工作相统一。

新形势下加强和改进党的群团工作，必须贯彻落实党的十八大和十八届三中、四中全会精神，高举中国特色社会主义伟大旗帜，以邓小平理论、“三个代表”重要思想、科学发展观为指导，深入贯彻习近平总书记系列重要讲话精神，牢牢把握为实现中华民族伟大复兴中国梦而奋斗的时代主题，坚定不移走中国特色社会主义群团发展道路，最广泛把群众组织起来、动员起来、团结起来，奋力推进中国特色社会主义伟大事业。

——坚持党对群团工作的统一领导。党的领导是做好群团工作的根本保证。各级党组织必须负起政治责任，加强对群团组织的政治领导、思想领导、组织领导，把党的理论和路线方针政策贯彻落实到群团工作各方面、全过程。群团组织必须坚持正确政治方向，自觉服从党的领导，贯彻党的意志和主张，严守政治纪律和政治规矩，在思想上政治上行动上始终同以习近平同志为总书记的党中央保持高度一致，不断增强中国特色社会主义道路自信、理论自信、制度自信。

——坚持发挥桥梁和纽带作用。群团组织是党和政府联系人民群众的桥梁和纽带。各级党组织要重视依靠群团组织推动党的理论和路线方针政策在群众中的贯彻落实，更好践行群众路线，做好群众工作。群团组织要经常深入群众，倾听群众呼声、反映群众意愿，深入做好群众的思想政治工作，把党的决策部署变成群众的自觉行动，把党的关怀送到群众中去。

——坚持围绕中心、服务大局。为党和国家工作大局服务，始终是群团工作的价值所在。各级党组织要指导群团组织紧紧围绕中国特色社会主义经济建设、政治建设、文化建设、社会建设、生态文明建设，围绕外交工作大局和祖国统一大业，找准工作的结合点和着力点，团结动员所联系群众为完成党和国家中心任务贡献力量。群团组织要坚持在大局下思考、在大局下行动，明确职责定位、展现自身价值，更好促进改革发展、维护社会和谐稳定。

——坚持服务群众的工作生命线。群团组织是党直接领导的群众自己的组织，为群众服务是群团组织的天职。各级党组织要推动群团组织贯彻党的群众路线，为群团组织服务群众创造条件。群团组织要增强群众观念，多为群众办好事、解难事，维护和发展群众利益，不断增强自身影响力和感召力。

——坚持与时俱进、改革创新。改革创新是群团工作发展进步的不竭动力。各级党组织和群团组织要把握时代脉搏，适应社会发展变化，尊重基层首创精神，不断推进群团工作和群团组织建设理论创新、实践创新、制度创新，始终与党和国家事业同步前进。

——坚持依法依章程独立自主开展工作。尊重群团组织性质和特点是做好群团工作的重要原则。各级党组织要支持群团组织发挥各自优势、体现群众特点，创造性开展工作。群团组织要大胆履责、积极作为，依法依章程开展活动、维护群众权益，最广泛吸引和团结群众。

三、加强党委对群团工作的组织领导

各级党委要明确对群团工作的领导责任，健全组织制度，完善工作机制，从上到下形成强有力的组织领导体系。

群团组织实行分级管理、以同级党委领导为主的体制，工会、共青团、妇联受同级党委和各自上级组织双重领导。地方党委负责指导同级群团组织贯彻落实党的理论和路线方针政策，研究决定群团工作重大问题，管理同级群团组织领导班子，协调群团组织同党政部门的关系及群团组织之间的关系。上级群团组织依法依章程领导或指导下级群团组织工作。地方党委应该注意听取上级群团组织意见，加强沟通协调，形成工作合力。

地方党委要建立和完善研究决定群团工作重大事项制度。党委在每届任期内应该召开专门的群团工作会议；党委常委会应该定期听取各群团组织工作汇报，每年都要专题研究群团工作。一般由党委专职副书记分管群团工作，具体分工根据实际确定。建立党委群团工作联席会议制度，协调解决问题，推动工作落实。建立党委群团工作考核制度，把群团工作成效作为考核党委领导班子和分管负责同志工作的重要内容。

地方党委有关工作会议应该请工会、共青团、妇联等群团组织主要负责人参加或列席。县级以下共青团组织主要负责人按党章规定列席同级党组织有关会议。乡镇（街道）的工会、妇联组织主要负责人可列席同级党委有关会议。工会、共青团、妇联的党员负责人应该考虑作为同级党委委员候选人提名人选。

把群团建设纳入党建工作总体部署。完善党建带群建制度机制，把党建带群建作为党建工作责任制的重要内容。统筹基层党群组织工作资源配置和使用，基层党组织活动阵地、党员服务站点的规划建设应该考虑群团组织需要。制定群团组织推优办法，把群团组织推优作为产生入党积极分子人选的方式之一。非公有制经济组织、社会组织中的党建和群建工作要整体推进、共建互促。

群团组织中的党组要充分发挥领导核心作用。善于团结党外干部群众，善于把党的主张和任务转化成群团组织的决议和群众的自觉行动。认真贯彻民主集中制，健全集体领导制度，严格管理干部。加强对重大问题的调查研究，密切关注群众思想、工作、生活等方面的变化，引导群众正确理解和自觉支持党的理论和路线方针政策以及中央决策部署。落实从严治党责任，严格执行党的纪律，重大事项及时向批准党组设立的党组织请示报告。没有设立党组的群团组织，其领导班子应该承担起贯彻执行党的理论和路线方针政策的政治责任和抓党的建设的主体责任。群团组织中的党员要按照党的标准严格要求自己，发挥先锋模范作用，影响和带动周围干部群众努力完成党和国家的任务。

领导干部要加强对群团工作理论政策的学习研究。党校、行政学院、干部学院、社会主义学院应该开设党的群团工作理论政策课程。党委理论学习中心组应该把群团工作作为专题学习的重要内容。加强群团工作学科建设，群团工作研究列入国家哲学社会科学研究规划。

四、推动群团组织团结动员群众围绕中心任务建功立业

各级党委要重视发挥群团组织团结动员群众干事创业的重要作用。群团组织要把深化改革开放、推动科学发展、促进社会和谐作为发挥作用的主战场，把工人阶级主力军、青年生力军、妇女半边天作用和人才第一资源作用，转化为促进经济社会发展的强大力量。要积极主动宣传改革和依法治国，组织引导群众理解改革、支持改革、参与改革、推进改革，积极投身社会主义法治国家建设，促进形成最广泛的合力。

群团组织要紧紧结合自身职责，深入开展群众性劳动竞赛、技能比武、科技创新、科学普及等活动，动员群众立足岗位创新创业创优。积极开展对所联系群众的知识技能培训，促进能力素质提高。大力宣传生态文明理念，广泛发动群众，共建美丽中国。完善应急动员、公益募捐等行动机制，在保障重大任务、支援抢险救灾、应对重大突发事件中发挥积极作用。

群团组织要广泛开展民族团结进步宣传教育，动员所联系群众旗帜鲜明反对民族分裂、维护祖国统一，促进各民族群众手足相亲、守望相助。加强同香港同胞、澳门同胞、台湾同胞和海外侨胞的往来和交流，推进国家现代化建设和祖国和平统一。多领域、多渠道、多层次开展民间对外交流，增进中国人民同各国人民友谊，维护国家核心利益。

五、推动群团组织引导群众自觉培育和践行社会主义核心价值观

群团组织是群众自我教育、自我管理的重要平台。各级党委要推动群团组织引导所联系群众继承和弘扬中华优秀文化，自觉培育和践行社会主义核心价值观。

群团组织要从所联系群众的实际出发，设计务实管用的载体，把社会主义核心价值观转化为生动活泼、特色鲜明、富有成效的群众性实践。引导广大职工弘扬劳模精神、劳动精神、工人阶级伟大品格，增强主人翁意识，打造健康文明、昂扬向上的职工文化。加强对青年的理想信念教育，引导广大青年把社会主义核心价值观的根扎牢植正。加强和改进未成年人思想道德建设，开展好少先队组织教育、自主教育和实践活动，帮助少年儿童养成好思想、好品格、好习惯。引导广大妇女弘扬传统美德和自尊自信自立自强精神，培育良好家风，推进家庭文明建设。引导科技工作者发挥示范作用，弘扬科学精神，推动形成崇尚科学、追求进步的社会氛围。推动文学艺术、新闻宣传、法律、教育、社会公益等领域工作者积极发挥作用，引领全社会崇德向善、敬业诚信、遵纪守法、互助友爱、文明和谐。

群团组织要坚持广泛发动，利用遍布城乡的组织网络和基层阵地，深化群众性精神文明创建活动，把社会主义核心价值观教育做细做实。加强正面引导，大力宣传弘扬社会主义核心价值观的新风正气，及时批评违背社会主义核心价值观的模糊认识、错误观点、不良风气，引导群众明辨真假、是非、善恶、美丑。搞好典型引路，发挥各行各业先进典型、道德模范、“最美人物”等的示范带动作用，激发全社会学习先进、追赶先进、争当先进的持久内生动力。

六、支持群团组织加强服务群众和维护群众合法权益工作

群团组织服务群众要盯牢群众所急、党政所需、群团所能的领域，重点帮助群众解决日常工作生活中最关心、最直接、最现实的利益问题和最困难、最操心、最忧虑的实际问题。有针对性地开展创业就业、心理疏导、大病救助、法律援助、婚恋交友、居家养老等服务，特别是要做好对困难职工、留守老人妇女儿童、归难侨、残疾人等群体的帮扶，对高等学校毕业生、留学回国人员、农民工的服务。制定服务型基层组织建设意见，打造符合群众需求的工作品牌，推动构建覆盖广泛、快捷有效的服务群众体系。通过项目招聘、购买服务等方式吸引社会工作人才、专家学者、社会组织等力量参与服务群众工作。广泛开展志愿服务，完善组织管理，提升志愿服务水平。

维护群众合法权益是群团组织的重要工作。各级党委和政府要把群团工作纳入党政主导的维护群众权益机制，支持群团组织在维护全国人民总体利益的同时更好维护各自所联系群众的具体利益。群团组织维权工作应该主动有为，哪里的群众合法权益受到侵害，哪里的群团组织就要帮助群众通过合法渠道、正常途径，合理伸张利益诉求，促进社会公平正义。要主动代表所联系群众参与相关法律法规和政策的制定，推动建立健全协调劳动关系等方面制度机制，从源头上保障群众权益、发展群众利益。善于运用法治思维和法治方式维权，注重通过集体协商、对话协商等方式协调各方利益，通过信访代理、推动公益诉讼、依法参与调解仲裁等方式为利益受到损害或侵犯的群众提供帮助。同时，要引导群众识大体、顾大局，依法理性表达诉求，自觉维护社会和谐稳定。

各级党委、人大、政府及有关部门研究制定涉及群众切身利益的政策措施、法律法规、发展规划、重大决策，应该请相关群团组织参与调研和论证，充分听取意见、吸收合理建议，充分考虑相关群体利益。重大决策社会稳定风险评估机制，应该吸收群团组织参加。支持群团组织切实履行代表维护职能，推动落实男女平等基本国策，健全妇女、未成年人、残疾人等合法权益保护机制。

七、支持群团组织在社会主义民主中发挥作用

群团组织特别是人民团体是广大群众依法、有序、广泛参与管理国家事务和社会事务、管理经济和文化事业的重要渠道。各级党委要重视发挥群团组织在社会主义民主中的作用，更好保证人民当家作主。

按照协商于民、协商为民的要求，拓宽人民团体参与政治协商的渠道，规范人民团体参与协商民主的内容、程序、形式。政府可通过召开会议或其他适当方式，定期向人民团体通报重要工作部署和相关重大举措，加强决策之前和决策实施之中的协商。各级政协要充分发挥人民团体及其界别委员在密切联系群众、增进社会各阶层和不同利益群体和谐中的作用，密切各专门委员会与人民团体的联系。

党委、人大要支持人民团体在县、乡人大代表换届选举中，依法按程序提名推荐代表候选人。县以上人大代表、政协委员人选的提名推荐，应该加强与人民团体的沟通协商，落实好有关人选的比例规定和政策要求。选任人民陪审员、人民监督员、人民调解员，落实人民建议征集制度，应该重视发挥人民团体作用。

群团组织应该加强对经济社会发展等方面政策的研究，提高参政议政水平。依照党的政策和国家法律法规，积极代表和组织所联系群众参与协商民主，通过多种方式反映群众意见。积极参加城乡基层群众自治和企事业单位民主管理，引导所联系群众正确行使民主权利，推动基层民主健康发展。

八、支持群团组织参与创新社会治理和维护社会稳定

群团组织是创新社会治理和维护社会和谐稳定的重要力量。各级党委和政府要合理配置职能和资源，支持群团组织依法参与社会事务管理，把适合群团组织承担的一些社会管理服务职能按照法定程序转由群团组织行使；支持群团组织立足自身优势，以合适方式参与政府购买服务。群团组织承接政府转移职能要试点先行，承接职能后应该建立符合公共服务特点的运行机制，确保能负责、能问责；参与政府购买服务，要严格管理、规范实施，做到政府放心、社会认可、自身有活力。

各级党委和政府要支持群团组织在党组织领导下发挥作用，加强对有关社会组织的政治引领、示范带动、联系服务。群团组织要通过服务来引导和促进社会组织健康有序发展。推动政府治理和社会自我调节、基层群众自治良性互动，促进多元治理主体协同协作协调、互促互补互融。组织群众主动参加社会治安综合治理、基层社区网格化管理、平安创建，积极协调化解矛盾纠纷和利益冲突。

各级党委和政府要重视发挥群团组织在全面推进依法治国特别是法治社会建设中的积极作用。支持群团组织开展群众性法治文化活动，引导群众自觉守法、遇事找法、解决问题靠法。支持群团组织参与群众普法教育，推动建设普法和法律服务志愿者队伍。建立健全群团组织参与社会事务、维护公共利益、救助困难群众、帮扶特殊人群、预防违法犯罪的机制和制度化渠道。发挥群团组织对其成员的行为导引、规则约束、权益维护作用。

九、推动群团组织改革创新、增强活力

各级党委要推动群团组织勇于改革创新，通过创造性工作增强发展活力、赢得群众信任。

基层组织是做好群团工作的基础和关键。工会、共青团、妇联等群团组织要以提高吸引力、凝聚力、战斗力和扩大有效覆盖面为目标，在巩固按行政区划、依托基层单位建立组织、开展工作的同时，创新基层组织设置、成员发展、联系群众、开展活动的方式。立体化、多层面扩大组织覆盖，重点向非公有制经济组织、社会组织、城乡社区等领域和农民工、自由职业者等群体延伸组织体系。加强高等学校群团组织建设，更好联系、引导、服务青年学生和教师。

群团组织要牢固树立以群众为本的理念，健全依靠所联系群众推进工作制度。以群众喜闻乐见、便于参加的形式和方法开展工作，组织活动请群众一起设计，部署任务请群众一起参与，表彰先进请群众一起评议。完善群团组织代表大会制度和委员会制度，建立重大事项报告制度，代表和委员履职述职制度和直接联系群众、接受群众评议制度。完善群团组织事务公开制度，主动接受群众和社会监督。

打造网上网下相互促进、有机融合的群团工作新格局。群团组织要提高网上群众工作水平，实施上网工程，建设各具特色的群团网站，推进互联互通及与主流媒体、门户网站的合作。加强网宣队伍建设，综合运用维权热线和网络论坛、手机报、微博、微信等新媒体平台进行网上引导和动员。站在网上舆论斗争最前沿，主动发声、及时发声，弘扬网上主旋律。逐步建立统一的群团组织基础信息统计制度。

适应完成党的中心任务和基层工作、群众工作需要，改革和改进机关机构设置、管理模式、运行机制，充分体现群团组织的政治性、群众性特点，防止机关化、娱乐化倾向发生。

十、加大对群团工作的支持保障力度

各地要统筹管好用好现有群众活动阵地和设施，整合用好社会资源，纳入现代公共文化服务体系，坚持公益属性，真正发挥作用。主要新闻媒体要加强对群团工作的舆论宣传。新闻出版等部门要加强对群团组织所办报刊、出版社、网站的指导管理，确保正确舆论导向。

完善群团工作经费保障制度。依法足额收缴工会经费，由财政拨款支持的群团组织工作经费列入同级财政年度预算并予以保证。各级财政加大对革命老区、民族地区、边疆地区、贫困地区的支持力度，对基层群团组织的经费补贴应该落实到位，按人头划拨的经费重点向基层倾斜。基层单位应该根据需要合理安排群团工作经费。规范群团组织资产管理使用制度，任何组织和个人不得侵占、挪用或任意调拨群团组织资产。

鼓励群团组织在国家法律和相关规定许可范围内，通过多种方式筹措事业发展资金，依法享受扶持政策。群团组织应该建立健全社会资金募集、管理、使用全过程公开制度，建立第三方监督评价机制，提高社会公信力。

强化群团工作法治保障，提高群团工作法治化水平。推进涉及群团组织工作的立法，加强群团工作相关法律法规的实施和执法检查。

十一、加强群团组织领导班子和干部队伍建设

各级党委要加强群团组织领导班子建设，努力打造政治坚定、团结务实、群众拥护的坚强领导集体。坚持德才兼备、以德为先，按照信念坚定、为民服务、勤政务实、敢于担当、清正廉洁的好干部标准，选拔群众工作经验丰富、在所联系群众中威信高的同志，推荐作为群团组织主要负责人人选。领导班子成员人选的考察推荐应该广泛听取群众意见，结构要合理优化，工会、共青团、妇联负责人中基层一线代表人士的兼职比例应该适当增加。尊重群团组织民主选举结果，保持领导干部任期内稳定。健全县级以上群团组织领导班子中心组理论学习、党员领导干部民主生活会、新进班子成员任职培训等制度。坚持严字当头，加强党风廉政建设。探索建立符合群团工作特点的群团组织领导班子和领导干部综合考评机制。

群团干部是党的干部队伍的重要组成部分。各级党委要重视抓群团干部培养，全面加强群团干部队伍建设。将群团干部培训纳入干部教育培训总体规划，分级负责、分系统落实。重视推动群团干部到火热的实践一线摸爬滚打、锻炼成才，注重从企业、农村、城乡社区等基层一线选拔优秀人才充实群团干部队伍。选好配强基层群团组织负责人，更多采用兼职、聘用等方式吸引优秀社会人才加入群团工作队伍。推进群团干部跨系统多岗位交流，加强群团组织与党政部门之间干部双向交流，把群团工作岗位作为提高干部做群众工作能力的重要平台。改进群团干部参照公务员法管理工作，支持群团组织根据自身工作特点按规定考录和遴选机关工作人员。群团干部要自觉加强学习，增强党性修养，提高能力素质。

坚持从群众中来、到群众中去，建好群众之家、当好群众之友。群团组织领导机关要带头践行党的群众路线，把密切联系群众作为根本的工作作风，把工作重心放在最广大普通群众身上。健全防止和克服“四风”问题的长效机制，坚持定期分析检查、公开承诺整改等制度，经常开展下基层接地气、请群众评机关等活动，坚决克服机关化、脱离群众现象。群团组织领导机关干部要带头树立经常联系群众、直接服务群众、真情同群众交友的好作风，竭诚为群众服务。

各省、自治区、直辖市党委，全国总工会、共青团中央、全国妇联等中央管理的群团组织，要根据本意见要求制定实施方案。中央各部委，国家机关各部委党组（党委），解放军各总部、各大单位党委，要结合各自实际研究提出贯彻落实本意见的具体措施。

中共中央办公厅　国务院办公厅印发《关于加快构建现代公共文化服务体系的意见》

（中办发〔2015〕2号　2015年1月14日）

近年来，在党中央、国务院高度重视下，我国公共文化建设投入稳步增长，覆盖城乡的公共文化服务设施网络基本建立，公共文化服务效能明显提高，人民群众精神文化生活不断改善，公共文化服务体系建设取得显著成效，呈现出整体推进、重点突破、全面提升的良好发展态势。但是，与当前经济社会发展水平和人民群众日益增长的精神文化需求相比，与基本建成公共文化服务体系的目标要求相比，公共文化服务体系建设水平仍然有待提高。在新的形势下，构建现代公共文化服务体系，是保障和改善民生的重要举措，是全面深化文化体制改革、促进文化事业繁荣发展的必然要求，是弘扬社会主义核心价值观、建设社会主义文化强国的重大任务。为贯彻党的十八届三中全会审议通过的《中共中央关于全面深化改革若干重大问题的决定》的有关要求，加快构建现代公共文化服务体系，现提出如下意见。

一、总体要求

（一）指导思想。以邓小平理论、“三个代表”重要思想、科学发展观为指导，贯彻落实党的十八大和十八届三中、四中全会精神，贯彻落实习近平总书记系列重要讲话精神，按照全面建成小康社会的总体要求，牢固树立以人民为中心的工作导向，以改革创新为动力，以基层为重点，构建体现时代发展趋势、适应社会主义初级阶段基本国情和市场经济要求、符合文化发展规律、具有中国特色的现代公共文化服务体系，促进基本公共文化服务标准化、均等化，推动社会主义文化大发展大繁荣，提高全民族文化素质，增强民族凝聚力，为实现中华民族伟大复兴中国梦提供强大的精神动力和文化支撑。

（二）基本原则

坚持正确导向。以人民为中心，以社会主义核心价值观为引领，发展先进文化，创新传统文化，扶持通俗文化，引导流行文化，改造落后文化，抵制有害文化，巩固基层文化阵地，促进在全社会形成积极向上的精神追求和健康文明的生活方式。

坚持政府主导。从基本国情出发，认真研究人民群众的精神文化需求，因地制宜，科学规划，分类指导，按照一定标准推动实现基本公共文化服务均等化，切实保障人民群众基本文化权益，促进实现社会公平。

坚持社会参与。简政放权，减少行政审批项目，引入市场机制，激发各类社会主体参与公共文化服务的积极性，提供多样化的产品和服务，增强发展活力，积极培育和引导群众文化消费需求。

坚持共建共享。加强统筹管理，建立协同机制，明确责任，优化配置各方资源，做到物尽其用、人尽其才，发挥整体优势，提升综合效益。

坚持改革创新。加快转变政府职能，完善管理体制机制，创新公共文化服务内容和形式，促进文化与科技深度融合，推动文化事业和文化产业协调发展。

（三）主要目标。到 2020 年，基本建成覆盖城乡、便捷高效、保基本、促公平的现代公共文化服务体系。公共文化设施网络全面覆盖、互联互通，公共文化服务的内容和手段更加丰富，服务质量显著提升，公共文化管理、运行和保障机制进一步完善，政府、市场、社会共同参与公共文化服务体系建设的格局逐步形成，人民群众基本文化权益得到更好保障，基本公共文化服务均等化水平稳步提高。

二、统筹推进公共文化服务均衡发展

（四）促进城乡基本公共文化服务均等化。把城乡基本公共文化服务均等化纳入国民经济和社会发展总体规划及城乡规划。根据城镇化发展趋势和城乡常住人口变化，统筹城乡公共文化设施布局、服务提供、队伍建设、资金保障，均衡配置公共文化资源。整合利用闲置学校等现有城乡公共设施，依托城乡社区综合服务设施，加强城市社区和农村文化设施建设。拓展重大文化惠民项目服务“三农”内容。加大对农村民间文化艺术的扶持力度，推进“三农”出版物出版发行、广播电视涉农节目制作和农村题材文艺作品创作。完善农家书屋出版物补充更新工作。统筹推进农村地区广播电视用户接收设备配备工作，鼓励建设农村广播电视维修服务网点。大力开展流动服务和数字服务，打通公共文化服务“最后一公里”。建立公共文化服务城乡联动机制。以县级文化馆、图书馆为中心推进总分馆制建设，加强对农家书屋的统筹管理，实现农村、城市社区公共文化服务资源整合和互联互通。推进城乡“结对子、种文化”，加强城市对农村文化建设的帮扶，形成常态化工作机制。

（五）推动革命老区、民族地区、边疆地区、贫困地区公共文化建设实现跨越式发展。与国家扶贫开发攻坚战略结合，编制老少边穷地区公共文化服务体系建设发展规划纲要。根据国家基本公共文化服务指导标准，明确老少边穷地区服务和资源缺口，按照精准扶贫的要求，以广播电视服务网络、数字文化服务、乡土人才培养、流动文化服务、农村留守妇女儿童文化帮扶等为重点，集中实施一批文化扶贫项目。落实对国家在贫困地区安排的公益性文化建设项目取消县以下（含县）及西部地区集中连片特困地区市地级配套资金的政策。加强边境地区基层公共文化设施建设。促进地区对口帮扶，加大人才交流和项目支援力度。深入实施边远贫困地区、边疆民族地区、革命老区人才文化工作者专项支持计划。支持老少边穷地区挖掘、开发、利用民族民间文化资源，充实公共文化服务内容。力争在较短时间内使老少边穷地区公共文化服务能力和水平有明显改善。

（六）保障特殊群体基本文化权益。将老年人、未成年人、残疾人、农民工、农村留守妇女儿童、生活困难群众作为公共文化服务的重点对象。积极开展面向老年人、未成年人的公益性文化艺术培训服务、演展和科技普及活动。开展学龄前儿童基础阅读促进工作和向中小学生推荐优秀出版物、影片、戏曲工作。指导互联网网站、互联网文化企业等开发制作有利于青少年身心健康的优秀作品。将中小学生定期参观博物馆、美术馆、纪念馆、科技馆纳入中小学教育教学活动计划。加强乡村学校少年宫建设。实施青少年体育活动促进计划。公共文化服务机构要为残疾人提供无障碍设施。实施盲文出版项目，开发视听读物，建设有声图书馆，鼓励和支持有条件的电视台增加手语节目或加配字幕。加强对残疾人文化艺术的扶持力度。加快将农民工文化建设纳入常住地公共文化服务体系，以公共文化机构、社区和用工企业为实施主体，满足农民工群体尤其是新生代农民工的基本文化需求。

（七）建立基本公共文化服务标准体系。以人民群众基本文化需求为导向，围绕看电视、听广播、读书看报、参加公共文化活动等群众基本文化权益，根据国家经济社会发展水平和供给能力，明确国家基本公共文化服务的内容、种类、数量和水平，以及应具备的公共文化服务基本条件和各级政府的保障责任，确立国家基本公共文化服务指导标准，明确政府保障底线，做到保障基本、统一规范。各地要根据国家指导标准，制定与当地经济社会发展水平相适应、具有地域特色的地方实施标准，逐步形成既有基本共性又有特色个性、上下衔接的标准指标体系。标准以县为基本单位推进落实。建立基本公共文化服务标准动态调整机制，根据经济社会的发展变化，适时调整提高具体指标。

（八）提升公共文化设施建设、管理和服务水平。健全公共文化设施布局、土地使用、建设规模、设计和施工规范以及技术要求等标准。按照城乡人口发展和分布，坚持均衡配置、严格预留、规模适当、功能优先、经济适用、节能环保的原则，合理规划建设各类公共文化设施。结合基层公共服务设施建设，制定村（社区）综合公共文化服务中心建设标准，充分利用现有城乡公共设施，统筹建设集宣传文化、党员教育、科技普及、普法教育、体育健身等多功能于一体的基层公共文化服务中心，配套建设群众文体活动场地。坚持设施建设和运行管理并重，健全公共文化设施运行管理和服务标准体系，规范各级各类公共文化机构服务项目和服务流程，完善内部管理制度，提高服务水平。

三、增强公共文化服务发展动力

（九）培育和促进文化消费。在公共文化服务体系建设中统筹考虑群众的基本文化需求和多样化文化需求，推动公共文化服务向优质服务转变，实现标准化和个性化服务的有机统一。广泛开展公益性文化艺术活动，培养健康向上的文艺爱好，扩大和提升文化消费需求。鼓励有条件的公共文化机构挖掘特色资源，加强文化创意产品研发，创新文化产品和服务内容。完善公益性演出补贴制度，通过票价补贴、剧场运营补贴等方式，支持艺术表演团体提供公益性演出。鼓励在商业演出和电影放映中安排低价场次或门票，鼓励出版适应群众购买能力的图书报刊，鼓励网络文化运营商开发更多低收费业务，推动经营性文化设施、非物质文化遗产传习场所和传统民俗文化活动场所等向公众提供优惠或免费的公益性文化服务。积极发展与公共文化服务相关联的教育培训、体育健身、演艺会展、旅游休闲等产业，引导和支持各类文化企业开发公共文化产品和服务，满足人民群众多层次的文化消费需求。

（十）鼓励和引导社会力量参与。进一步简政放权，减少行政审批项目，吸引社会资本投入公共文化领域。建立健全政府向社会力量购买公共文化服务机制。出台政府购买公共文化服务指导性意见和目录，将政府购买公共文化服务资金纳入财政预算。推广运用政府和社会资本合作等模式，促进公共文化服务提供主体和提供方式多元化。鼓励和支持社会力量通过投资或捐助设施设备、兴办实体、资助项目、赞助活动、提供产品和服务等方式参与公共文化服务体系建设。推动建立健全公开透明的社会捐赠管理制度。鼓励党政机关、国有企事业单位和学校的各类文体设施向社会免费或优惠开放。创新公共文化设施管理模式，有条件的地方可探索开展公共文化设施社会化运营试点，通过委托或招投标等方式吸引有实力的社会组织和企业参与公共文化设施的运营。

（十一）培育和规范文化类社会组织。加强对文化类行业协会、基金会、民办非企业单位等社会组织的引导、扶持和管理，促进规范有序发展。制定完善关于文化类社会组织的规章，明确功能定位。鼓励各类公共文化服务机构成立行业协会，发挥其在行业自律、行业管理、行业交流等方面的重要作用。加快推进文化行业协会与行政机关脱钩，将适合由社会组织提供的公共文化服务事项交由社会组织承担。引导文化类社会组织依法依规开展公共文化服务。加大政府向文化类社会组织购买服务力度。加强政府管理和社会监督，严格执行社会组织年检制度和信息公开制度，开展运营绩效评估和社会信用评估，实现依法管理、依法运营。

（十二）大力推进文化志愿服务。大力弘扬志愿服务精神，坚持志愿服务与政府服务、市场服务相衔接，奉献社会与自我发展相统一，社会倡导和自愿参与相结合，构建参与广泛、内容丰富、形式多样、机制健全的文化志愿服务体系。创新服务内容、工作方式和活动载体，探索具有地方或行业特色的文化志愿服务模式。完善文化志愿者注册招募、服务记录、管理评价和激励保障机制。动员组织专家学者、艺术家、优秀运动员等社会知名人士参加志愿服务，提高社会影响力。要建立“结对子、种文化”工作机制，推动专业艺术院团、体育运动队和艺术体育院校等到基层教、学、帮、带，建立志愿服务下基层制度。加强对文化志愿队伍的培训，提升文化志愿者的服务意识、服务能力和服务水平。

四、加强公共文化产品和服务供给

（十三）提升公共文化服务效能。完善公共文化设施免费开放的保障机制。深入推进公共图书馆、博物馆、文化馆、纪念馆、美术馆等免费开放工作，逐步将民族博物馆、行业博物馆纳入免费开放范围。推动科技馆、工人文化宫、妇女儿童活动中心以及青少年校外活动场所免费提供基本公共文化服务项目。建立群众文化需求反馈机制，及时准确了解和掌握群众文化需求，制定公共文化服务提供目录，开展“菜单式”、“订单式”服务。加强公共文化服务品牌建设，推动形成具有鲜明特色和社会影响力的服务项目。加大对跨部门、跨行业、跨地域公共文化资源的整合力度。以行业联盟等形式，开展馆际合作，推进公共文化机构互联互通，开展文化服务“一卡通”、公共文化巡展巡讲巡演等服务，实现区域文化共建共享。加强基层广播电视播出机构服务能力建设。充分利用广播、电视、网络双向互动功能，为各级政府部门便民服务提供窗口和平台。

（十四）丰富优秀公共文化产品供给。进一步发挥国家级评奖和艺术、出版等基金的引导带动作用，创作生产更多传播当代中国价值观念、体现中华文化精神、反映中国人审美追求，思想性、艺术性、观赏性有机统一的优秀文化产品。建立优秀传统文化传承和发展体系。加强戏曲等优秀文化艺术的普及推广工作。开展优秀文化遗产、高雅艺术进校园、进社区，推进送戏、送书、送电影下乡等项目和优秀出版物推荐活动。提高网络文化产品和服务供给能力，促进优秀传统文化瑰宝和当代文化精品网络传播。推动少数民族地区广播电视播出机构在推广国家通用语言文字的同时，开办少数民族语言的频率频道，提高少数民族语言节目译制、制作、播映和传输覆盖能力；继续实施少数民族新闻出版“东风工程”，加强少数民族文字及双语出版物的出版发行和少数民族语言文艺作品的创作；推进少数民族语言文字网站建设。加强知识产权审核和版权保护，防止侵权或盗版产品进入公共文化服务供给体系。大力发展公益广告，有效推广公益慈善理念。

（十五）活跃群众文化生活。深入开展全民阅读活动，推动全民阅读进家庭、进社区、进校园、进农村、进企业、进机关。积极开展全民艺术普及、全民健身、全民科普和群众性法治文化活动。实施基层特色文化品牌建设项目，以富有时代感的内容形式，吸引更多群众参与文化活动。引导广场文化活动健康、规范、有序开展。推进民间文化艺术之乡建设。以“我们的节日”为主题，组织开展群众性节日民俗活动；传承和发展民族民间传统体育，广泛开展形式多样的群众性体育活动。鼓励群众自办文化，支持成立各类群众文化团队。通过组织示范性展演等形式，为民间文化队伍提供展示交流的平台。推进红色文化、社区文化、乡土文化、校园文化、企业文化、军旅文化、家庭文化建设，培育积极健康、多姿多彩的社会文化形态。促进边疆少数民族地区和其他地区群众文化交往交流交融。加强群众性文化活动的国际交流，支持群众文化走出去，形成多层次的对外文化交流格局。

五、推进公共文化服务与科技融合发展

（十六）加大文化科技创新力度。围绕公共文化服务体系建设的重大科技需求，发挥文化和科技相互促进的作用，结合中央财政科技计划（专项、基金等）管理改革要求，将公共文化科技创新纳入科技发展专项规划，深入实施国家文化科技创新工程。研究制定公共文化服务领域科技标准规范。开展文化专用装备、软件、系统的研发应用，推进公共文化服务创新手段、提高效能。加强科技成果转化应用，实施一批公共文化服务科技创新应用示范项目；支持公共文化机构、科研院所、高科技企业合作开展各类关键技术研究。依托国家公共文化服务体系建设示范区（项目）、高新技术园区和可持续发展实验区，开展公共文化服务与科技融合示范工作。

（十七）加快推进公共文化服务数字化建设。结合“宽带中国”、“智慧城市”等国家重大信息工程建设，加快推进公共文化机构数字化建设。统筹实施全国文化信息资源共享、数字图书馆博物馆建设、直播卫星广播电视公共服务、农村数字电影放映、数字农家书屋、城乡电子阅报屏建设等项目，构建标准统一、互联互通的公共数字文化服务网络，在基层实现共建共享。提高资源供给能力，科学规划公共数字文化资源建设，建设分布式资源库群，鼓励各地整合中华优秀文化资源，开发特色数字文化产品。支持数字版权公共服务平台建设，实现公共数字文化资源有效保护。加强公共文化大数据采集、存储和分析处理。加快推进数字文化资源在智能社区中的应用，实现“一站式”服务。

（十八）提升公共文化服务现代传播能力。着眼于形成与我国经济社会发展水平相称的传播能力，加快构建现代文化传播体系，保障信息传播的高效快捷和安全有序。灵活运用宽带互联网、移动互联网、广播电视网、卫星网络等手段，拓宽公共文化资源传输渠道。大力推进“三网融合”，促进高清电视、互动电视、交互式网络电视（IPTV）、手机电视等新业务发展，推广数字智能终端、移动终端等新型载体。推进数字出版，构建数字出版物传播平台。加强广播电视台、发射台（站）、监测台（站）建设，继续实施广播电视高山无线发射台站建设工程。积极推进有线电视网络建设和数字化双向化改造，加快推进直播卫星和地面数字电视覆盖建设，努力实现广播电视户户通。实施国家和地方应急广播工程，完善应急广播覆盖网络，打造基层政务信息发布、政策宣讲和灾害预警应急指挥平台。

六、创新公共文化管理体制和运行机制

（十九）建立公共文化服务体系建设协调机制。立足当前公共文化服务体系建设实际，完善党委领导、政府管理、部门协同、权责明确、统筹推进的公共文化服务体系建设管理制度。以国家公共文化服务体系建设协调组为平台，由文化部门牵头，充分发挥各部门职能作用和资源优势，在规划编制、政策衔接、标准制定和实施等方面加强统筹、整体设计、协调推进。各地要根据实际，建立相应的协调机制。推进国家公共文化服务体系示范区（项目）创建。发挥基层党委和政府作用，建立统一的基层公共文化服务平台，加强各类重大文化项目的统筹实施，探索整合基层公共文化服务资源的方式和途径，实现共建共享，提升综合效益。

（二十）加大公益性文化事业单位改革力度。按照关于深化文化体制改革和推进事业单位分类改革的要求，理顺政府和公益性文化事业单位之间的关系，探索管办分离的有效形式。进一步落实公益性文化事业单位法人自主权，强化公共服务功能，增强发展活力，发挥公共文化服务骨干作用。全面推进人事制度、收入分配制度、社会保障、经费保障制度改革。创新运行机制，建立事业单位法人治理结构，推动公共图书馆、博物馆、文化馆、科技馆等组建理事会，吸纳有关方面代表、专业人士、各界群众参与管理，健全决策、执行和监督机制。完善年度报告和信息披露、公众监督等基本制度，加强规范管理。加强和改进公益性文化事业单位党组织建设，充分发挥基层党组织的战斗堡垒作用和共产党员的先锋模范作用。

（二十一）创新基层公共文化管理机制。发挥城乡基层群众性自治组织的作用，推动开展公共文化服务参与式管理，推广居民、村民评议等行之有效的做法，健全民意表达和监督机制，引导城市社区居民和村民参与公共文化服务项目规划、建设、管理和监督，维护群众的文化选择权、参与权和自主权。调动驻村（社区）单位、企业和社会组织等多方面力量，统筹资源，共同参与基层文化的管理和服务，形成多元联动格局。扎实推进社区文化志愿服务。推进将公共文化服务纳入基层社区服务网格进行管理，培育城乡社区互助文化，营造社区和谐环境。

（二十二）完善公共文化服务评价工作机制。以效能为导向，制定政府公共文化服务考核指标，作为考核评价领导班子和领导干部政绩的重要内容，纳入科学发展考核体系。建立公共文化机构绩效考评制度，考评结果作为确定预算、收入分配与负责人奖惩的重要依据。加强对重大文化项目资金使用、实施效果、服务效能等方面的监督和评估。完善服务质量监测体系，研究制定公众满意度指标，建立群众评价和反馈机制。探索建立公共文化服务第三方评价机制，增强公共文化服务评价的客观性和科学性。

七、加大公共文化服务保障力度

（二十三）加强组织领导。各有关部门和单位要进一步认识构建现代公共文化服务体系的重要意义，根据本意见的要求，结合“十三五”规划的编制，尽快制定完善相关配套政策，明确责任，统筹建设，协同推进，狠抓落实。地方各级党委和政府要将构建现代公共文化服务体系纳入本地区国民经济和社会发展总体规划，纳入重要议事日程，切实加强组织领导，并结合实际制定实施方案、规划或专项行动计划，明确责任和时间表、路线图，集中力量推进工作落实。做好宣传和舆论引导工作，形成全社会支持和参与现代公共文化服务体系建设的良好氛围。

（二十四）加大财税支持力度。合理划分各级政府基本公共文化服务支出责任，建立健全公共文化服务财政保障机制，按照基本公共文化服务标准，落实提供基本公共文化服务项目所必需的资金，保障公共文化服务体系建设和运行。进一步完善转移支付体制，加大中央财政和省级财政转移支付力度，重点向革命老区、民族地区、边疆地区、贫困地区倾斜，着力支持农村和城市社区基层公共文化服务设施建设，保障基层城乡居民公平享有基本公共文化服务。进一步拓展资金来源渠道，加大政府性基金与一般公共预算的统筹力度。创新公共文化服务投入方式，采取政府购买、项目补贴、定向资助、贷款贴息等政策措施，支持包括文化企业在内的社会各类文化机构参与提供公共文化服务。落实现行鼓励社会组织、机构和个人捐赠公益性文化事业所得税税前扣除政策规定。加强对公共文化服务资金管理使用情况的监督和审计，开展绩效评价。

（二十五）加强基层文化队伍建设。进一步完善选人用人机制，着力培养一批具有现代意识、创新意识的公共文化管理者和基层公共文化服务人才队伍。按照控制总量、盘活存量、优化结构、有减有增的要求，研究制定公共文化机构人员编制标准，并根据业务发展状况进行动态调整。对实行免费开放后工作量大量增加、现有机构编制难以满足工作需要的公益性文化事业单位，要结合实际和财力，合理增加机构编制。加强对农村文化队伍的管理和使用，在现有编制总量内，落实每个乡镇综合文化站（中心）编制配备不少于 1 至 2 名的要求，规模较大的乡镇适当增加。设立城乡基层公共文化服务岗位，配置由公共财政补贴的工作人员。将公共文化服务专业人才培养纳入国民教育体系。稳步推进基层公共文化服务队伍培训，建立培训上岗制度，全面提高从业人员素质。乡镇综合文化站（中心）从业人员应熟悉广播电视技术，具备组织群众文化活动等多方面的服务能力。完善基层公共文化服务人才激励和保障机制。加强基层乡土文化人才建设。发展壮大社会体育指导员队伍。

（二十六）建立健全公共文化服务法律体系。加快建立健全坚持社会主义先进文化前进方向、遵循文化发展规律、有利于激发文化创造力、保障人民基本文化权益的文化法律制度，依法保障公民的文化权利得到有效落实。加快出台公共文化服务保障法等相关法律法规，为现代公共文化服务体系建设提供法律支撑。加强公共文化立法与文化体制改革重大政策的衔接，加快制定地方性公共文化服务法律规范，提高公共文化服务领域法治化水平。

附件：国家基本公共文化服务指导标准（2015—2020 年）（略）

中华全国总工会关于推进工会企事业改革与发展的指导意见

（总工发〔2011〕81号　2011年12月23日）

为推进工会企事业深化改革、科学发展，增强服务职工和工会工作全局的能力，在坚持走中国特色社会主义工会发展道路中发挥更大的作用，现就推进工会企事业改革与发展提出如下指导意见。

一、推进工会企事业改革与发展的重要性和紧迫性

1. 推进工会企事业改革发展是坚持走中国特色社会主义工会发展道路的必然要求。工会企事业以服务职工群众为宗旨，是工会依法履行职责和加强自身建设的物质基础；是工会维护职工合法权益、构建服务职工长效机制的重要载体；是增强工会组织凝聚力和影响力，促进工运事业长远发展的战略选择。推进工会企事业改革与发展，有利于壮大工会资产，增强工会物质基础和经济实力；有利于促进工会企事业完善服务体系，提高服务职工的能力和水平；有利于发挥工会组织桥梁纽带作用，巩固党的群众基础和执政基础。

2. 推进工会企事业改革发展是工会企事业自身发展的迫切需要。当前，工会企事业面临着难得的机遇和严峻的挑战。“十二五”规划蓝图为工会企事业发展提供了广阔空间，党和政府赋予工会更多的资源手段，也对工会企事业服务大局、服务职工提出了更高的要求。各级工会要从全局和战略的高度，充分认识推进工会企事业改革与发展的重要性和紧迫性，进一步增强责任感和使命感，以改革为动力，推进工会企事业协调、健康发展。

二、工会企事业改革与发展的指导思想、目标任务和基本原则

3. 指导思想。以邓小平理论和“三个代表”重要思想为指导，深入贯彻落实科学发展观，全面贯彻党的十七大和工会十五大精神，围绕中心，服务大局，解放思想，开拓创新，紧紧抓住新世纪我国经济发展的第二个十年的历史机遇，创新发展思路，转变发展方式，积极争取并充分利用党和政府赋予的资源手段，坚持强化事业单位服务功能、增强企业竞争实力、从整体上搞活企事业的原则，分类推进工会企事业改革与发展，在服务科学发展、服务职工群众、坚持走中国特色社会主义工会发展道路中发挥更大的作用。

4. 目标任务。以壮大工会资产、做优做强工会企事业为目标，经过调整布局、整合资源、加强管理和深化改革，争取到 2015 年，全国工会企事业结构布局得到优化，职工文体教育、职工疗休养旅游、职工互助保障三项事业协调发展；资产管理体制和运营机制进一步完善，工会资产规模稳步增长，资产运行效率和效益不断提高；事业单位基本完成类别划分，人事管理、收入分配、健全完善法人治理结构、完善投入机制等方面改革取得明显进展，服务能力和服务质量明显提高；企业单位初步建立现代企业制度，自我发展能力、市场竞争能力和经济效益明显增强，形成一批主业突出、核心竞争力强的企业集团。

5. 基本原则。坚持围绕中心，服务大局，把服务职工群众、服务工会工作全局作为工会企事业改革与发展的出发点和落脚点；坚持依托优势，突出特色，重点发展直接为职工服务的企事业；坚持统筹规划，分类推进，指导公益性事业单位和企业协调发展；坚持因地制宜，注重实效，推进改革与发展的思路措施更具针对性和操作性；坚持开拓创新，与时俱进，探索建立有利于工会企事业健康发展的管理体制、运行机制和发展模式。

三、工会企事业发展的结构布局

6. 总体布局。在全面发展工会企事业的同时，以强化工会职能、直接为职工提供服务为原则，重点兴办和发展三项事业：以工人文化宫（俱乐部）、国际海员俱乐部、工人体育场（馆）、职工学校、工会院校、报社、出版社等为主体的职工文体教育事业；以职工和劳模疗休养院、职工旅行社、宾馆为主体的职工疗休养旅游事业；以职工互助保障组织为主体的职工互助合作保障事业。

7. 优化职工文体教育事业。职工文体教育事业要在把握正确方向、突出自身主业的前提下，通过优化资源配置、完善投入机制和加强经营管理，不断提高服务水平和服务质量，真正发挥工会宣传阵地、培训学校、职工乐园和精神文明窗口的作用。其中：

工人文化宫（俱乐部）作为国家公益性设施的重要组成部分，要以提高职工整体素质和满足职工精神文化需求为目标，强化公益属性和公益职能。在发展建设中，应纳入各级政府公共文化服务体系范围。在功能定位上，应进一步明确基本服务内容，实行免费开放；同时进一步明确非基本服务内容，按照以市场为导向、不以营利为目的的原则，降低收费标准，改进服务方式，提高服务质量和服务能力。工人文化宫（俱乐部）主管工会要把与上述要求对应的政策和当地政府的财政投入落实到位，努力形成党政支持、工会承办、社会参与的可持续发展机制。

工会干部学校和职工学校作为开展工会干部培训和职业技术教育培训的重要阵地，要坚持正确的办学方向，突出工会特色。要对现有各种教育资源进行统筹规划、合理配置，推进工会系统内的资产重组与资产整合，形成规模优势。要从实际出发，探索多种办学方式，改善办学条件，提高办学效益和办学水平。

国际海员俱乐部是为国际海员与国内海员提供服务的文化福利事业单位，是国家和工会对外宣传服务的重要窗口。国际海员俱乐部要认真贯彻《国际海员俱乐部工作条例》，做好对中外海员的接待服务和宣传工作，扩大社会影响。

8. 做强职工疗休养旅游事业。职工疗休养旅游事业要在做好公益项目的前提下，以市场需求为导向，以职工旅游服务为主线，探索职工旅行社、疗休养院、宾馆之间的联动发展，实现规模化运作，努力提高市场占有率和市场竞争力。其中：

职工疗休养院具有一定福利性和社会公益性，是国家医疗卫生事业的组成部分，要坚持以劳动模范、先进生产者、职工群众的疗休养、医疗、体检、工伤康复、职业病救治为主业，维护职工疗休养权益。要以为劳模和职工服务为核心，以提供旅游度假、会议培训为辅助，打造特色品牌和项目，提高市场竞争力。要加强与医疗卫生部门的合作，充分发挥疗休养院作为医疗定点医院的作用，全面提升医疗水平和服务水平。

职工旅行社和“职工之家”等宾馆是工会为职工提供旅游服务的重要载体，要按照走向市场、创新机制、做大做强的思路，积极参与旅游市场竞争，向业务规模化、经营集团化、市场网络化方向发展。要以资产关系为纽带，整合工会系统旅游资源，探索以各级工会职工旅行社、疗休养院、“职工之家”等宾馆为依托，以旅游、度假、疗养、会议等业务网络为核心的集团化经营机制，打造“红色旅游”、“劳模疗休养”等特色品牌，提升工会旅游服务的市场影响力和竞争优势。

9. 创新职工互助保障事业。职工互助保障组织要以满足中低收入职工保险保障需求，提高广大职工抵御风险能力为宗旨，围绕职工的养老、医疗、大病、工伤与意外伤害等开展互助保障活动。要在全国总工会的统一监管和分类指导下，推进体制机制创新，加强监管体系建设和监管制度建设，规范运作，防范风险，不断提高为职工提供保障服务的能力和水平。

四、推进工会企事业改革与发展的主要措施

10. 实施战略调整，优化资源配置。坚持“抓大做强，放小搞活”和“有进有退、有所为有所不为”的原则，重点实施“三个一批”战略，最终形成以职工文体教育、职工疗休养旅游、职工互助保障三项事业为主体，大中小企事业有机联系、协调发展的格局。

——扶优扶强一批。全国总工会、省级和中心城市工会要集中力量，重点扶持一批具有较大规模优势、区域优势和发展前景的文化宫（俱乐部）、疗休养院、工会院校、职工学校、国际海员俱乐部等企事业，在资金、政策、人才和项目等方面给予大力支持，不断增强实力，提高竞争力。争取用三至五年时间，形成一批特色鲜明、设施先进、管理规范、服务优良、职工欢迎的职工文化教育阵地、职工旅游疗养基地、工伤康复中心、互助保障组织等明星企事业。

——整合重组一批。以资产为纽带，以优化配置、增强实力为目标，统筹规划和有序整合工会企事业资源，实现资源的互补和利用，发挥资产运行的规模效应。对于行业关联性和互补性较强、职能重复、布局零散的企事业，要因地制宜地进行整合，形成规模优势。有条件的地区可以积极探索，组建文化宫集团、疗休养院集团，组建跨地区、跨行业的工会企业集团，进行市场化、集约化运作，提高规模效益；对于有发展潜力但设施陈旧、竞争力弱的企事业要积极争取政府支持，激活存量资产。

——放开搞活一批。对于市场化程度较高的工会企事业，以及布局分散、规模小的企业，可在保证出资人合法权益的原则下，放开经营方式，积极参与市场竞争。对于丧失功能、长期亏损、扭亏无望的企事业，要在科学论证、严格审批的基础上，通过切实可行的方式进行调整，盘活不良资产。盘活的资产要用于发展工会企事业。

11. 创新发展模式和发展方式。要以发展为第一要务，把工会企事业纳入社会经济发展和市场经济环境中去谋划和运营，创新发展思路，拓展发展空间，实现社会效益和经济效益的有机统一。

在发展领域上，要构建公益事业与经营产业协调发展新格局。在促进文化宫等公益性事业健康发展的同时，要适应职工需求多样化趋势，发挥工会组织优势，抢抓市场机遇，兴办和发展为职工服务的文化体育产业、休闲旅游服务产业和金融保险等现代服务业。

在发展模式上，要把争取党政资源与手段、借助社会各方力量与工会投入紧密结合起来，形成党政支持、工会运作、社会参与的社会化发展方式。要支持工会企事业吸收社会资金，引进战略投资者，实施投资主体多元化和社会化，利用社会资本发展工会企事业。

在运作方式上，企事业单位要把坚持公益性和市场化运作有效结合，在保证为职工服务的公益性前提下，以市场为导向，在经营理念、管理体制、经营机制、业务拓展、资产运营等方面与市场接轨，提高市场占有率和竞争力，实现经济效益最大化，更好地支持公益性服务，促进工会企事业良性发展。

在服务内容和形式上，要依托工会组织的比较优势，从实际出发，因地制宜，在文化体育、教育培训、疗养体检、医疗康复、劳模基地、互助保障、旅游休闲等方面，发展特色项目，举办特色活动，培育特色品牌，形成特色优势。

12. 加强资产监督管理，提高资产运行质量。各级工会要加强资产监督管理机构建设，其中省级工会、省会城市工会以及工会企事业资产规模1亿元以上的城市工会，要单独设立资产监督管理机构，其他地市、县级工会要结合本地区实际，设立或明确资产监督管理机构，配备专职工作人员，落实监管责任主体。各级工会资产监管机构的名称、职责要统一，形成上下对应、责权明确、运行高效的资产监管体系。要加强工会资产基础管理和产权管理，尤其要重点加强土地、房屋等不动产处置事项的管理，严格履行审批手续，防止工会资产流失。要加强本级企事业单位资产监督管理，按照管资产、管人、管事相结合，责权利相统一的原则，切实履行本级企事业单位出资人职责，建立资产经营责任制，落实保值增值责任，实施资产运营，提高资产运行效率和效益。

要加强对基层工会特别是国有大企业工会资产的产权管理。对于职工文化体育和教育培训等设施，要积极争取明确工会所有权并进行产权登记。在企业改制、合资合作和资产重组中，要依法保护工会资产，防止因随意处置资产或改变资产隶属关系造成工会资产流失。

13. 明确事业单位性质，强化公益职能。根据事业单位承担的职能、服务对象、经费来源及发展方向，对事业单位合理定位，其中工人文化宫（俱乐部）、工人体育场（馆）、国际海员俱乐部、职工疗休养院、工会院校、职工学校是工会履行社会职能的重要阵地，要争取在国家事业单位分类改革中，纳入公益一类或公益二类事业单位序列。公益性事业单位要牢牢把握公益性的发展方向，坚持为改革开放和发展生产力服务、为职工群众服务和为工运事业服务的宗旨，进一步理顺体制、完善机制、健全制度，不断提高公益服务水平和效率。要在确保实现公益性目标的前提下，依法开展相关的经营活动，通过转换经营机制，优化管理模式，增加经营收入，更好地支持和促进公益事业的发展。

14. 推进事业单位内部制度改革。一是健全领导人员选拔任用和管理监督制度。建立和完善领导班子和领导人员任期目标责任制，改进考核办法，将考核结果作为加强领导班子建设和对领导人员任用、培养教育、管理监督、激励约束的重要依据。严格执行离任审计制度。二是推进用人机制转换。全面推行聘用制度，实施岗位管理制度，实行公开招聘制度，推行竞聘上岗制度，健全考核奖惩制度，完善人员退出机制。三是实施分配制度改革。以完善工资分配激励约束机制为核心，逐步建立重实绩、重贡献，向优秀人才和关键岗位倾斜，形式多样、自主灵活的分配激励机制。建立和完善岗位绩效工资制度、工资正常调整机制和收入分配激励机制。四是建立法人治理结构。探索建立理事会、董事会、管委会等多种形式的治理结构，健全决策、执行和监督机制，提高运行效率，确保公益目标实现。

15. 加快企业改革，提高竞争实力。要适时进行公司制改造，明确董事会、监事会、经理层的权利与义务，形成各负其责、协调运转、有效制衡的法人治理结构。积极鼓励工会企业交叉持股，相互参股，引入外部资本、参股或控股优势企业等，推动工会资产向市场前景好、综合实力强、社会效益高的领域和行业集中，为做大做强工会企业奠定坚实的基础。按照国家事业单位改制的要求需要转制为企业的事业单位，要规范进行改制工作，做好清产核资、财务审计、资产评估和资产处置工作，保证工会资产不流失。转企改制后，要按照现代企业制度的要求，深化内部改革，转变管理体制，不断增强市场竞争实力，提高经济效益。

五、加强组织领导，为工会企事业长远发展提供保障

16. 提高认识，加强组织领导。各级工会要从战略的高度重视工会企事业工作，把推进工会企事业改革与发展作为工会加强自身建设、构建维权新机制、支撑工会事业长远发展的重要任务纳入议事日程，要把制定和实施工会企事业中长期发展规划、实现资产有效利用和保值增值作为领导班子考核内容，与工会其他重点工作同部署、同实施、同考核，形成一级抓一级、一级对一级负责的责任体系。主要领导亲自抓、分管领导全面负责，工会企事业主管部门具体落实，组织、宣传、财务、审计等部门支持配合，形成合力，共同推进工会企事业改革与发展。

17. 加大工会内部投入，建立资金保障机制。各级工会要把支持工会企事业改革发展作为一项长期战略任务，建立和完善以资金投入为主的工会企事业重点扶持机制。省级工会及地市级工会要建立工会企事业发展专项资金，以当年本级工会经费留成为基数，每年提取一定比例的资金，与本级企业上缴收益一同纳入工会企事业发展专项资金。专项资金主要用于本级企事业单位设备购置和更新改造、资产监督管理工作考核奖励和支持下级工会企事业改革发展。资产监管机构要制定和实施专项资金的使用管理办法，不断提高资金使用效率和效益。

18. 加大源头参与协调，积极向党和政府争取更多的资源与手段。各级工会要积极争取政府和行政在土地、资金、项目、政策等方面的支持，并建立长期投入机制，增强工会企事业发展后劲。在事业单位分类改革进程中，要积极与有关部门协调沟通，争取将工人文化宫（俱乐部）、国际海员俱乐部、职工疗休养院等单位纳入当地公益性事业单位序列，并落实财政投入政策。努力将工人文化宫（俱乐部）等公益性事业单位的建设和发展纳入当地政府公共服务体系建设及社会发展规划。对于在地方城市建设改造中，需要工会企事业异地置换的项目，要积极协调，争取当地政府给予大力支持，土地补偿面积要有较大增加，建设资金要有保证，不失时机地扩大工会资产规模。

中华全国总工会关于做好工会事业单位分类改革工作的指导意见

（总工发〔2012〕65 号　2012 年 9 月 13 日）

为全面贯彻落实《中共中央　国务院关于分类推进事业单位改革的指导意见》（中发〔2011〕5 号）精神，科学划分工会事业单位类别，分类指导和推进改革，促进工会企事业可持续发展，现就做好工会事业单位分类改革工作提出如下意见。

一、工会事业单位分类改革的重要性和紧迫性

工会事业单位是我国社会事业的重要组成部分，是工会加强自身建设和履行社会职能的物质基础，是工会密切联系职工群众，发挥桥梁纽带作用的有效载体。工会事业单位分类改革关系到工会职能作用的有效发挥，关系到工运事业的长远发展，必须引起高度重视。目前，工会事业单位社会功能多样，既有承担行政职能的，也有从事公益服务或生产经营活动的，有些单位功能交叉重叠。工会事业单位所涉及的业务范围广泛，涵盖文化、教育、体育、疗休养等多个行业和领域，且存在着功能定位不清、运行机制不活、产业布局分散、地区差异性大、改革进程不同等问题，工会事业单位分类改革工作任务十分艰巨。要以国家事业单位分类改革为契机，抓住机遇，科学定位，理顺体制，创新机制，深化改革，为工会企事业发展壮大打下坚实基础。

二、指导思想和总体要求

坚持以邓小平理论和“三个代表”重要思想为指导，深入贯彻落实科学发展观，以科学分类为核心，以职工群众需求为导向，以促进工会企事业发展为目的，妥善处理改革发展稳定的关系，按照统一分类原则、分级组织实施、积极稳妥推进的总体要求做好工会事业单位分类改革工作。

总体要求：一是坚持统一分类原则。在充分调研的基础上，对本地区工会事业单位进行预分类。二是分级组织实施。在上级工会指导下，分级负责本地区的工会事业单位分类改革工作。要结合本地区实际，针对工会事业单位特点，加强与本地区政府主管部门的沟通协调，做实做细工会事业单位分类改革各项工作。三是积极稳妥推进。要结合本地区事业单位分类改革总体进程，同步推进工会事业单位分类改革。要加强工会资产保护，维护职工合法权益，分步实施，稳妥推进，确保社会和谐稳定。

三、分类基本原则

各级总工会要以政事分开、事企分开为原则，按照主要职责任务和未来发展方向，对工会事业单位现有职能进行相应调整，以社会功能为依据，对工会事业单位进行预分类。工会事业单位预分类别为承担行政职能类、公益一类、公益二类和从事生产经营活动类。在工会事业单位预分类工作中，能划入前一类的，不划入后一类，介于两类之间的，原则上划入前一类。

（一）转为行政机构的工会事业单位。现为事业编制的各级工会资产监督管理机构，要进一步明确行政管理职责，剥离经营职能，争取调整为工会内设行政机构。

（二）纳入公益一类的工会事业单位。工会干部院校和时政类工会报刊出版单位主要承担基本公益服务，且不宜由市场配置资源，要纳入公益一类事业单位。

（三）纳入公益二类的工会事业单位。各级各类工会职工学校、工人文化宫（俱乐部）、工人体育场（馆）、国际海员俱乐部、工人（职工）疗养院承担一般性公益服务，可部分实现由市场配置资源，为确保其公益职能的履行，需要政府给予政策和财政资金支持，要纳入公益二类事业单位。

（四）转为企业的工会事业单位。各级工会所属的职工旅行社、宾馆和饭店等从事经营活动的事业单位，要按照本地区分类改革的统一部署和统一政策，积极稳妥地做好转企改制工作。

（五）除上述单位之外的工会事业单位，由各级总工会根据《中共中央　国务院关于分类推进事业单位改革的指导意见》（中发〔2011〕5号）、《国务院办公厅关于印发分类推进事业单位改革配套文件的通知》（国办发〔2011〕37号）精神，结合各地实际，科学划分类别。

（六）从事公益服务的工会事业单位，经政府分类改革工作主管部门批准，已纳入公益一类的，原则上不再进行调整。

四、组织实施

各级总工会要高度重视工会事业单位分类改革工作，认真学习领会《中共中央　国务院关于分类推进事业单位改革的指导意见》、《国务院办公厅关于印发分类推进事业单位改革配套文件的通知》等文件精神，加强领导，明确责任，主动协调，按照统一的分类原则，分级组织实施本地区工会事业单位分类改革工作。

（一）成立领导机构，加强组织协调。各级总工会要成立工会事业单位分类改革工作领导小组，明确工作职责，建立工作机制。主要领导作为第一责任人，切实加强对本地区工会事业单位分类改革工作的组织领导与沟通协调，按照有关规定和要求，以及工作步骤和时间进程，完成工会事业单位分类改革工作。

（二）深入调研，制定《分类改革工作方案》。各级总工会要加强对本地区事业单位基本情况、特点和分类改革工作的调研，及时解决分类改革工作中遇到的问题，与教育、科技、文化、卫生等行业体制改革及政府机构改革相衔接，统筹考虑人事、收入分配、社会保障、过渡期内优惠政策等各方面因素，结合本地区实际制定《工会事业单位分类改革工作方案》。转企改制的工会事业单位，要制定《转企改制工作方案》和《实施细则》。

（三）积极主动与有关部门沟通。各级总工会要做好与本地区机构编制、财政和人力资源社会保障等部门的沟通，阐明工会事业单位的特殊性和以社会公益服务为主的功能属性，取得有关部门的理解和支持，为工会事业单位未来发展争取有利条件。

五、积极稳妥推进工会事业单位分类改革工作

工会事业单位分类改革事关工运事业的长远发展和事业单位干部职工的切身利益。各级总工会要提前筹划、积极作为，妥善处理改革发展稳定的关系，积极稳妥推进工会事业单位分类改革。

（一）把握分类改革节奏，分步组织实施。各地事业单位分类改革进展情况不同，工会事业单位也存在较大差异，各级总工会应结合本地区工会事业单位实际情况，根据党委、政府确定的本地区事业单位分类改革部署，按照成立领导小组、学习相关政策、开展调查研究、制订工作方案、进行分类改革试点、总结推广经验、全面推进分类改革等步骤，合理安排进度，分步组织实施。

（二）加强监管，防止工会资产流失。在事业单位分类改革过程中，各级总工会要进一步强化资产清查、资产评估、产权登记和资产处置等工会资产基础管理工作，防止工会资产流失，确保工会资产保值增值。

（三）切实维护社会和谐稳定。各级总工会要认真做好参与改革工会事业单位干部职工的思想工作，调动广大干部职工参与分类改革的积极性，切实维护干部职工权益，保持社会和谐稳定。

各级总工会要全程监控和跟踪掌握本地区工会事业单位分类改革工作进展情况，及时逐级上报工作中遇到的重大问题。省级总工会负责将本地区《工会事业单位分类改革工作方案》和最终分类情况上报中华全国总工会。

中华全国总工会关于加强工会财务管理、资产监督管理和经费审查审计监督的意见

（总工发〔2016〕38号　2016年12月26日）

为进一步加强工会财务管理、资产监管，强化经费审查审计监督，不断提高工会经费使用效益和工会资产服务职工效能，提出以下意见。

一、加强工会财务管理，依法依规收好管好用好工会经费

（一）坚持依法理财。各级工会要牢固树立依法理财的理念，严格按照《预算法》《会计法》《工会会计制度》和《关于加强基层工会经费收支管理的通知》等法律法规和制度规定的要求，健全完善工会财务管理制度，依法依规开展财务工作。要进一步加强内部控制制度建设，使内部控制贯穿单位经济活动的决策、执行和监督的全过程，实现对经济活动的全覆盖。要建立重大事项决策、重大项目安排和大额度资金使用事项集体研究、民主决策机制，强化责任追究。

（二）依法收缴经费。各级工会要依法收缴工会经费。要加强与税务部门的协调配合，加大委托税务部门代收工会经费工作力度，逐步实现企业工会经费全部委托税务部门代收；要密切与财政部门的沟通联系，切实抓好行政事业单位工会经费由财政部门统一划拨工作，使财政统发工资的行政事业单位的工会经费依法足额列入部门预算，通过国库集中支付到同级工会组织，确保行政机关和事业单位工会经费及时、足额收缴。要加大对暂不具备委托税务代收或财政划拨条件的企业、机关和事业单位的工会经费收缴力度，确保工会经费收缴单位全覆盖。省级工会要按照全国总工会关于加大对基层工会经费支持力度的要求，合理确定省级以下（含省级，下同）各级工会经费分成比例。省级以下工会必须按照经费分成比例，及时足额上解工会经费，任何单位不得截留、挪用。

（三）严格预算管理。各级工会要将本级各项收支全部纳入预算，实行全面预算管理。要细化预算编制，提高预算编制的科学性、准确性。要加强预算执行管理，严禁无预算、超预算支出。要严格控制预算调整，必要的追加预算，必须按照《工会预算管理办法》的规定，经有关部门审

核，报工会委员会（常委会）或主席办公会议同意后，在预算内调整或动用预算预备费。县级以上（含县级，下同）工会要按照《工会预算支出绩效评价管理暂行办法》的要求，完善绩效目标和评价指标体系，逐步扩大工会经费预算支出绩效评价范围，强化评价结果应用，对工会资金使用进行追踪问效，违规追责。各级工会所属企事业单位要将全部收支纳入本单位预算管理，进行统一核算、统一管理。

各级工会要加强工会经费收支决算管理。全国总工会建立工会经费财务决算报告制度，全总财务部负责全国工会系统工会经费收支决算的汇总、分析。各省级工会要完整、准确汇总本地区或本产业、本系统工会经费收支决算，报全国总工会财务部审批。基层工会要按照工会经费财务决算报告制度的要求，及时、准确、完整地编报本单位年度收支决算，报上级工会审批。

（四）严控经费开支。各级工会要抓好《关于加强基层工会经费收支管理的通知》的贯彻落实，把工会经费用于为职工服务和工会活动，让职工群众和全体会员满意；要严格控制工会经费开支，不准将工会经费用于服务职工群众和开展工会活动以外的开支。不准用工会经费购买购物卡、代金券等，搞请客送礼等活动；不准违反工会经费使用规定，滥发津贴、补贴、奖金；不准用工会经费支付高消费性的娱乐健身活动；不准单位行政利用工会账户，违规设立“小金库”；不准将工会账户并入单位行政账户，使工会经费开支失去控制；不准截留、挪用工会经费；不准用工会经费参与非法集资活动，或为非法集资活动提供经济担保；不准用工会经费报销与工会活动无关的费用。各级工会所属企事业单位的工资、津贴、补贴和奖励等项费用的开支应在主管工会核定的工资总额内，按规定的项目和标准发放，不得擅自提高标准、重复和超范围发放。

（五）坚持勤俭办会。各级工会要按照中央八项规定精神和党政机关厉行节约反对浪费条例的要求，不贪大求全，不铺张浪费，勤俭办会。要压缩工会机关行政经费，严控“三公”经费。要严格按照国家有关规定和标准开支相应的费用，严格执行会议、出差、公务接待等相关规定，严禁以会议、培训、委托课题为名虚列支出，转移、隐匿资金或向下级工会摊派、转嫁支出。要坚决贯彻中央关于严格控制办公用房维修改造的规定，严格履行审批程序，严禁用工会经费超标准改建办公用房，严禁豪华装修。

（六）做好核算工作。县级以上工会应当设置会计机构、配备专职会计人员。县级以下工会应当根据会计业务的需要设置会计机构或者在有关机构中设置专职会计人员。尚不具备独立核算条件的乡镇（街道）、开发区（工业园区）工会，可实行由县级工会财务“上代下”会计核算管理模式。尚不具备独立核算条件的基层工会，应当委托经批准设立从事会计代理记账业务的机构代理记账或者聘请兼职会计。各级工会要根据实际发生的经济业务事项进行会计核算，填制会计凭证，登记会计账簿，编制财务会计报告；不得以虚假的经济业务事项或资料进行会计核算。要确保会计凭证、会计账簿、财务会计报表及其他会计资料的真实性、合法性。各级工会及所属企事业单位负责人对本单位收支情况、会计工作和会计资料的真实性、合法性负责。

（七）加强经费监管。各级工会要对工会经费实行全面监管，决不允许任何转移、截留、挪用、改变资金用途等违法违纪违规问题的发生。要加强对各级财政用于困难职工帮扶的资金、劳模补助资金等专项资金的监管，确保专款专用。各级工会的经费收支情况，必须做到公开透明。要建立责任追究制度，对违反法律法规和制度的行为，依法依纪追究相关人员的责任，并对负有领导责任的主要负责人或者有关领导干部进行严肃问责。

二、加强工会资产监管，确保工会资产安全完整

（一）明确工会资产监管职责。按照“统一所有、分级监管、单位使用”的原则，加强各级工会资产监管机构建设，明确工会资产监管责任部门和监管职责，实现工会资产出资人到位。工会资产监管机构的主要职责是对工会行政资产和企事业资产（包括工会企事业单位、社团组织及其所属的二级单位）进行统一归口管理，实现监管范围全覆盖；对工会资产配置、产权登记、资产使用、资产收益、资产处置等关键环节进行全过程监管；对工会企事业发展改革工作进行指导。

（二）改进工会资产监管机制。合理划分工会资产审批管理权限，建立分级审批机制。全国总工会负责对省级工会本级行政资产和企事业资产的产权变动、重大资产使用事项进行审批（备案），省级总工会受全国总工会委托负责对所属工会组织的工会资产产权变动和重大事项进行审批。具体审批权限按照全国总工会有关制度确定。建立上级工会对下级工会资产监督管理工作进行指导和监督检查机制。下一级工会每年应定期向上一级工会报告资产监督管理和运营情况，上一级工会每年应对下一级工会资产监督管理工作进行指导和考核评价，并定期进行监督检查。

（三）加强资产配置管理。建立资产管理与预算管理、财务管理相结合的机制，盘活存量，优化增量，科学有效配置资产。各级工会和工会事业单位应当根据工作需要，合理配置行政事业资产。工会企事业单位资产配置应符合工会企事业发展方向，与资产服务职工功能、单位职能相匹配。各级工会要加强基本建设投资管理，严格执行国家基本建设管理程序和审批规定，规范建设管理行为，控制项目建设风险，提高管理水平和投资效益。要加强政府采购预算编制管理，进一步完善政府采购预算执行制度。

（四）规范资产使用管理。工会资产使用包括单位自用和对外投资、出租、出借等方式。工会行政资产的出租、出借要严格遵照国家和全国总工会有关规定执行。工会企事业单位的对外投资、出租、出借等行为要严格管理，加强风险管控。各级工会主办的工人文化宫、工会院校、工人疗休养院、职工学校等单位不得整体出租。确需部分对外投资、出租、出借的，应当按照规定程序和管理权限履行报批程序，出租事项原则上实行公开竞价招租，确保过程公正透明。出租、出借收入和对外投资收益，应当纳入单位预算，统一核算、统一管理。建立工会资产有偿占用制度，工会企业及实行企业化管理的事业单位应向本级工会上缴收益，工会事业单位应缴纳经营性资产资产占用费。

（五）严格资产处置管理。工会资产处置主要包括调拨划转、出让、转让、置换、货币性资产损失核销等方式。各级工会要按照全总制度要求加强资产处置事项管理，对资产评估、处置协议、产权归属等关键环节严格把关，并按照规定程序和管理权限履行报批程序，防止资产流失。因城市规划需要拆除工会房屋的，应当采取还建或异地置换的方式进行，先建设后拆除，且建设资金必须有保证，新址占地面积及土地评估价格不得低于原有占地面积及土地评估价格。

（六）加强资产基础管理。各级工会要定期对本级工会资产开展全面清查，做好工会资产的占有、变更、注销登记工作，加大工会资产产权登记力度，进一步明晰产权。建立全国工会资产管理信息系统，对全国工会资产的存量、分布、运行情况和使用效益进行动态管理。强化工会资产统计分析，为工会资产管理宏观决策提供参考。

（七）落实责任追究制度。坚持“谁主管，谁负责”的原则，各级工会领导班子及企事业单位要切实履行管好用好工会资产的主体责任，严格执行“三重一大”决策制度，重大事项必须经领导班子以会议形式集体决策，形成会议纪要，并按程序报批。工会企事业改组改制以及经营管理方面的重大问题、涉及职工切身利益的重大事项，应当通过职工（代表）大会听取职工群众的意见和建议。对未履行科学论证和集体决策程序的基本建设、合资合作、资产处置等项目不得审批。依法建立重大决策终身责任追究制度、风险防控机制和责任倒查机制，对违反资产管理规定、造成工会资产损失的要严肃查处、追究责任并予以公开通报。

三、加强审查审计监督，保障工会经费和资产安全完整效益

（一）加强对预算的审查和对预算执行效果的审计。各级工会要加强对预算编制科学性、准确性和完整性的审查，加强对预算执行效果的审计，促进建立经费预算执行责任制度和绩效管理制度，杜绝改变预算资金用途、无预算、超预算支出的现象，切实维护预算执行的严肃性，强化经审组织的预防、揭露和抵御的基础防线和“免疫系统”功能。

（二）突出审计重点。各级工会要加强对重点领域、大额资金、重大建设项目的审计监督。要毫不放松地监督检查中央八项规定精神和党政机关厉行节约反对浪费条例等规定的贯彻落实情况，加强“三公”经费、会议费、培训费、集中采购等方面的审计，促进厉行节约和规范管理。加强对货币资金的审计，将函证银行存款余额、核对银行存款对账单作为必要的审计程序，防止贪污挪用工会经费。加强对票据的审计，防止利用假发票套取现金和设置“小金库”。加强对困难职工帮扶资金、劳模“三金”等专项资金的审计，确保专款专用，充分发挥资金使用的社会效益。加强对基本建设和维修改造工程的竣工结算、决算审计，各级工会及其企事业单位要将规定金额起点以上的基本建设和维修改造工程全部纳入审计范围，及时将工程竣工结算、决算等资料送交经审会（经审办）审计，依据审计结果支付工程款；对投资金额大的建设项目要进行全过程跟踪审计，加强对工程招投标、合同管理、设备和材料采购、工程造价、财务管理等过程的审计和评价，最大限度地保证建设资金安全和效益。加强对工会企事业单位财务收支的审计，强化对资产管理运营绩效的监督，促进工会资产安全、完整和效益。深化工会领导干部和工会企事业单位主要负责人经济责任审计，促进党风廉政建设。

（三）提高审查审计工作质量和效率。各级工会要依法依规、运用科学方法开展审查审计工作，督促有关单位坚决纠正和处理发现的问题。要自觉接受经审监督、积极支持经审组织依法履行职责。凡是涉及管理、分配、使用工会经费和财政资金的部门、单位和个人，都要自觉接受审查审计、配合审查审计。有关部门和单位要按照规定及时提供审查审计所需的财务会计、业务管理等资料。对拒不接受审计监督，阻挠干扰和不配合审计工作，或威胁恐吓、打击报复审计人员，要依纪依法查处。要加快推进经审工作信息化建设，探索建立财务经审信息共享平台，开发计算机辅助审计软件，探索远程审计、实时审计。工会经审组织要积极运用大数据技术，加强业务数据和财务数据分析，单位数据与行业数据以及跨行业、跨领域数据的综合比对和关联分析力度，提高运用信息化技术查核问题、评价判断、宏观分析能力，不断提高审查审计工作的质量和效率。工会经审组织为充分履行审查审计职责，可以通过集中采购等方式购买审计服务、聘请特邀审计员参与审计工作，各级工会应当在经费等方面提供保障。

（四）狠抓审查审计整改落实。各级工会要认真听取经审会的审计结果报告，按照审计报告或者审计决定的要求，明确责任，制定措施，落实整改。被审计单位是审计整改的主体，被审计单位的主要负责人是整改第一责任人。对审计发现的问题和提出的审计建议，要认真、主动、及时地抓好整改。各级工会要按照有关规定切实开展审查审计整改督查工作。严肃整改问责追责，对整改不力、屡审屡犯、拒不整改的，给予通报批评直至追究相关人员的责任。要深化审查审计成果运用，将审查审计结果和整改情况作为考核、评价单位和个人的重要依据。

（五）推动经审工作改革创新。认真贯彻落实《中共中央办公厅、国务院办公厅〈关于完善审计制度若干重大问题的框架意见〉及相关配套文件的通知》，紧密结合工会工作实际，积极借鉴先进审计理念和审查审计方法，实现有重点、有步骤、有深度、有成效的全覆盖。做到应审尽审，凡审必严，严肃问责。大力加强经审干部队伍思想作风建设、业务建设，不断推进经审工作创新发展。

中华全国总工会办公厅印发《关于工会系统经营类事业单位改革的指导意见》的通知

（总工办发〔2017〕15号　2017年5月2日）

各省、自治区、直辖市总工会，各全国产业工会，中共中央直属机关工会联合会、中央国家机关工会联合会，全总各部门、各直属单位：

《关于工会系统经营类事业单位改革的指导意见》已经中华全国总工会第十六届书记处第六十九次会议审议通过。现印发给你们，请认真贯彻执行。

附件：

关于工会系统经营类事业单位改革的指导意见

为认真贯彻落实《中共中央办公厅　国务院办公厅印发〈关于从事生产经营活动事业单位改革的指导意见〉的通知》（厅字〔2016〕38号）文件精神，按照全国总工会机关改革试点工作要求，现就做好工会系统经营类事业单位改革工作，提出如下指导意见。

一、总体要求

（一）指导思想。全面贯彻党的十八大和十八届三中、四中、五中、六中全会精神，深入学习贯彻习近平总书记系列重要讲话精神和治国理政新理念新思想新战略，紧紧围绕统筹推进“五位一体”总体布局和协调推进“四个全面”战略布局，坚持稳中求进工作总基调，牢固树立和贯彻落实新发展理念，坚持党的领导，坚持社会主义市场经济改革方向，围绕使市场在资源配置中起决定性作用，为职工提供有效供给，着力解决工会事业单位从事生产经营活动长期存在的会企不分、事企不分，以及体制不顺、机制不活、效益不高等突出问题，扎实推进工会系统经营类事业单位转企改制，激发内生发展动力，增强市场竞争力，提高工会资产运营效率。

（二）基本原则。

坚持会企分开、事企分开。进一步理顺各级工会组织与所属工会企事业的关系，建立有利于工会企事业健康发展的管理体制、运行机制和发展模式，应由市场配置资源的生产经营活动坚决交给市场，将经营类事业单位逐步转制为企业。

坚持突出特色、服务大局。聚焦主业，重点发展工会企事业三大服务领域，将可由市场配置资源的生产经营活动交给市场。发挥工会资产服务职工的效能，服务基层、服务职工群众、服务工会工作整体部署，增强职工群众获得感。

坚持激发活力、规范监管。按照简政放权、放管结合、优化服务要求，依法赋予转制企业法人财产权和经营自主权，充分激发其发展活力和创造力。进一步完善监管制度，提升监管效能，防止工会资产流失，实现保值增值。

坚持公平公正、公开透明。严格规范工作程序，依法依规处置国有资产和工会资产，妥善安置人员，保障干部职工知情权、参与权、表达权、监督权，切实维护相关各方合法权益。

坚持积极稳妥、分类分步。根据经营类事业单位实际情况确定改革路径方式，周密制定改革方案，把握好时机节奏力度，分类型有步骤推进，确保平稳有序。

（三）主要目标。通过改革，将工会系统经营类事业单位转制为企业，使其真正成为自主经营、自负盈亏、平等竞争、自我发展的市场主体，建立产权清晰、权责明确、会企分开、管理科学的现代企业制度。

二、改革任务

（一）区分情况分类推进改革。经济效益较好的工会系统经营类事业单位，特别是已经实行企业化管理的，要加大改革力度，优先推进转制为企业，于 2017 年年底前基本完成，并支持其做强做大。经济效益一般，但具有发展潜力，转制后能够激发活力、正常经营的，要创造条件，通过减轻负担等政策支持，稳妥推进转企改制，于 2018 年年底前基本完成。人员、资产规模较小或无固定资产，转制后难以正常运转的，要逐步予以撤销，并做好人员安置工作，于 2020 年年底前基本完成。长期亏损、资不抵债、债权债务不清晰、历史遗留问题多的，要摸清情况，实行财务拨款只减不增、人员只出不进，依法依规处理债权债务，稳妥退出事业单位序列，于 2020 年年底前基本完成。各地可结合实际探索其他改革方式。

（二）严格工会资产处置管理。按照权属清晰、风险控制、安全完整的原则，对转制单位资产进行全面清理、核对和查实，准确核查债权债务。转制单位的债权债务原则上由转企改制后的企业承接。工会资产处置要严格按照《中华全国总工会关于工会企事业单位资产监督管理的暂行规定》（总工发〔2007〕34 号）、《中华全国总工会办公厅关于印发〈工会行政事业性资产管理办法〉的通知》（总工办发〔2017〕5 号）等相关文件要求执行，杜绝工会资产流失。

（三）建立现代企业制度。健全企业法人治理结构，推动形成权责对等、运转协调、有效制衡的决策执行监督机制，落实工会资产保值增值责任，完善经营业绩考核。探索建立自主灵活、适应市场竞争的经营管理机制，实行管理人员能上能下、员工能进能出用人制度，建立与劳动力市场基本适应、与企业经济效益和劳动生产率挂钩的工资决定和正常增长机制，合理确定并严格规范企业管理人员履职待遇和业务支出，着力提升企业发展活力和抵御风险能力。

（四）严控人员编制。改革过程中要采取有力措施，严控人员编制，现有空编一律核销，不得新进事业编制人员。具有事业企业“双法人”资格的，注销事业单位法人，核销事业编制，直接转制为企业。

（五）妥善安置人员。要切实把转制单位人员的底数和诉求等摸清摸准摸透，区分情况制定安置方案，稳妥有序组织实施。转制单位原则上应继续聘用原事业单位工作人员，并做好养老保险、医疗保险等的过渡衔接。被撤销单位人员的安置工作由原主管部门负责，通过开辟新的就业岗位、培训转岗等方式妥善解决，鼓励自主就业创业，不得简单推向社会。

三、相关政策

工会系统经营类事业单位改革有关政策，按照《中共中央　国务院关于分类推进事业单位改革的指导意见》（中发〔2011〕5 号）、《国务院办公厅关于印发分类推进事业单位改革配套文件的通知》（国办发〔2011〕37 号）、《中共中央办公厅　国务院办公厅印发〈关于从事生产经营活动事业单位改革的指导意见〉的通知》（厅字〔2016〕38 号）等中央文件以及地方关于分类推进事业单位改革的配套文件执行。涉及国有资产事项，依据当地国有资产管理的具体办法，按照规定程序和权限报批。其他事项根据本文件精神办理。

（一）工会资产管理。

1. 转制单位应将全部资产纳入改革范围，进行全面清查登记，提出资产清查结果处理意见。涉及资产损失核销、资产盘盈和资金挂账的，按照工会资产管理规定的程序和权限报批。

2. 财务审计和资产评估应由各级工会委托具备资质的中介机构承担，其结果应在转制单位内部公示，经各级工会审核后，按有关规定报上级工会或全总进行核准或备案。

3. 转制单位涉及的原划拨土地，转制为企业后用途符合划拨用地目录的，可继续以划拨方式使用；不符合划拨用地目录的，应当依法实行有偿使用。转制为一般竞争性企业的，原生产经营性划拨用地可采用协议出让或租赁方式进行土地资产处置；经省级以上人民政府批准，并按有关规定报全总审批、核准或备案，转制单位可采用各级工会作价出资（入股）方式，配置原生产经营性划拨用地。

4. 各级工会应授权明确工会资产监管机构，对转制单位履行出资人职责，并根据“统一所有、分级监管、单位使用”的原则研究制定工会资产管理的办法，建立和完善工会资产保值增值指标体系，组织转制单位上交工会资本收益，确保转制单位工会资产保值增值。

5. 各级工会要以工会资产管理为纽带，组织部门做好党组织关系、领导人员管理等相关政策的衔接，对转制单位负责人进行任免、考核并根据其经营业绩进行奖惩。

（二）人员安置。

1. 转企改制时距国家法定退休年龄5年以内的人员，本人申请并经转制单位批准，可以提前离岗，离岗期间的工资福利等基本待遇不变，由转制单位发放。单位和个人继续按规定缴纳各项社会保险费，达到国家法定退休年龄时，按国家规定办理退休手续。

2. 转制单位应依法与职工签订劳动合同，接续社会保险关系。工作人员在原单位的工作年限合并计算为新用人单位工作年限。经协商一致，与转制单位解除聘用（劳动）合同的原工作人员，转制单位应当支付经济补偿金。具体标准和办法按照有关法律法规和政策规定执行。

（三）社会保障接续。

1. 对目前已经划入经营类但尚未转企改制到位的事业单位，已参加企业职工基本养老保险的仍继续参加；尚未参加的，先参加机关事业单位基本养老保险，待转企改制到位后，再按照有关规定纳入企业职工基本养老保险范围。具体衔接办法按照当地人力资源社会保障部门规定执行。

2. 转制为企业前已离休人员所需的基本待遇、已退休人员退休前应缴未缴的医疗保险费、分流人员所需的经济补偿金，应从评估后的净资产中预留或从工会改革成本费用中优先支付。转制单位应按规定做好工作衔接。

四、组织实施

（一）加强组织领导。改革工作涉及面广、政策性强、任务艰巨。各级工会对所属转制单位改革工作要切实担负起主体责任，统一思想认识，加强组织领导，精心部署实施，严格落实责任，确保完成改革任务。各级工会要明确改革工作牵头部门，健全工作机制，统筹协调组织、资产、财务、经审等部门，及时了解掌握各单位工作进展情况，积极研究解决改革中遇到的问题，确保工会资产安全完整和改革的顺利推进。

（二）周密安排部署。主管部门要成立改革领导小组，精心制定改革方案，列明资产、人员编制等情况，明确改革方式、资产清查处置、人事劳动关系处理、社会保障衔接、组织实施步骤等，统筹安排对经营类事业单位主要负责人的经济责任审计，组织制定资产清查方案，做好资产清查准备、改革成本测算等工作。要根据经营类事业单位经营状况和客观条件，选取适当方式，合理把握进度，分步推进改革。

（三）做好改革衔接。要注重与行业体制改革政策衔接，着力解决基础性、共性和衔接性问题。中央已经作出部署的行业体制改革，继续按现行领导体制和工作部署推进。分类中未划入经营类的事业单位，其开展的竞争性生产经营活动，要按照本指导意见精神，通过剥离或与其他经营类事业单位整合等方式稳步推进改革。

（四）加强党的建设。改革中，各级工会要坚持党的建设同步谋划、党的组织及工作机构同步设置、党组织负责人及党务工作人员同步配备，党的工作同步开展，实现体制对接、机制对接、制度对接、工作对接。把党建工作总体要求和党组织机构设置、职责分工、工作任务等写入改制企业章程或合作协议，明确工会企业党组织在公司法人治理结构中的法定地位，强化党建工作责任，充分发挥党组织在改革中的政治、思想、组织保证作用，充分发挥基层党组织战斗堡垒作用和党员先锋模范作用。要认真贯彻落实全面从严治党的要求，严明党的纪律和改革纪律，严格执行中央八项规定精神。要切实加强党的思想政治工作，紧紧依靠广大职工推进改革，切实保障职工合法权益，维护职工队伍稳定。

（五）严明工作纪律。严禁随意处置工会资产，确保工会资产不流失。工会资产变更、处置等事项要按照规定程序报批，严格财务管理，严禁突击花钱，严禁转移、侵吞、挤占工会资产，严控人员编制。对违反有关法律法规和政策规定的，要严肃追究相关单位和责任人责任。

（六）强化监督检查。各级工会要及时跟踪了解改革进展情况，加强干部监督和纪检监察，如发现重大问题或隐患应及时向当地有关部门和上级工会汇报，并研究拟定解决措施，督促问题单位予以改正。

财政部关于进一步加强党的群团组织资产管理工作的指导意见

（财资〔2017〕75 号　2017 年 11 月 14 日）

党中央有关部门，国务院有关部委，有关直属机构，中央管理的群团组织，各省、自治区、直辖市、计划单列市财政厅（局），新疆生产建设兵团财务局：

群团事业是党的事业的重要组成部分，资产管理工作是党的群团组织（以下简称群团组织）重要基础性工作。为进一步贯彻落实习近平总书记在中央党的群团工作会议上的重要讲话精神和《中共中央关于加强和改进党的群团工作的意见》，加大对群团工作的支持保障力度，规范和加强群团组织资产管理，维护群团组织资产安全完整，根据有关法律法规，现就进一步加强群团组织资产管理工作提出以下指导意见。

一、总体要求

（一）指导思想。

全面贯彻党的十八大和十八届三中、四中、五中、六中全会精神，深入贯彻习近平总书记系列重要讲话精神和治国理政新理念新思想新战略，紧紧围绕“五位一体”总体布局和“四个全面”战略布局，以为群团组织健康发展提供可靠保障为主线，按照国家有关资产管理法律法规和规章制度，不断完善群团组织资产管理制度，努力提高群团组织资产管理水平，切实维护群团组织资产安全完整，为推动群团组织改革创新，开创群团工作新局面，提供坚实的物质基础和制度保障。

（二）基本原则。

确保资产安全完整。严格按照国家有关资产管理法律法规和规章制度，有效配置、使用和处置各项资产，确保资产安全完整。任何组织和个人不得侵占、挪用或任意调拨群团组织资产。

提高资产使用效率。科学管控总量、盘活存量、用好增量，科学合理配置各项资产，进一步提高资产使用效率。

提升资产管理水平。优化资产管理流程，促进资产管理与财务管理、实物管理与价值管理相结合，进一步提高群团组织资产管理水平。

厉行节约反对浪费。践行艰苦奋斗优良作风，牢固树立勤俭节约意识，按照《党政机关厉行节约反对浪费条例》管理好各类资产，杜绝各种形式的浪费行为。

二、完善资产管理制度

（三）群团组织应结合实际情况，制定本单位资产管理办法，健全内部控制制度，优化资产管理岗位设置、权责分工、管理流程，建立决策、执行、监督相互分离和相互制约的机制。

（四）积极推进资产管理工作信息公开和内部审计，形成贯穿资产配置、使用、处置和统计报告等全过程的内部工作机制，做到事前监督、事中监督和事后监督相结合，不断提升资产管理效能。

三、提高资产配置效率

（五）在确保正常履行职能和促进事业发展基础上，以资产功能与单位职能相匹配为基础配置资产。

（六）提高预算管理水平，优化财务管理流程，细化资产管理核算方法，科学合理配置各项资产，促进资产管理与预算管理、政府采购管理、财务管理、价值管理的有效衔接。

（七）积极创新资产配置方式，灵活采取调剂、租赁、购置等方式配置资产，努力实现资产配置效益最大化。

四、规范资产使用程序

（八）细化资产申领内控流程，明确资产管理岗位，规范资产使用行为，落实各级各部门和资产使用人的具体职责，为有效使用资产提供制度保障。

（九）规范投资和担保行为，加强投资和担保的风险评估和风险管控，有关担保行为要符合《中华人民共和国预算法》《中华人民共和国担保法》的相关规定。

（十）规范出租出借行为。按规定可以出租出借的，原则上实行公开竞价招租，确保出租出借过程的公开、公平、公正。

五、依法依规处置资产

（十一）规范资产处置行为，积极引入市场竞争机制，通过拍卖、招投标等公开方式处置资产，拟定资产拍卖底价时，以资产评估价值作为参考依据，实现资产处置的依法、公开、透明，防止资产流失。

（十二）群团组织下属单位分立、撤销、合并、改制及隶属关系发生改变时，应对其占有、使用的资产进行清查登记，并及时办理资产转移手续。

六、强化资产监督管理

（十三）探索建立科学的资产管理绩效评价体系，合理设计资产管理考核指标和评价标准，对机构人员设置、资产管理事项、资产使用效果、信息系统建设应用等进行综合考核评价，并将考核评价结果作为资产配置的重要依据，促进资产配置效率的提高。

（十四）加强与财政、审计、公安、国土、房产、纪检监察等部门的联动机制建设，自觉接受有关部门监督指导，主动配合有关部门开展工作，充分利用社会监督力量，重视新闻媒体等舆论监督作用，及时查找和纠正资产管理工作中的问题和不足，不断提高资产管理水平。

（十五）建立监督问责机制，严厉查处侵占、挪用资产和因违反法定程序造成资产重大损失的行为，严格追究有关人员的失职、渎职责任，视不同情况给予行政处分；构成犯罪的，移送司法机关依法追究刑事责任。

七、加快信息系统建设

（十六）优化资产管理流程设计，加强内部资产管理信息系统建设，建立“全面、准确、细化、动态”的群团组织资产基础数据库。

（十七）积极探索资产管理信息系统与财务系统、预算系统、政府采购系统和非税收入管理系统的相互对接，实现资产管理数据共享。

（十八）加强资产管理信息分析利用工作，为管理决策和编制部门预算等提供参考依据。

八、切实加强组织领导

（十九）加强资产管理干部队伍建设，强化资产管理工作的组织领导，做好资产管理机构设置和人员配备工作，落实主体责任和监督责任，为资产管理工作提供有力的组织保障。

（二十）加大对资产管理人员的培训力度，不断提升资产管理干部队伍的素质和能力，为全面提高群团组织资产管理工作水平奠定基础。

（二十一）群团组织应按照本指导意见要求，根据群团组织性质和特点，依法依章程开展资产管理工作。同时结合自身实际，制定本群团组织资产管理办法并报财政部备案。

中华全国总工会办公厅印发《关于中国工会会徽制作使用的若干规定》的通知

（总工办发〔2019〕12号　2019年4月19日）

各省、自治区、直辖市总工会，各全国产业工会，中央和国家机关工会联合会，全总各部门、各直属单位：

现将《关于中国工会会徽制作使用的若干规定》印发给你们，请遵照执行。

关于中国工会会徽制作使用的若干规定

第一条　为规范中国工会会徽的制作、使用，根据《中国工会章程》，制定本规定。

第二条　中国工会会徽是中国工会的象征和标志。工会各级组织和每一名会员，应当尊重和爱护会徽。

第三条　中国工会会徽，选用汉字“中”、“工”两字，经艺术造型呈圆形重叠组成，并在两字外加一圆线，象征中国工会和中国工人阶级的团结统一。

第四条　为保持严肃性，会徽须按中华全国总工会规定的标准制作。

会徽为圆形，直径为20A（A为长度单位）的会徽，“中”、“工”两字笔画宽度为1.4A，两字外圆线宽度为0.3A，“工”字与“中”字之间、“中”字与外圆之间的间距为1.25A，“工”字上下半圆形之间的间距为1.5A。会徽底色为红色，艺术字造型及外圆线为金黄色，颜色标准为：红色（C0、M100、Y100、K10）；金黄色（C0、M10、Y100、K0）。

在实际应用中，可根据不同场合需要按规定确定尺寸，但不得改变颜色、比例关系。中国工会会徽具体制法图案如下：

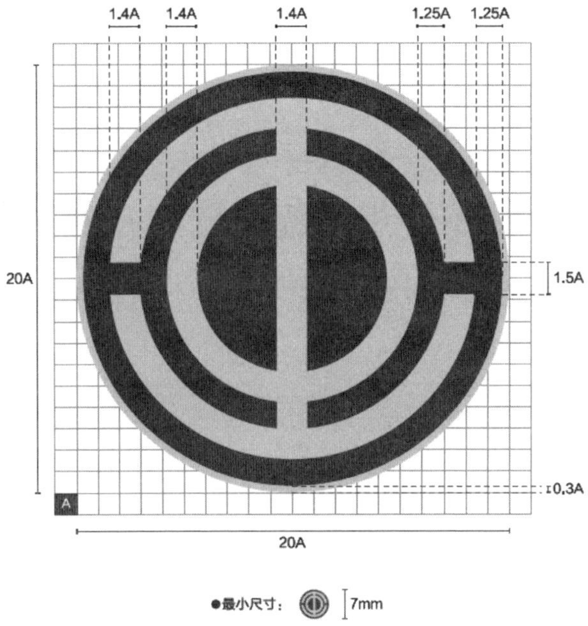

第五条 中国工会会徽的使用范围：

（1）工会办公地点、活动场所、服务阵地；

（2）召开中国工会全国代表大会、执委会议和地方各级工会代表大会、工会委员会全体会议等重要会议，工会重大活动；

（3）各级工会组织颁发的奖状、证书和其他荣誉性文书、证件；

（4）工会报刊和出版物、新媒体文化产品、网站。

除上述情况外，使用会徽及其图案须经县级和县级以上工会组织批准。

第六条 会徽可制作成徽章，供工会会员和工会干部佩戴，直径为 25 毫米。徽章金黄色部分采用“浮雕”手法，字面凸起，呈现立体感。

第七条 悬挂会徽，应当置于显著位置。使用会徽及其图案，应当严肃、庄重。

第八条 各级工会不得使用破损、污损、褪色或不符合制作规定的会徽。

第九条 会徽及其图案不得用于或者变相用于商标、商业广告、商业活动等场合。

第十条 县级以上工会组织对所在地区、所辖范围内工会会徽使用情况进行监督检查，对不符合本规定的情况及时纠正。

第十一条 本规定自发布之日起施行，此前规定与本规定不一致的，以本规定为准。

第十二条 本规定由中华全国总工会办公厅负责解释。

中华全国总工会办公厅关于统一和规范工会资产服务阵地标识的通知

（总工办发〔2018〕27 号　2018 年 10 月 16 日）

各省、自治区、直辖市总工会，中华全国铁路总工会、中国民航工会全国委员会、中国金融工会全国委员会、中国海员建设工会全国委员会，中央和国家机关工会联合会筹备组，全总各直属单位：

为认真学习贯彻中央党的群团工作会议精神，加强工会资产服务阵地规范化管理，突出工会资产服务阵地公益性服务性，提升工会资产服务职工效能，树立服务职工品牌，现就统一和规范工会资产服务阵地标识有关事项通知如下。

一、统一和规范工会资产服务阵地标识重要性和必要性

工会资产服务阵地是工会组织直接为广大职工提供服务的重要载体，包括工会办公场所和所属事业、企业、社团等单位。工会资产服务阵地标识是工会资产服务职工的象征和标志。多年来，各级工会及企事业单位按照《中国工会章程》《关于中国工会会徽制作等有关问题的通知》要求，规范中国工会会徽的制作和使用，在不同范围内进行了工会阵地标识、标牌的统一制作和管理工作，取得了较好的效果。但是，从整体来看，由于对工会资产服务阵地标识工作缺乏统一要求，存在标识不统一、不规范问题，特别是对工会会徽的使用重视不够。根据全面深化工会改革要求，为了建好管好用好工会资产服务阵地，提升工会服务品牌和形象，增强工会组织的吸引力凝聚力，迫切需要统一和规范工会资产服务阵地标识。

统一和规范工会资产服务阵地标识，有助于形成特色鲜明的工会资产服务品牌。通过统一的标志、名称、图案、颜色等外在视觉要素，形成好记、好认、好传播的标识，向职工群众准确地、清晰地展现各级各类工会资产服务阵地公益性服务性特色形象，是亮明工会资产服务阵地的重要方式，是在多层次社会公共服务体系中塑造特色鲜明的工会名片的有效措施，提高工会资产服务阵地的社会认知度和影响力。

统一和规范工会资产服务阵地标识，有助于推动工会资产服务阵地全面提升服务质量和水平。统一规范的标识能进一步促进工会资产服务阵地突出公益性服务性，找准功能定位、强化责任担当、激发自身活力，促进各级工会组织强化资产意识、强化阵地建设、强化服务监督，着力规范服务行为、创建服务品牌、提升服务质量和水平，引导工会资产服务阵地向标准化、优质化和品牌化方向发展。

统一和规范工会资产服务阵地标识，有助于增强广大职工群众对工会组织的认同感和归属感。统一规范的标识让职工群众能够看得见、找得着、用得上工会资产服务阵地，有助于进一步推动广大职工群众和全社会认识、了解、关注工会资产服务阵地，进而关心、支持和监督工会资产服务阵地，使工会资产服务阵地能真正贴近职工、团结职工、引导职工、凝聚职工，有效提升工会组织的凝聚力和影响力。

二、工会资产服务阵地标识的使用主体与应用方式

《中华全国总工会工会资产服务阵地统一标识视觉识别体系设计方案》（以下简称《设计方案》）由全国总工会统一制定发布，主要在下列主体与范围内使用。

（一）标识体系的使用主体。各类工会资产服务阵地，包括县级以上总工会办公场所，以及县级以上总工会所属的事业、企业及社团等单位。

（二）标识体系的使用范围。在各级工会资产服务阵地的建筑物上设立或在建筑物表面上镶嵌门头标识、楼体标识。没有独立建筑物的工会资产服务阵地，可以结合使用门楣、落地标识牌等。

（三）标识体系的构成要素。包括会徽、会名、单位名称、标准色、标准字体及组合方式。

1. 会徽。中国工会会徽是中华全国总工会的象征和标志。依据《中国工会章程》《关于中国工会会徽制作等有关问题的通知》规定，中国工会会徽为圆形，红色底，选用汉字“中”、“工”两字组成金色主题图案，经艺术造型呈圆形重叠组成，并在两字外加一圆线，象征中国工会和中国工人阶级的团结统一。

2. 会名。中华全国总工会会名中文标准字体是毛泽东同志题写的“中华全国总工会”。

3. 单位名称。各类工会资产服务阵地单位名称的标准字体分类进行统一。工会办公场所的单位名称中文标准字体为标准宋体简体，职工文化教育体育服务领域（含工人文化宫、工会院校、职工技能培训机构、工人报刊、出版社、体育场馆、文工团等）单位名称中文标准字体为隶书简体，职工疗休养服务事业服务领域（含工人疗养院、休养院、国际海员俱乐部、职工旅行社、工会宾馆饭店等）单位名称中文标准字体为行楷简体，职工互助保障事业服务领域（含职工互助保障组织、工会帮扶中心、职工服务中心、职工活动中心等）单位名称中文标准字体为魏碑简体。

4. 英文标识。准确统一中华全国总工会的英文名称，其英文标准字体是英文 Corbel/Bold 字体。各地工会可不使用英文标识，如因实际工作需要使用英文标识，应准确使用英文名称，并参照《设计方案》进行规范。

5. 标准色。会徽标准色分为红（C0 M100 Y100 K10）与黄（C0 M10 Y100 K0），应用时必须保持会徽标准色的统一性。为保证标准色在应用中视觉的统一和协调，根据不同应用材质和实际制作需求，选用以上与标准色可协调搭配的颜色，作为标准色的辅助色。

6. 组合方式。会徽单独使用时，代表中华全国总工会。会徽与会名组合使用时，有会徽与中文会名组合、会徽与中英文会名组合两种规范方式，每种方式有其相应的横式及竖式结构，其他组合方式不得使用。会徽及会名与各单位名称组合使用时，有横向组合、上下组合、竖向组合三种方式，每种方式有相应的横式及竖式结构，其他组合方式不得使用。

（四）标识的制作管理。标识特别是会徽、会名，实际应用时应严格遵守《设计方案》规定的标准制图，使其主要元素可适应不同场合、环境、工艺材料、尺寸范围的需要，在不同情况下能够正确使用，提升标识的辨识度、严肃性、准确性。各单位新制作标识时，应严格按照《设计方案》的要求进行，不得擅自修改、变动和增减标志、名称、标准色、标准字体及组合方式，保证标识的统一性、整体性、协调性。

（五）标识的使用管理。现有标识应按要求统一规范，特别是会徽、会名应用不符合规范的，必须按要求予以更新规范。地方工会或工会资产服务阵地已明确制定发布视觉识别形象，或其名称为党政领导、社会名人题写，品牌标识具有一定历史价值和社会影响力等特殊情况，应将标志图案、标准字体、标准色、设计理念、设计时间、寓意、使用范围等报省级总工会审核。经省级总工会批准可以继续使用的，参照《设计方案》统一风格、保留特色；决定停止使用的，按《设计方案》统一和规范标识。

三、工作要求

各级总工会要以统一和规范标识工作为契机，规范工会资产服务阵地标识的实际应用，全力打造工会资产服务阵地新面貌，在全社会树立起工会资产服务阵地的整体品牌形象。

（一）时间进度。统一和规范标识工作自通知下发之日起开展，全国总工会本级所属各工会资产服务阵地率先完成。省级及省级以下总工会，现有工会资产服务阵地于 2019 年年底完成统一和规范标识工作。今后新成立的工会资产服务阵地，均要按《设计方案》统一和规范标识。

（二）分级抓好落实。统一和规范标识工作由全国总工会统筹规划、制订方案，各级总工会组织实施，力争形成一级抓一级、各级抓好本级的工作格局。各级总工会要把统一和规范标识工作纳入工会资产监管工作内容，把统一和规范标识工作与资产清查以及工人文化宫、疗休养院清理整改工作紧密结合，工会资产服务阵地停业、歇业、对外整体出租承包和委托经营，或存在其他有损工会形象的情形，经资产监督管理部门核实后，可建议撤销其现有标识并进行清理整改，符合条件后开展统一和规范标识工作。

（三）依法依规实施。省级及省级以下总工会，根据全国总工会的统一部署，结合地方牌匾标识设置的管理制度，依法依规制定本级工会统一和规范资产服务阵地标识的实施方案，有组织、有计划、有重点、有步骤地推进统一和规范标识工作。要注重工作实效，多做少说，切实把统一和规范标识的过程转化为改进工作作风、提高服务水平的过程。

（四）加强经费保障。全总本级所属各工会资产服务阵地负责本单位工作经费，省级及省级以下工会分别负责本级所需的工作经费，设立统一和规范标识工作专项经费，列入本级工会预算。达到招标采购标准的，必须按规定程序进行招标采购，因地制宜、控制成本。

（五）规范和保护品牌。各级总工会所属资产服务阵地的名称标识，要与该单位建设立项及承担的服务功能名实相符，依法依规悬挂工人文化宫、工会院校、工人疗休养院、职工帮扶中心（职工服务中心）、国际海员俱乐部等服务阵地标识，保护和宣传服务阵地品牌，实现工会资产服务阵地品牌标识统一、形象整齐有序、服务标准规范。

四、组织领导

各省级总工会要高度重视统一和规范工会资产服务阵地标识工作，把统一和规范标识工作作为深化工会改革创新的重要内容，切实加强对统一和规范标识工作的统筹协调。要明确工作职责，由办公厅（室）牵头统筹，组织、宣教、保障、财务、资产、海员工会等相关部门具体分工落实，形成工作合力，共同推进统一和规范标识工作。要加强统一和规范标识工作的宣传推广，使广大工会干部、职工群众和全社会更好地了解、支持统一和规范标识工作。

各级总工会资产监督管理部门负责监督指导工会资产服务阵地标识的实施和推广，具体落实本级所属工会资产服务阵地统一和规范标识工作，监制本级所属工会资产服务阵地标识，并指导下一级总工会组织开展统一和规范标识工作。

各级工会资产服务阵地要切实承担起在统一和规范标识工作中的主体责任，负责贯彻实施统一和规范标识工作，并进一步发挥主观能动性，全面提升本单位公共服务质量和水平，实现服务方法规范化、服务流程程序化、服务管理精细化，努力向全社会展示本单位良好的品牌形象。

附件：《中华全国总工会工会资产服务阵地统一标识视觉识别体系设计方案》（略）

中华全国总工会办公厅
关于印发《中华全国总工会关于推动工会资产实现高质量发展的指导意见》的通知

（总工办发〔2019〕18 号　2019 年 10 月 30 日）

各省、自治区、直辖市总工会，各全国产业工会，中央和国家机关工会联合会，全总各部门、各直属单位：

《中华全国总工会关于推动工会资产实现高质量发展的指导意见》已经中华全国总工会第十七届书记处第 13 次会议审议通过，现印发给你们，请认真贯彻执行。

中华全国总工会关于推动工会资产实现高质量发展的指导意见

为深入学习贯彻习近平新时代中国特色社会主义思想和党的十九大精神，认真落实全国总工会深化改革创新的部署要求，推动工会资产实现高质量发展，突出工会资产公益性服务性，充分发挥服务职工群众的重要作用，现提出如下指导意见。

一、总体要求

（一）基本原则。

——坚持突出公益性服务性。始终以保持和增强工会组织和工会工作的政治性、先进性、群众性为根本标尺，牢牢把握工会资产公益性服务性这一根本要求，坚持工会资产以广大职工为服务对象，坚持工会资产服务职工的主责主业，努力为广大职工办好事、做实事、解难事，不断促进工会服务职工体系健全完善。

——坚持问题导向。着力解决工会资产公益性服务性政策不落实、有效供给不足、监管体制不健全、基础管理工作薄弱等突出问题，建立健全社会效益和经济效益相统一的工会资产运营管理体制机制，不断提高管理质量和服务水平。

——坚持加强顶层设计。坚持系统思维，做好整体谋划，研究制定推动高质量发展的指标体系、政策体系、标准体系、统计体系、考核体系，做到让考核为刚性、向管理要效益、靠制度保落实、用改革增活力、以发展树形象，把高质量发展要求贯穿于工会资产工作全过程。

——坚持分类施策。在全面发展各级各类工会资产的同时，坚持以职工文体教育、职工疗休养、职工互助保障三大服务领域资产为发展重点，分类施策，破解资产管理体制和运营机制难题，提高资产运营效益和服务职工的能力。

——坚持创新发展。围绕实现工会资产高质量发展，结合本地区、本行业、本单位实际，明确发展路径和具体措施，突出特色，发挥优势。把创新作为引领发展的第一动力，支持改革，鼓励创新，以创新驱动发展。

——坚持稳中求进。立足于“稳”，着眼于“进”，依法依规推进工会资产的监督管理和工会企事业改革发展，做到以稳求进、以进固稳，努力实现工会资产的健康发展、可持续发展，提高发展质量效益。

（二）发展目标。

工会资产高质量发展包括工会资产监督管理工作高质量发展和工会企事业高质量发展两个方面。总目标是实现工会资产产权清晰、特色鲜明、管理规范、效益良好，做优做强工会资产。做优，就是要实现优质服务、优良业绩、优美环境、优秀队伍；做强，就是要实现主业突出、制度完善、运行高效、管理科学。

工会资产监督管理工作高质量发展的主要目标，是工会资产实现科学配置、规范使用、有效运营、全面监督。在全国范围内，实现工会资产不动产权登记率逐步提高。工会资产监管体制更加完善，管理制度更加健全，监管效能不断提高。

工会企事业高质量发展的主要目标，是通过宏观上加强顶层设计和政策指导，推动工会企事业聚焦主业、深化改革、加强管理、加快发展，不断提升工会企事业服务职工的能力和水平。在全国范围内，实现工会企事业资产总额和总收入逐步提高。科学规范的现代管理制度基本建立，灵活高效的资产运营机制得到健全，服务能力和整体竞争力明显增强，形成一批覆盖面广、影响力大的工会资产服务品牌。

二、完善指标体系

（三）社会效益指标。坚持把社会效益放在首位，实现社会效益和经济效益的有机统一。社会效益指标主要体现在：当地党和政府把公益性工会事业资产纳入公共服务体系；主管工会把工会资产工作纳入本级工会中心工作；构建联系基层、服务基层的平台和机制；政府主管部门行业评价较高；获得上级奖励或表彰，品牌示范作用发挥较好；聚焦主责主业，主营业务收入占比较高；服务活动覆盖面较广，职工普惠受益；基层工会和职工满意度评价较高等。

（四）经济效益指标。主要体现在：行政性资产、公益一类事业单位、纳入财政或工会经费全额预算管理的事业单位资产安全完整；公益二类事业单位收支基本平衡，资产保值增值，具有自我发展能力；企业经营类单位在人均劳动生产率、成本费用率、净资产报酬率、市场占有率等方面基本达到市场同类企业的平均水平。

三、明确政策体系

（五）落实党和国家公益性服务性法律法规和政策。加大源头参与和法律政策协调力度，加强与文化和旅游部、国家卫生健康委员会、国家医疗保障局等有关部门的协调对接，把工会资产工作纳入党和国家工作大局，形成推动工会资产高质量发展的合力。充分利用向党委汇报工作、工会与政府联席会议、公共文化服务体系协调小组等机制和平台，推动落实《公共文化服务保障法》等法律和政策规定。积极争取同级政府把工人文化宫、工人疗休养院、职工互助保障组织纳入当地公共文化、卫生健康、保障服务体系，推动把工人文化宫、工人疗休养院等工会事业单位分类改革政策落实到位。

（六）完善工会资产资金保障机制。推动构建财政资金支持与工会经费合理保障相结合的多渠道资金保障机制。在政府给予补助的同时，根据单位性质、运营模式、建筑规模、财政保障政策等情况，把工会公益性事业单位的人员经费、日常运营费用、公益活动费用列入本级工会年度预算，保障其充分履行公益服务职能，实现公益性支出稳步提升。采取以事定费、购买服务、专项补助或以奖代补等方式，支持工会资产服务阵地承办职工文化体育、教育培训、疗休养、互助保障、法律援助等公益性活动，加快工会资产服务阵地基础设施设备更新、改造和升级，加大对下级工会所属的工会资产服务阵地扶持力度。鼓励工会企事业单位积极争取社会资金以赞助、捐赠、冠名等形式参与公益活动。

（七）完善工会资产监督管理体制。落实工会资产“统一所有、分级监管、单位使用”监管体制要求，坚持一级管一级，压实各级工会监管主体责任，强化工会资产监管组织体系、工作体系、制度体系和责任体系，管住管严管好工会资产。健全工会资产监管机构，明确监管责任部门，落实监管职责。省级工会、省会城市工会以及工会企事业资产规模较大的城市工会，要健全完善工会资产监督管理机构，其他市、县级工会要结合本地区实际，明确资产监督管理责任部门和工作人员。坚持把统一监管和分类监管相结合，实行工会经营性资产集中统一监管，条件成熟的可探索集中运营、集团化的管理模式，实现从管资产向管资本转变。完善工会资产监管制度体系，落实工会行政事业性资产和企业资产管理有关制度。建立健全工会资产监管工作责任制，重点抓好本级和下一级工会资产监督管理工作，发挥示范引领作用。加强与财政、自然资源、住房和城乡建设、审计等政府部门的协作配合，提高工会资产监督管理科学化水平。

（八）创新工会资产运营机制。健全工会企事业单位法人治理结构，建立权责对等、运转协调、有效制衡的工会资产决策执行监督机制，推动工会企事业单位成为权责明晰、运转高效的法人主体。坚持和完善公益导向与社会化、市场化运作相结合的运营机制，充分发挥工会经营性资产和非经营性资产各自的作用和价值。以推进工会事业单位分类改革为契机，积极稳妥推进工会生产经营类事业单位转企改制工作。推进工会企业改革，在生产经营、劳动用工、人事管理、收入分配等方面给与工会企业充分的自主权，使其真正成为市场主体。

（九）构建工会资产高质量供给体系。按照“巩固、增强、提升、畅通”要求，推进工会资产供给侧结构性改革，增加有效供给和优质服务，提高工会资产服务能力和水平。深入挖掘工人文化宫、职工书屋、工人疗休养院、职工互助保障组织、职工学校、海员俱乐部、职工之家等工会资产特有名称的品牌价值，打造一批服务品质优良、广大职工认可、社会影响广泛的工会资产特色服务品牌和服务阵地集群。

四、构建标准体系

（十）遵循国家标准。严格遵循国家法律法规和政府行业主管部门制定的强制性标准，推进各领域工会资产实现手续完备、证照齐全、服务达标、管理规范。细化实化各级工会主管责任和工会企事业单位主体责任，严格遵守安全生产、食品安全、消防安全、环境保护、产品质量等各项标准。

（十一）明确行业标准和业务规范。构建具有工会特点、内容科学、结构合理、衔接有序的工会资产行业标准体系和业务规范，实现标准统

一、有效供给。加强工人文化宫、工人疗休养院、职工互助保障组织等工会资产服务阵地的行业标准和业务规范建设工作。

五、推进信息系统建设体系

（十二）加快信息系统建设。按照“全面、准确、细化、动态”的要求，加快推进工会资产监管信息系统建设，建立工会资产基础数据库，实现资产管理工作信息化。积极探索工会资产管理信息系统与工会财务系统、经审系统、预算系统的相互对接，实现资产管理数据共享。把信息化建设与资产统计、资产清查等基础工作结合起来，创新统计方法，完善统计规范，实现统计动态监测。

（十三）完善工会资产统计制度。落实工会资产统计制度，合理设置统计指标，健全反映工会资产重点领域、重点环节高质量发展的统计指标体系，完善不同地区和不同行业的统计分类标准。把握统计数据上报、审核和分析的重点环节，强化源头数据质量管控，督促调查对象依法建立健全原始记录、统计台账，做到数据真实、准确、完整。

（十四）强化资产管理数据分析和应用。加强工会资产管理信息分析利用工作，为管理决策和编制部门预算等提供参考依据。坚持问题导向，重点做好专题分析研究，及时发现问题、提出对策建议，为促进工会资产高质量发展提供有力数据支撑和咨询服务，推进资产管理数据由“数库”向“智库”转变。

六、强化考核体系

（十五）建立工会资产监管工作指导评价机制。建立健全县以上工会每年向上一级工会报告工会资产工作情况的制度，规范报告内容和程序，强化报告成果运用，充分发挥报告的对下指导评价作用。围绕实现工会资产高质量发展目标，把监管机构建设、资产运营、公益性政策落实、制度制定和执行、重大事项报批等情况纳入报告内容，重点体现工会资产产权登记率、工会企事业资产保值增值率、收入增长率、社会效益和经济效益指标实现情况等。

（十六）强化工会资产运营绩效和经营业绩考核机制。建立健全工会资产运营绩效和经营业绩考核指标体系、责任体系和评价体系，突出分类考核和差异化考核。根据工会企事业单位的不同功能和类别，合理设置考核权重，科学确定差异化考核标准，提高考核的科学性、针对性和导向性。根据工会企事业发展情况，逐步将激励考核、高质量发展考核、经济增加值考核等纳入配套考核。完善考核奖惩机制，强化考核刚性约束，逐步把考核结果与工会企事业单位领导班子薪酬挂钩，并作为干部职务任免的重要依据。

七、加强组织领导

（十七）加强党的领导。把坚持党的领导、加强党的建设和全面从严治党贯穿于工会资产高质量发展工作全过程。县级以上工会党组要切实履行领导责任，把推动工会资产高质量发展纳入重要议事日程，形成一级抓一级、一级对一级负责的责任体系。要把党建工作列入工会资产工作考核指标，促进党的建设和工会资产工作深度融合。坚持科学决策、民主决策、依法决策，坚持“三重一大”事项提交党组会议研究。认真落实党风廉政建设主体责任和监督责任，加强对重点领域、关键环节和重要岗位的监督，坚持靠制度管人、管事、管资产，严格落实中央八项规定及实施细则精神，确保廉洁从政、廉洁从业。

（十八）加强领导班子和人才队伍建设。选好配强工会企事业单位领导班子特别是一把手，严把政治标准，把政治强、敢担当、善管理、业务精的人才选拔到领导岗位上来。加强工会资产人才队伍梯队建设，合理设置岗位，逐步提高工会企事业单位专业人才比例，加大高层次专业技术人才配备力度，完善人才培养、吸引和使用机制，鼓励通过挂职、兼职、选调、合作、共建等方式汇聚和使用人才。加强工会资产监管工作队伍建设，实现监管机构人员数量、结构、素质与工会资产工作任务相适应。积极实施工会资产工作干部培训计划，加大工会资产监管干部和工会企事业负责人培训力度。畅通工会资产人才队伍流动通道，采取引进、上挂、下派、外派等多种方式，为工会资产工作各类人才提供干事创业的环境和平台。

（十九）加强统筹协调。坚持“谁主管、谁负责”的原则，明确各级工会及企事业单位主体责任。各级工会组织主要领导亲自抓，分管领导负责抓，资产监督管理部门负责牵头协调、组织实施和督促检查。组织、财务、经审及有关业务部门按照各自职责分工做好有关工作，形成推动高质量发展工作合力。健全县以上工会资产监督管理部门向同级工会经费审查委员会报告工会资产工作制度，充分发挥对工会资产的审计监督作用。

各省级工会要结合本地区实际研究制定具体实施办法，认真抓好落实。各地工会对本意见贯彻落实情况及时报全国总工会。

中华全国总工会办公厅印发《关于坚持公益性服务性方向　推进职工服务阵地社会化市场化运作的意见》的通知

（总工办发〔2022〕3 号　2022 年 3 月 11 日）

各省、自治区、直辖市总工会，各全国产业工会，中央和国家机关工会联合会，全总各部门、各直属单位：

《关于坚持公益性服务性方向　推进职工服务阵地社会化市场化运作的意见》（以下简称《意见》）已经第十七届全总党组第 118 次会议审议通过，现印发给你们，请结合实际认真贯彻落实。

王东明同志和全总党组、书记处高度重视职工服务阵地建设工作，强调要坚持公益性服务性方向，积极探索创新职工服务阵地运营管理方式，更好服务职工群众。各级工会要认真领会《意见》出台的必要性和重要性，深化思想认识，把握《意见》的主要精神和基本要求，抓好《意见》学习宣传和贯彻落实。要加强组织领导，落实推进职工服务阵地社会化市场化运作的主体责任，及时总结职工服务阵地创新运营管理方式的经验做法，加强对经济欠发达地区职工服务阵地的指导和支持，推动各级各类工会所属职工服务阵地实现高质量发展。

各省级工会要按照《意见》要求，结合本地实际研究制定实施细则以及试点工作方案，健全完善工作制度和工作机制，强化对试点地区、单位的工作指导，跟踪落实情况，搞好评估问效，确保工作实效。全国总工会将适时开展《意见》贯彻落实情况评估工作。

关于坚持公益性服务性方向推进职工服务阵地社会化市场化运作的意见

为深入学习贯彻落实习近平总书记关于工人阶级和工会工作的重要论述，推动职工服务阵地改革创新和高质量发展，更好服务职工群众，按照《工会法》、《中国工会章程》规定，现就坚持公益性服务性方向、推进职工服务阵地社会化市场化运作提出以下意见。

一、充分认识坚持公益性服务性方向、推进职工服务阵地社会化市场化运作的重要意义

各级工会所属的职工服务阵地是工会管理、使用的各级各类直接为职工服务的场所，是工会发挥党联系职工群众的桥梁和纽带作用的重要载体，是工会履行维权服务基本职责的物质保障。各级工会要站在服务党和国家工作大局和工会工作全局的高度，充分认识职工服务阵地坚持公益性服务性方向、推进社会化市场化运作的重要意义，进一步提高政治站位，切实履行建好、用好、管好、发展好职工服务阵地的政治责任。

（一）坚持公益性服务性方向、推进职工服务阵地社会化市场化运作，是保持和增强工会组织和工会工作政治性先进性群众性的必然要求。党的十八大以来，各级工会认真学习贯彻习近平总书记关于工人阶级和工会工作的重要论述，坚持“突出公益、聚焦主业、自主经营、依法监管”工作要求，深入推进工人文化宫、工人疗休养院清理整改，聚焦发展工会资产三大服务领域，充分发挥职工服务阵地服务大局、服务职工的重要作用，各项工作取得明显成效。坚持公益性服务性方向，加强职工服务阵地建设与管理，是加强职工思想政治引领、巩固党的阶级基础和群众基础的内在需要，是工会组织维护职工合法权益、构建服务职工长效机制的重要举措，是保持和增强工会组织和工会工作政治性先进性群众性的必然要求。

（二）坚持公益性服务性方向、推进职工服务阵地社会化市场化运作，是探索公益性服务性实现形式、更好服务职工群众的有效途径。面对职工群众日益增长的美好生活需要，一些工会所属的职工服务阵地存在聚焦主业不明显、功能布局相对滞后、服务供给不够丰富、资产使用效率不高甚至资产闲置等问题，迫切需要发展公益性服务性的有效实现形式，推动职工服务阵地向高品质和多样化升级。职工服务阵地的社会化，主要是以自有资源撬动社会力量参与职工服务阵地建设、管理、使用和发展，为职工提供高品质的服务。职工服务阵地的市场化，主要是运用市场机制深化内部体制机制改革，搞好搞活职工服务阵地。实践证明，社会化市场化运作是公益性服务性的重要实现形式，充分运用社会资源力量和市场运营机制参与职工服务阵地建设和管理，有利于巩固工人文化宫、工人疗休养院清理整改成果，有利于坚持公益性服务性、更好服务职工群众。

（三）坚持公益性服务性方向、推进职工服务阵地社会化市场化运作，是推动工会资产实现高质量发展的有力举措。党和国家出台《公共文化服务保障法》、《基本医疗卫生与健康促进法》、《关于提高技术工人待遇的意见》、《关于加强和改进新时代产业工人队伍思想政治工作的意见》等法律和政策，为职工服务阵地发挥作用创造了良好制度环境。《工会法》、《中国工会章程》对突出工会企事业公益性服务性、加强工会资产监督管理提出明确要求。《中国工运事业和工会工作“十四五”发展规划》、《中华全国总工会关于推动工会资产实现高质量发展的指导意见》强调要加强阵地建设，推进职工服务阵地实现高质量发展。各级工会积极探索开展职工服务阵地社会化市场化运作试点，较好地盘活了阵地资源，激发了内生动力，解决了发展难题。社会化市场化运作是职工服务阵地运营机制和管理方式的改革创新，是推动职工服务阵地提升发展质量效益、实现社会效益和经济效益有机统一的有力举措。

二、坚持以职工为中心的工作导向，准确把握推进职工服务阵地社会化市场化运作的总体要求

各级工会要坚持公益性服务性方向，准确把握社会化市场化运作总体要求，努力走出一条推动工会资产实现高质量发展的新路子，为推动构建联系广泛、服务职工的工会工作体系作出积极贡献。

——坚持党对职工服务阵地建设管理工作的领导。认真学习贯彻习近平总书记关于工人阶级和工会工作的重要论述，贯彻落实全总党组、书记处关于加强和改进工会资产工作的决策部署，始终坚持党对工会资产工作的领导，坚持稳字当头、稳中求进，坚持围绕中心、服务大局，牢牢把握职工服务阵地社会化市场化运作正确的政治方向。

——坚持工会资产公益性服务性方向这一根本要求。始终以保持和增强工会组织和工会工作的政治性先进性群众性为根本标尺，牢牢把握工会资产公益性服务性这一根本要求，把服务职工群众、服务工会工作作为社会化市场化运作的出发点和落脚点，始终坚持职工服务阵地的经营非营利性、主业限定性、管理自主性和服务普惠性，在实践中不断丰富完善公益性服务性的实现形式，推动构建共建共享共赢发展格局。

——坚持以问题为导向推进职工服务阵地创新发展。牢牢把握深化工会工作改革创新的要求，推动有效解决职工服务阵地在改革发展中存在的突出问题，推动构建把社会效益放在首位、社会效益和经济效益相统一的体制机制，实现职工服务阵地质量变革、效率变革、动力变革。坚持试点先行，认真总结经验，加强工作指导，定期评估社会化市场化运作情况和实施效果，不断创新职工服务阵地发展的方式方法。

——坚持依法依规规范社会化市场化运行。坚持法治思维，严格遵守党和国家法律法规和政策，建立健全职工服务阵地社会化市场化运作机制，完善工作制度，确保工会资产安全完整、保值增值和有效利用。立足实际、分类施策，根据公益一类、公益二类事业单位、企业、社团组织等不同性质，实行分类改革、分类发展、分类监管、分类定责、分类考核，避免社会化市场化运作执行中的简单化和“一刀切”。

——坚持以推动工会资产实现高质量发展为目标。完整准确全面贯彻新发展理念，以社会化市场化运作促进职工服务阵地改善服务条件，优化服务环境，提升服务能力，加强人才队伍建设，健全工会资产高质量发展的工作体系。推动目前尚处于闲置状态、发展质量效益不高以及已完成清理整改工作的工人文化宫、工人疗休养院等职工服务阵地，优先探索社会化市场化运作方式，持续做优做强工会资产。

——坚持对社会化市场化运作实行有效的监督管理。坚持把全面从严治党方针贯穿到职工服务阵地社会化市场化运作全过程。压紧压实主管工会监管职工服务阵地的主体责任，坚持工会资产统一归口监管和职能部门齐抓共管相统一，依靠制度管住、管严、管好职工服务阵地，有效防范风险，确保社会化市场化运作性质不走样、原则不动摇、方向不偏离、程序不打折。

三、坚持从实际出发，积极探索和规范职工服务阵地社会化市场化运作的实现途径

各级工会要坚持从职工服务阵地建设和管理工作的实际出发，探索和规范符合职工服务阵地性质特点、推动实现高质量发展的运营管理方式。要准确把握社会化市场化运作的内涵，全面把握“突出公益、聚焦主业、自主经营、依法监管”的工作要求，积极探索和规范职工服务阵地社会化市场化运作的实现途径。

（一）落实公益保障政策，优化发展格局。加大源头参与和法律政策协调力度，用好向党委汇报工作、工会与政府联席会议、公共文化服务体系协调小组等机制和平台，推动落实党和国家有关法律和政策规定，把职工服务阵地建设纳入各地经济社会发展大局。积极争取同级政府把工人文化宫、工人疗休养院、职工互助保障组织等职工服务阵地纳入当地公共文化、卫生健康、保障服务体系，推动其人员经费、活动经费、基本运行经费保障政策与当地同类公益性单位同等待遇，并享受水、电、气等公用服务价格优惠政策和税收优惠政策。鼓励职工服务阵地积极承接政府购买的公共文化、卫生、医疗、教育、养老等服务，促进地方公共服务体系建设。加强与地方党委、政府、群团组织等所属公共服务机构的互联互通，推动建立公益联盟，实现阵地联建、活动联推、项目联合、人才联动，构建党政重视、工会运作、多方支持的社会化发展格局。

（二）加强对外合作，拓宽发展路径。在充分利用自有阵地、人才、技术等资源开展工作的前提下，职工服务阵地要积极整合利用自有资源以外的力量，为职工提供高品质高标准的服务产品。一是加强职工服务阵地之间的合作。支持工会所属的各级各类职工服务阵地之间进行服务资源整合。鼓励成立协会、联合会等行业自治组织，加强行业交流、业务协同和自律管理。推动工人文化宫、职工学校、工人疗休养院、职工互助保障组织、职工服务中心、职工书屋、学习强会等职工服务阵地之间加强资源共享、信息共通、平台共建，积极承担工会的公益服务业务。二是加强职工服务阵地与工会外部的合作。支持工会所属的职工服务阵地与工会外部的社会组织、专业机构、企业之间进行合作，鼓励社会力量参与活动项目打造、产品和服务提供、服务资源配送等。合作项目内容应有利于强化职工服务阵地主责主业，有利于服务职工、服务基层。鼓励工人文化宫、工人疗休养院、职工互助保障组织等职工服务阵地整合社会志愿服务资源，培育社会专业服务团队。确需提供停车场、便利店、平价餐饮、文体健康用品等少量配套性质的准商业服务的，应规范合作方式，严格限制经营内容、使用面积，遵循紧密配套、便利职工、相对低价的原则。三是接受捐赠、赞助等。鼓励和支持慈善公益组织、社会力量通过捐赠资金或捐助设施设备、资助项目、赞助活动等方式，参与职工服务阵地建设和发展。

（三）深化体制机制改革，增强发展活力。贯彻落实党和国家关于事业单位改革和国有企业改革的方针政策和决策部署，在坚持公益性服务性的前提下，深化工会企事业体制机制改革，积极推动工会企事业按照市场经济规律办事，激发发展动力和活力，充分发挥工会公益性资产和经营性资产各自的作用和价值。工会公益类事业单位要按照国家关于事业单位改革的要求和《工会行政事业性资产管理办法》，深化劳动、人事和分配制度改革，强化激励约束机制，进一步完善功能布局，优化资源配置，提升运行效率，提高服务质量。积极稳妥推进工会经营类事业单位转企改制工作。工会企业要按照国家关于完善现代企业制度的要求和《工会企业资产管理办法》，遵循市场经济规律和企业发展规律，进一步健全法人治理结构，完善现代企业制度，成为依法自主经营、自负盈亏、自担风险、自我约束、自我发展的市场主体，成为自觉履行政治责任和社会责任的表率。工会企事业单位可根据实际需要，采用市场化手段引进专业团队和人才，提高专业化水平。工会所属企业可探索聘用职业经理人参与经营管理。

四、严格按制度办事，健全完善职工服务阵地社会化市场化运作机制

各级工会在推进社会化市场化运作过程中，要严格执行国家法律法规以及全国总工会关于工会资产工作的制度规定，建立健全社会化市场化运作机制。

（一）建立健全决策工作机制。社会化市场化总体运作方案应经主管工会集体审议决定，具体运作方案决策权限由各级工会根据实际研究确定。完善决策程序，社会化市场化运作一般应履行前期论证、集体决策、审批备案、协商签约等基本程序。在前期论证阶段，应对合作对象的资质、诚信记录、技术管理水平和综合实力等情况进行考察评估，选择政治可靠、实力过硬、专业能力强、信用度高的机构或团队开展合作。与工会外部的社会组织、专业机构、企业开展合作的，合作对象原则上应采取择优方式确定。强化风险防控意识，建立健全合作项目法律风险和经济风险前置审核机制。充分发挥职代会在职工民主决策、民主管理、民主监督中的重要作用。

（二）建立健全运行工作机制。要积极落实主管工会对社会化市场化运作的主导权、控制权。具体运营管理由双方共同负责，合作内容应服从服务于工会职责和职工服务阵地主责主业。合作项目应纳入职工服务阵地统一管理，明确服务内容、数量和质量，向社会公布服务项目、开放时间、服务价格和服务流程，接受职工群众的监督，对劳动模范、技术工人、工会会员要有明确的免费或优惠措施。充分发挥社会力量专业优势，制定专业服务标准，提高服务质量，促进服务水平不断提升。适应数字化和智能化发展趋势，推动在社会化市场化运作中建立引进来和送出去相结合、线上和线下相结合的服务方式。职工服务阵地应以实现收支平衡、略有结余、持续发展为基本运营目标。社会化市场化运作的收入和支出应纳入工会预算管理体系。职工服务阵地提供服务可合理收取服务费用和场地运行费用，各级工会要严格规范职工服务阵地的收费标准和程序，收取费用应用于职工服务阵地的维护、管理和事业发展。

（三）建立健全试点工作机制。按照试点先行、逐步推开的原则，由省级总工会研究制定推进职工服务阵地社会化市场化运作的实施细则和配套规定，并选取部分职工服务阵地开展试点，逐步稳妥有序推广。要加强对试点工作的政策指导，深入实际、深入基层，及时总结提炼各级各类职工服务阵地社会化市场化运作经验，发挥试点示范引领作用，形成不同类型的可复制可推广的运作模式，确保社会化市场化运作健康发展。

（四）建立健全绩效考核评价机制。要始终把绩效考核评价作为检验社会化市场化运作成效的重要抓手。考核评价应以服务质量和效率、职工满意度为核心指标，考核评价不合格的，要及时整改；经整改无效的，要终止合作。坚持把社会化市场化运作的绩效考核评价与工会资产经营业绩考核工作结合起来，积极推进实施工会企事业经营业绩考核工作专项行动，逐步实现各级工会对本级工会所属职工服务阵地考核评价全覆盖。建立健全县级以上工会向上一级工会定期报告职工服务阵地运营情况制度，认真总结分析自主经营情况和社会化市场化运作情况。上一级工会要加强对下级工会所属服务阵地社会化市场化运作工作的指导评价。鼓励引进社会第三方对社会化市场化运作项目开展考核评价。

（五）建立健全监督管理机制。要贯彻落实全面从严治党方针，坚持和完善“统一所有、分级监管、单位使用”的工会资产监管体制，落实职工服务阵地开展社会化市场化运作的监督管理责任。坚持授权与监管相结合，放活与管好相统一，立足自身实际，依法依规探索和规范职工服务阵地社会化市场化运作的实现途径。建立职工服务阵地社会化市场化运作负面清单制度。推进社会化市场化运作的所有职工服务阵地，应坚持机构名称不变、产权关系不变、隶属关系不变、服务功能不变、主责主业不变。坚持和完善重大事项报告制度，把社会化市场化运作监管融入工会资产日常监督管理之中，强化全过程监管。工会资产监督管理部门牵头负责，工会纪检、组织、财务、经费审查等部门按照职责分工，对职工服务阵地社会化市场化运作加强监管，防控运作风险。

五、加强组织领导，充分发挥职工服务阵地在工会全局工作中的重要作用

各级工会要落实“谁主管、谁负责”原则，高度重视职工服务阵地的建设、管理和发展工作，始终坚持公益性服务性方向，积极稳妥推进职工服务阵地社会化市场化运作。

要将职工服务阵地建设和管理重大问题纳入“三重一大”集体决策范围，定期听取职工服务阵地建设和管理工作汇报，结合实际研究制定职工服务阵地发展规划。要进一步理顺职工服务阵地管理体制，充分发挥组织、宣教、权益保障、财务、经费审查、资产监督管理等相关职能部门的业务指导作用，健全工作协调、沟通和合作机制，形成推动职工服务阵地高质量发展的工作合力。

要加强职工服务阵地的领导班子和人才队伍建设，推动党中央关于新时代人才工作各项决策部署在职工服务阵地落地生效。要选好配强工会企事业单位领导班子特别是一把手，严把政治标准，把政治强、敢担当、善管理、业务精的人才选拔到领导岗位上来。要强化专业管理，把职工服务阵地社会化市场运作作为培养锻炼人才、提高管理水平、拓宽发展路径的平台，努力打造德才兼备、忠诚干净担当的高素质专业化干部队伍，为职工服务阵地高质量发展提供智力保障和人才支撑。

要充分发挥职工服务阵地专业性技术性优势，工会开展的职工疗休养、健康管理、职工旅行、宣传教育、技能提升、文体活动等优先在职工服务阵地举办，并根据预算体制给予经费支持。在积极争取地方政府政策和资金支持的前提下，把列入公益类事业单位序列的职工服务阵地的建设、维修、管理资金补助纳入工会年度预算，支持其充分发挥阵地作用。

二、工会资产监督管理

国务院办公厅转发中华全国总工会关于县以上各级工会所需房屋仍由同级政府解决报告的通知

（国办发〔1986〕68号　1986年9月12日）

各省、自治区、直辖市人民政府：

中华全国总工会《关于县以上各级工会所需房屋仍由同级政府解决的报告》，已经国务院批准，现转发给你们，请贯彻执行。

附件：

中华全国总工会关于县以上各级工会所需房屋仍由同级政府解决的报告

国务院：

建国以后，直至“文化大革命”前，县以上各级工会办公以及举办事业用房和干部住房，一直是按照《工会法》和一九五一年中央人民政府政务院颁布的《关于解决各级工会房屋及设备暂行办法》，由各级政府统筹解决的。

一九七八年后，不少地方没有按照有关规定解决工会房屋和设备。为此，一九七九年，国家计委、国家建委、财政部、国家物资总局、全国总工会联合发出《关于妥善解决各级工会房屋、设备问题的通知》（〔79〕财事字第426号、工发总字〔1979〕162号）；同年，财政部和全国总工会还联合发了《关于县以上工会房屋修缮由各级财政统筹解决的通知》；一九八五年，国家计委、财政部、全国总工会又联合发出《关于重申妥善解决各级工会房屋、设备问题的通知》（工总财字〔1985〕9号）。

上述文件对解决工会的房屋和设备虽起到了一些作用，但是，多数地方没有落实和执行。一些地方以财政“分灶吃饭”，地方财政有困难为由，对工会所需房屋和设备不予解决。

按照《工会法》的规定，工会经费是用于为职工群众办事和举办各项群众活动的。而且工会经费有限，难于解决工会办公用房和干部住房问题。

目前，用于职工开展活动的用房，远远不能适应职工人数增长的需要。一九五三年全国职工为一千八百二十六万人，县以上工会举办的文化宫、俱乐部有一千六百九十九所，平均一万人一所；现在有文化宫、俱乐部二千六百八十三所，平均四万人一所，大大低于五十年代的水平。一些新发展起来的城市以及新矿区，多数无活动阵地。同时，五十年代由政府拨款建设的职工活动场所，大都年久失修，有的已成危房，这方面所需的修建费用，地方财政基本上没有安排，影响职工活动的举办，群众迫切希望改变这种状况。县以上各级工会的办公用房和干部宿舍也相当困难，尤其是县一级工会困难更大。

为了保障各级工会开展正常工作的需要，我们的意见是：

一、各级政府和企事业单位应按照《工会法》和（79）财事字第 426 号、工发总字〔1979〕162 号以及工总财字〔1985〕9 号联合通知的规定解决工会及其所举办的事业单位用房。

二、县以上各级工会及其所属事业单位干部宿舍，包括离、退休干部的住房，请当地政府在建设投资（包括地方机动财力安排的自筹资金）内统筹解决。

三、新建城市、港口，要同时建设工会办公、职工文化福利设施，包括新建港口的国际海员俱乐部和相应的职工宿舍。

以上报告如可行，望批转各省、自治区、直辖市人民政府执行。

中华全国总工会关于界定工会经费及其财产产权属性问题的意见

（工财函〔1993〕4号　1993年1月28日）

国家国有资产管理局：

在目前进行的财产清查和产权登记工作以及工会兴办企、事业中，工会经费的性质及其形成的财产产权问题被突出出来。为便于开展财产清查登记和解决工会兴办企事业工商登记问题，我会对工会经费及其财产的界定问题，提出如下意见：

一、工会组织独立管理经费和财产，不同于其他群众团体

中国工会是职工自愿结合的工人阶级的群众组织。

工会是党和政府联系职工群众的桥梁和纽带，是国家政权的重要社会支柱。工会是具有法人资格的社会团体。在我国，党、团和其他群众团体由国家财政拨款解决办公和活动经费，向财政编报预、决算；而工会则依据《工会法》取得工会经费，并独立管理自己的经费和财产，只对本级代表大会定期报告收支情况，接受本级经费审查委员会审查。

二、工会组织依法对工会经费及其财产拥有完整的所有权

我国《民法通则》第七十七条明确规定，国家保护社会团体的财产。《工会法》第三十六条规定工会经费的五项来源及其管理、使用的办法；第三十七条规定工会经费独立的原则，建立预算、决算和经费审查监督制度；第三十九条规定“工会的财产、经费和国家拨给工会使用的不动产，任何组织和个人不得侵占、挪用和任意调拨”；第四十条规定工会所属的为职工服务的企业、事业单位，其隶属关系不得随意改变。《工会法》对工会经费的来源、使用、独立原则、预决算、审计监督制度及其法律地位作了全面的规定。工会依法对工会经费及其财产有占有、使用、收益和处置的权利，这种权利任何组织和个人都不得侵犯。

三、工会经费属于工会组织所有，它不是国家财政资金，不属于全民所有

工会经费的来源有：工会会员交纳的会费；建立工会组织的企业、事业、机关按每月全部工资总额的百分之二向工会拨交的经费；工会所属的企业、事业单位上缴的收入；人民政府的补助；其他收入，如利息、国内外捐赠、国际援助等。按上述《工会法》的有关规定，这些经费都属于工会组织所有。

行政依法向工会拨交工资总额百分之二的经费不是国家财政资金。因为它不是企业、事业单位的利润，不是税收，不是预算内资金，也不是预算外资金，而是国家按照法律提供给工会组织为职工开展活动的经费。就工会企业等生产单位来说，工会经费是生产成本的必要组成部分，是生产过程中活劳动的组成部分，是劳动者消耗的必要补偿。工人要保证身心健康，要不断提高自身素质，要有自己的组织，开展健康文明的文化、体育、科学、技术、教育、疗休养等活动。工会经费是按法律规定进入成本的，因此，不是财政资金，不是国有资金，而是归工会组织所有的资金，由其依法独立管理，自主处置。就行政事业单位而言，国家给行政事业单位所拨的经费，属于财政资金，但机关、事业单位依法拨交给工会组织后，所有权由机关、事业单位转移到工会组织，归工会所有，资金的性质也变了，不再是国家的财政资金。各级人民政府的补助，也属于同样的性质。政府的补助资金，无疑是用财政资金，而依法补助给工会后，资金的所有权由国家转移到工会组织，归工会所有，随所有权的转变，资金的性质也转变了，不再是国家的财政资金了。

工会经费取之于多种所有制。工会经费来源中有许多非全民所有制因素。如，集体企业、乡镇企业、合资、合作、合营企业，外商独资企业，私营企业，依法向工会拨交的工会经费；国内、国外捐赠，国际合作项目和国际组织援助等，都不是来自全民所有制。而且，随着我国经济体制改革的深入，多种经济成分的发展，这些因素还会不断增大。因此，不能把工会经费及其形成的财产界定为全民资产，而是工会社团所有的资产。

综上所述，我们认为工会经费是属于工会这个社会团体的。在我国目前法制尚不完备的情况下，工会经费可作为集体所有制（社会团体）的一部分来处理。依国际惯例，在国际社会中，工会作为社会团体，其经费、财产及所属企事业均为社团所有制，并且二次世界大战以来已得到充分发展，成为企业集团，对经济的发展、国力的增强发挥了重要作用，在社会生活中占有重要地位。在这方面，我国工会已大大落后。如果现在将我国工会经费及其形成的财产界定为国有资产，势必造成不良的国际影响。

工会经费是工会组织集体所有，依法受到保护，不受任何组织和个人的侵犯。由此延伸到由工会经费投资、政府补助或借款、工会企事业收益以及工会其他收入形成的工会财产和兴办的第三产业，均为集体（社会团体）所有，工会均有权自主处置，这种所有权均具有绝对性和排他性。因此，工会经费及其形成的财产都由工会组织依法独立管理，不进行国有资产登记，不纳入国有资产管理。

以上意见妥否，盼复。

中华全国总工会　国家国有资产管理局关于工会资产界定与管理有关问题的通知

（工总财字〔1993〕66 号　1993 年 9 月 13 日）

各省、自治区、直辖市总工会，国有资产管理局（办、处）、全国铁路总工会、中国民航工会、中国金融工会、中央国家机关工会联合会、中直机关工会联合会：

据部分地方工会反映，在行政事业单位财产清查登记工作中，对县级以上工会及所属企事业单位资产的界定和管理仍然不够明确，执行起来有一定困难。经研究，现将有关问题通知如下：

一、各级总工会及其所属企、事业单位资产的界定，比照国家国有资产管理局、国务院清产核资领导小组办公室、财政部、中华全国总工会联合下发的国资法规发〔1993〕15 号《关于清产核资中全民所有制企业中工会资产清查登记有关问题的通知》的规定办理。即，由工会经费（包括会员缴纳的会费、行政按国家规定拨缴的工会经费、政府及行政方面的补助、工会所属企事业收入、社会捐赠、外国援助等其他收入）形成的资产，属于工会资产，不进行国有资产登记，由工会组织进行财产清查登记和管理。工总财字〔1992〕27 号文中与此规定相抵触的应停止执行。

二、各级总工会及其所属企、事业单位，要重视和加强对工会资产的管理。要设立专门机构或指定职能部门负责对工会资产和工会占有使用的国有资产的管理工作，并按照国务院清产核资领导小组的总体要求进行工会资产的清产核资工作。

三、各级工会及其所属单位兴办工会企事业时，凡投入工会资金和财产的属于工会资产，按工总事字〔1992〕11 号文（全总、国家工商局、国家税务局联合通知）和工总事字〔1992〕28 号文（全总、国家工商局联合通知）及国家有关的规定，向所在地工商行政管理机关申请登记注册。

四、其他未尽事项，由各地总工会与同级国有资产管理局等有关部门协商解决，并上报上级工会备案。

中华全国总工会关于成立中华全国总工会工会资产监督管理委员会的通知

（总工发〔2006〕14号　2006年3月1日）

各省、自治区、直辖市总工会，各全国产业工会，中央直属机关工会联合会，中央国家机关工会联合会，全总各部门、各直属单位：

为了加强对工会资产的监督管理，建立与社会主义市场经济相适应的工会资产监管体制，全总第十四届书记处第四十次会议研究决定，组建中华全国总工会工会资产监督管理委员会（以下简称全总管委会）。现将有关事项通知如下：

一、全总管委会的监管范围

全总管委会是经全总书记处授权，代表全总监督管理全国工会企事业资产的专门机构。负责对各级工会举办的文化宫、俱乐部、体育场馆、职工学校、工会干部学校、工人报刊、疗休养院（所）、海员俱乐部、旅行社、互助合作事业和其他经济实体的资产管理、经营管理和发展改革进行宏观管理和指导协调。同时，作为全总本级企事业出资人代表，按照权利、义务和责任相统一，管资产和管人、管事相结合的原则，对全总本级的中国劳动关系学院、工人日报社、中国工人出版社、中国职工国际旅行总社、中国职工之家、全总文工团、全总北戴河疗养院、全总青岛疗养院、中国职工服务中心、中国职工保险互助会、中工房地产开发公司等企事业单位的资产进行监督管理。

二、全总管委会及其执行机构的职责

全总管委会主要负责研究确定工会资产监管的目标任务及规章制度，听取执行机构的工作汇报。全总管委会不审批、审核具体的资产项目报告。

全总管委会的执行机构为全总事业发展部。全总管委会对全国工会企事业资产监管和全总本级企事业出资人的职责由全总事业发展部负责履行。全总事业发展部主要职责是：

1. 负责全国工会企事业资产的监督管理。制定工会企事业资产的管理方针、原则和规章制度；组织清产核资、产权登记、资产评估、资产统计、资产处置等工会资产的基础管理和产权管理工作；按权限审批、审核地方工会企事业资产处置事项；对地方工会资产监管机构的工作进行指导和监督。

2. 对全总本级企事业单位实施监管，履行出资人职责。审批、审核企事业单位发展规划、经营方针、重大投资和资产处置等事项；对企事业单位资产的保值增值进行监督，建立工会资产保值增值指标体系，组织实施资产经营目标责任制，审批年度预算、决算方案；对企事业主要负责人的经营业绩进行考核，并根据其经营业绩进行奖惩，提出任免建议；完善经营者激励和约束制度。

3. 指导和推进工会企事业发展改革。制定全国工会企事业中长期发展规划和发展战略；推进工会企事业深化改革、加强管理，建立现代企业制度，完善法人治理结构；优化工会企事业产业结构，转变发展方式；疏通、协调发展工会企事业的政策，总结推广经验，组织人员培训。

三、全总事业发展部与全总有关部门的职责划分

1. 关于文化、宣传和工会干部教育事业的管理。全总组织部负责全国工会干部学校的业务指导和办学方向等事项。全总宣传教育部负责全国工人文化宫、俱乐部、体育场馆、职工学校、工人报刊的业务指导和坚持正确舆论导向，遵守新闻和宣传文化纪律等事项。全总事业发展部负责对全国文化宫、俱乐部、体育场馆、职工学校、工会干部学校、工人报刊的资产管理、经营管理和发展改革进行宏观指导和协调服务。

2. 关于职工疗休养事业的管理。全总保障工作部承担的对全国职工疗休养院（所）的管理职责移交全总事业发展部。

3. 关于海员俱乐部的管理。中国海员建设工会负责指导监督海员俱乐部坚持为国际国内海员服务，履行国际公约、遵守对外宣传纪律事项，与全总管委会共同负责疏通、争取海员俱乐部发展中的优惠政策。全总事业发展部负责对海员俱乐部的资产管理、经营管理和发展改革进行宏观指导和协调服务。

4. 关于工会其他资产的管理。全总财务部负责工会企事业单位财务制度的制定和工会企事业以外其他资产的管理。

四、全总管委会机构及人员组成

全总管委会由全总领导和全总有关部门负责同志组成。主任由全总副主席、书记处书记苏立清同志担任，副主任由事业发展部部长喻红秋同志担任，成员由办公厅、组织部、宣传教育部、保障工作部、法律工作部、财务部、经审办、海员建设工会、事业发展部负责人担任。

全总事业发展部作为全总管委会的执行机构，负责处理日常工作。根据职能需要，全总对全总事业发展部的职能和处室进行了调整，将全总保障工作部疗休养事业处、全总财务部资产处的编制和人员划转到全总事业发展部。全总事业发展部共设6个处：综合处、资产管理一处、资产管理二处、规划发展处、文化事业处、疗养事业处。

五、有关要求

1. 各级工会和企事业单位要认真贯彻落实王兆国同志关于加强工会资产管理的重要指示精神，学习贯彻全总十四届三次执委会议精神，以及全总领导在全总工会资产监督管理委员会成立大会上的讲话，进一步提高认识，增强责任感、使命感，把工会资产监督管理工作纳入重要议事日程。要认真执行全总管委会制定的工会资产管理规章制度，切实管好、用好工会资产，防止工会资产流失，努力实现工会资产保值增值。

2. 地方各级工会应根据本地实际，建立健全工会资产监督管理机构，由同级工会授权，对所辖工会企事业的资产管理、经营管理和发展改革进行宏观指导，同时对本级直属企事业单位实行统一监管。地方总工会资产监督管理机构在同级总工会领导下开展工作，同时接受全总管委会的指导和监督，执行全总管委会制定的工会资产监管的规章制度。

不单独设立工会资产监管机构的县（市）总工会，要明确工会资产监督管理的责任部门。

3. 请各省、自治区、直辖市总工会将本单位工会资产监督管理机构的名称、职责、负责人名单及联系电话，于2006年4月30日前报全总事业发展部。

中华人民共和国财政部　中华全国总工会关于各级总工会及所属事业单位资产产权界定问题的通知

（财行〔2008〕82 号　2008 年 4 月 18 日）

各省、自治区、直辖市、计划单列市财政厅（局）、总工会，新疆生产建设兵团财务局、工会：

根据国家有关规定，现就各级总工会及所属事业单位资产产权界定有关问题通知如下：

一、凡由工会会员缴纳的会费，建立工会组织的企业、事业单位、机关按每月全部职工工资总额的 2% 向工会拨缴的经费，工会所属企业、事业单位上缴的收入，及工会自筹资金等其他收入形成的资产，属于工会资产，应作为工会资产登记入账。

二、凡由国家拨给各级总工会及所属事业单位使用的资产，属于国有资产，应作为国有资产登记入账。

三、凡由国家拨付资金形成的资产，属于国有资产，应作为国有资产登记入账。

2007 年 9 月 30 日以前，根据《关于工会资产界定与管理有关问题的通知》（工总财字〔1993〕66 号）有关规定，由国家拨付资金形成的资产中，已经作为工会资产登记入账的部分，可以继续作为工会资产管理。2007 年 10 月 1 日以后，由国家拨付资金形成的资产，应全部作为国有资产登记入账和管理。

四、由不同资金来源形成的资产，应根据不同资金来源所占份额，明确其产权性质，分别作为国有资产和工会资产登记入账。

五、各级总工会及所属事业单位占有使用的国有资产和工会资产，任何组织和个人不得侵占、挪用和任意调拨。

六、各级财政部门、各级总工会及所属事业单位，要依照有关法律法规，采取切实措施，维护国有资产和工会资产的安全和完整，防止资产流失，提高资产使用效益。

中华全国总工会资产监督管理部
工会企事业单位资产处置暂行办法

（工资字〔2009〕25号　2009年11月5日）

为进一步加强工会企事业单位资产监督管理，规范工会企事业单位资产处置行为，保障工会所有者权益，防止工会资产流失，实现工会资产保值增值，依据《工会法》《中国工会章程》和《中华全国总工会关于工会企事业单位资产监督管理的暂行规定》，制定本办法。

一、本办法所称工会企事业单位资产，是指工会企事业单位依法占有和使用的资产，包括各级地方工会、产业工会和基层工会对工会企事业单位各种形式的投资、拨款所形成的资产和权益，政府拨付使用的不动产、专项补助资金以及社会各界对工会企事业单位捐赠形成的资产和权益。

二、工会企事业单位资产处置必须遵循审慎、有偿和公开、公平、公正的原则，严格履行审批程序，未经批准任何组织和个人不得擅自处置。

三、工会企事业单位资产处置的范围

1. 被列入地方城市改造规划，需要择址新建工会企事业单位的资产。

2. 进行转让（包括拍卖）、置换、重组和抵押的资产。

3. 以房、地产进行招商引资、合资合作、承包经营、租赁经营以及企事业单位关闭清算的资产。

4. 需要处置的闲置资产。

5. 依照国家和全国总工会有关规定需要处置的其他资产和权益。

四、工会企事业单位资产处置应具备的条件

1. 因地方政府城市改造规划涉及工会企事业单位资产处置，地方政府有明确补偿安置意见。

2. 企事业单位无发展前景，经营管理不善，各项负担沉重，拟实施关闭或市场退出，其主办工会和省级工会有明确审核意见。

3. 拟处置的资产已由具有相应土地、房屋评估资质的机构评估。

4. 置换给工会的土地、房屋必须权属合法、无争议，权属证明齐全。

5. 新建文化宫、体育场馆等职工文化体育活动场所使用的土地应以政府划拨方式取得，选址应当位于城市商务或政务中心，人口集中、交通便利，具有良好发展前景，先建设后拆除；新建疗休养院应选择具有疗休养资源的地理环境。上述二者的占地面积均不得少于原有面积，且具有较高的建设标准。

6. 新建工会企事业单位建设资金必须有保证，包括原有土地、房屋有偿转让所得、政府补助以及工会自筹资金等必须达到总建设资金的 90%以上。

7. 职工安置方案必须符合国家政策规定，切实保障职工权益和企事业的稳定。

五、工会企事业单位资产处置的权限

1. 地方总工会和全国产业工会所属企事业单位将占有和使用的土地与工会系统以外单位进行使用权转让、开发利用及置换的全部事项由全国总工会审批。

2. 地方总工会和全国产业工会所属企事业单位与工会系统以外单位进行资产重组、招商引资、合资合作、承包经营和租赁经营等，涉及资产金额在 1000 万元及以上（涉及房屋及土地使用权的金额为评估金额）或企事业单位将全部资产投入且合作期限 10 年及以上的事项由全国总工会审批。

3. 在全国总工会审批权限之外的各级地方工会、产业工会和基层工会所属企事业单位资产处置的权限，由各省级工会、全国产业工会依照全国总工会的有关规定制定，并报全国总工会资产监督管理部备案后施行。

六、工会企事业单位资产处置的报批程序

1. 请示。符合资产处置条件的工会企事业单位资产处置事项，由主办工会提出请示并按审核、审批权限逐级报送上级工会审核或审批。

凡须经全国总工会审批的工会企事业单位资产处置事项，由各省级工会、全国产业工会审核同意后向全国总工会资产监督管理部提出资产处置专项请示。

（1）请示的内容：资产所在企事业单位有关情况（资产、负债和所有者权益等），拟处置资产基本情况（具体位置，土地性质、面积和评估价格，房屋的建筑结构、面积和评估价格等），资产处置的原因及方式，拟置换给工会的资产情况（具体位置、土地性质、面积及评估价格，房屋的建筑结构、面积和评估价格等），拟新建的工会企事业单位资产情况（具体位置、土地性质、面积及价格，建筑规模、建设资金来源和建成后的产权归属等），职工安置情况，省级工会、全国产业工会的审核意见。

（2）随请示附加以下材料：①当地政府批准文件和有关会议纪要（复印件须加盖报送单位公章）；②评估机构出具的土地、房产评估报告和土地使用权证、房屋所有权证复印件（加盖报送单位公章）；③评估机构出具的合作方资信情况评估报告（报送单位核实确认后加盖报送单位公章）；④合作方法人证书或营业执照复印件（加盖合作方公章）；⑤双方草签的合同（必须注明经全国总工会批准方能生效）；⑥宗地图；⑦标明工会企事业单位资产所处位置的城市地图。

2. 审批。对下级工会报送的资产处置请示，上一级工会须进行调查核实，全国总工会认为必要，可直接进行进一步的核查，在此基础上按审批权限进行审批，并出具批准文件。

已经批复的资产处置方案不得擅自改变，在实施过程中有重大改变或者出现对原处置方案有重大影响的情形（原资产处置方案中确定的资产金额增加或减少 10%及以上、合作期限延长或缩短两年及以上等），须及时逐级向批准机构报告，并按原审批程序重新报批。

七、工会企事业单位资产处置事项的管理

1. 被批准处置的工会企事业单位资产中涉及产权交易的项目应通过依法批准设立的产权交易机构公开进行，不得私下交易且交易价格不得低于评估价格。

2. 已经批复的工会企事业单位资产处置事项，在实施完毕后须将落实情况以书面形式逐级向批准机构报告，跨年度实施的资产处置方案，须在每个年度末逐级向批准机构如实报告实施进展情况。

3. 工会企事业单位资产处置事项完成后要及时进行账务处理并及时办理相应的产权登记手续，依法取得土地使用权证、房屋所有权证，重新核发工会资产产权登记证。

4. 各级工会资产监督管理部门要建立健全工会资产处置管理档案并按规定期限保存。

八、监督检查和相关责任

1. 各级工会资产监督管理部门要认真严格地履行各项工作职责，加强工会企事业单位资产处置的管理和监督，对工会企事业单位资产及处置情况定期或不定期进行专项检查，发现问题，及时处理。

2. 违反本办法规定擅自处置或者在审批中以权谋私、徇私舞弊、弄虚作假，造成工会企事业单位资产损失或者其他严重后果的，责令其恢复资产原状或赔偿损失，并对直接负责的主管人员和其他直接责任人员视情节给予纪律处分，追究其行政责任；触犯法律构成犯罪的，移送司法机关处理。

九、本办法由全国总工会资产监督管理部负责解释。

十、本办法自公布之日起施行。

中华全国总工会办公厅
关于印发《工会企事业单位资产损失
责任追究暂行办法》的通知

（总工办发〔2011〕42号　2011年9月15日）

各省、自治区、直辖市总工会，各全国产业工会，中共中央直属机关工会联合会、中央国家机关工会联合会，全总各部门、各直属单位：

现将《工会企事业单位资产损失责任追究暂行办法》印发给你们，请认真贯彻执行。

附件：

工会企事业单位资产损失责任追究暂行办法

第一章　总　　则

第一条　为加强工会企事业单位资产保护，完善工会资产监管责任制度，规范工会企事业单位资产损失责任追究行为，防止和避免工会资产重大损失，根据国家有关法律、法规和《中华全国总工会关于工会企事业单位资产监督管理的暂行规定》，制定本办法。

第二条　各级工会企事业单位及其所属企事业单位（以下简称工会企事业单位）资产损失责任追究工作，适用本办法。

第三条　工会企事业单位经营管理人员和其他有关人员违反国家和工会有关规定以及工会企事业单位规章制度，未履行或者未正确履行职责，造成工会企事业单位直接或者间接资产损失的，经调查核实和责任认定，应当追究其责任。

第四条　工会企事业单位资产损失责任追究遵循客观公正和违规必纠

原则，惩罚和教育相结合原则，行政处分和经济处罚相结合原则，责任与权利相一致原则，责任追究与实际资产损失相适应原则。通过责任追究，促使工会企事业单位完善监督机制，加强资产管理。

第二章　工 作 职 责

第五条　工会企事业单位资产监督管理机构在资产损失责任追究工作中的主要职责包括：研究制定工会企事业单位资产损失责任追究有关规章、制度；负责管理权限范围内相关责任人的资产损失责任追究工作；负责重大和特别重大资产损失责任追究工作；指导和监督工会企事业单位资产损失责任追究工作；受理工会企事业单位直接处罚的相关责任人的申诉或者复查申请；其他有关资产损失责任追究工作。

第六条　工会企事业单位在资产损失责任追究工作中的主要职责包括：研究制定本企事业单位资产损失责任追究工作制度；负责管理权限范围内相关责任人的资产损失责任追究工作；指导和监督所属各级企事业单位资产损失责任追究工作；配合工会企事业单位资产监督管理机构开展重大和特别重大资产损失责任追究工作；受理所属各级企事业单位处罚的相关责任人的申诉或者复查申请；工会企事业单位资产监督管理机构交办的其他有关资产损失责任追究工作。

设立董事会的企事业单位对经营管理层的责任追究工作，应当由董事会负责组织实施，并报工会企事业单位资产监督管理机构备案。但按照规定应当由工会企事业单位资产监督管理机构实施的除外。

第七条　工会企事业单位应当明确内部各职能部门在资产损失责任追究工作中的职责。资产、财务、审计等部门应做好资产损失认定工作；组织人事、财务、纪检监察等部门应根据有关规定及时提出对相关责任人的处理建议并根据有关处理决定落实对相关责任人的处理和处罚。各部门应认真履行追究工作责任，未有效履行的，应对部门负责人给予纪律处分。

第八条　工会企事业单位发生资产损失，应当及时采取有效措施，减少或者挽回损失；发生重大或者特别重大资产损失的，应当及时向工会企事业单位资产监督管理机构报告。

第九条　开展资产损失责任追究工作按照以下流程进行：

（一）组织调查、核实资产损失情况；

（二）明确资产损失性质，进行责任认定，听取相关责任人的陈述；

（三）研究作出责任追究决定，涉及管理权限外责任人的，提出处理建议并报送有管理权限的机构处理，或按照有关规定移交相关部门处理；

（四）受理相关责任人的申诉，组织复查；

（五）组织落实处理决定，监督检查执行情况。

工会企事业单位内部下一级单位应当向上一级单位报告资产损失责任追究情况，工会企事业单位应当向工会企事业单位资产监督管理机构报告资产损失责任追究情况，下级工会企事业单位资产监督管理机构应当向上一级工会企事业单位资产监督管理机构报告资产损失责任追究情况。发生重大或者特别重大资产损失的责任追究情况，应当逐级向中华全国总工会资产监督管理部报告。

上一级工会企事业单位或资产监督管理机构应当指导和监督下一级工会企事业单位或资产监督管理机构资产损失责任追究工作。

第十条 工会企事业单位资产损失相关责任人对处理建议有异议的，可以提出书面陈述意见，并提供相关证明材料；对处理决定有异议的，可以在处理决定下达之日起30个工作日内，向上级单位申请复查。上级单位复查过程不影响处理决定的下达和执行。

第三章 资产损失认定

第十一条 工会企事业单位应当建立资产损失定期检查机制，在经营管理中及时发现并认定损失，并结合财务决算管理、经济责任审计和内部审计等工作，在对资产状况进行全面核实的基础上发现并认定资产损失。

第十二条 对工会企事业单位发生的资产损失，应当在调查核实的基础上，依据有关规定和确凿、合法、有效的证据认定损失性质、情形及金额。

第十三条 工会企事业单位资产损失责任追究中能够证明资产损失真实情况的各种事实，均可作为损失认定证据。主要包括：

（一）司法机关、公安机关、行政部门、工会经审部门、专业技术鉴定部门等依法出具的与本企事业单位资产损失相关的书面文件；

（二）会计师事务所、资产评估机构、律师事务所、税务师事务所等社会中介机构对工会企事业单位某项经济事项出具的专项经济鉴证证明或者意见书；

（三）工会企事业单位内部涉及特定事项的资产损失的会计记录、内部证明材料或者内部鉴定意见书等；

（四）可以认定资产损失的其他证明材料。

第十四条 认定资产损失金额应当包括直接损失金额和间接损失金额。直接损失金额是与相关人员行为有直接因果关系的资产损失金额；间接损失金额是由相关人员行为引发或者导致的、除直接损失金额之外的、能够确认计量的其他资产损失金额。

第十五条 资产损失金额应当依据有关会计账簿记录，按照会计核算确认的损失分类分项进行认定。未在会计账簿记录或者账面价值与公允价值相差较大的资产，应当按照市价、重置价值等公允价值认定资产损失金额。

第十六条 资产损失根据工会企事业单位实际情况，按照金额大小和影响程度划分为一般资产损失、较大资产损失、重大资产损失和特别重大资产损失。

（一）一般资产损失是指工会企事业单位资产损失金额较小且造成影响较小的。

（二）较大资产损失是指工会企事业单位资产损失金额较大，或者在工会企事业单位造成一定不良影响的。

（三）重大资产损失是指工会企事业单位资产损失金额巨大，或者在工会企事业单位及工会系统内造成严重不良影响的。

（四）特别重大资产损失是指工会企事业单位资产损失巨大并影响工会企事业单位持续经营和发展能力，或者在工会系统外造成严重不良影响的。

第四章　资产损失责任追究范围

第十七条 工会企事业单位经营管理人员在企事业单位采购产品、服务，销售产品或者提供服务，工程建设、更新改造，资产转让、收购、处置，改组改制，合资合作等过程中，在资金管理和使用，投资决策和投资管理，从事股票、期货、外汇以及金融衍生工具等业务中，在从事保证、抵押、质押等担保活动中，未按照相关规定执行造成资产损失的，应当追究相关责任人责任。

第十八条 对房屋建筑物、机器设备、运输设备、原材料、在产品、产成品等实物资产保管不当、维护不善，造成非正常毁损、报废或者丢失、被盗的，因管理不当、出现重大责任事故造成资产损失的，应当追究相关责任人责任。

第十九条 未按照会计制度及会计准则规定核算或者披露已发生的资产损失，导致工会企事业单位严重账实不符、会计信息失真的，应当追究相关责任人责任。

第二十条 除第十七条至第十九条以外，因工会企事业单位内部控制存在重大缺陷或者内部控制执行不力等其他情形造成资产损失的，应当追究相关责任人的责任。

第五章 资产损失责任划分

第二十一条 工会企事业单位资产损失责任分为直接责任、主管责任、分管领导责任和重要领导责任。直接责任是指相关人员在其职责范围内，未履行或者未正确履行职责，以及违反法律、法规和相关规定，造成资产损失时所应当承担的责任。主管责任是指工会企事业单位部门主管负责人在其职责范围内，未履行或者未正确履行主管工作职责，以及违反法律、法规和相关规定，造成资产损失时所应当承担的责任。分管领导责任是指工会企事业单位分管负责人在其职责范围内，未履行或者未正确履行分管工作职责，以及违反法律、法规和相关规定，造成资产损失时所应当承担的责任。重要领导责任是指工会企事业单位主要负责人在其职责范围内，未履行或者未正确履行管理职责，以及违反法律、法规和相关规定，造成资产损失时所应当承担的责任。

第二十二条 工会企事业单位因未建立内控管理制度或者内控管理制度存在重大缺陷，造成工会企事业单位重大或者特别重大资产损失的，除按照本办法对其他相关责任人进行责任认定外，工会企事业单位分管负责人和工会企事业单位主要负责人应当分别承担分管领导责任和重要领导责任。

第二十三条 下级企事业单位发生重大或者特别重大资产损失，除按照本办法对下级企事业单位相关责任人进行责任认定外，其上级工会企事业单位相关负责人应当承担相应的分管领导责任或者重要领导责任。

第二十四条 工会企事业单位因违反有关规定，未履行或者未正确履行职责，导致决策失误造成重大或者特别重大资产损失的，工会企事业单位主要负责人应当承担直接责任，参与决策的工会企事业单位其他人员应当承担相应的责任。参与决策的人员经会议记录证明决策时曾表明异议的，可以免除相应的责任。

第二十五条 工会企事业单位发生重大或者特别重大资产损失隐瞒不报或者少报资产损失的，除按照本办法对相关责任人进行责任认定外，企事业单位分管财务负责人和工会企事业单位主要负责人应当承担分管领导责任和重要领导责任。

第二十六条 工会企事业单位发生重大或者特别重大资产损失，未对相关人员进行责任追究的，一经查实，除按照本办法对相关责任人进行处罚外，对工会企事业单位主要负责人应当比照直接责任人进行处罚。

第二十七条 有充分证据证明资产损失不是工会企事业单位经营管理人员造成的，可免予追究责任。对造成损失的相关责任人的追究根据有关规定另行处理。

第六章 资产损失责任处罚

第二十八条 对资产损失责任人的处罚包括经济处罚、行政处分和禁入限制。经济处罚是指扣发绩效薪金（奖金）；行政处分是指警告、记过、降级（职）、责令辞职、撤职、解聘、开除等；禁入限制是指在 1 至 5 年内或者终身不得被工会企事业单位聘用或者担任工会企事业单位负责人。

以上处罚可以单独适用，也可以合并适用。

第二十九条 工会企事业单位发生资产损失，经过查证核实和责任认定后，在依据国家、工会或者工会企事业单位有关规定要求予以赔偿的基础上，应当根据资产损失轻重程度及影响对相关责任人分别给予以下处罚：

（一）工会企事业单位发生一般资产损失的，在责任认定年度对直接责任人和主管责任人处以扣发一定比例绩效薪金（奖金）的经济处罚，以及警告、记过或者降级（职）等处分。

（二）工会企事业单位发生较大资产损失的，在责任认定年度对直接责任人和主管责任人处以扣发一定比例绩效薪金（奖金）的经济处罚，以及降级（职）、责令辞职、撤职、解聘或者开除等处分；对分管领导责任人处以扣发一定比例绩效薪金（奖金）的经济处罚，以及记过、降级（职）、责令辞职或者撤职等处分。

（三）工会企事业单位发生重大资产损失的，在责任认定年度对直接责任人和主管责任人处以扣发一定比例绩效薪金（奖金）的经济处罚，以及撤职、解聘或者开除等处分；对分管领导责任人和重要领导责任人处以扣发一定比例绩效薪金（奖金）的经济处罚，以及降级（职）、责令辞职或者撤职等处分。

（四）工会企事业单位发生特别重大资产损失的，在责任认定年度对直接责任人和主管责任人处以扣发一定比例绩效薪金（奖金）的经济处罚，以及解聘或者开除等处分；对分管领导责任人或者重要领导责任人处以扣发一定比例绩效薪金（奖金）的经济处罚，以及撤职、解聘或者开除等处分。

第三十条 工会企事业单位资产损失责任人承担经济责任时，对其扣发的绩效薪金（奖金）金额高于认定的资产损失金额的，按认定的资产损失金额扣发。

第三十一条 工会企事业单位资产损失责任人承担经济责任时，对其扣发后的收入低于企事业单位所在地政府规定的最低工资标准的，按最低工资标准支付其收入。

第三十二条 工会企事业单位发生特别重大资产损失，以及连续发生重大资产损失的，除对相关责任人处以经济处罚和行政处分外，应当同时给予禁入限制。

第三十三条 有下列情形之一的，应当对资产损失相关责任人从重处罚：

（一）情节恶劣或者多次造成资产损失的；

（二）发生资产损失，未及时采取措施或者措施不力，导致资产损失继续扩大的；

（三）干扰、抵制资产损失责任追究工作的；

（四）对工会企事业单位发生资产损失隐瞒不报或者谎报、缓报、漏报的；

（五）强迫、唆使他人违法违纪造成资产损失的；

（六）伪造、毁灭、隐匿证据，或者阻止他人揭发检举、提供证据材料的；

（七）其他应当从重处罚的。

第三十四条 有下列情形之一的，可以对相关责任人从轻或者免予处罚：

（一）及时采取措施减少或者挽回损失的；

（二）主动反映资产损失情况的；

（三）主动检举其他相关人员，经查证属实的；

（四）有其他重大立功表现的。

第三十五条 对调离工作岗位或者已离退休的资产损失相关责任人，应当按照本办法相关规定给予经济处罚、行政处分和禁入限制。给予经济处罚的，若离职后薪金尚未发放完毕，应当扣发相应的薪金；对继续在工会企事业单位担任职务的，应当在其以后年度薪金中予以扣发；对调离工会企事业单位的，应当向其工作单位提出处罚建议。

第三十六条 建立董事会制度的工会企事业单位，董事未履行或者未正确履行职责给工会企事业单位造成资产损失的，除依法承担赔偿责任外，工会企事业单位资产监管机构应当依照本办法及相关规定的有关程序对其选任的董事进行处罚。

第三十七条 除按照本办法对资产损失相关责任人进行责任追究外，对违反国家有关法律法规规定的，还应当依法承担相应的法律责任。涉嫌犯罪的，将移交司法机关处理。资产损失相关责任人违反《中国共产党纪律处分条例》等有关规定的，建议党组织进行处理。

第三十八条 工会企事业单位资产监督管理机构及工会企事业单位负责资产损失责任追究工作的相关人员收受贿赂、徇私舞弊、泄露工作秘密以及协助资产损失相关责任人逃避责任的，视情节轻重给予相应的处罚；涉嫌犯罪的，将移交司法机关处理。

第七章　附　　则

第三十九条 工会企事业单位应当根据本办法，结合本企事业单位实际，制定所属各级企事业单位资产损失责任追究具体工作规范，并报工会企事业单位资产监督管理机构备案。

第四十条 各级工会企事业单位资产监督管理机构可结合本地实际，依据本办法制定本级企事业单位资产损失责任追究实施细则。

第四十一条 由于自然灾害、战争等不可抗力造成的工会企事业单位资产损失不适用本办法。

第四十二条 本办法由中华全国总工会资产监督管理部负责解释。

第四十三条 本办法自公布之日起施行。

中华全国总工会组织部 中华全国总工会资产监督管理部 关于印发《全国总工会直属企业负责人薪酬管理暂行办法》的通知

（工组发〔2015〕422 号　2015 年 12 月 4 日）

各有关直属企业：

《全国总工会直属企业负责人薪酬管理暂行办法》已经深化国有企业负责人薪酬制度改革工作领导小组审核，现印发给你们，请认真贯彻执行。

附件：

全国总工会直属企业负责人薪酬管理暂行办法

第一章　总　　则

第一条　为认真贯彻落实党的十八届三中全会关于合理确定并严格规范国有企业管理人员薪酬水平的精神，从我国社会主义初级阶段基本国情出发，适应国有资产管理体制和国有企业改革进程，按照企业负责人分类管理要求，综合考虑企业负责人的经营业绩和承担的政治责任、社会责任，建立符合企业负责人特点的薪酬制度，规范企业收入分配秩序，实现薪酬水平适当、结构合理、管理规范、监督有效，促进企业持续健康发展和工会资产保值增值，提高企业的经济效益和社会效益，推动形成合理有序的收入分配格局，根据《关于深化中央管理企业负责人薪酬制度改革的意见》（中发〔2014〕12 号）及《全国总工会直属单位负责人薪酬管理办法》（工组发〔2014〕47号）等有关文件规定，结合全国总工会实际，制定本办法。

第二条 全国总工会各直属企业负责人薪酬管理应遵循以下原则：

（一）坚持国有企业完善现代企业制度的方向，健全企业负责人薪酬分配的激励和约束机制，将物质激励与精神激励相结合，强化企业负责人责任，增强企业发展活力。

（二）坚持分类分级管理，建立与企业负责人选人方式相匹配、与企业功能性质相适应的差异化薪酬分配办法，严格规范企业负责人薪酬分配。

（三）坚持统筹兼顾，形成企业负责人与企业职工之间的合理工资收入分配关系。

（四）坚持上级监督与企业自律相结合，完善企业薪酬监督体制机制，规范收入分配秩序。

第三条 本办法适用于全国总工会管理的各直属企业负责人，包括社长、总经理、总编辑等主要负责人和副社长、副总经理、副总编辑等其他负责人。

第二章　薪酬结构与水平

第四条 全国总工会直属企业负责人薪酬由基本年薪、绩效年薪、任期激励收入三部分构成。

第五条 基本年薪是指全国总工会直属企业负责人的年度基本收入。主要负责人基本年薪应控制在上年度中央企业在岗职工平均工资的2倍以内，原则上每年核定一次，上年度中央企业在岗职工平均工资由人力资源社会保障部提供。其他负责人的基本年薪根据其岗位职责和承担风险等因素，按本企业主要负责人基本年薪的0.6至0.9倍确定，合理拉开差距。

第六条 绩效年薪是指与全国总工会直属企业负责人年度考核评价结果相联系的收入，以基本年薪为基数，根据年度考核评价结果并结合绩效年薪调节系数确定。

各企业负责人年度考核评价系数最高不超过2。

绩效年薪调节系数主要根据企业功能性质、所在行业以及企业总资产、营业收入、利润总额、从业人员等规模因素确定，最高不超过1.5。参与市场竞争程度高的企业绩效年薪调节系数应高于参与市场竞争程度低的企业；规模大的企业绩效年薪调节系数应高于规模小的企业。绩效年薪调节系数由人力资源社会保障部会同有关部门统筹确定。

企业负责人年度综合考核评价为不胜任的，不得领取绩效年薪。当年本企业在岗职工平均工资未增长的，该企业负责人绩效年薪不得增长。

第七条 任期激励收入是指与全国总工会直属企业负责人任期考核评价结果相联系的收入，根据任期考核评价结果，在不超过企业负责人任期内年薪总水平的 30%以内确定。

各直属企业负责人任期综合考核评价为不胜任的，不得领取任期激励收入。因本人原因任期未满的，不得领取任期激励收入；非本人原因任期未满的，根据任期考核评价结果并结合本人在企业负责人岗位实际任职时间及贡献发放相应任期激励收入。

第八条 建立完善综合考核评价办法。

建立综合考核评价制度。坚持经济效益和社会效益相统一，对全国总工会直属企业负责人履职情况进行全面综合考核评价，在加强经营业绩考核的同时，加强履行政治责任、社会责任等情况的考核评价，体现以德为先、全面担当。

改进经营业绩考核。加强对全国总工会直属企业负责人年度和任期经营业绩分类考核，根据企业功能性质定位突出不同考核重点，科学设置考核指标，合理确定考核目标，实行定量与定性分析相结合、横向与纵向对比相补充的考核办法，规范考核程序，严格考核管理。

第三章 薪酬支付与规范

第九条 全国总工会直属企业负责人薪酬按照薪酬审核部门核定的薪酬方案支付。基本年薪按月支付。按照先考核后兑现的原则，绩效年薪按考核年度一次性兑现，任期激励收入实行延期支付，原则上按照6：2：2的比例分三年延期支付。

对任期内出现重大失误、给企业造成重大损失的，根据企业负责人承担的责任，追索扣回部分或全部已发绩效年薪和任期激励收入。追索扣回办法适用于已离职或退休的企业负责人。

第十条 全国总工会直属企业负责人在下属全资、控股、参股企业兼职或在本企业外的其他单位兼职的，不得在兼职企业（单位）领取工资、奖金、津贴等任何形式的报酬；不得在国家规定之外领取由地方政府或有关部门发放的奖金及实物奖励。

第十一条 全国总工会直属企业负责人因岗位变动调离企业的，自任免机关下发职务调整通知文件次月起，除按当年在企业负责人岗位实际工作月数计提的绩效年薪和应发任期激励收入外，不得继续在原企业领取薪酬，工资关系原则上不得保留在原企业。

第十二条 全国总工会直属企业负责人达到法定退休年龄退休，按规定领取养老金的，除按当年在企业负责人岗位实际月数计提的绩效年薪和应发任期激励收入外，不得继续在原企业领取薪酬。

第十三条 全国总工会直属企业负责人的薪酬在财务统计中单列科目，单独核算并设置明细账目。全国总工会直属企业负责人薪酬应计入企业工资总额，在企业成本中列支，在工资统计中单列。

全国总工会直属企业负责人离任后，其薪酬方案和考核兑现个人收入的原始资料应至少保存15年。

第十四条 全国总工会直属企业负责人按照国家有关规定参加基本养老保险和基本医疗保险。

全国总工会直属企业负责人所在企业按照国家有关规定建立企业年金的，其缴费比例不得超过国家统一的标准，企业当期缴费计入企业负责人年金个人账户的最高额不得超过国家有关标准。

全国总工会直属企业负责人所在企业按照国家有关规定建立补充医疗保险的，其缴费比例不得超过国家统一规定的标准，企业负责人补充医疗保险待遇按规定执行。

第十五条 各直属企业为其负责人缴存住房公积金比例最高不得超过12%，缴存基数最高不得超过企业负责人工作所在地设区城市统计部门公布的上一年度职工月平均工资的3倍。

第十六条 全国总工会直属企业负责人享受的符合国家规定的企业年金、补充医疗保险和住房公积金等福利性待遇，应一并纳入薪酬体系统筹管理。

全国总工会直属企业负责人不得在企业领取其他福利性货币收入。

第四章　薪酬管理与监督

第十七条 全国总工会组织部、财务部、资产监督管理部等部门，负责指导和监督全国总工会直属企业负责人薪酬分配，制定薪酬管理政策，统筹协调不同行业直属企业负责人绩效年薪调节系数，调节不同行业企业薪酬水平。

全国总工会组织部、财务部、资产监督管理部负责对全国总工会直属企业负责人的经营业绩考核评价工作。

第十八条 全国总工会直属企业应于上一年年度考核等次确定后60日内，将本企业负责人上一年度薪酬发放及福利性待遇执行情况，按要求报全国总工会组织部、资产监督管理部，由组织部汇总报告全总党组并报人力资源社会保障部备案。

第十九条 健全企业内部监督制度。将全国总工会直属企业负责人薪酬制度、薪酬水平、补充保险等纳入厂务（社务、司务）公开范围，接受职工监督。发挥企业职工大会或职工代表大会的对本企业负责人薪酬分配的监督作用。

第二十条 建立健全薪酬信息公开制度。上市公司的企业负责人薪酬水平、福利性收入等薪酬信息，按照上市公司信息披露管理办法向社会披露。未上市公司参照上市公司信息披露办法，每年向社会公开披露，接受社会公众监督。全国总工会每年度在官方网站向社会公布直属企业负责人薪酬信息。

第二十一条 全国总工会组织部、财务部、经费审查委员会办公室、资产监督管理部等部门对全国总工会直属企业负责人薪酬制度实施过程和结果进行监督检查。

全国总工会直属企业负责人存在违反规定自定薪酬、兼职取酬、享受福利性待遇等行为的，依照有关规定给予纪律处分、组织处理和经济处罚，并追回违规所得收入。全国总工会直属企业负责人因违纪违规受到处理的，减发或者全部扣发绩效年薪和任期激励收入。

第二十二条 薪酬审核部门在审核全国总工会直属企业负责人薪酬时违反相关规定的，依照有关规定给予相关责任人纪律处分和组织处理。

第二十三条 全国总工会直属企业负责人中职业经理人的薪酬结构和水平，由本企业按照市场化薪酬分配机制确定，报全国总工会组织部、财务部、资产监督管理部备案。同时，对职业经理人实行契约化管理，加强和完善业绩考核，建立退出机制。

第二十四条 深化企业内部管理人员能上能下、员工能进能出、收入能增能减的制度改革，健全反映劳动力市场供求关系和企业经济效益的工资决定及正常增长机制，规范企业内部分配行为，合理拉开内部工资分配差距。

第五章 附 则

第二十五条 全国总工会直属企业下属独资和控股企业负责人及各直属事业单位所属企业负责人，应参照本办法加强和改进薪酬管理，由各直属企事业单位进行审核，并报全国总工会组织部备案。

第二十六条 本办法由全国总工会组织部、财务部、资产监督管理部负责解释。

第二十七条 本办法自 2015 年 1 月 1 日起执行。

中华全国总工会办公厅关于印发《中华全国总工会本级企事业发展资金使用管理办法》的通知

（总工办发〔2016〕14号　2016年7月1日）

全总本级各企事业单位：

为了规范工会企事业发展资金使用管理，提高资金使用效益，现将根据《工会法》《工会会计制度》和相关财务制度制定的《中华全国总工会本级企事业发展资金使用管理办法》印发给你们，请遵照执行。

附件：

中华全国总工会本级企事业发展资金使用管理办法

第一条　为规范中华全国总工会本级企事业发展资金使用管理，提高资金使用效益，更好地服务工会企事业发展，制定本办法。

第二条　本级企事业发展资金是中华全国总工会（以下简称“全总”）为扶持全总本级工会企事业发展设立的专项资金（以下简称“专项资金”）。其来源主要包括：

（一）工会经费；

（二）本级工会企事业上缴的收益；

（三）本级工会企事业上交的资金占用费；

（四）其他。

第三条　专项资金纳入全总本级年度经费收支预算，实行专项管理、分账核算。

第四条　专项资金的使用方向和范围：

（一）工会企事业经营发展补助。对工会企事业单位开展公益性生产经营和服务项目给予资金补助，对以自有资金为主投资的发展项目给予资金补助。

（二）补充工会企事业单位注册资本金。对工会事业单位转企改制、企业实施股份制改造、工会企业内部经营改革可适当补充注册资本金。

（三）工会企事业经营发展借款。主要用于为全总本级企事业单位解决更新改造、大型设备购置、开发经营项目等资金临时短缺问题，提供不高于同期银行贷款利率的借款，支持其经营发展。

（四）工会企事业贷款贴息。对工会企事业单位通过银行贷款实施服务职工提高经营能力的发展项目实际发生的利息给予补贴。

（五）其它有利于工会企事业发展的事项。

第五条 专项资金申请使用的条件：

（一）申请使用专项资金的单位应是全总本级企事业单位。

（二）申请使用专项资金的项目应符合国家政策导向，具有较强的公益性或较好的市场发展前景，提升工会企事业的服务能力，能产生较好的社会效益和经济效益。

第六条 申请使用专项资金需要提供的相关材料：

（一）申请经营发展补助的，需提供申请报告、项目可行性研究报告、相关合同复印件、专项补助使用预算报告。

（二）申请补充注册资本金的，需提供申请报告、相关经济行为审批文件、企事业内部相关经济行为决策文件、中介机构验资报告及审计报告等复印件。

（三）申请借款的，需提供申请报告、借款用途说明、还款计划、最近连续三年的财务报表。

（四）申请贷款贴息的，需提供申请报告、金融机构贷款合同、利息结算清单和支付凭证等相关资料。

（五）申请报告应由全总本级企事业单位主要负责人签批，以正式文件报全总资产监督管理部。

第七条 专项资金管理的基本程序：

（一）每年12月31日前，工会企事业单位按照申请条件提出专项资金使用申请，报全总资产监督管理部审核。

（二）全总资产监督管理部负责对申请项目进行评审。

（三）每年1月底之前，全总资产监督管理部根据上年专项资金滚存结余情况和专项资金申请情况，提出本年度专项资金使用计划，纳入全总财务部本级工会经费预算。

（四）全总财务部根据全总书记处对预算审定意见及时拨付资金。对于借款项目，在拨付资金前，由全总资产监督管理部与专项资金使用单位签订合同，并依法依规履行合同的权利与义务，同时将合同报送全总财务部。

（五）每年 1 月底，全总资产监督管理部向全总书记处汇报上一年度专项资金使用管理情况。

（六）因特殊情况未在上年 12 月 31 日前提出申请的项目，可以临时提出申请，报全总资产监督管理部，参照本条第（二）项进行审核，经全总书记处分管领导审批后纳入当年资金使用计划管理。

第八条 专项资金预算一经批复，应严格执行。任何单位和个人不得虚报、冒领、截留、滞留、挪用、侵占专项资金，严禁改变专项资金使用用途。资金使用单位应向全总资产监督管理部报告资金使用情况。

第九条 本办法由全总资产监督管理部负责解释。

第十条 本办法从公布之日起施行。

中华全国总工会办公厅关于印发《中华全国总工会本级基本建设项目管理办法》的通知

（总工办发〔2017〕4 号　2017 年 1 月 20 日）

全总本级各企事业单位：

《中华全国总工会本级基本建设项目管理办法》已经中华全国总工会第十六届书记处第六十三次会议审议通过，现印发给你们，请认真贯彻执行。

附件：

中华全国总工会本级基本建设项目管理办法

第一章　总　　则

第一条　为加强全国总工会本级基本建设项目管理，规范项目建设程序，提高项目投资效益，根据国家有关法律法规的规定，结合全国总工会实际，制定本办法。

第二条　本办法适用于全总机关和所属单位用中央预算内投资（含中直管理局切块管理的基建投资）、工会经费和自筹资金安排的新建、改建、扩建、迁建、装修及节能改造等基本建设项目。

第三条　全国总工会建立本级基本建设项目审批制度。全总机关和所属单位重大建设项目年度投资计划和项目预算安排提交全总书记处会议集体研究决定。建设单位应按照基本建设程序履行建设项目审批手续，禁止未批先建。基本建设程序主要包括：项目立项建议、可行性研究、勘察、设计、开工手续办理、组织实施、竣工验收、工程造价审计和竣工决算审计等。

第四条 根据全总书记处授权，资产监督管理部是全国总工会本级基本建设项目的项目管理部门，负责建设项目的确立和概算投资的审核及监督管理；财务部是全国总工会本级基本建设项目的财务管理部门，负责建设项目的财务管理与监督；经费审查委员会办公室是全国总工会本级基本建设项目的内部审计监督机构，负责建设项目的结算、决算审计和对重大建设项目的全过程跟踪审计。

本办法所称建设单位是指全国总工会本级基本建设项目投资计划执行单位，包括全总机关和各直属单位、社团组织及所属单位。全总机关服务中心承担全总机关基本建设项目的建设职责。

第二章 项目前期事项

第五条 项目前期事项是指从全国总工会本级基本建设项目的提出到组织实施前所进行的一系列工作，主要包括项目建议书、可行性研究报告、初步设计等工作环节的材料编制、评估（审）、审批等相关工作。

第六条 建设单位申请全国总工会本级基本建设项目，需提交建设项目申请报告和项目建议书。项目建议书的内容主要包括：项目建设的必要性和依据，建设地点，拟建规模、建设的内容和标准，投资估算和资金筹措，项目进度安排等。

第七条 项目建议书经批准后，建设单位应进行建设项目可行性研究，提交可行性研究报告。可行性研究报告的内容主要包括：项目概况，项目建设的必要性，项目建设选址及建设条件论证，建设规模、建设内容等规划设计方案，项目外部安全、保密环境，环保措施，消防、节能、节水，总投资估算及资金来源，投资效益分析，项目建设周期及工程进度安排，勘察、设计、施工、监理及重要设备、材料等采购活动的具体招标范围、招标组织形式、招标方式，结论，附件等。

第八条 经批准的可行性研究报告是确定全国总工会本级基本建设项目的依据。建设单位应依据批复的可行性研究报告，向城乡规划、国土资源等部门申请办理规划许可、正式用地手续等，并委托具有相关资质的设计单位进行初步设计。初步设计的内容主要包括：设计说明书、总平面图和建筑物、构筑物及公用设施、管线图纸，材料、设备需求清单，设计概算文件及城市规划管理部门的批准文件，建设项目与市政、公用、供电、电信、消防、环保等部门的协议文件或配合方案等有关材料。

第九条 经批准的初步设计和投资概算是全国总工会本级基本建设项

目组织实施和投资控制的依据。建设单位依据批复的初步设计开展施工图设计，并组织做好施工图核查工作，确保施工图设计符合初步设计批复的要求，确保工程总投资控制在批复的投资概算范围内。

第十条 全国总工会本级需要立项审批或不需立项但单项投资1000万元（含）以上的建设项目上报全总书记处会议集体研究决定。项目建议书、可行性研究报告、初步设计和投资概算报经资产监督管理部审核后，由全总书记处会议集体研究决定，并按照建设项目的规模和资金来源情况，分别报中共中央直属机关事务管理局或国家发展和改革委员会审批。不需立项审批且单项投资1000万元以下的全国总工会本级基本建设项目报资产监督管理部备案。

第十一条 资产监督管理部根据中共中央直属机关事务管理局和国家发展和改革委员会的批复，下达建设单位全国总工会本级基本建设投资项目计划，并作为全国总工会本级基本建设项目投资预算的依据。全国总工会本级基本建设项目投资预算作为全国总工会本级预算的组成部分，报全国总工会经费审查委员会审查，建设单位年度基本建设投资计划和年度投资预算送经费审查委员会办公室备案。

第十二条 全国总工会本级基本建设项目投资概算一经批准，如无特殊情况不得突破。未经批准不得擅自变更设计方案，初步设计不得突破项目建议书（可行性研究报告）的投资估算，施工图设计预算不得突破初步设计的投资概算。

第十三条 全国总工会本级基本建设项目的造价咨询、竣工决算审计单位的选择应按照全国总工会和中央预算单位政府采购的有关规定办理。

第三章 项目组织实施和建设管理

第十四条 建设单位应按照建设项目报建要求，及时办理工程质量监督手续，完成施工计划备案，依法取得用地、规划和施工许可。未取得施工许可证，建设项目不得开工建设。

第十五条 建设单位应严格遵守《中华人民共和国招标投标法》《中华人民共和国政府采购法》及其实施细则的有关规定，按照立项审批核准的招标范围、招标组织形式和招标方式组织项目勘察、设计、监理、施工、仪器、设备、材料的招标采购活动，不得将依法必须进行招标的项目化整为零或者以其他任何方式规避招标。对列入政府集中采购目录内的货物、工程和服务，必须按规定委托集中采购机构代理采购。招投标业务需接受经费审查委员会办公室的审计监督。

第十六条 建设单位应建立项目管理机构，明确项目负责人，配备基建、财务、预算等专业人员，健全内部控制制度，完善各项运行管理机制。

第十七条 建设单位应建立健全与工程项目建设相适应的质量管理制度，严格执行《建设工程质量管理条例》和《工程建设监理规定》的规定，依法承担工程质量责任，在设计年限内对工程质量全面负责。

第十八条 建设单位应严格审核监理单位人员配置及日常工作记录文件，督促监理单位依照合同约定行使职权，严格对各分部、分项工程及隐蔽工程的质量检验评定；监督施工单位严格按照设计图纸、施工标准和规范进行施工，建立健全工程质量保证体系，落实现场工程质量自检制度、重要结构部位的质量预检复检制度、设备材料质量检查制度，确保工程质量。

第十九条 建设单位应坚持安全第一、预防为主的方针，采取有效措施，督促勘察、设计、施工、监理及其他与建设工程安全生产有关的单位，严格遵守各项安全生产法律法规，保证建设工程安全生产，依法承担建设工程安全生产责任。

第二十条 建设单位应以批准的投资概算为工程投资最高限额，不得擅自改变建设内容、建设规模、建设标准，防止超规模、超标准、超概算现象发生。如有客观原因发生重大变更确需调整的，要严格按照全国总工会本级基本建设项目审批程序，经资产监督管理部审核后，报全总书记处会议集体研究决定，按建设项目审批程序履行投资概算调整手续，未经批准，不得组织实施。

第二十一条 建设单位应建立健全合同管理制度，对项目全过程实施有效的合同管理，规范合同管理程序。全国总工会本级基本建设项目的勘察、设计、招标代理、施工、监理、物资采购等经济活动都要依法订立合同。合同应采用规范的合同文本，明确范围、成果、数量、质量、标准、进度、价款等合同标的的要求，合理界定双方的权利义务、违约责任、风险分担原则、质量保证期限和履约担保形式等。施工合同中应明确工程竣工结算需要进行审计，根据审计认定的工程决算金额结算工程款，工程进度款支付比例不应超过80%。采购合同履行中，在不改变其他合同条款的前提下，可以签订补充合同，但所有补充合同的采购金额不得超过原合同金额的10%。

第二十二条 建设单位应当按照合同约定和工程价款结算程序支付工程款。工程价款结算要按照《建设工程价款结算暂行办法》执行。

第四章　项目资金和财务管理

第二十三条　全国总工会本级基本建设项目年度投资计划是安排全国总工会本级基本建设项目年度投资预算的依据。全国总工会本级基本建设项目年度投资预算纳入全国总工会本级部门预算管理。年度投资预算一经确定，原则上不再调整。

第二十四条　建设单位应根据全国总工会本级基本建设项目资金来源渠道，编报财政性资金、工会经费分月用款计划，作为落实建设项目月度资金使用计划的依据。任何单位、个人不得随意改变全国总工会本级基本建设项目资金使用性质。

第二十五条　建设单位应按照《基本建设财务规则》的规定，单独核算建设项目成本，并将核算情况纳入建设单位会计账簿和财务报表。建设单位定期将全国总工会本级基本建设项目进展情况报资产监督管理部，并按照全国总工会财务会计报告制度的要求，编报建设项目年度财务会计报告。

第二十六条　全国总工会本级基本建设项目资金专款专用，任何单位、个人不得套取、挪用、截留项目建设资金。

第五章　项目竣工验收和竣工财务决算

第二十七条　全国总工会本级基本建设项目竣工后，建设单位应及时向质量监督机构申报，并组织勘察、设计、监理、施工等单位进行竣工验收。未经竣工验收或验收不合格的，不得投入使用。

第二十八条　全国总工会本级基本建设项目竣工验收应当具备以下条件：

（一）完成建设工程设计和合同约定的各项内容；

（二）有完整的竣工图纸等技术档案和施工管理资料；

（三）有工程使用的主要建筑材料、建筑构配件和设备的进场试验报告；

（四）环保、消防、人防、规划、绿化等均已按设计要求完成，并有单项验收意见；

（五）有勘察、设计、监理、施工等单位分别签署的质量合格文件；

（六）有施工单位签署的工程保修书。

第二十九条　竣工验收应严格执行规定的验收程序和验收标准。属于国家发展和改革委员会审批且需由其竣工验收的大型项目，建设单位应事先组织工程预验收，并提出竣工验收申请，报经资产监督管理部审核后向国家发展和改革委员会提出竣工验收申请。全国总工会本级基本建设项目竣工验收完成后，应在规定的时限内向建设行政主管部门申请备案。

第三十条 建设单位应加强对全国总工会本级基本建设项目竣工财务决算的组织领导，协调设计、施工、监理等单位及时编制竣工财务决算，在经费审查委员会办公室对建设项目竣工审计后，及时报全总书记处。建设周期长、建设内容多的大型项目，单项工程竣工具备交付使用条件的，可以编报单项工程竣工财务决算，项目全部竣工后应当编报竣工财务总决算。经费审查委员会办公室委托审计的审计费用列入工程竣工决算。

第三十一条 全国总工会本级基本建设项目竣工财务决算批复之前，原项目管理机构一般不得撤销，项目负责人及财务主管人员一般不得调离。

第三十二条 建设单位应严格按照基本建设档案管理的有关规定，及时收集整理建设项目各环节文件资料，建立健全建设项目档案，应及时向建设行政主管部门等移交建设项目档案。建设单位应根据项目竣工财务决算批复，及时进行相关账务处理并办理固定资产移交手续，纳入建设单位固定资产统一管理。全国总工会本级基本建设项目结余资金中，属于财政性资金结余的，应当在项目竣工财务决算批复后3个月内，全额上缴财政；属于工会经费结余的，应当在项目竣工财务决算批复后3个月内，全额上缴财务部。

第六章　项目监督管理

第三十三条 建设单位应当建立健全内部监督约束机制，完善基本建设项目管理内控制度，规范管理程序，加强资金使用管理与监督。

第三十四条 资产监督管理部会同财务部、经费审查委员会办公室负责全国总工会本级基本建设项目的监督检查工作。监督检查的主要内容包括：

（一）项目是否严格执行基本建设程序有关规定；

（二）项目是否按规定进行政府采购和招投标；

（三）项目建设实施进度是否符合要求；

（四）项目是否按批复的可行性研究报告内容建设实施，有无擅自变更项目设计、改变建设内容、扩大建设规模、提高建设标准等问题，是否严格执行项目预算；

（五）项目资金使用与会计核算是否规范；

（六）其他监督检查的内容。

第三十五条 建设单位应自觉接受并积极配合国家有关部门和全国总工会开展的监督工作。

第三十六条 资产监督管理部将会同有关部门向全总书记处汇报监督检查的情况，对监督检查中发现的问题，根据全总书记处意见对建设单位提出整改要求，并督促其改正。限期未整改或整改不达标的，将暂停项目执行、暂缓拨付项目建设资金，直至暂停其下年度项目申报资格。建设过程中的违法违纪行为，将依法依规严肃处理。

第七章 附 则

第三十七条 本办法由全总资产监督管理部负责解释。

第三十八条 本办法自印发之日起施行。

中华全国总工会办公厅关于印发《工会行政事业性资产管理办法》的通知

（总工办发〔2017〕5号　2017年1月23日）

各省、自治区、直辖市总工会，中华全国铁路总工会、中国民航工会全国委员会、中国金融工会全国委员会，中共中央直属机关工会联合会、中央国家机关工会联合会，全总各直属单位：

《工会行政事业性资产管理办法》已经中华全国总工会第十六届书记处第六十三次会议审议通过，现印发给你们，请认真贯彻执行。

附件：

工会行政事业性资产管理办法

为加强工会行政事业性资产监督管理，合理配置和有效利用工会行政事业性资产，根据《中华人民共和国工会法》和《中国工会章程》制定本办法。

第一章　总　　则

第一条　本办法适用于各级工会行政机关、执行事业单位会计制度的工会事业单位及社会团体（以下简称“工会行政事业单位”）。

第二条　本办法所称工会行政事业性资产是指各级工会行政事业单位占有、使用，依法确认为工会所有，能以货币计量的各种经济资源的总称。

工会行政事业性资产包括流动资产、长期投资、固定资产、无形资产和其他资产。

第三条　工会行政事业性资产是属于工会所有的社团资产，其不动产和动产受法律保护。中华全国总工会（以下简称“全总”）对各级工会行政事业性资产拥有终极所有权。

第四条 工会行政事业性资产按照“统一所有、分级管理、单位使用”的原则，建立权利、义务和责任相统一的监督管理体制。

第五条 各级工会行政事业单位在行政事业性资产管理过程中取得的收入应当纳入单位预算，统一核算、统一管理。

第二章 管理机构及职责

第六条 全总资产监督管理部是全国工会资产监督管理机构，负责对全国工会行政事业性资产进行监督管理。

各省级工会应加强工会资产监督管理机构建设，设立工会资产监督管理部门，负责对所辖工会行政事业性资产进行监督管理。

第七条 工会资产监督管理机构的主要职责是：

（一）贯彻执行国家和全总有关行政事业性资产管理的法律、法规和政策；

（二）制定各级工会行政事业性资产管理的规章制度，并对执行情况进行监督检查；

（三）按规定对工会行政事业性资产配置、使用、处置事项进行审核、审批，负责组织资产评估、资产清查、产权界定、产权纠纷调处、资产统计等工作。研究制定本级工会行政事业性资产配置标准。

（四）负责对本级行政事业单位和下级工会资产监督管理工作进行监督检查。

第八条 工会行政事业性资产实物管理部门对本单位占有、使用的固定资产、库存材料物资等实物资产实施具体管理。

第三章 审批权限及程序

第九条 工会行政事业性资产管理事项的审批权限：

（一）全总负责对各级工会占有和使用的土地以及连同地面附着的房屋建筑物一并与工会系统以外单位进行使用权或产权转让、置换的全部事项进行审批；

（二）全总负责对省级工会涉及 1000 万元及以上金额的资产配置、资产使用、资产处置事项进行审批（涉及资产以评估金额为准）；

（三）省级工会负责对省本级和省级以下工会不需全总审批的资产管理事项进行审批。

（四）省级工会根据全总有关规定，制定所辖工会行政事业性资产管理事项的审批权限并报全总备案。

第十条 工会行政事业性资产管理事项的报批程序：

（一）主管工会对工会行政事业单位上报的资产管理事项进行审核后提出请示，报送上级工会；

（二）上一级工会须对下一级工会报送的请示事项进行调查核实，在此基础上按审批权限进行审批或上报；

（三）全国总工会对省级工会上报的请示进行审核、审批。请示中须有省级工会给出的明确审核意见。全总认为有必要的事项，可作进一步核查。

（四）已批复的请示事项不得擅自改变。在实施过程中有重大改变或者出现对原方案有重大影响的情形（包括原方案确定的地点变更，土地面积、建设规模、资金投入增加或减少10%及以上等）须按原审批程序重新报批。

第四章 资产配置

第十一条 资产配置是指各级工会行政事业单位为保证履行职能需要，按照国家有关法律、法规确定的标准和程序，通过购置、建设、调拨、调剂、租赁等方式配备实物资产的行为。

第十二条 各级工会行政事业单位购置资产，应按照《中华人民共和国政府采购法》及其实施细则的规定执行。通过购置、建设等方式配置办公和业务用房的，应严格执行中共中央办公厅、国务院办公厅《关于进一步严格控制党政机关办公楼等楼堂馆所建设问题的通知》的有关规定。

第十三条 经批准召开重大会议、举办大型活动等需要购置资产的，由会议或者活动主办单位按照本办法规定程序报批。会议或活动结束后，购置的资产纳入单位固定资产进行统一管理。

第十四条 工会行政事业单位申请购置土地和房屋建筑物、建设（包括新建、重建、改扩建）房屋建筑物需要提供以下材料（全部材料加盖主管工会公章）：

（一）购置、建设项目的申请报告；

（二）建设项目的可行性分析报告；

（三）拟同意购置、建设项目的会议决议或会议纪要复印件；

（四）购置项目的资产评估报告；

（五）新建项目立项批复复印件、国有建设用地批准书复印件和资金来源说明等文件；

（六）重建、改扩建项目原土地、房屋所有权属证明复印件、立项批复复印件、资金来源说明等文件；

（七）其他相关文件。

第五章 资产使用

第十五条 工会行政事业性资产使用是指工会行政事业性资产自用、对外投资和出租、出借等行为。

第十六条 工会行政事业单位资产使用，应当符合国家法律法规和全总有关规定，并经过单位领导班子集体研究，进行充分的可行性论证，依据审批权限履行审批手续。

第十七条 资产自用是工会行政事业单位对占有使用的固定资产、库存材料等的管理活动。

工会行政事业单位应按照“实物管理和价值管理并重”的原则，建立健全自用资产的验收、领用、使用、保管和维护等内部管理制度与流程，加强工会行政事业性资产的使用管理。对实物资产进行定期清查，完善资产管理账表及有关资料，做到账账、账卡、账实相符。

第十八条 对外投资是指工会行政单位为了更好地服务职工群众，利用其资产创办企业或投入到经营实体的经济活动。事业单位对外投资应执行工会财会制度有关规定。

各单位申请利用工会资产对外投资，应提供如下材料（全部材料加盖主管工会公章）：

（一）对外投资事项的申请报告；

（二）拟对外投资资产的价值凭证及权属证明，如购货发票或收据、工程决算副本、国有土地使用权证、房屋所有权证、股权证等凭据的复印件；

（三）对外投资可行性分析报告；

（四）拟同意对外投资的会议决议或会议纪要复印件；

（五）被投资单位法人证书复印件、企业营业执照复印件、企业法人个人身份证复印件等；

（六）拟创办企业单位的章程和工商行政管理部门下发的企业名称预先核准通知书复印件；

（七）工会行政事业单位与被投资方签订的合作意向书、协议草案或合同草案；

（八）经中介机构审计的被投资方上年财务报表；

（九）其他材料。

第十九条 出租、出借是指工会行政事业单位对其占有、使用的资产向工会系统以外提供使用权的行为。各单位出租工会行政事业性资产，原则上应采取公开招租的形式确定出租的价格，必要时可采取评审或者资产评估的办法确定出租的价格。各单位出租、出借工会行政事业性资产，期限不得超过5年。

各单位申请出租、出借工会行政事业性资产，应提供如下材料（全部材料加盖主管工会公章）：

（一）出租、出借事项的申请报告；

（二）拟同意出租、出借事项的会议决议或会议纪要复印件；

（三）出租、出借事项合同草案复印件；

（四）合作方法人证书复印件、企业营业执照复印件、企业法人个人身份证复印件等；

（五）其他材料。

第六章 资产处置

第二十条 资产处置是指各级工会对其占有、使用的工会行政事业性资产进行产权转让或者注销产权的行为。

第二十一条 工会行政事业性资产处置的范围包括：

（一）闲置资产；

（二）确需报废、淘汰的资产；

（三）因规划及单位分立、撤销、合并、改制、隶属关系改变等原因引起的产权或者使用权转移的资产；

（四）盘亏、呆账及非正常损失的资产；

（五）已超过使用年限无法使用的资产；

（六）依照国家有关规定需要进行资产处置的其他情形。

第二十二条 工会行政事业性资产处置方式包括无偿调拨、出售、出让、转让、置换、对外捐赠、报废报损以及货币性资产损失核销等。

第二十三条 出售、出让、转让是指变更工会行政事业单位资产所有权或占有、使用权并取得相应收益的行为。工会行政事业单位资产出售、出让、转让，应当通过产权交易机构、协议方式等国家有关法律法规规定的方式进行。

工会行政事业单位资产出售、出让、转让，以按规定权限由全总、省总备案或核准的资产评估报告所确认的评估价值作为市场竞价的参考依据。意向交易价格低于评估结果 90%的，应当按规定权限报全总或省总重新确认后交易。

工会行政事业单位申请出售、出让、转让工会资产，应向审批部门提交以下材料（全部材料加盖主管工会公章）：

（一）出售、出让、转让申请报告；

（二）同级主管工会有关处置事项的会议纪要复印件；

（三）资产价值凭证及产权证明，如购货发票或收据、工程决算副本、国有土地使用权证、房屋所有权证、股权证等凭据的复印件；

（四）出售、出让、转让方案，包括资产的基本情况，处置的原因、方式等；

（五）出售、出让、转让合同草案，属于股权转让的，还应提交股权转让可行性报告；

（六）有资质评估机构出具的评估报告；

（七）其他相关材料。

第二十四条 置换是指工会行政事业单位与工会系统以外其他单位以非货币性资产为主或少量货币性资产（即补价）进行的交换。

第二十五条 被列入地方政府城市改造规划涉及工会行政事业单位房屋、土地的置换事项需要具备以下条件：

（一）地方政府补偿安置意见；

（二）置换给工会的房屋、土地必须权属合法、无争议，权属证明齐全；

（三）置换后的房屋、土地价值不得低于原价值，地理位置要合理。置换工会房屋土地事项要先建设后拆除（因特殊情况无法做到的，必须取得相关法律凭证，给予承诺保证）；

（四）建设资金要有保证，包括原有土地、房屋有偿转让所得、政府补助以及工会自筹资金等必须达到总建设资金的 90%以上。

第二十六条 工会行政事业单位申请工会资产置换，应向审批部门提交以下材料（全部材料加盖主管工会公章）：

（一）置换申请报告；

（二）主管工会有关处置事项的会议纪要复印件；被列入地方政府城市改造的房屋、土地处置事项应附当地政府批准文件和有关会议纪要复印件；

（三）资产价值凭证及产权证明，如购货发票或收据、工程决算副本、国有土地使用权证、房屋所有权证、股权证等凭据的复印件；

（四）对方单位拟用于置换资产的基本情况说明，有资质评估机构出具的评估报告；

（五）双方草签的置换协议（必须注明经全国总工会或省级工会批准后方能生效），对方单位的法人证书或营业执照的复印件；

（六）宗地图、标明资产所处位置的地图；

（七）工会行政事业单位近期的财务报告；

（八）其他相关材料。

第二十七条 各级工会行政事业单位资产对外捐赠，应提交以下材料（全部材料加盖主管工会公章）：

（一）对外捐赠申请文件；

（二）捐赠报告，包括：捐赠事由、途径、方式、责任人、资产构成及其数额、交接程序等；

（三）捐赠单位出具的捐赠事项对本单位财务状况和业务活动影响的分析报告，使用货币资金对外捐赠的，应提供货币资金的来源说明等；

（四）主管工会、工会行政事业单位决定捐赠事项的有关文件，包括主管工会关于捐赠事项会议纪要复印件等；

（五）能够证明捐赠资产价值的有效凭证，如购货发票或收据、工程决算副本、记账凭证、固定资产卡片及产权证明等凭据的复印件；

（六）其他相关材料。

第二十八条 实际发生的对外捐赠，应当依据受赠方出具的同级财政部门或主管部门统一印（监）制的捐赠收据或者捐赠资产交接清单确认；对无法索取同级财政部门或主管部门统一印（监）制的捐赠收据的，应当依据受赠方所在地城镇街道、乡镇等基层政府组织出具的证明确认。

第二十九条 报废是指按有关规定或经有关部门、专家鉴定，对已不能继续使用的资产，进行产权注销的资产处置行为。

报损是指由于发生呆账损失、非正常损失、投资损失等原因，按有关规定对资产损失进行产权注销的资产处置行为。

工会行政事业单位申请资产报废、报损，应提交以下材料（全部材料加盖主管工会公章）：

（一）报废、报损申请文件；

（二）能够证明盘亏、毁损以及非正常损失、投资损失资产价值的有效凭证复印件。如购货发票或收据、工程决算副本、记账凭证、固定资产卡片、盘点表及产权证明等凭据的复印件、上级工会审计部门的审计意见书；

（三）报废、报损价值清单复印件；

（四）非正常损失责任事故的鉴定文件复印件及对责任者的处理文件复印件；

（五）因房屋拆除等原因需办理资产核销手续的，提交相关职能部门的房屋拆除批复文件、建设项目拆建立项文件、双方签定的房屋拆迁补偿协议等材料的复印件；

（六）其他相关材料。

第三十条 货币性资产损失核销是指单位按现行财务与会计制度，对确认形成损失的货币性资产（现金、银行存款、应收账款、应收票据等）进行核销的行为。

工会行政事业单位申请货币性资产损失核销，应提交以下材料（全部材料加盖主管工会公章）：

（一）货币性资产损失核销申请文件；

（二）债务人已被依法宣告破产、撤销、关闭，用债务人清算财产清偿后仍不能弥补损失的，提供宣告破产的民事裁定书以及财产清算报告、注销工商登记或吊销营业执照的证明、政府有关部门决定关闭的文件等材料的复印件；

（三）债务人死亡或者依法被宣告失踪、死亡的，提供其财产或遗产不足清偿的法律文件复印件；

（四）涉及诉讼的，提供判决裁定申报单位败诉的人民法院生效判决书或裁定书复印件，或虽胜诉但因无法执行被裁定终止执行的法律文件复印件。

第七章 资产评估

第三十一条 资产评估是指由专门的机构或专业的评估人员，按照规定的法律法规、工作准则和方法，以货币作为计算权益的统一尺度，对在评估基准日的工会行政事业性资产进行评定估算的工作。

工会行政事业单位有下列情形之一的，应当对相关资产进行评估：

（一）单位取得的没有原始价格凭证的资产；

（二）拍卖、有偿转让、置换工会资产；

（三）事业单位整体或者部分改制为企业；

（四）以非货币性资产对外投资；

（五）单位合并、分立、清算；

（六）整体或者部分资产租赁给非工会单位；

（七）确定涉讼资产价值；

（八）依照国家法律及行政法规等有关规定需要进行资产评估的其他事项。

第三十二条 工会行政事业性资产评估工作应当委托具有资产评估资质的评估机构进行。

工会行政事业性资产评估项目实行核准制和备案制。

第八章 资产清查

第三十三条 资产清查是指各级工会根据专项工作要求或者特定经济行为需要，按照规定的政策、工作程序和方法，对所属行政事业单位进行账务清理、财产清查，依法认定各项资产损溢和资金挂账，真实反映工会行政事业性资产占有使用状况的工作。

工会行政事业单位有下列情形之一的，应当进行资产清查：

（一）纳入全总专项工作要求或者各级工会开展清产核资范围的；

（二）事业单位进行重大改革或者整体、部分改制为企业的；

（三）遭受重大自然灾害等不可抗力造成资产严重损失的；

（四）会计信息严重失真或者工会资产出现重大流失的；

（五）会计政策发生重大更改，涉及资产核算方法发生重要变化的；

（六）本级工会资产监督管理部门认为应当进行资产清查的其他情形。

第三十四条 工会行政事业单位进行资产清查，应按规定程序报本级工会资产监督管理部门批准后组织实施。

第三十五条 工会行政事业单位资产清查工作的内容主要包括基本情况清理、账务清理、财产清查、损溢认定、资产核实和完善制度等。

第九章 产权登记与产权纠纷处理

第三十六条 工会行政事业性资产产权登记（以下简称“产权登记”）是对工会行政事业单位占有、使用的房屋建筑物所有权和土地使用权进行登记，依法确认工会资产所有权和使用权的行为。

第三十七条 工会行政事业单位应向政府部门申请办理房屋建筑物所有权和土地使用权登记，取得权属证书后向上级工会资产管理部门进行申报，由全总核发《工会资产产权登记证》（以下简称《工会产权证》）。

《工会产权证》是工会行政事业单位占有、使用工会资产的法规性凭证，由全总统一印制。

第三十八条 工会行政事业单位应当按照以下规定进行工会资产产权登记：

（一）新设立的单位，办理占有产权登记；

（二）发生分立、合并、部分改制，以及隶属关系、单位名称、住所和单位负责人等产权登记内容发生变化的单位，办理变更产权登记；

（三）因依法撤销或者整体改制等原因被清算、注销的单位，办理注销产权登记。

第三十九条 产权纠纷是指由于财产所有权、经营权、使用权等归属不清而发生的争议。

工会行政事业单位之间的产权纠纷，由当事人协商解决。协商不能解决的，由同级工会或者上级工会调解、裁定。

工会行政事业单位与非工会单位或者个人之间发生产权纠纷的，工会行政事业单位应当提出拟处理意见，经报上级工会审核批准后，与对方当事人协商解决。协商不能解决的，依照司法程序处理。

第十章 资产统计报告

第四十条 工会行政事业性资产实行统计报告制度。各级工会应加强对所属工会行政事业单位资产统计报告的审核，按照全总的要求逐级上报，做到真实、准确、及时、完整，并对工会资产占有、使用、变动、处置等情况做出文字分析说明。

第四十一条 工会行政事业单位应当加强资产管理信息化建设，建立完善资产登记档案，对工会行政事业性资产实行动态管理。

第十一章 监督检查

第四十二条 各级工会应加强工会行政事业性资产的管理与监督，建立检查制度，对资产管理情况进行监督检查。资产管理情况的监督检查应坚持单位内部监督与财政监督、审计监督、社会监督相结合，事前监督、事中监督、事后监督相结合，日常监督与专项检查相结合。

第四十三条 各级工会在行政事业性资产管理过程中不得有下列行为：

（一）未按规定程序申报，擅自越权对工会行政事业性资产管理事项进行处理；

（二）对不符合规定的申报材料予以审批；

（三）串通作弊、暗箱操作，资产使用、处置过程中造成工会资产流失；

（四）截留资产使用、处置过程中产生的收入；

（五）其他造成工会资产损失的行为。

第四十四条 工会行政事业单位和个人违反本办法规定的，依据国家法律法规和全总有关规定追究相应责任。

第十二章　附　　则

第四十五条 本办法由全总资产监督管理部负责解释。

第四十六条 本办法自发布之日起施行。《工会行政性资产管理暂行办法（试行）》和《各级工会行政单位占有使用房屋建筑物和土地使用权处置暂行规定（试行）》（总工办发〔2011〕55号）同时废止。此前颁布的其他有关工会行政事业性资产管理规定，凡与本办法不一致的，以本办法为准。

中华全国总工会办公厅关于印发《全国总工会本级政府采购管理办法》的通知

（厅字〔2017〕32 号　2017 年 12 月 11 日）

各驻会全国产业工会，全总各部门、各相关直属单位：

《全国总工会本级政府采购管理办法》已经中华全国总工会第十六届书记处第七十九次会议审议通过。现印发给你们，请遵照执行。

附件：

全国总工会本级政府采购管理办法

第一章　总　　则

第一条　为加强和规范全国总工会本级政府采购管理，根据《中华人民共和国政府采购法》《中华人民共和国政府采购法实施条例》和财政部有关规定，制定本办法。

第二条　本办法适用于全国总工会机关及直属单位（以下简称各采购单位）的政府采购活动。

第三条　本办法所称政府采购是指各采购单位按照政府采购法律、行政法规和制度规定的方式及程序，使用财政资金采购政府集中采购目录内或者采购限额标准以上的货物、工程和服务的行为。

第四条　政府采购应当严格按照批准的预算执行。

第二章　管 理 职 责

第五条　全总资产监督管理部负责对全总本级预算单位的政府采购进行监督管理。主要职责是：

（一）制定全国总工会本级政府采购管理办法；

（二）参与修改政府采购法律法规和管理制度；

（三）围绕向职工群众提供公益化社会化服务，增强职工群众获得感，组织实施相关政府采购政策研究；

（四）审核、汇总、编报全国总工会本级政府采购备案和审批事项，向财政部报送全国总工会本级有关政府采购的审批或备案文件，向各采购单位转批有关审批意见；

（五）监督各采购单位政府采购预算和计划的执行，向财政部报送全国总工会本级有关政府采购的执行情况和信息统计报表；

（六）在财政部指定媒体公开全国总工会本级政府采购信息。

第六条 全总财务部负责全总本级政府采购预算管理。主要职责是：

（一）审核汇总各采购单位年度政府采购项目资金预算，报财政部批准后下达各采购单位执行；

（二）涉及政府采购事项的，将相应调整政府采购实施计划，财政部追加预算需要进行政府采购的，由财务部汇总追加预算，并报财政部备案。

第七条 各采购单位负责本单位政府采购的组织实施和日常管理工作，全总机关服务中心负责全总机关政府采购的组织实施和日常管理工作。主要职责是：

（一）完整准确编制本单位政府采购预算，按程序报全总财务部审核；

（二）严格执行政府采购相关法律法规，依法组织实施本单位政府采购工作；

（三）加强政府采购基础管理，在本办法颁布30个工作日内，制定本单位政府采购具体组织实施的相关制度，制度应涵盖不同资金规模、各类商品和服务的采购；

（四）按规定编报政府采购计划、执行情况及信息统计报表；

（五）其他属于本单位的政府采购相关工作。

第三章 政府采购的审批、备案和计划管理

第八条 下列事项须按财政部要求，经全总资产监督管理部报财政部审批后实施：

（一）达到公开招标金额标准的采购项目，因特殊情况采用公开招标以外的采购方式的政府采购；

（二）因特殊情况需要采购非本国货物、工程或服务的政府采购；

（三）批量集中采购项目因特殊情况变更采购方式的政府采购；

（四）法律、行政法规规定的其他审批事项。

第九条 下列事项须报全总资产监督管理部备案：

（一）各采购单位制定的本单位政府采购实施办法、操作细则；

（二）各采购单位政府采购实施计划及其变更；

（三）在政府采购计划管理系统中录入的采购申请、执行情况及季度年度报表；

（四）各采购单位与集中采购机构签订委托代理协议事项；

（五）法律、行政法规规定的其他需要备案事项。

第十条 各采购单位应于每年 1 月 15 日前向全总资产监督管理部报送上年度政府采购计划执行和政府采购工作情况，并按规定格式编报政府采购统计信息报表。

第四章 政府采购的工作程序、方式与组织形式

第十一条 各采购单位政府采购活动应当遵循以下工作程序：

（一）确定采购需求，编制政府采购预算；

（二）确定组织形式，编报政府采购计划；

（三）确定采购方式，制定政府采购方案；

（四）组织实施政府采购活动；

（五）政府采购合同履行及验收；

（六）申请支付资金；

（七）采购文件归档。

第十二条 政府采购采用以下方式：

（一）公开招标；

（二）邀请招标；

（三）竞争性谈判；

（四）单一来源采购；

（五）询价；

（六）中直机关采购中心和全国总工会认定的其他采购方式。

公开招标应作为政府采购的主要采购方式。

第十三条 政府采购组织形式分为集中采购机构采购、部门集中采购和分散采购。

第十四条 《集中采购目录及标准》规定的集中采购机构采购项目必须按规定委托集中采购机构代理采购。

第十五条 凡《集中采购目录及标准》范围以外，按国务院办公厅每年印发的要求，采购限额标准以上的政府采购项目，实行分散采购，由各采购单位按本单位制定的实施办法、操作细则的规定自行采购或者委托采购代理机构在委托的范围内代理采购。

第十六条 未达到分散采购限额标准的采购项目，按各采购单位制定的本单位采购实施细则组织实施。

第五章 监督检查

第十七条 各采购单位应接受和配合全总资产监督管理部对政府采购活动和执行政府采购法律、行政法规和规章制度情况进行监督检查，各采购单位应当如实反映情况，提供有关材料。

第十八条 全总资产监督管理部实施监督检查的主要内容包括：

（一）政府采购法律法规、部门规章的执行情况；

（二）政府采购预算和实施计划的编制、执行情况；

（三）政府采购审批或备案事项的落实情况；

（四）政府采购信息公告情况；

（五）其他需要监督检查的情况。

第六章 附 则

第十九条 本办法由全总资产监督管理部负责解释。

第二十条 本办法自发布之日起执行。过去已颁布的文件与本办法不一致的地方，以本办法为准。

中华全国总工会资产监督管理部关于印发《关于工会资产统计人员防范和惩治统计造假弄虚作假责任制规定》的通知

（工资发〔2018〕4 号　2018 年 1 月 18 日）

各省、自治区、直辖市总工会，中华全国铁路总工会、中国民航工会全国委员会、中国金融工会全国委员会，中共中央直属机关工会联合会、中央国家机关工会联合会资产监督管理部门，全总各直属企事业单位：

《关于工会资产统计人员防范和惩治统计造假弄虚作假责任制规定》已经全总资产监督管理部 2017 年第 16 次部长办公会议通过。现印发给你们，请遵照执行。

附件：

关于工会资产统计人员防范和惩治统计造假弄虚作假责任制规定

第一条　为健全防范和惩治工会资产统计人员统计造假、弄虚作假责任制，保障统计数据质量，根据《中华人民共和国统计法》《中华人民共和国统计法实施条例》《统计违法违纪行为处分规定》及工会资产监督管理的有关文件制度，制定本规定。

第二条　本规定适用于县级以上工会资产统计工作负责人及统计人员。县级以下工会资产统计工作由县级工会资产统计工作负责人负责。

第三条　坚持标本兼治、综合治理，坚持惩防并举、注重预防，完善工会资产统计制度规定，健全工会资产统计管理体制，强化统计普法宣传教育，严肃追究统计造假、弄虚作假的责任，为提高统计数据真实性、准确性、完整性和及时性提供扎实的体制机制保障。

第四条 在全国总工会资产监督管理部的统一部署下，各省级工会切实履行工会资产统计领导、指导和督导责任，建立健全谁主管、谁负责，一级抓一级、层层抓落实的责任体系。

第五条 各省级工会分管资产工作领导承担监督责任。贯彻落实全总关于防范和惩治工会资产统计人员统计造假、弄虚作假的工作安排，监督检查本级工会及下级工会资产统计工作责任落实情况，对统计调查和数据评估实施监督，确保本级工会及下级工会严格执行统计法律法规及工会资产监督管理的有关文件制度。

第六条 各级工会资产统计工作负责人承担第一责任。带头遵守执行统计法律法规及工会资产监督管理的有关文件制度，推动建立责任体系，对数据质量进行核查，严格依照全国工会资产统计调查制度组织实施统计调查。

第七条 各级工会资产统计人员承担主体责任。严格依照全国工会资产统计调查制度开展调查，落实防范和惩治工会资产统计人员统计造假、弄虚作假的具体任务和措施，加强统计数据采集、处理、存储、报送和发布等环节的数据质量控制。

第八条 各级工会资产统计工作负责人及统计人员有下列情形之一的，认定未能严格履行防范和惩治统计造假、弄虚作假责任制，应当予以批评或通报：

（一）未将防范和惩治统计造假、弄虚作假纳入工会资产统计工作人员依法履职责任范围；

（二）对本级工会发现的工会资产统计人员违纪违法行为隐瞒不报，对工会资产统计数据造假行为纠正不力；

（三）本级工会及下级工会在工会资产统计工作中，发生大面积或者连续发生统计数据造假问题，明知统计数据不实而不组织进行调查核实；

（四）参与篡改工会资产统计资料、编造虚假数据，授意统计调查对象或者其他人员在工会资产统计上弄虚作假；

（五）其他未能严格履行防范和惩治统计造假、弄虚作假责任制的情形。

第九条 各级工会资产统计工作人员要依法履职，坚决防范和抵制统计造假、弄虚作假。对存在统计违纪违法行为的工会资产统计工作人员，根据情节严重程度，依纪依法严肃追究责任。

第十条 省级工会资产统计工作部门应当将贯彻落实防范和惩治统计造假、弄虚作假责任制的情况，报告全国总工会资产监督管理部。

第十一条 本规定由全国总工会资产监督管理部解释，自印发之日起执行。

中华全国总工会办公厅关于印发《全国总工会本级工会资金采购管理办法》的通知

（厅字〔2018〕25 号　2018 年 10 月 16 日）

各驻会全国产业工会，全总各部门、各直属单位：

《全国总工会本级工会资金采购管理办法》已经中华全国总工会第十六届书记处第 104 会议审议通过。现印发给你们，请遵照执行。

附件：

全国总工会本级工会资金采购管理办法（试行）

第一章　总　　则

第一条　为加强和规范全国总工会本级工会资金采购管理，根据《中华人民共和国政府采购法》《中华人民共和国政府采购法实施条例》《全国总工会本级政府采购管理办法》和财政部有关规定，制定本办法。

第二条　本办法适用于全国总工会机关及直属单位（以下简称各采购单位）的工会资金采购活动。

工会资金指除财政资金外其他自有资金。

第三条　本办法所称工会资金采购是指各采购单位参照政府采购法律、行政法规和制度规定的方式及程序，使用工会资金采购货物、工程和服务的行为。

第四条　工会资金采购应当严格按照批准的采购预算和采购计划执行。

第五条　全总本级工会资金采购工作，应保证采购需求部门和采购实施部门的分离，严格控制采购需求部门直接采购的行为。

第二章　管理职责

第六条　全总资产监督管理部负责对全总本级的工会资金采购进行管理。主要职责是：

（一）制定全国总工会本级工会资金采购有关规定；

（二）制定工会资金集中采购目录和分散采购限额标准；

（三）围绕向职工群众提供公益化社会化服务、增强职工群众获得感，组织相关工会资金采购政策研究和实施；

（四）审批汇总各采购单位的采购计划；

（五）审批采购方式变更申请，接受各单位采购实施细则和委托代理协议备案，汇总年度采购计划执行情况；

（六）监督各采购单位工会资金采购计划的执行情况。

第七条　全总财务部负责全总本级工会资金采购预算管理。主要职责是：

（一）审批汇总各采购单位年度工会资金采购预算；

（二）审批采购预算调整申请。

第八条　全总经费审查委员会办公室对全总本级的工会资金采购活动进行审计监督。

第九条　全总机关服务中心成立全总本级集中采购办公室（以下简称集采办），负责全总本级工会资金采购的组织实施和日常管理工作。主要职责是：

（一）负责组织全总本级工会资金集中采购目录以内、全总本级工会资金集中采购目录以外但达到分散采购限额标准以上的货物、工程和服务的采购；

（二）制定全总本级工会资金采购管理办法实施细则，并负责具体实施；

（三）按规定编报工会资金采购执行情况及信息统计报表。

第十条　各采购单位配合集采办完成本单位工会资金采购的组织实施和日常管理。主要职责是：

（一）完整准确编制本单位工会资金采购预算和采购计划；

（二）配合集采办，完成本单位的工会资金集中采购目录以内、工会资金集中采购目录以外但达到分散采购限额标准以上的货物、工程和服务项目的采购；

（三）参照有关法规和制度等规定，制定本单位工会资金采购实施细则，完成本单位采购工作；

（四）各直属单位应成立或指定具体负责本单位工会资金采购工作的部门，承担本单位工会资金采购管理、实施工作。

第三章　工会资金采购的审批、备案和管理

第十一条　下列事项须报全总资产监督管理部审批：

（一）工会资金年度采购计划；

（二）因预算调整引起的追加或追减工会资金采购计划；

（三）变更经审批的采购计划确定的采购方式；

（四）因特殊情况需要采购非本国货物、工程或服务的采购事项；

（五）其他按规定需要审批的事项。

所需报批材料参照财政部针对政府采购的有关规定执行。

第十二条　下列事项须报全总资产监督管理部备案：

（一）集采办制定的全总本级工会资金采购管理办法实施细则；

（二）集采办与集中采购机构签订委托代理协议事项；

（三）各采购单位制定的本单位工会资金采购实施细则；

（四）其他按规定需要备案的事项。

第十三条　集采办和各采购单位应于每年 1 月 15 日前向全总资产监督管理部报送上年度工会资金采购计划执行和工会资金采购工作情况。

第四章　工会资金采购组织形式与工会资金集中采购目录

第十四条　工会资金采购组织形式分为单位集中采购和分散采购。

第十五条　各采购单位购置以下项目，在工会资金集中采购目录以内的，实行单位集中采购，由集采办统一委托的集中采购平台代理采购。

具体范围包括：

（一）货物类。包括台式计算机、便携式计算机、计算机软件、服务器、计算机网络设备、复印机、视频会议系统及会议室音频系统、多功能一体机、打印设备、扫描仪、投影仪、复印纸、打印用通用耗材、乘用车、客车、电梯、空调机、办公家具等。

（二）工程类。包括限额内工程、装修工程、拆除工程、修缮工程等。

（三）服务类。车辆维修保养及加油服务、机动车保险服务、印刷服务、工程造价咨询服务、工程监理服务、物业管理服务、云计算服务等。

以上内容参照国务院办公厅印发的《中央预算单位政府集中采购目录及标准》制定，采购项目的具体要求根据此文件执行。

第十六条　工会资金集中采购目录以外，达到分散采购限额标准的采购项目，按《中华人民共和国政府采购法》《中华人民共和国招标投标法》和全总本级工会资金采购管理办法实施细则有关规定执行。

第十七条 未达到分散采购限额标准的采购项目，按各采购单位制定的本单位采购实施细则组织实施。

第五章 工会资金采购的工作程序与方式

第十八条 工作程序：

（一）确定采购需求，编制工会资金采购预算；

（二）确定组织形式、采购方式，编报工会资金采购计划；

（三）制定工会资金采购方案；

（四）组织实施工会资金采购活动；

（五）工会资金采购合同履行及验收；

（六）申请支付资金；

（七）采购文件归档。

第十九条 工会资金采购采用以下方式：

（一）公开招标；

（二）邀请招标；

（三）竞争性谈判；

（四）单一来源采购；

（五）询价。

第六章 监督检查

第二十条 各采购单位应接受全总资产监督管理部、财务部、经费审查委员会办公室、机关服务中心等相关部门对工会资金采购活动和执行相关法律、行政法规和规章制度情况进行的监督检查，如实反映有关情况，提供相关材料。

第二十一条 监督检查的主要内容包括：

（一）本办法及相关法律法规、部门制度的执行情况；

（二）工会资金采购预算和采购计划的编制、执行情况；

（三）工会资金采购审批或备案事项的落实情况；

（四）其他需要监督检查的情况。

第七章 附 则

第二十二条 本办法由全总资产监督管理部负责解释。

第二十三条 本办法自印发之日起执行。

中华全国总工会办公厅关于印发《工会企业资产管理办法》的通知

（总工办发〔2019〕22号　2019年12月10日）

各省、自治区、直辖市总工会，中华全国铁路总工会、中国民航工会全国委员会、中国金融工会全国委员会，中央和国家机关工会联合会，全总各直属单位：

《工会企业资产管理办法》已经中华全国总工会第十七届书记处第十七次会议审议通过，现印发给你们，请认真贯彻执行。

工会企业资产管理办法

为加强工会企业资产监督管理，做优做强工会企业，实现工会企业资产保值增值和高质量发展，根据《中华人民共和国工会法》《中国工会章程》和有关法律法规，制定本办法。

第一章　总　　则

第一条　工会企业是指工会组织出资的工会独资企业、工会独资公司以及工会控股公司。工会企业资产是指工会组织对企业各种形式的投资和投资所形成的权益，以及依法认定为工会所有的其他权益。

第二条　工会企业坚持公益性服务性，坚持为改革开放和发展社会生产力服务，为职工群众服务，为推进工运事业服务。

第三条　工会企业资产是属于工会所有的社团资产，其不动产和动产受法律保护。中华全国总工会（以下简称“全总”）对各级工会企业资产拥有终极所有权。

第二章　管理机构及职责

第四条　依据工会“统一所有、分级监管、单位使用”的资产管理体制，全总资产监督管理部负责对全国工会企业资产进行监督管理，县级以上工会组织（含县级）应落实分级管理工会资产责任，明确工会资产监督管理机构，对所辖工会企业资产进行监督管理。各级工会依法履行本级工会企业出资人职责，对本级工会企业资产进行统一监督管理。

第五条 工会资产监督管理机构监督管理工会企业资产的主要职责是：

（一）贯彻执行党和国家以及全总有关企业资产管理的法律、法规和政策，研究制定工会企业资产监督管理的规章制度，并对执行情况进行监督检查；

（二）指导和推进工会企业改革、重组和发展，引导工会企业聚焦主责主业，实现高质量发展；

（三）指导工会企业完善法人治理结构，建立符合工会工作实际的现代企业制度；

（四）组织开展工会企业的资产清查、资产统计、产权界定、资产处置等工作；

（五）根据同级工会授权，履行本级工会企业出资人代表职责，对本级工会企业重大事项履行审批备案程序，组织开展本级企业年度经营业绩考核，监督其落实工会资产保值增值责任。

（六）对工会资产监督管理工作人员和工会企业经营管理人员进行培训。

第六条 上级工会资产监督管理机构指导和监督下级工会资产监督管理工作。县级以上工会资产监督管理机构应当定期向上一级工会资产监督管理机构和同级工会经费审查委员会报告所属企业资产监督管理工作、资产保值增值状况和其他重大事项。

第七条 工会企业享有国家有关法律、法规和制度规定的企业经营自主权，实行所有权与经营权分离。工会企业应着力提高经济效益，对其经营管理的工会资产承担保值增值责任。工会企业应自觉接受工会经审组织审计监督。

第三章 审批权限及程序

第八条 全总负责审批事项：

（一）省级工会所属本级企业占有和使用的土地以及连同地面附着的房屋建筑物一并与工会系统以外单位进行产权转让的事项；

（二）省级工会本级行政事业性资产变更为企业资产事项中涉及土地

和房屋建筑物的事项。

以上审批事项，由全总资产监督管理部审核后，报全总党组、书记处审批。

第九条 省级工会报送全总审批事项，省级工会资产监督管理机构应严格审核把关，具备审批条件后再履行报批程序，并应向全总资产监督管理部提交以下材料（全部材料加盖公章）：

（一）申请变更资产属性或产权转让的报告；

（二）省级工会党组会议纪要原件或复印件；

（三）资产价值凭证及产权证明，如购货发票或收据、工程决算副本、国有土地使用权证、房屋所有权证、股权证等凭据的复印件；

（四）可行性方案，包括资产的基本情况，变更资产属性的原因、方式等；

（五）有资质评估机构出具的评估报告；

（六）宗地图、标明资产所处位置的地图；

（七）工会企事业单位近两年的财务报告；

（八）其他相关材料。

第十条 省级工会根据本办法，按权限负责对省本级和省级以下工会不需全总审批的工会企业资产管理事项进行审批。

第四章　重大事项管理

第十一条 坚持“谁主管、谁负责”原则，主管工会及所属企业要切实履行管好用好工会资产的主体责任，严格执行“三重一大”决策制度，重大事项必须党组（党委）集体决策并按程序报批。

第十二条 主管工会指导所属企业坚持党的领导和公司治理有机统一，充分发挥工会企业党组织的领导作用，建立健全现代企业制度，依法落实企业法人财产权和经营自主权，形成各司其职、各负其责、协调运转、有效制衡的企业法人治理结构。

第十三条 主管工会指导所属企业健全完善资产监管制度。依照国家有关规定，建立健全企业内部监督管理、风险控制、投资、资产出租出借等制度。工会企业不得整体出租、承包和委托经营，部分出租、承包和委托经营的期限原则上不得超过 5 年。

第十四条 主管工会决定其所属企业中的工会独资企业的分立、合并、破产、解散、增减资本等重大事项。

主管工会审核批准其所属工会企业重组、股份制改造方案和所属工会独资公司章程。

工会企业投资设立符合主业定位并对出资企业具有重要影响的子企业等重大事项，需报主管工会批准。

第十五条 主管工会可对产权关系清晰、管理较为规范的所属工会独资企业进行工会资产授权经营。被授权的工会独资企业对其全资、控股企业中工会投资形成的工会资产依法进行经营、管理和监督，并承担工会资产保值增值责任。

第十六条 主管工会可按照行业相近、业务相关、优势互补的原则，对所属同类同质工会企业进行整合重组，实行统一经营管理。

第十七条 主管工会对公益性服务性职能发挥不明显、主责主业不突出的工会企业，或资不抵债、停业停产、不具备正常生产经营条件和其他需要改制退出的企业，依法依规实行有序退出。

第十八条 主管工会负责监督管理本级工会企业基本建设项目，规范本级工会企业基本建设项目管理，完善管理制度，履行建设程序，提高投资效益。

第五章 考核与收益

第十九条 健全完善工会企业负责人经营业绩考核制度。突出不同类型工会企业考核重点，合理设置经营业绩考核指标及权重，主管工会资产监督管理机构与本级企业负责人签订经营业绩目标责任书，根据经营业绩目标责任书实施分类考核和目标管理，引导工会企业实现高质量发展。

经营业绩考核一般以年度为考核期，也可根据需要由主管工会确定考核期。

第二十条 工会企业考核目标应始终把社会效益放在首位，努力实现社会效益和经济效益的有机统一。除生产经营指标外，应涵盖党建工作、意识形态工作责任制落实情况、服务工会主责主业等。其中，社会效益指标主要体现在政府主管部门行业评价、品牌示范作用发挥、主营业务收入占比、服务活动覆盖面、基层工会和职工满意度评价等方面；经济效益指标主要体现在资产保值增值率、人均劳动生产率、成本费用率、净资产报酬率、市场占有率等方面。

第二十一条 健全权责利相统一的有效激励约束机制。主管工会应依照有关规定，将经营业绩考核结果与工会企业负责人薪酬分配挂钩，并作为工会企业负责人职务任免的重要依据。

第二十二条 加强和规范工会企业资产收益收缴管理工作。主管工会资产监督管理部门和财务部门应制定相关规定，核定其本级工会企业资产收益上缴额，并负责组织收缴、监缴资产收益。

第二十三条 转让工会企业产权取得净收益，应按照工会财务管理要求，纳入主管工会管理范围，由主管工会确定缴款至主管工会或主管企业的银行账户。

第六章 资产使用与处置

第二十四条 工会企业应主动承接工会开展的公益类服务项目和活动，充分发挥工会企业资产服务职工、服务工会工作的优势和作用。各级工会积极争取政府行政部门对工会企业提供的公益服务项目给予支持，采取以事定费、购买服务、专项补助或以奖代补等方式，支持工会企业承办职工文化体育、教育培训、疗休养、互助保障、法律援助等公益性活动。鼓励工会企业积极争取社会资金以赞助、捐赠、冠名等形式参与公益活动。

第二十五条 主管工会决定其本级所属行政事业性资产变更为企业资产事项。其中，涉及土地和房屋建筑物的事项，应报上一级工会审批，并将实施结果报全总资产监督管理部备案。

主管工会决定其所属企业占有和使用的土地以及连同地面附着的房屋建筑物一并与工会系统以外单位进行产权置换事项，并报上一级工会备案。

第二十六条 主管工会决定其所属企业的工会股权转让事项。其中，转让全部工会股权，工会独资企业转让部分工会股权，工会控股企业转让部分工会股权致使工会不再拥有控股地位的，应报全总资产监督管理部备案。

第二十七条 工会企业资产的产权转让，特别是向工会系统外转让，应遵循等价有偿和公开公平公正的原则，做好可行性研究。在主管工会指导监督下，由工会企业委托具有相应资产评估资质的评估机构，在清产核资和审计的基础上进行资产评估。

第二十八条 工会企业产权转让应在依法设立的产权交易机构中，采取招标、拍卖、挂牌等方式公开进行，不得私下交易。交易价格原则上不得低于资产评估结果。

第七章 监督检查

第二十九条 各级工会应加强工会企业资产的管理与监督，建立监督检查制度。坚持事前监督、事中监督、事后监督相结合，对本级所属企业和下级工会企业资产管理情况进行日常监督与专项检查。工会企业应接受主管工会资产监督管理机构监督管理，定期向主管工会资产监督管理机构报告财务状况、生产经营状况和工会资产保值增值状况，不得损害工会企业资产所有者权益。

第三十条 工会资产监督管理部门不认真履行监督管理职责，未按规定向上级工会报批工会企业资产管理重大事项，造成工会资产损失或者其他严重后果的，应依法依规追究有关责任人员的纪律、法律责任。

第三十一条 工会企业未按规定向主管工会资产监督管理机构报告财务状况、生产经营状况和资产保值增值状况等重大事项的，予以批评并责令改正。工会企业单位和个人决策失误、违规经营、滥用职权、玩忽职守，造成工会资产重大损失的，依据国家法律法规和全总有关规定追究相应责任。

第八章 附 则

第三十二条 工会所属生产经营类事业单位资产、工会所属事业单位和企业单位投资形成的企业资产、企业工会所办企事业单位资产管理，参照本办法执行。

第三十三条 本办法由全总资产监督管理部负责解释。

第三十四条 本办法自印发之日起执行。原《中华全国总工会关于工会企事业单位资产监督管理的暂行规定》（总工发〔2007〕34 号）即行废止。

中华全国总工会办公厅关于推进工会行政性资产产权登记工作的通知

（厅字〔2020〕6号　2020年2月26日）

各省、自治区、直辖市总工会，中华全国铁路总工会、中国民航工会全国委员会、中国金融工会全国委员会，中央和国家机关工会联合会：

根据《中华人民共和国物权法》《中华人民共和国工会法》《中国工会章程》及全国总工会资产监督管理的有关规定，为依法保护工会资产，明确资产权属，加大工会行政性资产产权登记办理工作力度，不断提高工会行政性资产产权登记率，现就有关工作通知如下。

一、充分认识做好工会行政性资产产权登记工作的重要性和必要性

工会行政性资产产权管理是工会资产管理的重要基础性工作。当前，各级工会行政性资产产权登记率偏低问题比较突出。全总党组、书记处将提高工会行政性资产产权登记率列入了巡视审计整改工作任务。做好工会行政性资产产权登记，有助于牢固树立工会资产产权意识，依法依规依章程明确工会资产产权归属；有助于维护工会组织合法权益，确保工会资产的安全完整；有助于加强和改进工会资产监督管理，更好地发挥工会资产服务职工、服务基层重要效能。各级工会要站在讲政治的高度，充分认识到做好工会行政性资产产权登记工作的重要性和紧迫性，按照全总的要求，积极推进工会行政性资产产权登记工作。

二、工作范围和任务

工会行政性资产产权登记范围包括：全国总工会、省级工会、市级工会、县级工会等四级工会行政机关所有以及依法占有和使用的房屋、土地资产。

工会行政性资产产权登记工作以省级工会为主体，摸清所辖各级工会所属工会行政性资产进行产权登记、办理房屋产权证、土地使用证或不动产权证的基本情况，采取有效措施，认真推动做好办证工作。

（一）开展资产清查普查，摸清底数情况。凡存在尚未办理“两证”情况的工会要成立专门的工作小组，对本级工会行政及下一级工会行政目前所有以及依法占有和使用的房屋、土地情况进行全面清查，准确掌握截止 2019 年底的不动产底数和依法办理房屋产权证、土地使用证或不动产权证等情况，填写《2019 年度全国县以上工会行政性资产产权登记情况调查表》报送上一级工会资产监督管理部门。

（二）采取有力措施，推动解决问题。各级工会要积极争取地方党委和政府的理解、支持和帮助，积极加强与地方土地、房产管理部门等主管部门的沟通联系，为办证工作创造有利条件。要在全面摸清本地区工会行政性资产产权登记情况的基础上，对未办房屋产权证、土地使用证或不动产权证的房产和土地，列出详细清单，提出解决问题措施，研究拟定办证方案，分类推进工会行政性资产产权登记工作。属于手续完备但尚未到政府有关部门办理房屋产权证和土地使用证的不动产，责成专人尽快依法办理；属于历史原因造成，无法查找当时资料和有关文件依据、无任何手续或手续不完备的，应积极与有关部门或单位协调，补办相关手续，协商解决办法；属于产权界定不明确、产权界定存在一些争议而引起纠纷的，要尽快与相关单位协商解决或通过法律途径解决，在明确使用权后再去办理；属于缺乏办证费用的，要尽快想办法解决办证所需费用，采取本级工会经费补助等措施，多方解决所需费用；属于房屋建筑物竣工后因资金未到位及其他原因，没有办理决算手续无法办理的，要尽快补办竣工决算；属于虽有完备的办证资料，但不动产被其他单位长期占用的，要采取有力措施，将工会行政性资产归还工会并立即办证。自本通知下发后，各级工会新建、购置或依法取得的属于工会行政性资产性质的房产和土地，都必须依法办理房屋产权证、土地使用证或不动产权证，明确工会资产权属。

（三）开展专项检查，确保工作实效。各级工会要对所辖工会行政性资产产权登记情况进行专项检查，并向上一级工会资产监督管理部门报送《工会行政性资产产权登记情况报告》，报告内容包括：所辖工会应办理工会行政性资产产权登记的单位数，已办理产权登记的单位数。所辖工会应办理房屋产权证、土地使用证或不动产权证的房屋、土地总面积，已办证面积，未办证的面积及原因，所采取的措施及进展。行政性资产产权登记工作的经验和做法，存在的主要问题和建议等。对于特殊原因难以办理房屋产权证、土地使用证或不动产权证的工会行政性资产，由各级工会列出详细清单并说明情况。

各省级工会请于 2020 年 5 月 30 日前，对所辖工会行政性资产产权登记情况进行汇总，并将《2019 年度全国县以上工会行政性资产产权登记情况调查表》《工会行政性资产产权登记情况报告》加盖公章后，报送全总资产监督管理部。

三、组织实施

各省级工会要落实分级管理责任，加强领导，迅速部署，层层落实，组织领导所辖工会开展行政性资产产权登记工作，督促检查工作进展情况，切实提高行政性资产产权登记率，维护工会资产安全完整，推进工会行政性资产高质量发展。

各主管工会要明确工作职责，负责工会资产工作的领导同志作为行政性资产产权登记工作的责任人，要切实负起领导责任。行政性资产具体主管部门切实承担起行政性资产产权登记的主体责任，坚持“谁主管、谁负责”，扎实推进行政性资产产权登记工作，确保按时保质完成工作任务。

各级工会资产监督管理部门具体负责行政性资产产权登记工作，要将资产清查和产权登记情况形成详细档案资料，按要求报送上一级工会，并以此为契机，按照工会资产监督管理的制度规定，建立健全工会资产监督管理的档案资料，完善资产卡片，夯实管理基础，实现产权登记管理全覆盖，有效提高工会资产管理水平。

附件：2019 年度全国县以上工会行政性资产产权登记情况调查表

附件

2019年度全国县以上工会行政性资产产权登记情况调查表

填报单位：　　　　　　　　　　（公章）　　　　　　　　　　填报时间：　　年　　月　　日

序号	单位名称	土地面积（平方米）			房屋建筑物面积（平方米）			未办证原因（请勾选）								
		总面积	其中：工会已办理土地使用权证面积	办证率（%）	总面积	其中：工会已办理房屋所有权证面积	办证率（%）	1. 与政府合署办公，本身并不具备产权	2. 政府划拨或置换所得，已作为国有资产进行登记	3. 原始资料齐全，未进行登记	4. 历史遗留问题，资料手续不全	5. 产权界定不清有争议或产权发生变动的	6. 缺乏办证资金	7. 未办理竣工决算	8. 被其他单位长期占用	9. 其他（请在分析报告详细说明）
合计																

单位负责人（签字）：　　　　　　　　　　填报人（签字）：

中华全国总工会资产监督管理部关于进一步做好工人文化宫工人疗休养院阵地管理相关工作的通知

（工资发〔2020〕31号　2020年12月8日）

各省级总工会资产监督管理部门：

近一个时期，部分地区启动深化事业单位改革试点工作，相关省级总工会及时研究部署工会企事业改革，取得积极成效。工会企事业改革直接涉及工人文化宫、工人疗休养院阵地管理。为做好工人文化宫、工人疗休养院阵地保护工作，现将有关要求明确如下。

一、充分认识做好工人文化宫工人疗休养院阵地保护的重要意义。工人文化宫是工会组织加强和改进职工思想政治工作、维护职工精神文化权益的重要载体，是法定的国家公共文化设施。工人疗休养院是工会组织维护职工疗休养权益、保护职工身心健康的重要阵地，是国家社会保障和医疗卫生事业的重要机构。工人文化宫、工人疗休养院的名称和品牌具有重要的政治意义和特殊的历史内涵，深得广大职工群众和社会各界的信赖。在事业单位改革中，一些地方出现未经批准擅自撤销工人文化宫、工人疗休养院机构、改变名称等现象，不利于充分发挥工人文化宫工人疗休养院公益性服务性作用，不利于工会资产的保护和管理。各级工会要从讲政治的高度，充分认识工人文化宫工人疗休养院的政治属性和品牌价值，切实做好工人文化宫工人疗休养院阵地保护工作，发挥好工人文化宫工人疗休养院服务职工、服务工会、服务大局的重要作用。

二、依法依规做好工人文化宫工人疗休养院阵地保护工作。我国《工会法》《中国工会章程》对工会资产阵地保护有明确要求，《公共文化服务保障法》对工人文化宫等公共文化设施的管理有具体规定。全总办公厅下发的《关于统一和规范工会资产服务阵地标识的通知》规定，省级及省级以下总工会要规范和保护品牌，依法依规悬挂工人文化宫、工人疗休养院等服务阵地标识。全总《关于加强和规范工人文化宫管理的意见》规定，要加大工人文化宫保护力度，未经上一级工会批准，不得撤销工人文化宫机构和编制；工会阵地承担工人文化宫功能、开展职工文体活动的，应加挂工人文化宫的牌子；以建设工人文化宫名义立项的，不得更改工人文化宫的名称和用途。全总《关于加强和规范工人疗休养院管理的意见》规定，地方工会对所属疗休养院改变性质、改变所有权以及关、停、合并或撤销事宜，由省级总工会上报全国总工会，经全国总工会批准后方可实施。各级工会要按照上述要求，依法依规做好工人文化宫工人疗休养院阵地保护工作。

三、加强对工人文化宫工人疗休养院阵地保护工作的组织领导。各省级总工会资产监督管理部门要高度重视工人文化宫工人疗休养院阵地保护，切实负起职能部门责任。各主管工会要切实承担起主体责任。要及时对本辖区内工人文化宫、工人疗休养院阵地保护情况进行排查，如发现未经批准擅自撤销工人文化宫、工人疗休养院机构、改变名称等问题，要在同级党委领导下，积极争取政府支持，协调相关部门，积极稳妥地予以解决。要进一步增强阵地保护意识，完善工作机制，确保工人文化宫、工人疗休养院等工会阵地在事业单位改革中做优做强，实现高质量发展，更好地服务职工群众。

中华全国总工会资产监督管理部关于工会所属事业单位改革工作相关问题的函

（工资函〔2021〕13号　2021年12月23日）

各省级总工会资产监督管理部门：

为贯彻落实党中央关于深化事业单位改革试点工作决策部署，推动工会所属事业单位改革工作顺利进行，不断提升服务职工的能力和水平，现就工会所属事业单位改革相关问题提出以下意见。

一、提高政治站位，坚持依法依规推进事业单位改革。各省级总工会资产监督管理部门要贯彻落实党中央关于深化事业单位改革试点决策部署，认真贯彻《中国共产党机构编制工作条例》《关于加强和完善公共文化事业单位机构编制管理的通知》等文件规定，坚持党管机构编制原则，坚持党对机构编制工作的集中统一领导，严格遵守机构编制工作纪律，凡涉及机构编制有关内容，严格遵守省级机构编制管理部门相关规定，坚决执行机构编制审批程序和制度，切实维护机构编制工作的严肃性、权威性。要严格执行《工会法》《中国工会章程》关于工会资产和工会企事业管理的相关规定，依法依规推进工会所属事业单位改革，确保工会资产安全完整。

二、加强政策协调沟通，争取指导和支持。各地在深化事业单位改革工作中，工会资产管理使用由各级工会资产监督管理部门依据相关法律法规及全国总工会有关规定执行。《工会法》《中国工会章程》明确规定，工会的财产、经费和国家拨给工会使用的不动产，任何组织和个人不得侵占、挪用和任意调拨。各省级总工会资产监督管理部门要按照省级总工会的统一部署和要求，积极争取省级机构编制部门对工会所属事业单位改革的指导和支持，及时做好向全国总工会有关部门和省级机构编制部门汇报事业单位改革的相关工作。

三、牢固树立一盘棋思想，把推进工会所属事业单位改革同工会资产高质量发展结合起来。各省级总工会资产监督管理部门要把改革重点放在健全完善工会所属事业体制机制，实现高质量发展上来。要深入贯彻落实《中华全国总工会关于推动工会资产实现高质量发展的指导意见》，建立健全工会资产的指标体系、政策体系、标准体系、信息系统建设体系和考核体系，增强工会所属事业单位的发展活力，提高发展质量效益。各省级总工会资产监督管理部门要在各省级总工会的领导下，坚决贯彻落实中央关于事业单位改革的一系列方针政策，推动工会系统事业单位改革顺利进行，进一步突出工会资产的公益性服务性，推动工会所属事业单位实现高质量发展，更好地为经济社会发展和职工群众服务。

《关于进一步做好工人文化宫工人疗休养院阵地管理相关工作的通知》中涉及机构编制的内容按照本函要求执行。

中华全国总工会办公厅关于印发《关于进一步加强工会企事业经营业绩考核工作的意见（试行）》的通知

（总工办发〔2023〕6 号　2023 年 2 月 24 日）

各省、自治区、直辖市总工会，各全国产业工会，中央和国家机关工会联合会，全总各部门、各直属单位：

《关于进一步加强工会企事业经营业绩考核工作的意见（试行）》已经中华全国总工会第十七届书记处第 65 次会议审议通过，现印发给你们，请结合实际认真贯彻落实。

关于进一步加强工会企事业经营业绩考核工作的意见（试行）

为深入学习贯彻习近平总书记关于工人阶级和工会工作的重要论述，贯彻落实《中国工运事业和工会工作“十四五”发展规划》和《中华全国总工会关于推动工会资产实现高质量发展的指导意见》，充分发挥工会企事业经营业绩考核工作的重要作用，不断提高工会企事业经营管理水平和服务职工能力，促进工会企事业实现高质量发展，现就加强工会企事业经营业绩考核工作，提出如下意见。

一、总体要求

（一）指导思想。

以习近平新时代中国特色社会主义思想为指导，深入学习贯彻党的二十大精神，坚持公益性服务性方向，以实现高质量发展为主线，以服务职工群众为目的，以统一考核为基本要求，切实推动考核结果刚性运用，建立健全工会企事业经营业绩考核体系，持续完善工会企事业高质量发展的指标体系、政策体系、标准体系、信息系统建设体系，着力打造社会效益突出、经济效益良好、“工”字特色鲜明、职工群众认可的工会企事业品牌。

（二）工作原则。

——坚持正确政治方向。始终坚持党对工会工作的领导，加强各级工会及所属工会企事业党组织对工会企事业经营业绩考核工作的领导，贯彻落实全国总工会关于加强和改进工会资产工作的决策部署，依法依规组织开展工会企事业经营业绩考核工作，确保工会企事业工作始终坚持政治性先进性群众性，推动工会企事业更好地服务党和国家工作大局、服务工会整体工作、服务广大职工群众。

——坚持高质量发展这条主线。坚持稳中求进工作总基调，深化工会企事业供给侧结构性改革，按照“突出公益、聚焦主业、自主经营、依法监管”的工作要求，推进工会企事业社会化市场化运作，健全资产运营机制，强化创新驱动理念，优化存量资产配置，扩大优质增量供给，推动工会企事业实现发展质量、结构、规模、速度、效益、安全的有机统一。

——坚持服务职工群众的工作目标。深刻理解和把握工会企事业坚持公益性服务性的本质和具体要求，以满足新时代职工群众需求作为工作导向，健全完善服务职工群众的工作机制，将职工群众参与度、职工群众满意度等纳入工会企事业考核指标，将职工群众满意不满意作为经营业绩考核的衡量标准，通过考核推动工会企事业更好地为职工群众提供优质服务，不断提高职工群众的获得感、幸福感和安全感。

——坚持统一考核与分级分类考核相结合。坚持以统一考核为基本要求，将统一考核与分级分类考核、差异化考核结合起来，促进各级工会企事业经营业绩考核工作与实际发展水平相适应、与工会重点工作相契合、与职工期盼相一致，逐步形成系统完备、科学规范、运行有效的经营业绩考核工作体系。

——坚持将考核过程与考核结果相统一。坚持问题导向、目标导向、结果导向相结合，突出重改革、重实干、重实绩的方针，坚持考核过程与考核结果并重，逐步实现考核结果与工会企事业领导班子选拔任用、薪酬分配等挂钩，强化考核激励约束机制，用足用好考核结果，让考核成为刚性。

（三）目标任务。

按照《中国工运事业和工会工作“十四五”发展规划》明确的目标要求，以组织实施工会企事业经营业绩考核专项行动为抓手，扎实推进考核工作各项任务。到 2025 年底，实现县级以上工会对本级工会企事业经营业绩考核全覆盖。

二、明确考核工作导向

做好工会企事业经营业绩考核工作，要坚持以职工为中心的工作导向，维护职工利益，增进职工福祉，不断实现发展为了职工群众、发展依靠职工群众、发展成果由职工群众共享，让工会企事业的发展成果更多更公平惠及全体职工群众。

（一）牢牢把握公益性服务性这一根本要求。工会所属企事业类型多、覆盖广，涵盖了教育培训、新闻出版、文化体育、疗养休养、宾馆旅行、医疗互助、公益基金等多个领域。工会企事业坚持公益性服务性方向，聚焦服务职工群众的主责主业，努力为广大职工办好事、做实事、解难事，推动提升职工群众生活品质，是党对工会组织的期望要求，也是兴办工会企事业的初心使命。

（二）努力实现社会效益和经济效益的统一。推动工会企事业更好地服务职工群众，迫切需要丰富完善发展公益性服务性的有效实现形式，推动工会企事业向高品质和多样化升级。加强工会企事业经营业绩考核工作，要与开展“两性两化”运作结合起来，促进工会企事业通过社会化运作，以自有资源撬动社会力量参与本单位建设、管理、使用和发展，为职工提供高品质的服务；通过市场化运作，引入市场机制，深化本单位更新内部体制机制，搞好搞活职工服务阵地，盘活现有资源，激发内在动力，解决发展难题，更好地满足职工群众需求，实现社会效益和经济效益有机统一。

（三）不断提升职工群众的满意度。坚持问题导向、目标导向和需求导向，了解掌握工会企事业所在区域、行业、企业职工群众的真实需求，不断拓展服务内容，增加服务项目，吸引职工参与，扩大工会企事业的服务半径，健全完善服务职工群众的服务圈。健全完善职工满意度、职工群众参与度等量化指标，以职工群众满意不满意作为工会企事业经营业绩考核标准，引导和激励工会企事业围绕职工群众最关心最直接最现实的需求，改造服务设施，提供优质服务，完善保障机制，增进职工福祉。

三、完善考核工作内容

做好工会企事业经营业绩考核工作，要紧紧围绕实现工会企事业高质量发展这条主线，健全完善考核指标体系，推动工会企事业聚焦主业、深化改革、加强管理、加快发展，促进工会企事业把社会效益放在首位，实现社会效益和经济效益相统一，完善基础管理工作机制，提高服务能力与市场竞争力，促进工会企事业做优做强。

（一）突出社会效益考核。实现工会企事业高质量发展的首要条件是切实履行服务工会工作和服务职工群众的重要职责，实现良好的社会效益。要把工会企事业纳入当地公共服务体系情况，落实国家、行业和地方相关保障扶持政策情况，服务工会中心工作情况，主责主业开展情况，职工思想引领情况，职工维权情况，服务职工示范作用发挥情况等，作为社会效益考核的主要内容。同时将党建工作成效作为工会企事业社会效益考核的重要组成部分，着力发挥党建引领保障作用。要结合发展实际，科学合理地设置社会效益考核指标，重点考核承接社会公共服务和工会系统专项任务、接待职工数量、组织工会特色活动数量、职工满意度情况等指标。引导工会企事业围绕中心服务大局，不断提升核心竞争力，提升服务职工群众的能力水平，真正使工会企事业转起来、活起来，助力社会公共服务体系更加健全完善。

（二）重视经济效益考核。实现工会企事业高质量发展的重要保障是工会企事业保持良好的经济效益，实现可持续发展。要把工会企事业资产安全完整情况、经营收支情况、自我发展情况、与市场同类企事业竞争能力情况等作为经济效益考核的主要内容。要遵循国家地区和行业的相关标准、业务规范，结合实际确定经济效益考核指标，重点考核企事业收入总额、资产保值增值率、人均劳动生产率、成本费用率、净利润率、市场占有率等主要指标。推动工会企事业按照市场经济规律办事，把稳增长放在更加突出位置，在坚持公益性服务性方向的基础上，积极推进社会化市场化运作，加快布局优化和结构调整，不断提高经营管理水平，努力实现良好的经济效益，为工会企事业资产健康发展奠定物质基础。

（三）强化资产管理考核。实现工会企事业高质量发展的前提是强化资产管理考核，形成科学规范的资产管理工作机制。要把工会企事业资产配置、资产使用、资产统计、资产管理制度建设、财务规范化管理、信息化系统建设等作为工会企事业基础管理考核的主要内容，设置符合实际的基础管理考核指标，重点考核资产完整率、资产损毁率、产权登记率、固定资产利用率等。推动被考核单位全面摸清工会企事业资产底数，夯实资产管理基础工作，按照“全面、细化、准确、动态”的要求，加快推进工会资产监管信息化系统建设，建立完善工会资产基础数据库，通过信息化手段逐步实现基础管理的动态监测，不断提高资产监督管理制度化、规范化、程序化水平，防范化解系统性风险底线，形成权责一致、运行顺畅、执行有力的工会企事业资产管理工作体系。

四、创新考核工作机制

做好工会企事业经营业绩考核工作，要坚持统一考核、分类施策，根据不同企事业的不同领域行业发展特点和经营管理实际，探索创新经营业绩考核工作体制机制，提高考核工作的针对性、科学性和可操作性，确保考核工作全面覆盖落到实处。

（一）坚持分类考核。加强工会企事业经营业绩考核，要根据工会企事业不同功能和行业类别开展分类考核。对公益一类、公益二类事业单位和社会组织要重点考核社会效益发挥情况，对生产经营类事业单位和工会企业要重点考核经济效益实现情况，并兼顾社会效益发挥情况等。可按照文化服务类、体育服务类、新闻出版类、教育培训类、疗养休养类、互助保障和公益基金类、宾馆旅行类和其他不同行业类别，合理设置考核权重和目标值，着力提高经营业绩考核工作的科学性和精准性。

对工人文化宫重点考核的社会效益指标应包括：承接政府部门和工会系统专项任务完成情况，全年对职工群众开放天数，接待职工数量，常态化开展教育培训、文化活动、体育活动等业务活动数量增长情况，培养服务品牌活动或特色项目情况，职工满意度情况等；经济效益指标包括：营业收入总额、净利润率、资产保值增值率、上缴工会资产经营收益情况、资产闲置情况等。

对工人疗休养院重点考核的社会效益指标应包括：主责主业收入和支出占比，接待劳模和一线职工数量，承接工会系统任务完成情况，重大改革发展任务完成情况，职工满意度情况等；经济效益指标包括：营业收入总额、净利润率、资产保值增值率、上缴工会资产经营收益、床位使用率情况等。

对职工互助保障组织重点考核的社会效益指标应包括：公益项目规模，公益事业支出比例，服务活动覆盖面，职工普惠受益程度，理赔服务满意度等；经济效益指标包括：会费增长率、捐赠收入增长率、投资收益率、赔付比例、管理费用支出比例等。

（二）开展差异化考核。各级工会要统筹考虑工会企事业所在区域、历史发展过程、人员队伍构成、企业规模等情况开展差异化考核。对基础条件好、发展态势好的工会企事业，重点围绕强化公益属性、创新服务手段、提高服务品质、打造工会品牌等情况开展考核，推动被考核单位争取同行业领域领先和龙头地位。对基础条件一般、发展态势平稳的工会企事业，重点围绕服务工会整体工作、确保工会资产保值增值、实现自收自支、扩大服务职工覆盖范围等情况开展考核，推动被考核单位提高管理水平和服务效能，推出更多职工群众喜闻乐见的服务与产品。对基础条件薄弱、发展相对滞后的工会企事业，应重点围绕健全完善管理体制机制、增强发展动力和条件、做好公益服务、实现工会资产安全完整等开展考核，推动被考核单位形成健康可持续发展的经营能力。

（三）创新考核工作方式。针对工会企事业分布范围广，涉及行业领域多，规模体量差别大等特点，要在统一考核的基础上，从自身实际出发，创新工会企事业经营业绩考核工作形式。各级工会重点负责本级工会企事业经营业绩考核工作。省、市级总工会可适当提升考核工作统筹层级，通过采取以上代下、上级工会考核下级工会企事业等多种形式开展经营业绩考核工作。对暂不具备统一考核条件的，在与组织部等相关部门沟通协调、达成一致的基础上，可将经营业绩考核纳入到工会企事业领导班子年度考核、综合考核内容一并部署实施。考核中可充分利用现代网络技术，发挥相关领域专家、职工群众、社会第三方等在考核工作中的作用，进一步扩大考核工作的参与度、广度和深度，使考核结果更加科学准确合理。

五、强化考核结果运用

各级工会要重视考核结果的运用，真正让考核成为刚性，以考核来检验工会企事业发展的质量和效益，促进工会企事业实现高质量发展。

（一）考核结果要与工会企事业领导班子选拔任用和薪酬挂钩。经营业绩考核结果要向同级工会组织部门和被考核单位全面反馈，并与被考核单位领导班子选拔任用挂钩，推动优化工会企事业领导班子结构，选好配强工会企事业干部队伍。经营业绩考核结果要与被考核单位领导班子薪酬分配挂钩，将考核结果作为绩效工资发放的重要依据，提高工会企事业干部干事创业的积极性和主动性。对不聚焦主责主业、存在对外整体出租承包和委托经营等情况的工会企事业，考核实行“一票否决”。通过考核不断增强领导干部推动高质量发展本领、服务职工群众本领、防范化解风险本领，推动工会企事业领导班子能上能下、能进能出，形成能者上、优者奖、庸者下、劣者汰的良好局面。

（二）考核结果要与工会企事业改革发展相结合。各级工会要强化问题导向，以考核结果刚性运用推动工会企事业深化改革创新、拓展发展路径、补足发展短板。对考核结果要进行分行业、分领域、分单位剖析，多角度对比同行业同领域各单位考核结果，掌握发展实情，查摆存在问题，明确改革方向。要根据考核结果建立工会企事业整改工作台账，强化跟踪问责，逐一落实改革任务。要把考核结果运用与工会企事业发展战略紧密结合，对考核成绩靠前的单位要重点关注，明确创新发展的方向和路径；对考核成绩靠后的单位要加大鞭策支持力度，提出针对性改革措施，增强自身发展和服务职工能力。

（三）考核结果应作为工会企事业服务工会整体工作的重要评价依据。考核结果要与工会企事业评优评先挂钩，将考核结果纳入到工会年度工作通报的主要内容，坚持以正向激励为主，丰富考核评价层次和档次，拉开考核结果差距，形成相互竞争、争创一流的良好局面。要畅通考核结果压力传导机制，坚持年度考核与日常监管相结合，将考核结果与工会企事业各部门、各人员工作实绩相衔接，引导各级工会企事业在工会整体工作中发挥更大的作用。

六、加强组织领导

各级工会要以习近平新时代中国特色社会主义思想为指导，深入学习贯彻党的二十大精神，高度重视工会企事业改革发展工作，充分发挥工会企事业经营业绩考核的“指挥棒”作用，推动工会企事业实现高质量发展。

（一）明确工作任务。各级工会要对标对表《中国工运事业和工会工作“十四五”发展规划》的目标要求，将工会企事业经营业绩考核工作纳入推进工会企事业改革发展的重点工作，充分认识考核工作的重要作用，进一步明确考核工作的目标任务和工作要求，结合实际抓好工作落实，务求取得实效。

（二）制定出台工作制度。健全完善考核工作体制机制，明确资产监督管理部门为主体责任部门，充分发挥业务指导部门的作用，形成工作合力。要结合所属企事业改革发展实际，在深入调查研究的基础上，研究制定出台本地区、本单位工会企事业经营业绩考核工作的实施方案或细则，细化工人文化宫、工人疗休养院、职工互助保障组织等单位考核标准，确保考核工作健康有序开展。

（三）抓好宣传引导。充分利用会议动员、培训研讨、网上宣传等多种方式，广泛宣传工会企事业经营业绩考核工作的重要性和必要性，总结推广先进单位典型经验，有效发挥考核激励作用，形成人人支持考核、人人参与考核的良好氛围。

中华全国总工会办公厅关于印发《全总本级企事业单位综合考核办法（试行）》的通知

（工厅字〔2023〕20 号　2023 年 7 月 3 日）

各驻会全国产业工会，全总各部门、各直属单位：

《全总本级企事业单位综合考核办法（试行）》已经第十七届全总党组第 171 次会议审议通过，现印发给你们，请遵照执行。

全总本级企事业单位综合考核办法（试行）

第一章　总　　则

第一条　为进一步加强和改进全总本级企事业单位（以下简称各单位）考核评价工作，健全完善管人、管事、管资产相结合的管理体制，推动各单位实现高质量发展，制订本办法。

第二条　本办法适用于中国劳动关系学院、工人日报社、中国工人出版社、中国职工国际旅行社总社、中国职工之家、全总文工团、中国职工服务（集团）有限责任公司、中国职工保险互助会、中国职工发展基金会。

第三条　设立全总本级企事业单位综合考核工作委员会（以下简称委员会）。委员会在全总党组领导下开展工作。综合考核工作具体由全总资产监督管理部牵头，全总组织部、机关党委等部门按照职责共同组织实施，全总财务部参与。

第二章　综合考核内容和目标管理

第四条　综合考核包括党建述职评议考核、领导班子年度考核、经营业绩考核等内容。

第五条　党建述职评议考核按照《全国总工会机关党建述职评议考核

办法（试行）》执行。

第六条 领导班子年度考核按照《全总各部门各直属单位领导班子和领导干部年度考核测评办法》执行。

第七条 在贯彻执行《全国总工会本级企事业单位经营业绩考核办法》的基础上，优化经营业绩考核指标。

（一）经济效益指标：收入总额、利润总额、上缴工会资产收益等；

（二）社会效益指标：坚持正确政治方向、完成全总党组、书记处交办重大任务情况等；

（三）资产基础管理指标：经营管理信息系统数字化建设管理情况等。

第八条 按照分类考核的原则，对不同类别的单位，突出不同考核重点，按类别优化调整经营业绩考核指标分值及权重。

第九条 强化经营业绩考核目标管理。

（一）经营业绩考核指标的目标值以基准值为基础予以核定。年度考核基准值根据上年完成值、前三年完成数平均值和行业对标情况综合确定；

（二）目标值分为三档：第一档明显高于基准值，完成得该项100%分值；第二档不低于基准值，完成得80%—90%分值；第三档低于基准值，完成得70%—80%分值；

（三）企业、社会组织工资总额预算与目标值挂钩，目标值为第一档的，工资总额预算高于上年水平；目标值为第二档的，工资总额预算与上年持平；目标值为第三档的，工资总额预算低于上年水平。事业单位绩效工资总额预算与目标值挂钩，目标值为第三档的，绩效工资总额预算低于上年水平；

（四）确定承担全总党组、书记处交办的重大任务或重点工作，且获得财政资金或工会经费支持的，目标档位不得选择第三档。

第十条 设置考核加减分项：

（一）经营预算编制和执行情况；

（二）深化改革情况；

（三）财务管理、固定资产管理、产权登记率等基础管理情况；

（四）意识形态工作、重大经营决策、安全生产责任、相关制度规定等落实情况；获得重要荣誉、处理历史遗留问题取得重大进展；落实巡视审计整改情况等。

第十一条 综合考核总分为150分。经营业绩考核分值为110分。党建述职评议分值为20分，根据该项考核结果折算。领导班子年度考核分值为20分，根据该项测评情况折算。加减分项酌情计分。综合考核得分为各项考核合计总分。

第十二条 根据综合考核得分确定考核等次，分为优秀、良好、合格、不合格四个等次。

得分120分（含120分）以上，为优秀；

得分105—120分（含105分），为良好；

得分90—105分（含90分），为合格；

得分90分以下，为不合格。

第三章 综合考核实施

第十三条 综合考核以公历年为考核期。

第十四条 综合考核实施程序为：

（一）考核期初，拟定考核目标基准值和目标档位值，审核各单位上报的目标建议值和相关材料；

（二）委员会审议通过考核目标值，报全总党组审定后，签订经营业绩考核目标责任书，印发年度综合考核表；

（三）考核期中，实施动态监管，对考核目标完成进度不理想的单位提出改进意见；

（四）考核期末，同步开展党建述职评议考核、领导班子年度考核、经营业绩考核，汇总各项考核结果，提出综合考核等次建议；

（五）委员会审议通过综合考核等次建议，报全总党组审定后以全总办公厅名义印发考核结果通报。

第十五条 有下列情形之一的，综合考核结果直接定为“不合格”等次：

（一）违反政治纪律和政治规矩造成不良影响的；

（二）出现政治导向和价值导向错误，在意识形态领域出现严重问题、且造成恶劣影响的；

（三）党建述职评议单项考核评价结果为“差”的；

（四）领导班子年度考核测评情况折算分值在12分（不含）以下的；

（五）提交相关材料或数据不实，存在虚报瞒报等问题，情节严重的；

（六）社会组织未通过民政部年检的；

（七）有其他严重问题的。

第四章 综合考核结果运用

第十六条 各单位领导班子绩效工资依据综合考核结果计发：

（一）企业负责人绩效年薪、社会组织负责人的绩效工资依照《全国总工会本级企事业单位经营业绩考核办法》相关规定计发；

（二）事业单位负责人绩效工资分为基础性绩效和奖励性绩效。基础性绩效为上年绩效工资70%、奖励性绩效基数为上年绩效工资30%。考核等次为优秀的，奖励性绩效增加6%至15%；考核等次为良好的，奖励性绩效增加6%以内；考核等次为合格的，计发部分奖励性绩效；考核等次为不合格的，不计发奖励性绩效。

第十七条 考核等次为“优秀”的，在干部使用、教育培训等方面予以优先考虑。考核等次为“不合格”的，对单位主要负责人约谈提醒。连续两个年度考核等次为“不合格”的，对单位主要负责人予以调整。

第十八条 考核等次为“优秀”的，单位主要负责人本年度考核确定为“优秀”等次，在下年评选表彰中对该单位和单位主要负责人予以倾斜。考核等次为“不合格”的，单位主要负责人本年度考核确定为“不合格”等次，取消该单位和单位主要负责人下年评选表彰资格。

第十九条 考核等次为“优秀”的，予以优先安排承接重大任务，加大资金支持力度。考核等次为“合格”及以下的，减少资金支持力度。

第五章 附 则

第二十条 本办法由全总资产监督管理部负责解释，自印发之日起施行。此前印发关于考核工作的其他文件，相关内容与本办法不一致的，以本办法为准。

中华全国总工会办公厅关于印发《全总本级企事业单位综合考核办法实施细则（试行）》的通知

（工厅字〔2023〕25 号　2023 年 8 月 1 日）

各驻会全国产业工会，全总各部门、各直属单位：

《全总本级企事业单位综合考核办法实施细则（试行）》已经第十七届全总党组第 175 次会议审议通过，现印发给你们，请遵照执行。

全总本级企事业单位综合考核办法实施细则（试行）

根据《全总本级企事业单位综合考核办法（试行）》等相关规定，制定如下实施细则。

一、综合考核工作委员会（以下简称委员会）的组成

党组书记任主任，党组分管组织部、机关党委、资产监督管理部的领导同志任副主任，组织部、财务部、机关党委、资产监督管理部主要负责同志任成员，委员会办公室设在资产监督管理部。

二、委员会成员部门工作职责

组织部负责领导班子年度考核工作；审核事业单位绩效工资总额和领导班子绩效工资，落实事业单位综合考核结果与绩效工资挂钩工作。

财务部参与考核目标档位确定；审核中国劳动关系学院、全总文工团财务收支预算；根据财务监督情况提出考核减分建议。

机关党委负责党建述职评议考核工作；提出领导班子和干部职工违纪违法等影响考核结果情况的处理建议。

资产监督管理部牵头开展综合考核工作，负责经营业绩考核工作；审核工人日报社、中国工人出版社、中国职工国际旅行社总社、中国职工之家、中国职工服务（集团）有限责任公司、中国职工保险互助会、中国职工发展基金会经营预算；审核企业、社会组织工资总额预算和领导班子薪酬，落实企业、社会组织综合考核结果与绩效年薪（绩效工资）挂钩工作。

三、建立考核过程动态监管机制

委员会在一定范围内公开综合考核过程和考核结果，确保综合考核工作实事求是、公开公平公正。成员部门对所负责的考核事项及时调研，检查掌握考核工作情况，遇到重大问题及时提请委员会召开专题会议。被考核单位应建立健全内部考核机制，做好组织实施工作，及时向委员会报告实施中的重大事项。

四、经营业绩考核主要内容

经济效益指标按单位性质分类设置。企业、事业单位主要设收入总额（本期收入）、利润总额（经营结余）、上缴工会资产收益等指标；社会组织主要设收入总额、业务活动成本（互助金）、管理费用占比等指标。

社会效益指标包括坚持正确政治方向，完成全总党组、书记处交办重大任务情况，推动解决基建项目历史遗留问题等。具体根据当年工作重点设定。

资产基础管理指标包括数字化建设管理情况、工会资产制度制订执行情况等。重点考核业务工作与数字化技术融合情况、运用数字化提升经营管理能力情况。

五、经营业绩考核指标目标管理

考核目标值的确定，以全总对单位的补助和购买服务、工作支出安排为重要依据。考核目标基准值，原则上不低于前三年完成数的平均值。

考核目标值分三档。第一档明显高于基准值，根据单位具体情况逐一确定，高于基准值幅度原则上不低于当年预计 GDP 增速；第二档不低于基准值；第三档低于基准值。

六、经营业绩考核的赋分

中国职工国际旅行社总社、中国职工之家、中国职工服务（集团）有限责任公司经济效益指标为 90 分，社会效益指标为 10 分，资产基础管理指标为 10 分。

中国职工保险互助会、中国职工发展基金会经济效益指标为 50 分，社会效益指标为 50 分，资产基础管理指标为 10 分。

工人日报社、中国工人出版社经济效益指标为 45 分，社会效益指标为 55 分，资产基础管理指标为 10 分。

中国劳动关系学院、全总文工团经济效益指标为 40 分，社会效益指标为 60 分，资产基础管理指标为 10 分。

七、经营业绩考核指标的计分

经济效益指标根据目标完成情况计分，增减分视单位经营难易程度分别确定（见附件）。社会效益指标有非特殊原因未完成重大任务的，不得分。考核重大任务完成情况，结合上级、机关职能部门和服务群体的评价进行。资产基础管理指标有未建立财务管理信息系统的，不得分。

八、党建述职评议考核的计分

按党组织领导班子建设评价结果换算计入综合考核总分。满分为 20 分，换算分=评价得分×20%。

九、领导班子年度考核的计分

按领导班子考核总体评价结果换算计入综合考核总分。满分为 20 分，换算分=测评情况折算分值×20%。

十、加分项的计分

下列情形酌情加分，每项加分最高不超过 5 分：

（一）推进中央或全总部署的深化改革任务，并取得显著成效的；

（二）受到中央及有关部委表彰表扬，获得业内重要奖项的；

（三）推动解决历史遗留问题，并取得标志性成果的。

十一、减分项的计分

下列情形视情节轻重每项减 5—20 分：

（一）在意识形态领域出现问题、造成不良影响的；

（二）发生决策失误或经营管理不善、造成不良影响或工会资产损失的；

（三）工作受到行政主管部门通报批评或处罚的；

（四）发生生产安全事故、食品安全事故的；

（五）不严格执行相关制度规定，存在重大事项不报告的；

（六）对巡视、审计、检查等指出的问题整改不力的；

（七）提交材料和报表内容或数据不实，存在漏报、虚报、瞒报的；

（八）经营预算编制不科学不严谨、执行不到位的；

（九）财务管理、固定资产管理、不动产权登记（受政策等客观因素影响除外）等基础管理不到位的。

十二、出现违法违纪行为的处理

单位领导班子成员发生严重违纪违法、受到党纪政务处分的，不得评为“良好”及以上等次；单位干部职工发生严重违纪违法、造成重大不良影响的，不得评为“优秀”等次。

十三、综合考核实施程序

（一）每年1月20日前，单位报上年度财务报表、经营情况报告和当年经营预算，财务部提供有关单位上年决算数据和当年预算数据。资产监督管理部根据以上数据拟定单位经营业绩考核目标档位。单位根据发展目标和经营预期，选择上报目标值。

（二）每年2月28日前，组织部、机关党委、资产监督管理部分别完成上年领导班子考核、党建述职评议、经营业绩考核分数测算。资产监督管理部负责汇总考核结果，会同组织部、机关党委提出综合考核评价等次建议，提交委员会审议。

（三）每年3月31日前，召开委员会会议，总结上年综合考核工作情况，审议各单位上年综合考核等次建议、当年综合考核指标目标值建议，审核各单位上年领导班子绩效工资分配方案、有关单位当年工资总额预算，审议结果报党组审定。召开综合考核工作会议，委员会办公室与单位签订经营业绩考核目标责任书，印发年度综合考核表。单位根据签订的目标责任书细化调整经营预算，中国劳动关系学院、全总文工团报财务部备案，其他单位报资产监督管理部备案。

（四）每年8月31日前召开委员会会议，对上半年工作进行分析，对考核目标完成进度不理想的单位提出改进意见。

十四、工资总额预算与经营业绩考核指标目标值挂钩

（一）企业工资总额预算与利润总额目标值挂钩。社会组织工资总额预算与收入总额目标值挂钩。

目标值为第一档的，企业按照《全国总工会所属企业工资改革实施办法》规定编制工资总额预算；社会组织在符合民政部、财政部有关规定的前提下，参照人社部门发布的工资上涨指导线增加预算。

目标值为第二档的，工资总额预算与工资总额基数一致。

目标值为第三档的，工资总额预算下降幅度=（基准值-目标值）/基准值×100%，最高不超过30%。

（二）中国劳动关系学院绩效工资总额与收入总额目标值挂钩，其他事业单位绩效工资总额与利润总额（经营结余）目标值挂钩。

目标值为第一档、第二档的，绩效工资总额保持不变。

目标值为第三档的，绩效工资总额下降幅度=（基准值-目标值）/基准值×100%，最高不超过30%。

（三）年末未完成目标值的，核减工资总额预算或者绩效工资总额。

完成值高于基准值的，核减比例=（目标值-完成值）/目标值×50%，最高为人社部门发布的工资上涨指导线。

完成值低于基准值的，核减比例=（目标值-完成值）/目标值×100%，最高不超过 30%。

单位上年职工平均工资未达到全国城镇单位就业人员平均工资 70%的，工资总额预算或绩效工资总额核减在以上规定基础上减半确定。

十五、绩效工资计发与考核结果挂钩

（一）单位领导班子绩效工资与综合考核结果挂钩，不再与经营业绩单项考核结果挂钩。

（二）企业负责人绩效年薪以基本年薪为基数，根据综合考核结果、绩效年薪调节系数确定。考核结果为优秀，年度考核评价系数为 2；考核结果为良好，年度考核评价系数=1.5+0.5×（考核分-105）/（120-105）；考核结果为合格，年度考核评价系数=1+0.5×（考核分-90）/（105-90）；考核结果为不合格，年度考核评价系数为 0。

（三）事业单位负责人当年绩效工资暂发放基础性绩效（上年绩效工资×70%），根据当年综合考核结果一次性计发奖励性绩效。奖励性绩效基数=上年绩效工资×30%。考核结果为优秀，奖励性绩效=奖励性绩效基数×（1.06+（考核分-120）×0.3/100）；考核结果为良好，奖励性绩效=奖励性绩效基数×（1+（考核分-104）×0.4/100）；考核结果为合格，奖励性绩效=奖励性绩效基数×（考核分-89）×1/15；考核结果为不合格，不计发奖励性绩效。首次执行时，当年绩效工资按照前三年的平均数计算。

（四）社会组织负责人薪酬中的绩效工资与综合考核结果挂钩。考核结果为优秀，绩效工资按 100%发放，在单位绩效工资总额范围内，可以增加绩效工资核定金额 5%的奖励；考核结果为良好，绩效工资按 100%发放；考核结果为合格，绩效工资发放比例=考核最终得分/150+20%；考核结果为不合格，不计发绩效工资。

附件：经济效益指标的计分

附件

经济效益指标的计分

单　位	指标名称＼分值	完成值≥一档	一档>完成值≥二档	二档>完成值≥三档	完成值<三档
中国职工国际旅行社总社 中国职工之家 中国职工服务集团	收入总额	40	32~36	28~32	28-未完成比例分值
	利润总额	40	32~36	28~32	28-未完成比例分值
	上缴工会资产收益	10	8~9	7~8	7-未完成比例分值
中国职工保险互助会 中国职工发展基金会	收入总额	20	16~18	14~16	14-未完成比例分值
	业务活动成本	20	16~18	14~16	14-未完成比例分值
	管理费用占比	10	8~9	7~8	7-未完成比例分值
工人日报社 中国工人出版社	收入总额	20	16~18	14~16	14-未完成比例分值
	利润总额	20	16~18	14~16	14-未完成比例分值
	上缴工会资产收益	5	4~4. 5	3. 5~4	3. 5-未完成比例分值
中国劳动关系学院	本期收入	20	16~18	14~16	14-未完成比例分值
	经营结余	15	12~13. 5	10. 5~12	10. 5-未完成比例分值
	上缴工会资产收益	5	4~4. 5	3. 5~4	3. 5-未完成比例分值
全总文工团	本期收入	15	12~13. 5	10. 5~12	10. 5-未完成比例分值
	经营结余	20	16~18	14~16	14-未完成比例分值
	上缴工会资产收益	5	4~4. 5	3. 5~4	3. 5-未完成比例分值

中华全国总工会办公厅关于印发《全国总工会本级企事业单位资产监督管理办法》的通知

（总工办发〔2023〕49 号　2023 年 12 月 29 日）

各驻会全国产业工会，全总各部门、各直属单位：

全总对《全国总工会本级企事业单位资产监督管理办法》进行了修订，经第十八届全总党组第 11 次会议审议通过，现印发给你们，请遵照执行。

全国总工会本级企事业单位资产监督管理办法

（2023 年 12 月修订）

为加强全国总工会本级企事业单位（以下简称各单位）资产监督管理，促进各单位改革发展，实现工会资产保值增值，根据《中华人民共和国工会法》《中国工会章程》和《工会行政事业性资产管理办法》《工会企业资产管理办法》等法规文件，制定本办法。

第一章　总　　则

第一条　全总本级企事业单位是指由全国总工会出资、兴办、主管的事业单位、企业以及社会组织。

第二条　全国总工会对本级企事业单位依法履行出资人职责，享有重大经营决策、领导班子任免、投资收益等出资人权益。

第三条　各单位依法享有经营自主权，坚持工会资产公益性、服务性，聚焦主责主业，实现社会效益与经济效益的统一。

第二章　管理体制

第四条　全总资产监督管理部（以下简称全总资产部）作为全国工会资产监督管理机构，代表全国总工会履行出资人相关职责，依法依规对各单位资产实行统一、分类监督管理，维护所有者权益。根据全总党组、书记处授权牵头指导和管理各单位经营管理、改革发展等相关工作。

第五条 全总资产部按规定将各单位资产监督管理情况提交全总经审会审查。全总经审会对各单位经济活动的真实性、合法性和效益性进行审计监督，维护工会资产安全完整。

第六条 各单位应接受全总资产部对其资产的监督管理，对其占有、使用、经营、管理的资产承担保值增值责任。

第七条 各单位应明确负责资产管理和综合考核的部门，承担本单位资产监督管理和综合考核工作。

第八条 各单位应对占有、使用的房屋和土地依法办理不动产登记，对固定资产定期进行资产清查，做到账账相符、账实相符。

第九条 各单位应依法依规对资产进行经营和管理，建立健全资产购置、保管、使用、租赁、处置等管理制度。

第十条 各单位应建立健全资产管理重大事项集体决策机制，讨论决定涉及资产重大决策、重大项目和大额资金使用等事项。

第三章　经营业绩考核

第十一条 全总资产部负责对全总本级公益二类和生产经营类事业单位、企业和有对外经营活动的社会组织进行经营业绩考核，纳入各单位综合考核。

第十二条 根据各单位不同性质，经营业绩考核分类确定考核指标体系，按类别设置指标分值及权重，考核内容主要分为经济效益、社会效益和资产基础管理三大类指标。

考核指标目标值报全总党组审定，与工资总额预算挂钩。

第十三条 各单位主要负责人代表本单位与全总资产部签订年度经营业绩考核目标责任书。

第十四条 各单位经营管理目标完成情况是其经营业绩考核结果的主要依据。经营业绩考核结果计入综合考核得分，根据综合考核得分确定考核等次。

综合考核评定结果与绩效薪酬、选拔任用、评先评优、资金支持相挂钩。

第十五条 各单位应上缴工会资产经营收益，并列入经营业绩考核指标。

企业、生产经营类事业单位上缴工会资产经营收益以利润为基数，公益二类事业单位、社会组织等有利用工会资产出租、出借获得经营收入的单位，以工会资产形成的经营收入为基数，确定资产经营收益上缴比例。

第四章　重大事项监督管理

第十六条　全国总工会对本级企事业单位资产监督管理中的重大事项实行审批制、备案制和报告制。

（一）审批事项：

1. 单位名称、注册地址、办公地址变更，主责主业调整；

2. 单位分立、合并、破产、解散、增减注册资本金；

3. 占有和使用的土地、占有和使用的土地上附着的房屋建筑物与其他单位进行产权转让、置换；

4. 投资设立符合主责主业定位的子企业或合作参股；

5. 转让股权事项；

6. 事业单位变更行政事业性资产为企业资产，事业单位转企改革中资产产权变更、处置等事项；

7. 房屋出租且单项年租金在500万元（含）以上的事项；

8. 年度投资计划，单项投资金额500万元（含）以上的事项；

9. （除中国职工发展基金会外）向全总本级企事业单位以外的组织捐赠、赞助等事项；

10. 借贷融资或向全总本级企事业单位以外的组织借入款项的事项；

11. 单位发展战略规划、改革方案，企业重组和所属独资公司章程；

12. 企业和社会组织工资总额预算；企业和社会组织领导班子薪酬分配方案。

（二）备案事项：

1. 审批事项第8项以外的对外投资事项；

2. 单位年度经营预算和决算，企业利润分配和弥补亏损方案；

3. 除房产、土地使用权之外其他固定资产和无形资产（包括专利权、商标权、特许经营权等）的处置事项；

4. 购置不动产事项；

5. 资产损失、坏账损失处理及核销；

6. 除审批事项第7项以外的不在主责主业范围内的资产出租、出借事项；

7. 全总本级企事业单位之间的捐赠、赞助事项；

8. 制订、修订涉及资产“三重一大”决策、资产配置、资产租赁、经营投资、资产处置、绩效考核办法、薪酬管理等规章制度。

（三）报告事项：

1. 纳入考核的各单位季度财务报表、半年资产经营管理情况报告（7月报送）、年度资产经营管理情况报告（第二年1月报送），单位内部重大事项审计报告及年度审计报告，与资产经营、薪酬管理、业绩考核等相关的党委会（党支部会）纪要和办公会议纪要；

2. 国家政策、市场环境等外界因素发生突变，对各单位经营管理产生重大影响的事项；

3. 发生安全生产事故、食品安全事故，造成人员伤亡和重大财产损失的事项；

4. 因涉嫌严重违法违规被监察机关、司法机关或者监管机构立案调查，受到重大刑事处罚、行政处罚，资产被查封、冻结、扣押或者经营资质被吊销，涉及资产的法律仲裁、诉讼等事项；

5. 全总本级企事业单位之间的借款、担保事项；

6. 除审批事项第7项、备案事项第6项以外的资产出租事项；

7. 涉及品牌、资源等有形和无形资产的对外合作事项。

（四）基建工程项目建设、政府采购、工会资金采购、资金存放管理等事项的审批或备案工作，按照国家法律法规和全总相关规定执行。

（五）严格控制事项：

1. 在主责主业领域投资新设子企业；

2. 在主责主业领域投资或合作参股。

（六）严禁发生事项：

1. 在不符合工会企事业主责主业的领域成立子企业、投资或合作参股；

2. 资产整体出租、承包经营、委托经营，资产对外出租租期5年以上；

3. 向全总本级企事业单位以外的单位出借资金、提供担保、抵押和质押；

4. 发行债券，投资期权、期货等金融衍生业务；

5. 其他法律法规和政策规定的严禁事宜。

第十七条　重大事项实行一事一报。各单位应向全总资产部提交重大事项审批请示或备案报告、单位领导班子决策文件、分析报告或可行性报告、意向性协议、第三方评估或审计报告、法律审查意见书及其他相关资料。

第十八条　审批事项应在事前报全总资产部审核后报送全总党组、书记处审批。备案事项应在依法做出决定 5 个工作日之内向全总资产部报备，备案通过后方可实施。报告事项应在发生之日起 5 个工作日内书面向全总资产部报告。如有需要，经全总资产部核实研究备案、报告事项后，提出处理意见报送全总党组、书记处。全总资产部应在审批、备案、报告等事项受理后的 10 个工作日内向申请单位反馈意见，在规定期限内没有反馈意见的视为无异议。

第五章　资产监督检查

第十九条　全总资产部应对各单位资产管理和运营情况进行监督检查。

各单位应按照要求及时、全面、客观地提供相关情况，对所提供情况的完整性和真实性负责；不得瞒报漏报，不得提供虚假情况，不得以任何方式阻挠干扰检查。

第二十条　全总资产部对各单位资产监督检查的主要内容：

1. 落实全国总工会关于加强工会资产工作决策部署情况；
2. 全总本级资产监督管理制度落实情况；
3. 本单位资产监督管理制度制订和落实情况；
4. 资产管理和运营情况；
5. 经营业绩考核指标完成情况。

第二十一条　资产监督检查的方式分为全总资产部组织的全面检查或抽查、各单位自查、第三方审计检查。第三方审计检查方式将用于检查经营业绩考核指标完成情况、资金使用管理、重大经营管理事项、基建项目审批备案管理等事项。

第二十二条　全总资产部应及时将检查情况报告全总党组、书记处，并反馈给各单位，指导督促各单位进行整改。各单位应认真制定整改措施，将整改落实情况上报全总资产部。

第二十三条　各单位应建立健全内部监督和风险防控机制，建立健全财务管理、审计和职工民主监督等机制，实行法律顾问制度。

第二十四条　各单位和个人违反本办法规定的，依据国家法律法规有关规定追究相应责任。各单位对本办法执行情况纳入综合考核。

第六章　附　　则

第二十五条　本办法由全总资产部负责解释。

第二十六条　本办法自印发之日起施行。

中华全国总工会办公厅关于印发《全国工会资产统计调查制度》的通知

（总工办发〔2024〕9号　2024年2月29日）

各省、自治区、直辖市总工会，中华全国铁路总工会、中国民航工会、中国金融工会，中央和国家机关工会联合会，全总各直属企事业单位：

《全国工会资产统计调查制度》已经全总书记处同意，并经《国家统计局关于批准执行全国工会资产统计调查制度的函》（国统制〔2024〕49号）批准执行，有效期三年。现印发给你们，请遵照执行。

全国工会资产统计调查制度

中 华 全 国 总 工 会 制 定

国家统计局批准

2024年2月

本报表制度根据《中华人民共和国统计法》的有关规定制定

《中华人民共和国统计法》第七条规定：国家机关、企业事业单位和其他组织以及个体工商户和个人等统计调查对象，必须依照本法和国家有关规定，真实、准确、完整、及时地提供统计调查所需的资料，不得提供不真实或者不完整的统计资料，不得迟报、拒报统计资料。

《中华人民共和国统计法》第九条规定：统计机构和统计人员对在统计工作中知悉的国家秘密、商业秘密和个人信息，应当予以保密。

《中华人民共和国统计法》第二十五条规定：统计调查中获得的能够识别或者推断单个统计调查对象身份的资料，任何单位和个人不得对外提供、泄露，不得用于统计以外的目的。

目　录

一、总　说　明

（一）调查目的

为了全面、真实、系统地反映全国工会资产变动及运行情况，为宏观管理和决策提供依据，依照《中华人民共和国统计法》及其实施条例规定，并结合全国工会资产监管的实际情况，制定本制度。

（二）调查对象和统计范围

全国工会资产统计级次共分四级，全国总工会、省级总工会、地市级总工会、县级总工会。各级工会应将本级工会企事业单位的资产情况全部纳入统计范围。

1. 全国总工会：全总本级（全国总工会本级：全总本级企事业）。

2. 省级总工会：各省、自治区、直辖市总工会和独立管理经费的中华全国铁路总工会、中国民航工会、中国金融工会、中央和国家机关工会联合会（省级总工会本级：省级总工会本级企事业）。

3. 地市级总工会：省辖市、地区、州、盟工会和独立管理经费的全国产业工会下属的管理局（省局、分局）工会、省产业（局、公司）工会等（地市级总工会本级：地市级总工会本级企事业）。

4. 县级总工会：县和县级市、旗、市辖区工会等（县市级总工会本级：县市级总工会本级企事业）。县级以下基层工会资产由县级总工会汇总填报。

（三）调查内容

本报表制度主要调查各级工会组织的主要资产指标，包括工会资产概况、企事业单位情况等。上报内容按照《调查单位基本情况表》《工会资产监督管理情况表》《行政单位资产报表》《事业单位资产和财务报表》《企业资产和财务报表》《房产地产情况表》《企事业工作人员情况表》《企事业主营业务情况表》逐级汇总上报。

（四）调查频率和时间

本报表制度按报告期别为年报。

调查时期为上一年度 1 月 1 日—12 月 31 日统计数据，统计基准日为上年 12 月 31 日。

（五）调查方法

本报表制度采用全面调查方法。

（六）组织实施

本报表制度由全国总工会资产监督管理部统一组织，分级实施，由各级总工会资产监督管理机构负责数据的审核和上报。

（七）报送要求

全国总工会（全国总工会本级）、各省级总工会（各省级总工会本级）须于每年3月1日之前将《调查单位基本情况表》《工会资产监督管理情况表》《行政单位资产报表》《事业单位资产和财务报表》《企业资产和财务报表》《房产地产情况表》《企事业工作人员情况表》《企事业主营业务情况表》（网上报表和纸质报表）及统计分析报告（网上报告和纸质报告）上报全国总工会资产监督管理部资产管理一处（邮箱地址：zcyc@ acftu. org，电话：010-68591249）。网上数据报送至全国总工会资产统计信息化系统（网址：http：//ghzctj. acftu. org）。

（八）使用名录库情况、统计资料公布及数据共享

本报表制度没有使用名录库。

本报表制度综合统计数据每年由全国总工会资产监督管理部向全国总工会经费审查委员会进行报告。

主要综合数据在《中国工会年鉴》公布。

综合数据可在本系统内共享使用。

信息共享责任单位全国总工会资产监督管理部，共享责任人全国总工会资产监督管理部主要负责同志（部长）。

（九）数据质量控制

严格按照《国家统计质量保证框架（2021）》要求，对工会资产统计工作质量进行全过程控制。确定统计调查范围，明确工会资产和行政资产的边界，采用信息化系统完成数据的采集、处理、汇总和分析，最大程度减少人为因素，提高数据真实性、准确性、协调性。明确各县级工会本级及各工会企事业单位为填报单位，各县级、市级、省级总工会为汇总单位，全国总工会负责全部数据的整理和对各汇总单位的指导监督，在数据采集环节依次开展事前告知调查、规范数据采集、审核原始数据、核查数据质量等工作。对统计所得数据进行全面评估，明确各汇总单位对下一级数据进行评估，综合运用历史数据比较、横向数据对比等方法，对数据波动情况进行分析，对异常数据予以对点排查，保证调查质量。

二、报表目录

表号	表名	报告期别	填报范围	报送单位	报送日期及方式
表一	调查单位基本情况表	年报	各级工会	省级总工会	每年 3 月 1 日前网上填报
表二	工会资产监督管理情况表	年报	各级工会	省级总工会	每年 3 月 1 日前网上填报
表三	行政单位资产报表	年报	各级工会	省级总工会	每年 3 月 1 日前网上填报
表四	事业单位资产和财务报表	年报	各级工会	省级总工会	每年 3 月 1 日前网上填报
表五	企业资产和财务报表	年报	各级工会	省级总工会	每年 3 月 1 日前网上填报
表六	房产地产情况表	年报	各级工会	省级总工会	每年 3 月 1 日前网上填报
表七	企事业工作人员情况表	年报	各级工会	省级总工会	每年 3 月 1 日前网上填报
表八	企事业主营业务情况表	年报	各级工会	省级总工会	每年 3 月 1 日前网上填报

三、调 查 表 式

（一）调查单位基本情况表

表　　号：表一
制定机关：全国总工会
批准机关：国家统计局
批准文号：国统制〔2024〕49 号
单位详细名称：　　　　　　20　　年　　　　有效期至：2027 年 1 月

109	统一社会信用代码□□□□□□□□□□□□□□□□□□
102	单位详细名称＿＿＿＿＿＿＿＿＿＿＿＿＿＿＿
211	机构类型（单位性质） 10 企业 20 事业单位　□公益一类　□公益二类　□待分类 30 机关　□全总机关　□省（区、市）总机关　□市（地）总机关 □县（区）总机关　□全国产业工会机关 □省级产业工会机关　□市级产业工会机关 40 社会团体
105	单位所在地区划及详细地址 ＿＿＿＿省 自治区、直辖市＿＿＿＿地 市、州、盟＿＿＿＿县 市、区、旗＿＿＿＿乡 镇、街道＿＿＿＿村（居）委会＿＿＿＿街（路）、门牌号 区划代码　□□□□□□□□□□□□　　城乡代码　□□□
A1	单位类别 □全总机关　□省（区、市）总机关　□市（地）总机关 □县（区）总机关　□全国产业工会机关　□省级产业工会机关 □市级产业工会机关　□机关服务中心　□信息中心　□对外交流中心 □工运研究机构　□学校　□工人文化宫 □工人体育场馆　□新闻出版演艺单位　□工人疗休养院 □国际海员俱乐部　□职工旅行社　□宾馆饭店 □职工互助保障组织　□基金会　□工会帮扶中心(职工服务中心) □企业集团　□其他事业单位或社会团体 □其他企业

续表

A2	单位规模　□总资产 500 万元以下　□总资产 500 万元（包括 500 万元）至 1000 万元 □总资产 1000 万元（包括 1000 万元）至 1 亿元 □总资产 1 亿元及以上
A3	单位数量 工会机关______个 产业工会______个 事业单位______个 社会团体______个 企　业______个
A4	主管工会级别 □全总机关　□省（区、市）总机关　□市（地）总机关 □县（区）总机关　□全国产业工会机关　□省级产业工会机关 □市级产业工会机关
A5	服务领域 □工会机关和机关服务事业 □职工文化教育传媒体育服务事业 □职工疗休养和旅游服务事业 □职工互助保障和职工服务事业
203	联系方式 长途区号□□□□□ 固定电话□□□□□□□□□-□□□□□□□ 移动电话□□□□□□□□□□□□□□□□

单位负责人：　统计负责人：　填表人：　联系电话：　报出日期：20 年　月　日

（二）工会资产监督管理情况表

统一社会信用代码 表　　号：表二
□□□□□□□□□□□□□□□□□□ 制定机关：全国总工会
未领取统一社会信用代码的填原组织机构代码 批准机关：国家统计局
□□□□□□□□□ 批准文号：国统制〔2024〕49 号
单位详细名称：　　20　年 有效期至：2027 年 1 月

指标名称	代码	计量单位	本年
甲	乙	丙	
1. 资产监督管理委员会	B1		□有　□无
2. 单独设立资产监督管理机构	B2		□是　□否 名称：________
3. 合并设立资产监督管理机构	B3		□是　□否 名称：________
4. 负责资产监督管理的其他机构	B4		□是　□否 名称：________
5. 资产监督管理人员配备（在岗人数）	B5	人	
6. 资产监督管理机构主要负责人姓名	B6		
7. 资产监督管理机构主要负责人职务	B7		
8. 资产监督管理机构分管领导姓名	B8		
9. 资产监督管理机构分管领导职务	B9		
10. 制定（修订）资产监督管理制度	B10	个	
11. 党组/主席会研究资产工作	B11	次	
12. 召开资产监督管理工作会议	B12	次	
13. 举办资产工作人员培训班	B13	次	

（三）行政单位资产报表

统一社会信用代码　　　　　　　　　　　　　　表　　号：表三
□□□□□□□□□□□□□□□□□□　　制定机关：全国总工会
未领取统一社会信用代码的填原组织机构代码　　批准机关：国家统计局
□□□□□□□□□　　　　　　　　　　批准文号：国统制〔2024〕49号
单位详细名称：　　　　　　　20　年　　　有效期至：2027年1月

指标名称	代码	计量单位	本年
甲	乙	丙	
1. 资产总计	D1	元	
其中：已确权工会资产总计	D2	元	
已确权工会资产占全部资产总计的比率	D3	%	
2. 非流动资产合计	D4	元	
其中：固定资产净额	D5	元	
占全部资产总计的比率	D6	%	
其中：房屋和构筑物	D7	元	
3. 累计折旧	D8	元	
4. 在建工程	D9	元	
5. 无形资产净值	D10	元	
6. 负债合计	D11	元	
7. 净资产	D12	元	
8. 资产流失总额	D13	元	
占资产总计的比率	D14	%	
其中：已确权工会资产流失总额	D15	元	
已确权工会资产流失总额占资产总计的比率	D16	%	

（四）事业单位资产和财务报表

统一社会信用代码

□□□□□□□□□□□□□□□□□□

未领取统一社会信用代码的填原组织机构代码

□□□□□□□□□

单位详细名称：　　　　　　　　　　20　年

表　　号：表四
制定机关：全国总工会
批准机关：国家统计局
批准文号：国统制〔2024〕49号
有效期至：2027年1月

指标名称	代码	计量单位	本年
甲	乙	丙	
1. 资产总计	E1	千元	
2. 流动资产合计	E2	千元	
其中：货币资金	E3	千元	
应收账款净额	E4	千元	
其中：工会内部借出款	E5	千元	
3. 非流动资产合计	E6	千元	
其中：固定资产净额	E7	千元	
占全部资产总计的比率	E8	%	
其中：房屋和构筑物	E9	千元	
4. 累计折旧	E10	千元	
5. 在建工程	E11	千元	
6. 无形资产净值	E12	千元	
7. 负债合计	E13	千元	
8. 流动负债合计	E14	千元	
其中：短期借款	E15	千元	
应缴税费	E16	千元	
应付职工薪酬	E17	千元	
应付账款	E18	千元	
其中：工会内部借入款	E19	千元	
9. 非流动负债合计	E20	千元	
其中：长期借款	E21	千元	
长期应付款	E22	千元	

续表

指标名称	代码	计量单位	本年
10. 净资产	E23	千元	
11. 资产流失总额	E24	千元	
占资产总计的比率	E25	%	
其中：已确权工会资产流失总额	E26	千元	
已确权工会资产流失总额占资产总计的比率	E27	%	
12. 总收入	E28	千元	
其中：财政拨款补助收入	E29	千元	
事业收入	E30	千元	
上级补助收入	E31	千元	
上级补助收入占总收入比率	E32	%	
经营收入	E33	千元	
其他收入	E34	千元	
13. 总支出	E35	千元	
其中：单位管理费用	E36	千元	
上缴主管工会资产收益	E37	千元	
职工工资总额	E38	千元	
缴纳各种税金	E39	千元	
14. 本期盈余	E40	千元	

（五）企业资产和财务报表

统一社会信用代码 表　　号：表五
□□□□□□□□□□□□□□□□□□ 制定机关：全国总工会
未领取统一社会信用代码的填原组织机构代码 批准机关：国家统计局
□□□□□□□□□ 批准文号：国统制〔2024〕49 号
单位详细名称：　　　　20　年 有效期至：2027 年 1 月

指标名称	代码	计量单位	本年
甲	乙	丙	
1. 资产总计	F1	千元	
2. 流动资产合计	F2	千元	
占资产总计的比率	F3	%	
其中：货币资金	F4	千元	
应收账款净额	F5	千元	
存货	F6	千元	
3. 非流动资产合计	F7	千元	
占资产总计的比率	F8	%	
其中：长期应收款	F9	千元	
固定资产净额	F10	千元	
占资产总计的比率	F11	%	
其中：房屋和构筑物	F12	千元	
车辆	F13	千元	
累计折旧	F14	千元	
在建工程	F15	千元	
无形资产净值	F16	千元	
4. 负债合计	F17	千元	
5. 流动负债合计	F18	千元	
占负债合计的比率	F19	%	
其中：短期借款	F20	千元	
应付票据	F21	千元	
应付账款	F22	千元	
其中：工会内部借入款	F23	千元	

续表

指标名称	代码	计量单位	本年
应付职工薪酬	F24	千元	
应付福利费	F25	千元	
应交税费	F26	千元	
6. 非流动负债合计	F27	千元	
占负债合计的比率	F28	%	
其中：长期借款	F29	千元	
长期应付款	F30	千元	
7. 所有者权益合计	F31	千元	
8. 资产流失总额	F32	千元	
占资产总计的比率	F33	%	
其中：已确权工会资产流失总额	F34	千元	
已确权工会资产流失总额占资产总计的比率	F35	%	
9. 营业总收入	F36	千元	
其中：主营业务收入	F37	千元	
主营业务收入占总收入比率	F38	%	
10. 营业总成本	F39	千元	
其中：上缴主管工会资产收益	F40	千元	
职工工资总额	F41	千元	
营业成本	F42	千元	
税金及附加	F43	千元	
销售费用	F44	千元	
管理费用	F45	千元	
11. 营业利润（亏损以“-”号填列）	F46	千元	
加：营业外收入	F47	千元	
其中：工会补助	F48	千元	
减：营业外支出	F49	千元	
12. 利润总额（亏损总额以“-”号填列）	F50	千元	
13. 减：所得税费用	F51	千元	
14. 净利润（净亏损以“-”号填列）	F52	千元	

（六）房产地产情况表

统一社会信用代码
□□□□□□□□□□□□□□□□□□
未领取统一社会信用代码的填原组织机构代码
□□□□□□□□□
单位详细名称：　　　　　　　　20　年

表　　号：表六
制定机关：全国总工会
批准机关：国家统计局
批准文号：国统制〔2024〕49 号
有效期至：2027 年 1 月

指标名称	代码	计量单位	本年
甲	乙	丙	
1. 房屋和构筑物数量	G1	栋	
2. 房屋和构筑物面积	G2	平方米	
其中：工会机关房产面积	G3	平方米	
占全部房屋和构筑物面积的比率	G4	%	
事业单位房产面积	G5	平方米	
占全部房屋和构筑物面积的比率	G6	%	
企业房产面积	G7	平方米	
占全部房屋和构筑物面积的比率	G8	%	
其中：已办房屋所有权证面积	G9	平方米	
占全部房屋和构筑物面积的比率	G10	%	
其中：登记在工会组织名下资产面积	G11	平方米	
占全部房屋和构筑物面积的比率	G12	%	
登记在政府部门名下资产面积	G13	平方米	
占全部房屋和构筑物面积的比率	G14	%	
其他面积	G15	平方米	
占全部房屋和构筑物面积的比率	G16	%	
3. 地块数量	G17	个	
4. 土地面积	G18	平方米	
其中：工会机关占地面积	G19	平方米	
占全部土地面积的比率	G20	%	
事业单位占地面积	G21	平方米	
占全部土地面积的比率	G22	%	

续表

指标名称	代码	计量单位	本年
企业占地面积	G23	平方米	
占全部土地面积的比率	G24	%	
其中：已办土地使用权证面积	G25	平方米	
占全部土地面积的比率	G26	%	
其中：登记在工会组织名下资产面积	G27	平方米	
占全部土地面积的比率	G28	%	
登记在政府部门名下资产面积	G29	平方米	
占全部土地面积的比率	G30	%	
其他面积	G31	平方米	
占全部土地面积的比率	G32	%	
5. 单位总数	G33	个	
其中：两证产权已全部办理单位数	G34	个	
占单位总数比率	G35	%	
已办房屋所有权证单位数	G36	个	
占单位总数比率	G37	%	
已办土地使用权证单位数	G38	个	
占单位总数比率	G39	%	

（七）企事业工作人员情况表

统一社会信用代码

□□□□□□□□□□□□□□□□□□

未领取统一社会信用代码的填原组织机构代码

□□□□□□□□□

单位详细名称：　　　　　　　　20　年

表　　号：表七

制定机关：全国总工会

批准机关：国家统计局

批准文号：国统制〔2024〕49 号

有效期至：2027 年 1 月

指标名称	代码	计量单位	本年
甲	乙	丙	
1. 总编制数	H1	人	
事业单位和社会团体	H2	人	
其中：领导班子人数	H3	人	
实有在编人数	H4	人	
企业	H5	人	
其中：领导班子人数	H6	人	
劳动合同用工人数	H7	人	
2. 主要负责人情况	H8		
主要负责人姓名	H9		
主要负责人职务	H10		
主要负责人电话	H11		
3. 各行业服务领域从业人数	H12	人	
职工文化教育传媒体育服务事业	H13	人	
其中：学校	H14	人	
工人文化宫	H15	人	
工人体育场馆	H16	人	
新闻出版演艺单位	H17	人	
其他事业单位或社会团体	H18	人	
其他企业	H19	人	
职工疗休养和旅游服务事业	H20	人	
其中：工人疗休养院	H21	人	
国际海员俱乐部	H22	人	

续表

指标名称	代码	计量单位	本年
职工旅行社	H23	人	
宾馆饭店	H24	人	
其他事业单位或社会团体	H25	人	
其他企业	H26	人	
职工互助保障和职工服务事业	H27	人	
其中：职工互助保障组织	H28	人	
基金会	H29	人	
工会帮扶中心（职工服务中心）	H30	人	
企业集团总部	H31	人	
其他事业单位或社会团体	H32	人	
其他企业	H33	人	
工会机关服务事业	H34	人	
其中：机关服务中心	H35	人	
信息中心	H36	人	
对外交流中心	H37	人	
工运研究机构	H38	人	
其他事业单位或社会团体	H39	人	

（八）企事业主营业务情况表

统一社会信用代码

□□□□□□□□□□□□□□□□□□

未领取统一社会信用代码的填原组织机构代码

□□□□□□□□□

单位详细名称： 20 年

表　　号：表八

制定机关：全国总工会

批准机关：国家统计局

批准文号：国统制〔2024〕49 号

有效期至：2027 年 1 月

指标名称	代码	计量单位	本年
甲	乙	丙	
1. 培训工会干部人次	G1	人次	
2. 培训职工人次	G2	人次	
3. 专业技术人员数	G3	人	
其中：高级职称人数	G4	人	
中级职称人数	G5	人	
初级职称人数	G6	人	
4. 服务职工总人次	G7	人次	
其中：场馆服务总人次	G8	人次	
流动服务总人次	G9	人次	
数字服务总人次	G10	人次	
5. 公益演出场次	G11	次	
6. 专业技术人员数	G12	人	
其中：高级职称人数	G13	人	
中级职称人数	G14	人	
初级职称人数	G15	人	
7. 电影院/剧场数量	G16	个	
8. 电影院/剧场座位数	G17	个	
9. 服务职工总人次	G18	人次	
其中：场馆服务总人次	G19	人次	
流动服务总人次	G20	人次	
数字服务总人次	G21	人次	
10. 举办活动数量	G22	个	

续表

指标名称	代码	计量单位	本年
11. 图书出版数量	G23	种	
12. 图书销售收入	G24	元	
13. 报刊年度订数	G25	份	
14. 报刊发行收入	G26	元	
15. 接待总人次	G27	人次	
其中：劳模疗休养人次	G28	人次	
职工疗休养人次	G29	人次	
职工体检人数	G30	人	
16. 医务人员数	G31	人	
17. 疗休养床位数	G32	张	
18. 医疗资质	G33		
19. 医疗保险定点机构	G34		
20. 工伤康复定点机构	G35		
21. 温泉资质	G36		
22. 接待海员人次	G37	人次	
其中：境内海员人次	G38	人次	
境外海员人次	G39	人次	
23. 床位数	G40	张	
24. 在港口内有服务站点	G41	个	
25. 接待职工旅游人次	G42	人次	
其中：境内旅游人次	G43	人次	
境外旅游人次	G44	人次	
26. 接待总人次	G45	人次	
其中：接待劳模人次	G46	人次	
占接待总人次比例	G47	%	
接待职工人次	G48	人次	
占接待总人次比例	G49	%	

续表

指标名称	代码	计量单位	本年
接待工会干部人次	G50	人次	
占接待总人次比例	G51	%	
27. 年度总收入	G52	元	
28. 年度业务收入	G53	元	
29. 其他收入	G54	元	
30. 参保人数	G55	人	
31. 赔付人次	G56	人次	
32. 赔付金额	G57	元	
33. 管理费用	G58	元	
34. 管理费用占收入总额比例	G59	%	
35. 举办活动数量	G60	个	
36. 募集资金数	G61	元	
37. 用于公益活动经费	G62	元	
38. 管理费用	G63	元	
39. 管理费用占收入总额比例	G64	%	
40. 救助帮扶困难职工	G65	人次	
41. 服务职工人次	G66	人次	
42. 职工法律援助	G67	人次	
43. 信访接待	G68	人次	

四、主要指标解释

1. 调查单位基本情况表的指标解释

（1）统一社会信用代码/组织机构代码：统一社会信用代码指按照《国务院关于批转发展改革委等部门法人和其他组织统一社会信用代码制度建设总体方案的通知》（国发〔2015〕33 号）规定，由赋码主管部门给每一个法人单位和其他组织颁发的在全国范围内唯一的、终身不变的法定身份识别码。已经领取了统一社会信用代码的法人单位和产业活动单位，必须依据登记管理部门发放的 18 位代码填写。

组织机构代码指根据中华人民共和国国家标准《全国组织机构代码编制规则》（GB11714－1997），由组织机构代码登记主管部门给每个企业、事业单位、机关、社会团体和民办非企业等单位颁发的在全国范围内唯一的、始终不变的法定代码。未实行统一社会信用代码的，依据各级技术监督部门核发的机关、团体、事业单位代码证书规定的 9 位组织机构代码填报。尚未领取统一社会信用代码（组织机构代码）的单位，应主动与当地相关登记管理部门联系办理核发手续，并编报临时代码。

（2）单位详细名称指经有关部门批准正式使用的单位全称。所有单位均填写本项。企业的详细名称按工商部门登记的名称填写；行政、事业单位的详细名称按编制部门登记、批准的名称填写；社会团体、民办非企业单位、基金会和基层群众自治组织的详细名称按民政部门登记、批准的名称填写。填写时要求使用规范化汉字填写，并与单位公章所使用的名称完全一致。

凡经登记主管机关核准或批准，具有两个或两个以上名称的单位，要求填写一个单位名称，同时用括号注明其余的单位名称。

（3）机构类型（单位性质）：是由政府编制管理部门确定的单位性质。本表填报范围包括"全总机关"、"省（区、市）总机关"、"市（地）总机关"、"县（区）总机关"、"全国产业工会机关"、"省级产业工会机关"、"市级产业工会机关"；"公益一类"、"公益二类"、"待分类"、"社会团体"；"企业"。事业单位中资金性质为自收自支，以前属于公益三类的单位，现在若无法找到准确的对应类别，选择"待分类"。"企业"包括已划为生产经营类事业单位。

（4）单位所在地：单位实际所在地的详细地址。所有单位均填写本项。要求写明单位所在的省（自治区、直辖市）、地（区、市、州、盟）、县（区、市、旗）、乡（镇）以及具体街（村）的名称和详细的门牌号码，不能填写通讯号码或通讯信箱号码。

（5）单位类别：是指对单位性质的属性划分。本表填报范围包括"全总机关"、"省（区、市）总机关"、"市（地）总机关"、"县（区）总机关"、"全国产业工会机关"、"省级产业工会机关"、"市级产业工会机关"；"机关服务中心"、"信息中心"、"对外交流中心"、"工运研究机构"、"学校"、"工人文化宫"、"工人体育场馆"、"新闻出版演艺单位"、"工人疗休养院"、"国际海员俱乐部"、"职工旅行社"、"宾馆饭店"、"职工互助保障组织"、"基金会"、"工会帮扶中心（职工服务中心）"、"企业集团”、“其他事业单位或社会团体”、“其他企业”。其中“学校”包括工会干校、职工学校、职工技能培训机构，“工人文化宫”包括工人文化宫、工人俱乐部、职工文体活动中心，“新闻出版演艺”单位包括杂志、报纸。

（6）单位规模：依据资产总计划分，本表填报范围包括“总资产500万元以下”、“总资产500万元（包括500万元）至1000万元”、“总资产1000万元（包括1000万元）至1亿元”、“总资产1亿元及以上”。

（7）单位数量：各级工会按工会组织部门确定的工会机关、产业工会机关及各级工会组织兴办的事业单位和社会团体、企业的数量。

（8）主管工会级别：全国总工会和各级主管工会。本表填报范围包括“全总机关”、“省（区、市）总机关”、“市（地）总机关”、“县（区）总机关”、“全国产业工会机关”、“省级产业工会机关”、“市级产业工会机关”。

（9）服务领域：各级工会所辖单位所属服务领域。本表填报范围包括“工会机关和机关服务事业”、“职工文化教育传媒体育服务事业”、“职工疗休养和旅游服务事业”、“职工互助保障和职工服务事业”。

（10）联系方式：按单位实际情况如实、完整填报，包括固定电话、移动电话等能够与单位取得联系的信息。在填写电话号码时，将号码以左顶齐方式从左向右填写在方框内；号码超过所列空位时，向方框外右面扩充。电话号码以填写固定电话号码为主，对于确实没有固定电话号码的单位，可以填写主要负责人的移动电话号码。

2. 工会资产监督管理情况表的指标解释

（1）资产监督管理委员会：各级工会机关设立的负责监督和管理工会资产的资产监督管理委员会。此处选择“有”或“无”。

（2）单独设立资产监督管理机构：此处选择“是”或“否”，如选择“是”应填写各级工会机关单独设立的负责监督和管理工会资产的机构名称。

（3）合并设立资产监督管理机构：此处选择“是”或“否”，如选择“是”应填写各级工会机关设立的，同时承担监督管理工会资产工作职能与其他工会工作职能的机构名称。

（4）负责资产监督管理的其他机构：此处选择“是”或“否”，如选择“是”应填写各级工会机关设立的，由负责其他工会工作职能的机构，负责监督和管理工会资产的机构名称。

（5）资产监督管理人员配备（在岗人数）：各级工会负责资产监督和

管理工作岗位的年末实际在岗人数。

（6）资产监督管理机构主要负责人姓名：负责监督和管理工会资产的机构的主要负责人姓名。

（7）资产监督管理机构主要负责人职务：负责监督和管理工会资产的机构的主要负责人职务。

（8）资产监督管理机构分管领导姓名：负责监督和管理工会资产的机构的分管领导姓名。

（9）资产监督管理机构分管领导职务：负责监督和管理工会资产的机构的分管领导职务。

（10）制定（修订）资产监督管理制度：各级工会资产监督管理机构已制定（修订）资产监督管理制度数量。

（11）党组/主席会研究资产工作：各级工会机关全年召开党组/主席会研究资产工作次数。

（12）召开资产监督管理工作会议：各级工会机关全年召开资产监督管理工作会议次数。

（13）举办资产工作人员培训班：各级工会机关全年举办资产工作人员培训班次数。

3. 行政单位资产报表的指标解释

（1）期初余额：本列填写所有指标上个年度年末数，此列设置系统自动取用上年期末数。

（2）期末余额：本列填写所有指标的年末数。“资产”、“负债”等时点指标填写该指标 12 月 31 日当日余额；“资产流失总额”、“收入”、“支出”等时期指标填写该指标全年发生值。

（3）资产总计：各级工会行政单位行政性资产总量。本项目按各级工会行政单位年末“资产负债表”中“资产总计”填报。

（4）已确权工会资产总计：一般应小于或等于资产总计金额，不得大于资产总计金额。

（5）已确权工会资产占全部资产总计的比率：分别为各级次“已确权工会资产总计”项目与“资产总计”项目之比的比率（系统自动生成）。

（6）非流动资产合计：各级工会行政单位拥有的不能在一年或者超过一年的一个营业周期内变现或者耗用的资产。本项目按各级工会行政单位年末“资产负债表”中“非流动资产合计”填报。

（7）固定资产净额：为各级工会行政单位使用、占有的全部固定资产净额。本项目按各级工会行政单位年末“资产负债表”中“固定资产净额”（账面价值）填报。

（8）占全部资产总计的比率：分别为各级次“固定资产净额”项目与“资产总计”项目之比的比率（系统自动生成）。

（9）房屋和构筑物：作为固定资产净额的一部分须单独列示（账面价值），但单项金额不得大于“固定资产净额”项目金额。

（10）累计折旧：反映单位按照规定计提的累计折旧额。

（11）在建工程：反映在建建设项目工程的实际成本。

（12）无形资产净值：无形资产原值减去累计摊销后的净额。

（13）负债合计：各级工会行政单位所承担的能以货币计量，将以资产或劳务偿付的债务，偿还形式包括货币、资产或提供劳务。本项目按各级工会行政单位年末“资产负债表”中“负债合计”填报。

（14）净资产：各级工会行政单位资产总计与负债合计的差额。本项目按各级工会行政单位年末“资产负债表”中“净资产”填报。

（15）资产流失总额：各级工会行政单位当年流失的资产总计。各级工会行政单位资产流失是对各级工会行政单位负有管理责任的单位或个人，在履行其职责的过程中，违反法律、法规或有关规定，致使各级工会行政单位资产财产权遭受损失。正常经营的盈利亏损不计入资产流失。

（16）占资产总计的比率：分别为“资产流失总额”项目与“资产总计”项目之比的比率（系统自动生成）。

（17）已确权工会资产流失总额：按各级工会行政单位当年流失的全部工会行政性资产总计填报。“工会资产流失”是运用行政手段、改制、合并分立、关联交易等，采取低价转让、集体私分、擅自担保或以其他方式和手段将工会行政性资产产权、资产权益，以及由此而产生出来的工会资产收益转化为非工会资产产权、非工会资产权益和非工会资产收益，或者以工会资产毁损、消失的形式形成的损失。正常经营的盈利亏损不计入资产流失。

（18）已确权工会资产流失总额占资产总计的比率：分别为“已确权工会资产流失总额”项目与“资产总计”项目之比的比率（系统自动生成）。

4. 事业单位资产和财务报表的指标解释

（1）期初余额：本列填写所有指标上个年度年末数，此列设置系统自动取用上年期末数。

（2）期末余额：本列填写所有指标的年末数。“资产”、“负债”等时点指标填写该指标12月31日当日余额；“资产流失总额”、“收入”、“支出”等时期指标填写该指标全年发生值。

（3）资产总计：各级工会事业单位和社会团体拥有或控制的能以货币计量的经济资源，包括各种财产、债权和其他权利。本项目按各级工会事业单位和社会团体年末“资产负债表”中“资产总计”填报。

（4）流动资产合计：各级工会事业单位和社会团体可以在一年内或者超过一年的一个营业周期内变现或者耗用的资产。本项目按各级工会事业单位和社会团体年末“资产负债表”中“流动资产合计”填报。

（5）货币资金：各级工会事业单位和社会团体拥有的，以货币形式存在的资产。本项目按各级工会事业单位和社会团体年末“资产负债表”中“货币资金”填报。

（6）应收账款净额：各级工会事业单位和社会团体销售货物、提供劳务等应收未收的款项。

（7）工会内部借出款：各级工会事业单位和社会团体通过一定手续借给其他工会组织的流动资金。

（8）非流动资产合计：各级工会事业单位和社会团体不能在一年或者超过一年的一个营业周期内变现或者耗用的资产。本项目按各级工会事业单位和社会团体年末“资产负债表”中“非流动资产合计”填报。

（9）固定资产净额：为各级工会事业单位和社会团体使用、占有的全部固定资产净额。本项目按各级工会事业单位和社会团体年末“资产负债表”中“固定资产净额”（账面价值）填报。

（10）占全部资产总计的比率：分别为“固定资产净额”项目与“资产总计”项目之比的比率（系统自动生成）。

（11）房屋和构筑物：作为固定资产净额的一部分须单独列示（账面价值），但单项金额不得大于“固定资产净额”项目金额。

（12）累计折旧：累计折旧单位在报告期末提取的各年固定资产净额折旧累计数。本项目按各级工会事业单位和社会团体年末“资产负债表”中“累计折旧”填报。

（13）在建工程：反映在建建设项目工程的实际成本。

（14）无形资产净值：无形资产原值减去累计摊销后的净额。

（15）负债合计：各级工会事业单位和社会团体所承担的能以货币计量，将以资产或劳务偿付的债务，偿还形式包括货币、资产或提供劳务。本项目按各级工会事业单位和社会团体年末“资产负债表”中“负债合计”填报。

（16）流动负债合计：各级工会事业单位和社会团体将在一年内或超

过一年的一个营业周期内偿还的债务。本项目按各级工会事业单位和社会团体年末“资产负债表”中“流动负债合计”填报。

（17）短期借款：各级工会事业单位和社会团体根据生产经营的需要，从银行或其他金融机构借入的偿还期在一年以内的各种借款。

（18）应缴税费：各级工会事业单位和社会团体根据在本年内取得的营业收入、实现的利润等，按照现行税法规定，采用一定的计税方法计提的应交纳的各种税费。

（19）应付职工薪酬：各级工会事业单位和社会团体为获得职工提供的服务而给予各种形式的报酬以及其他相关支出。

（20）应付账款：各级工会事业单位和社会团体因购买材料、商品或接受劳务供应等而发生的债务，这是买卖双方在购销活动中由于取得物资与支付货款在时间上不一致而产生的负债。

（21）工会内部借入款：各级工会事业单位和社会团体通过一定手续从其他工会组织借来的流动资金。

（22）非流动负债合计：各级工会事业单位和社会团体承担的偿还期在一年以上的债务。本项目按各级工会事业单位和社会团体年末“资产负债表”中“非流动负债合计”填报。

（23）长期借款：各级工会事业单位和社会团体从银行或其他金融机构借入的期限在一年以上（不含一年）的借款。

（24）长期应付款：各级工会事业单位和社会团体较长时间内应付的款项。

（25）净资产：各级工会事业单位和社会团体资产总计与负债合计的差额。本项目按各级工会事业单位和社会团体年末“资产负债表”中“净资产”填报。

（26）资产流失总额：各级工会事业单位和社会团体当年流失的资产总计。各级工会事业单位和社会团体资产流失是对各级工会事业单位和社会团体负有管理或者经营责任的单位或个人，在履行其职责的过程中，违反法律、法规或有关规定，致使各级工会事业单位和社会团体资产财产权遭受损失。正常经营的盈利亏损不计入资产流失。

（27）占资产总计的比率：分别为“资产流失总额”项目与“资产总计”项目之比的比率（系统自动生成）。

（28）已确权工会资产流失总额：按各级工会事业单位和社会团体当年流失的全部工会事业单位和社会团体资产总计填报。“工会资产流失”是运用行政手段、改制、合并分立、关联交易等，采取低价转让、集体私分、擅自担保或以其他方式和手段将工会事业单位和社会团体资产产权、资产权益，以及由此而产生出来的工会资产收益转化为非工会资产产权、非工会资产权益和非工会资产收益，或者以工会资产毁损、消失的形式形成的损失。正常经营的盈利亏损不计入资产流失。

（29）已确权工会资产流失总额占资产总计的比率：分别为“已确权工会资产流失总额”项目与“资产总计”项目之比的比率（系统自动生成）。

（30）总收入：各级工会事业单位和社会团体为开展业务活动取得的各项收入总和，包括财政补助收入、上级补助收入、事业收入、经营收入、附属单位上缴收入和其它收入。

（31）财政拨款补助收入：各级事业单位直接从财政部门取得的和通过主管部门从财政部门取得的各类事业经费，包括正常经费和专项资金等。

（32）事业收入：各级工会事业单位开展专业业务活动及辅助活动所取得的收入。

（33）上级补助收入：各级工会事业单位和社会团体从主办工会和上级单位取得的非财政补助收入，用于补助正常业务资金的不足。

（34）上级补助收入占总收入比率：分别为“上级补助收入”项目与“总收入”项目之比的比率（系统自动生成）。

（35）经营收入：各级工会事业单位和社会团体开展专业业务活动及辅助活动之外开展非独立核算经营活动取得的收入。

（36）其他收入：各级工会事业单位和社会团体取得的除上述各项收入以外的其他收入。

（37）总支出：各级工会事业单位和社会团体开展业务及其他活动发生的资金耗费和损失，包括单位管理费用、职工工资总额、交纳各种税金、上缴上级等。

（38）单位管理费用：各级工会事业单位和社会团体行政及后勤管理部门开展管理活动发生的各项费用。

（39）上缴主管工会资产收益：各级工会事业单位和社会团体上交主办工会的收益数额。

（40）职工工资总额：各级工会事业单位和社会团体在本年内直接支付给本单位全部在岗职工的劳动报酬。

（41）缴纳各种税金：各级工会事业单位和社会团体实际支付的各种税金，包括增值税（含营业税改增值税部分）、所得税、消费税、城市维护建设税、资源税和教育费附加、房产税、车船使用税、土地使用税和印花税等年末累计数填报。

（42）本期盈余：各级工会事业单位和社会团体在本年内各项收入、费用相抵后的余额。

5. 企业资产和财务报表的指标解释

（1）期初余额：本列填写所有指标上个年度年末数，此列设置系统自动取用上年期末数。

（2）期末余额：本列填写所有指标的年末数。“资产”、“负债”等时点指标填写该指标12月31日当日余额；“资产流失总额”、“收入”、“支出”等时期指标填写该指标全年发生值。

（3）资产总计：各级工会企业拥有或控制的能以货币计量的经济资源，包括各种财产、债权和其他权利。本项目按各级工会企业年末“资产负债表”中“资产总计”填报。

（4）流动资产合计：各级工会企业可以在一年内或者超过一年的一个营业周期内变现或者耗用的资产。本项目按各级工会企业年末“资产负债表”中“流动资产合计”填报。

（5）占资产总计的比率：分别为“流动资产合计”项目与“资产总计”项目之比的比率（系统自动生成）。

（6）货币资金：各级工会企业拥有的，以货币形式存在的资产。本项目按各级工会企业年末“资产负债表”中“货币资金”填报。

（7）应收账款净额：各级工会企业销售货物、提供劳务应收未收的款项。

（8）存货：各级工会企业在日常活动中持有以备出售的产成品或商品、处在生产过程中的在产品、在生产过程或提供劳务过程中耗用的材料或物料等，包括各类材料、在产品、半成品、产成品或库存商品以及包装物、低值易耗品、委托加工物资等。本项目按各级工会企业年末“资产负债表”中“存货”填报。

（9）非流动资产合计：各级工会企业不能在一年或者超过一年的一个营业周期内变现或者耗用的资产。本项目按各级工会企业年末“资产负债表”中“非流动资产合计”填报。

（10）占资产总计的比率：分别为“非流动资产合计”项目与“资产总计”项目之比的比率（系统自动生成）。

（11）长期应收款：各级工会企业融资租赁产生的应收款项和采用递延方式分期收款、实质上具有融资性质的销售商品和提供劳务等经营活动产生的应收款项。

（12）固定资产净额：各级工会企业使用、占有的全部固定资产净额。本项目按各级工会企业年末“资产负债表”中“固定资产净额”（账面价值）填报。

（13）占资产总计的比率：分别为“固定资产净额”项目与“资产总计”项目之比的比率（系统自动生成）。

（14）房屋和构筑物：作为固定资产净额的一部分须单独列示（账面价值），但单项金额不得大于“固定资产净额”项目金额。

（15）车辆：单位占有使用的机动车辆（不含摩托车、电动自行车、轮椅车、非机动车辆等）。作为固定资产净额的一部分须单独列示（账面价值），但单项金额不得大于“固定资产净额”项目金额。

（16）累计折旧：累计折旧企业在报告期末提取的各年固定资产净额折旧累计数。本项目按各级工会企业年末“资产负债表”中“累计折旧”填报。

（17）在建工程：反映在建建设项目工程的实际成本。

（18）无形资产净值：无形资产原值减去累计摊销后的净额。

（19）负债合计：各级工会企业所承担的能以货币计量，将以资产或劳务偿付的债务，偿还形式包括货币、资产或提供劳务。本项目按各级工会企业年末“资产负债表”中“负债合计”填报。

（20）流动负债合计：各级工会企业将在一年内或超过一年的一个营业周期内偿还的债务。本项目按各级工会企业年末“资产负债表”中“流动负债合计”填报。

（21）占负债合计的比率：分别为“流动负债合计”项目与“负债合计”项目之比的比率（系统自动生成）。

（22）短期借款：各级工会企业根据生产经营的需要，从银行或其他金融机构借入的偿还期在一年以内的各种借款。

（23）应付票据：由出票人出票，并由承兑人允诺在一定时期内支付一定款项的书面证明。

（24）应付账款：各级工会企业因购买材料、商品或接受劳务供应等而发生的债务，这是买卖双方在购销活动中由于取得物资与支付货款在时间上不一致而产生的负债。

（25）工会内部借入款：各级工会企业通过一定手续从其他工会组织借来的流动资金。

（26）应付职工薪酬：各级工会企业为获得职工提供的服务而给予各

种形式的报酬以及其他相关支出。

（27）应付福利费：各级工会企业从费用中提取的、准备用于职工福利方面的资金。

（28）应交税费：各级工会企业根据在一定时期内取得的营业收入、实现的利润等，按照现行税法规定，采用一定的计税方法计提的应交纳的各种税费。

（29）非流动负债合计：各级工会企业承担的偿还期在一年以上的债务。本项目按各级工会企业年末“资产负债表”中“非流动负债合计”填报。

（30）占负债合计的比率：分别为“非流动负债合计”项目与“负债合计”项目之比的比率（系统自动生成）。

（31）长期借款：各级工会企业从银行或其他金融机构借入的期限在一年以上（不含一年）的借款。

（32）长期应付款：各级工会企业在较长时间内应付的款项，是除了长期借款和应付债券以外的其他多种长期应付款。

（33）所有者权益合计：各级工会企业投资人对企业净资产的所有权。企业净资产为企业全部资产与企业全部负债后的差额，包括实收资本、资本公积、盈余公积、未分配利润等。本项目按各级工会企业年末“资产负债表”中“所有者权益合计”填报。

（34）资产流失总额：各级工会企业当年流失的资产总计。各级工会企业资产流失是对各级工会企业负有管理或者经营责任的单位或个人，在履行其职责的过程中，违反法律、法规或有关规定，致使各级工会企业资产财产权遭受损失。正常经营的盈利亏损不计入资产流失。

（35）占资产总计的比率：分别为“资产流失总额”项目与“资产总计”项目之比的比率（系统自动生成）。

（36）已确权工会资产流失总额：按各级工会企业当年流失的全部工会企业资产总计填报。“工会资产流失”是运用行政手段、改制、合并分立、关联交易等，采取低价转让、集体私分、擅自担保或以其他方式和手段将工会企业资产产权、资产权益，以及由此而产生出来的工会资产收益转化为非工会资产产权、非工会资产权益和非工会资产收益，或者以工会资产毁损、消失的形式形成的损失。正常经营的盈利亏损不计入资产流失。

（37）已确权工会资产流失总额占资产总计的比率：分别为“已确权工会资产流失总额”项目与“资产总计”项目之比的比率（系统自动生

成）。

（38）营业总收入：各级工会企业在从事销售商品，提供劳务和让渡资产使用权等日常经营业务过程中所形成的经济利益的总流入。

（39）主营业务收入：各级工会企业从事本行业生产经营活动所取得的营业收入。

（40）主营业务收入占总收入比率：分别为“主营业务收入”项目与“总收入”项目之比的比率（系统自动生成）。

（41）营业总成本：各级工会企业销售商品或者提供劳务的成本。

（42）上缴主管工会资产收益：工会企业上交主办工会的收益数额。

（43）职工工资总额：各级工会企业在本年内直接支付给本单位全部在岗职工的劳动报酬。

（44）营业成本：各级工会企业所销售商品或者提供劳务的成本。

（45）税金及附加：各级工会企业实际支付的各种税金，包括增值税（含营业税改增值税部分）、所得税、消费税、城市维护建设税、资源税和教育费附加、房产税、车船使用税、土地使用税和印花税等年末累计数填报。

（46）销售费用：各级工会企业销售商品和材料、提供劳务的过程中发生的各种费用。

（47）管理费用：各级工会企业行政管理部门为组织和管理生产经营活动而发生的各项费用。

（48）营业利润：各级工会企业在其全部销售业务中实现的利润。

（49）营业外收入：各级工会企业与生产经营过程无直接关系，应列入当期利润的收入。

（50）工会补助：各级工会企业直接从工会机关取得的和通过主管部门从工会机关取得的各类经费，包括正常经费和专项资金。

（51）营业外支出：除主营业务成本和其他业务支出等以外的各项非营业性支出。

（52）利润总额：各级工会企业在生产经营过程中各种收入扣除各种耗费后的盈余，反映企业在报告期内实现的亏盈总额。

（53）所得税费用：各级工会企业经营利润应交纳的所得税。

（54）净利润：各级工会企业当期利润总额减去所得税后的金额。

6. 房产地产情况表的指标解释

（1）房屋和构筑物数量：只统计有独立产权的房屋和构筑物，以栋为统计单位。

（2）房屋和构筑物面积：分别为工会行政单位、事业单位和社会团体、企业年末实际占有和使用的房屋建筑面积之和（系统自动生成）。

（3）工会机关房产面积：各级工会行政单位年末实际占有和使用的房屋和构筑物面积。

（4）占全部房屋和构筑物面积的比率：分别为“工会机关房产面积”项目与“房屋和构筑物面积”项目之比的比率（系统自动生成）。

（5）事业单位房产面积：各级工会事业单位和社会团体年末实际占有和使用的房屋和构筑物面积。

（6）占全部房屋和构筑物面积的比率：分别为“事业单位房产面积”项目与“房屋和构筑物面积”项目之比的比率（系统自动生成）。

（7）企业房产面积：各级工会企业年末实际占有和使用的房屋和构筑物面积。

（8）占全部房屋和构筑物面积的比率：分别为“企业房产面积”项目与“房屋和构筑物面积”项目之比的比率（系统自动生成）。

（9）已办房屋所有权证面积：各级工会组织已办理了“房屋所有权证”的房屋和构筑物面积。用户填报时根据本单位办理的实际证件（“房屋所有权证”“不动产权证”）选择填报，如已办理“不动产权证”，应填报“不动产权证”登记的房屋和构筑物面积，下同。

（10）占全部房屋和构筑物面积的比率：分别为“已办房屋所有权证面积”项目与“房屋和构筑物面积”项目之比的比率（系统自动生成）。

（11）登记在工会组织名下资产面积：各级工会组织已办理了“房屋所有权证”的房屋和构筑物面积中登记在工会组织名下房屋和构筑物面积。

（12）占全部房屋和构筑物面积的比率：分别为“登记在工会组织名下资产面积”项目与“房屋和构筑物面积”项目之比的比率（系统自动生成）。

（13）登记在政府部门名下资产面积：各级工会组织占有和使用的房屋和构筑物中，由政府划拨或置换所得，已登记在政府部门名下，办理“房屋所有权证”的房屋和构筑物面积。

（14）占全部房屋和构筑物面积的比率：分别为“登记在政府部门名下资产面积”项目与“房屋和构筑物面积”项目之比的比率（系统自动生成）。

（15）其他面积：各级工会组织占有和使用的房屋和构筑物中，没有办理房屋所有权证的房屋和构筑物面积。

（16）占全部房屋和构筑物面积的比率：分别为“其他面积”项目与“房屋和构筑物面积”项目之比的比率（系统自动生成）。

（17）地块数量：各级工会行政单位、事业单位和社会团体、企业年末实际占有和使用的土地数量。

（18）土地面积：分别为工会行政单位、事业单位和社会团体、企业年末实际占有和使用的土地面积之和（系统自动生成）。

（19）工会机关占地面积：各级工会行政单位年末实际占有和使用的土地面积。

（20）占全部土地面积的比率：分别为“工会机关占地面积”项目与“土地面积”项目之比的比率（系统自动生成）。

（21）事业单位占地面积：各级工会事业单位和社会团体年末实际占有和使用的土地面积。

（22）占全部土地面积的比率：分别为“事业单位占地面积”项目与“土地面积”项目之比的比率（系统自动生成）。

（23）企业占地面积：各级工会企业年末实际占有和使用的土地面积。

（24）占全部土地面积的比率：分别为“企业占地面积”项目与“土地面积”项目之比的比率（系统自动生成）。

（25）已办土地使用权证面积：各级工会组织已办理了“土地使用权证”的土地面积。用户填报时根据本单位办理的实际证件（“土地使用权证”“不动产权证”）选择填报，如已办理“不动产权证”，应填报“不动产权证”登记的土地面积，下同。

（26）占全部土地面积的比率：分别为“已办土地使用权证面积”项目与“土地面积”项目之比的比率（系统自动生成）。

（27）登记在工会组织名下资产面积：各级工会组织已办理了“土地使用权证”的土地面积中登记在工会组织名下土地面积。

（28）占全部土地面积的比率：分别为“登记在工会组织名下资产面积”项目与“土地面积”项目之比的比率（系统自动生成）。

（29）登记在政府部门名下资产面积：各级工会组织占有和使用的土地中，由政府划拨或置换所得，已登记在政府部门名下，办理“土地使用权证”的土地面积。

（30）占全部土地面积的比率：分别为“登记在政府部门名下资产面积”项目与“土地面积”项目之比的比率（系统自动生成）。

（31）其他面积：各级工会组织占有和使用的土地中，没有办理“土地使用权证”的土地面积。

（32）占全部土地面积的比率：分别为“其他面积”项目与“土地面积”项目之比的比率（系统自动生成）。

（33）单位总数：各级工会按工会组织部门确定的工会机关、产业机关及各级工会组织兴办的事业单位和社会团体、企业的数量，此处从基本情况表三中取数（系统自动生成）。

（34）两证产权已全部办理单位数：各级工会组织“房屋所有权证”和“土地使用权证”全部办理的单位数，或“不动产权证”全部办理的单位数，且必须全部确权，才计入单位数。

（35）占单位总数比率：分别为“两证产权已全部办理单位数”项目与“单位总数”项目之比的比率（系统自动生成）。

（36）已办房屋所有权证单位数：各级工会组织已办理“房屋所有权证”的单位数，且必须全部确权，才计入单位数。

（37）占单位总数比率：分别为“已办房屋所有权证单位数”项目与“单位总数”项目之比的比率（系统自动生成）。

（38）已办土地使用权证单位数：各级工会组织已办理“土地使用权证”的单位数，且必须全部确权，才计入单位数。

（39）占单位总数比率：分别为“已办土地使用权证单位数”项目与“单位总数”项目之比的比率（系统自动生成）。

7. 企事业工作人员情况表的指标解释

（1）总编制数：经工会组织部门核定的事业单位和社会团体、企业人员编制数（系统自动生成）。

（2）事业单位和社会团体：经工会组织部门核定的事业单位和社会团体人员编制数。

（3）领导班子人数：各级工会事业单位和社会团体中领导班子的人数。

（4）实有在编人数：各级工会事业单位和社会团体实际在岗的编制人数。

（5）企业：经工会组织部门核定的企业人员编制数。

（6）领导班子人数：各级工会企业中领导班子的人数。

（7）劳动合同用工人数：与各级工会企业签订了劳动合同的人数。

（8）主要负责人姓名：承担资产监督管理职责部门的负责人姓名。填写多名负责人时，用分号隔开（下同）。

（9）主要负责人职务：承担资产监督管理职责部门的负责人职务。

（10）主要负责人电话：承担资产监督管理职责部门的负责人电话。

（11）各行业服务领域从业人数：经工会组织部门核定的编制内由单位人事部门管理的年末实有人数。此处为职工文化教育传媒体育服务事业、职工疗休养和旅游服务事业、职工互助保障和职工服务事业、工会机关服务事业年末实有人数之和（系统自动生成）。

（12）职工文化教育传媒体育服务事业：经工会组织部门核定的编制内由单位人事部门管理的职工文化教育传媒体育服务事业年末实有人数。此处为学校、工人文化宫、工人体育场馆、新闻出版演艺单位、其他事业单位或社会团体、其他企业年末实有人数之和（系统自动生成）。

（13）学校：经工会组织部门核定的编制内由单位人事部门管理的学校年末实有人数。

（14）工人文化宫：经工会组织部门核定的编制内由单位人事部门管理的工人文化宫年末实有人数。

（15）工人体育场馆：经工会组织部门核定的编制内由单位人事部门管理的工人体育场馆年末实有人数。

（16）新闻出版演艺单位：经工会组织部门核定的编制内由单位人事部门管理的新闻出版演艺单位年末实有人数。

（17）其他事业单位或社会团体：经工会组织部门核定的编制内由单位人事部门管理的职工文化教育传媒体育服务事业下其他事业单位或社会团体年末实有人数。

（18）其他企业：经工会组织部门核定的编制内由单位人事部门管理的职工文化教育传媒体育服务事业下其他企业年末实有人数。

（19）职工疗休养和旅游服务事业：经工会组织部门核定的编制内由单位人事部门管理的职工疗休养和旅游服务事业年末实有人数。此处为工人疗休养院、国际海员俱乐部、职工旅行社、宾馆饭店、其他事业单位或社会团体、其他企业年末实有人数之和（系统自动生成）。

（20）工人疗休养院：经工会组织部门核定的编制内由单位人事部门管理的工人疗休养院年末实有人数。

（21）国际海员俱乐部：经工会组织部门核定的编制内由单位人事部门管理的国际海员俱乐部年末实有人数。

（22）职工旅行社：经工会组织部门核定的编制内由单位人事部门管理的职工旅行社年末实有人数。

（23）宾馆饭店：经工会组织部门核定的编制内由单位人事部门管理的宾馆饭店年末实有人数。

（24）其他事业单位或社会团体：经工会组织部门核定的编制内由单

位人事部门管理的职工疗休养和旅游服务事业下其他事业单位或社会团体年末实有人数。

（25）其他企业：经工会组织部门核定的编制内由单位人事部门管理的职工疗休养和旅游服务事业下其他企业年末实有人数。

（26）职工互助保障和职工服务事业：经工会组织部门核定的编制内由单位人事部门管理的职工互助保障和职工服务事业年末实有人数。此处为职工互助保障组织、基金会、工会帮扶中心（职工服务中心）、企业集团总部、其他事业单位或社会团体、其他企业年末实有人数之和（系统自动生成）。

（27）职工互助保障组织：经工会组织部门核定的编制内由单位人事部门管理的职工互助保障组织年末实有人数。

（28）基金会：经工会组织部门核定的编制内由单位人事部门管理的基金会年末实有人数。

（29）工会帮扶中心（职工服务中心）：经工会组织部门核定的编制内由单位人事部门管理的工会帮扶中心（职工服务中心）年末实有人数。

（30）企业集团总部：经工会组织部门核定的编制内由单位人事部门管理的企业集团总部年末实有人数。

（31）其他事业单位或社会团体：经工会组织部门核定的编制内由单位人事部门管理的职工互助保障和职工服务事业下其他事业单位或社会团体年末实有人数。

（32）其他企业：经工会组织部门核定的编制内由单位人事部门管理的职工互助保障和职工服务事业下其他企业年末实有人数。

（33）工会机关服务事业：经工会组织部门核定的编制内由单位人事部门管理的工会机关服务事业年末实有人数。此处为机关服务中心、信息中心、对外交流中心、工运研究机构、其他事业单位或社会团体年末实有人数之和（系统自动生成）。

（34）机关服务中心：经工会组织部门核定的编制内由单位人事部门管理的机关服务中心年末实有人数。

（35）信息中心：经工会组织部门核定的编制内由单位人事部门管理的信息中心年末实有人数。

（36）对外交流中心：经工会组织部门核定的编制内由单位人事部门管理的对外交流中心年末实有人数。

（37）工运研究机构：经工会组织部门核定的编制内由单位人事部门管理的工运研究机构年末实有人数。

（38）其他事业单位或社会团体：经工会组织部门核定的编制内由单位人事部门管理的工会机关服务事业下其他事业单位或社会团体年末实有人数。

8. 企事业主营业务情况表的指标解释

（1）培训工会干部人次：工会干部院校、职工学校、职业技能培训机构全年培训的工会干部人次。

（2）培训职工人次：工会干部院校、职工学校、职业技能培训机构全年培训的职工人次。

（3）专业技术人员数：工会干部院校、职工学校、职业技能培训机构年末拥有的专业技术人数。此处专业技术人员数大于等于高级职称人数、中级职称人数、初级职称人数之和。

（4）高级职称人数：工会干部院校、职工学校、职业技能培训机构年末获得高级技术职称的人数。

（5）中级职称人数：工会干部院校、职工学校、职业技能培训机构年末获得中级技术职称的人数。

（6）初级职称人数：工会干部院校、职工学校、职业技能培训机构年末获得初级技术职称的人数。

（7）服务职工总人次：工人文化宫全年服务职工总人次。此处服务职工总人次大于等于场馆服务总人次、流动服务总人次、数字服务总人次之和。

（8）场馆服务总人次：工人文化宫全年场馆服务职工总人次。

（9）流动服务总人次：工人文化宫全年流动服务职工总人次。

（10）数字服务总人次：工人文化宫全年通过互联网等方式提供的非现场服务职工总人次。

（11）公益演出场次：工人文化宫全年举办公益演出场次。

（12）专业技术人员数：工人文化宫年末拥有的专业技术人数。此处专业技术人员数大于等于高级职称人数、中级职称人数、初级职称人数之和。

（13）高级职称人数：工人文化宫年末获得高级技术职称的人数。

（14）中级职称人数：工人文化宫年末获得中级技术职称的人数。

（15）初级职称人数：工人文化宫年末获得初级技术职称的人数。

（16）电影院/剧场数量：工人文化宫年末的电影院和剧场的数量。

（17）电影院/剧场座位数：工人文化宫年末电影院和剧场的座位数量。

（18）服务职工总人次：工人体育场馆全年服务职工总人次。此处服务职工总人次大于等于场馆服务总人次、流动服务总人次、数字服务总人次之和。

（19）场馆服务总人次：工人体育场馆全年场馆服务职工总人次。

（20）流动服务总人次：工人体育场馆全年流动服务职工总人次。

（21）数字服务总人次：工人体育场馆全年通过互联网等方式提供的非现场服务职工总人次。

（22）举办活动数量：工人体育场馆全年举办活动的数量。

（23）图书出版数量：出版社全年出版图书的数量。

（24）图书销售收入：出版社全年销售图书获得的收入。

（25）报刊年度订数：报刊社全年被订购的报刊数量。

（26）报刊发行收入：报刊社全年发行报刊获得的收入。

（27）接待总人次：工人疗休养院全年接待的总人次。

（28）劳模疗休养人次：工人疗休养院全年接待劳模的人次。

（29）职工疗休养人次：工人疗休养院全年接待职工的人次。

（30）职工体检人数：工人疗休养院全年接待体检的职工人数。

（31）医务人员数：工人疗休养院年末医务人员的数量。

（32）疗休养床位数：工人疗休养院年末的床位数量。

（33）医疗资质：工人疗休养院是否拥有医疗资质。

（34）医疗保险定点机构：工人疗休养院是否属于医疗保险定点机构。

（35）工伤康复定点机构：工人疗休养院是否属于工伤康复定点机构。

（36）温泉资质：工人疗休养院是否拥有温泉资质。

（37）接待海员人次：国际海员俱乐部全年接待海员的人次。接待海员人次为境内海员人次与境外海员人次之和（系统自动生成）。

（38）境内海员人次：国际海员俱乐部全年接待境内海员的人次。

（39）境外海员人次：国际海员俱乐部全年接待境外海员的人次。

（40）床位数：国际海员俱乐部年末的床位数量。

（41）在港口内有服务站点：国际海员俱乐部在港口内有的服务站点的数量。

（42）接待职工旅游人次：职工旅行社全年接待职工旅游的人次。接待职工旅游人次为境内旅游人次与境外旅游人次之和（系统自动生成）。

（43）境内旅游人次：职工旅行社全年接待境内职工旅游的人次。

（44）境外旅游人次：职工旅行社全年接待境外职工旅游的人次。

（45）接待总人次：宾馆饭店全年接待的总人次。接待总人次大于等于接待劳模人次、接待职工人次、接待工会干部人次之和。

（46）接待劳模人次：宾馆饭店全年接待劳模的人次。

（47）占接待总人次比例：分别为“接待劳模人次”项目与“接待总人次”项目之比的比率（系统自动生成）。

（48）接待职工人次：宾馆饭店全年接待职工的人次。

（49）占接待总人次比例：分别为“接待职工人次”项目与“接待总人次”项目之比的比率（系统自动生成）。

（50）接待工会干部人次：宾馆饭店全年接待工会干部的人次。

（51）占接待总人次比例：分别为“接待职工人次”项目与“接待总人次”项目之比的比率（系统自动生成）。

（52）年度总收入：职工互助保障组织全年收入总额。

（53）年度业务收入：职工互助保障组织全年业务收入总额。

（54）其他收入：职工互助保障组织全年其他收入总额。

（55）参保人数：职工互助保障组织购买保险的人数。

（56）赔付人次：职工互助保障组织全年赔付的人次。

（57）赔付金额：职工互助保障组织全年赔付的金额。

（58）管理费用：职工互助保障组织全年发生的管理费用。

（59）管理费用占收入总额比例：分别为“管理费用”项目与“年度总收入”项目之比的比率（系统自动生成）。

（60）举办活动数量：基金会全年举办活动的数量。

（61）募集资金数：基金会全年募集到的资金总额。

（62）用于公益活动经费：基金会全年用于举办公益活动而发生的费用。

（63）管理费用：基金会全年发生的管理费用。

（64）管理费用占收入总额比例：分别为“管理费用”项目与“募集资金数”项目之比的比率（系统自动生成）。

（65）救助帮扶困难职工：工会帮扶中心（职工服务中心）全年救助和帮扶困难职工的人次。

（66）服务职工人次：工会帮扶中心（职工服务中心）全年服务职工的人次。

（67）职工法律援助：工会帮扶中心（职工服务中心）全年法律援助职工的人次。

（68）信访接待：工会帮扶中心（职工服务中心）全年信访接待的人次。

五、附　　录

（一）向国家统计局提供的具体统计资料清单

年度统计资料：全国县级以上工会行政事业性资产总计、负债总额、净资产总计，全国县级以上工会企事业资产总计、所有者权益合计、收入总额、利税总额，县级以上工会企事业单位数量，从业人数。

（二）向统计信息共享数据库提供的统计资料清单

年度统计资料：全国县级以上工会行政事业性资产总计、负债总额、净资产总计，全国县级以上工会企事业资产总计、所有者权益合计、收入总额、利税总额，县级以上工会企事业单位数量，从业人数。

三、职工文化教育体育服务事业

中华全国总工会关于工会系统各类职工学校改革与发展的意见

（总工发〔2006〕36 号　2006 年 6 月 16 日）

为贯彻落实《国务院关于大力发展职业教育的决定》（国发〔2005〕35 号，以下简称《决定》）精神，进一步推动工会系统各类职工学校的深入改革与发展，现提出如下意见。

一、充分认识推进工会系统职工学校改革与发展的重要意义

（一）职工学校面临的形势与任务。大力发展职业教育，加快人力资源能力开发，是落实科教兴国战略和人才强国战略、推进我国走新型工业化道路、建设创新型国家的重大举措，是全面提高劳动者素质、推动构建社会主义和谐社会的重要途径。提高职工队伍素质，培养和造就一支具有先进阶级理想、社会主义道德、现代科学文化知识和严格组织纪律的强大工人阶级队伍，推进职工队伍的知识化进程，是党中央赋予工会的一项长期而艰巨的战略任务，对于实现“十一五”规划的奋斗目标具有重要的意义。工会系统各类职工学校是党和国家教育事业的组成部分，是开展职工教育和职业培训的重要力量。积极推进工会系统职工学校深化改革，是当前工会职工教育工作面临的一项重要任务。

（二）职工学校深化改革发展的重要性和紧迫性。改革开放以来，特别是 2002 年全国职业教育工作会议以来，工会系统职工学校积极发展以岗位培训为重点、以就业为导向的职业教育，办学规模进一步扩大，服务社会的能力明显增强，在提高劳动者素质方面取得了可喜的成绩。但从总体上看，工会系统职工学校的发展与经济社会发展和工会工作的要求还有较大的差距，职业教育与培训仍是薄弱环节。如教育思想、办学观念落后于形势发展；投入不足，条件较差，不能有效地满足广大职工对知识和技术的需求；人才培养的规模、结构、质量都还不够高，不能很好地适应经济社会发展的需要等。这些问题与提高职工素质日益繁重的艰巨任务形成强烈的反差。不改革，工会系统职工学校就没有出路，就会在大好的发展机遇面前贻误战机。各级工会要从贯彻“三个代表”重要思想、落实科学发展观、全面建设小康社会、构建和谐社会的高度，从保持和发展工人阶级先进性、维护职工群众的学习权、发展权、促进职工全面发展的高度，深刻认识工会系统各类职工学校改革与发展的重要意义，切实推进工会各类职工学校的改革步伐。

（三）要在改革中坚持职工学校的性质。工会系统职工学校是工会文化教育事业的重要组成部分，是工会所属的社会公益性文化事业单位。深入贯彻落实《劳动法》《工会法》《职业教育法》和《决定》等一系列重要的法律法规和文件，努力推进社会主义经济、政治、文化与和谐社会建设，提高职工队伍素质、推进工人阶级知识化进程，各类职工学校都将发挥重要作用。改革的目的是使职工学校更好地适应新世纪新阶段工会工作的方针、目标和任务，为履行好工会的各项社会职能服务。

二、工会系统职工学校改革与发展的指导思想和目标任务

（四）职工学校改革发展的指导思想。以邓小平理论和“三个代表”重要思想为指导，全面贯彻落实《决定》精神，树立科学发展观，坚持为改革开放和发展社会生产力服务，为经济与社会发展服务，为职工群众服务，为推进工运事业健康发展服务的办学方针，坚持面向社会、面向企业、面向职工的办学方向，建立以职业技术教育培训为重点、以市场需求为导向、以服务为宗旨、以提高职工职业能力为目标的工会职工学校运作新机制，为推动建设创新型企业、创新型国家、学习型社会，团结动员广大职工充分发挥主力军作用，为实施“十一五”规划和全面建设小康社会做出新的更大的贡献。

（五）改革与发展的总体目标。优化教育资源配置，在创新投入发展机制、探索联合办学体制和改革学校内部运行机制上力争有新的突破，努力形成科学化管理、市场化运作、规模化发展的工会办学新格局；改善办学条件，提高质量效益，办出工会特色，增强学校活力。

（六）适应时代要求，进一步明确工会职工学校的定位。工会职工学校要大力加强在职职工培训工作，提高职工岗位适应能力和岗位竞争能力；加强再就业培训和创业培训，提高下岗失业职工和转岗转业人员的再就业能力和适应职业变化的能力；加强企业经营管理人员、专业技术人员的继续教育和培训，提高其业务技术能力和创新能力；加强工会干部培训，提高工会干部整体素质。在今后一个时期内，要把加强农民工培训作为工会职工学校开展职工教育和职业培训工作的重点内容，多渠道、多形式、多层次地开展农民工培训工作，努力提高农民工的职业道德和职业素质。实行学历教育与职业培训相结合，以职业培训为主；职前教育与在职培训相结合，以在职培训为主；就业培训、农民工培训与继续教育相结合，以就业和农民工培训为主。工会办学要积极融入到地区经济建设和社会发展之中。紧紧围绕提高职工素质的要求，结合劳动预备制度、职业资格证书制度、就业准入制度的实施和高技能人才的培养，着力培养学生的实践能力、创造能力和创新能力，激发学生的创新活力，拓展职业教育功能。

（七）整合资源，调整工会办学的布局结构。要打破工会部门界限，整合和有效利用现有各种教育资源，合理规划工会内部学校布局，提高办学效率。要推进工会系统内部的资产重组，盘活现有资产，壮大学校实力。对部门所有、条块分割、重复设置的学校和培训单位，应统筹规划，科学布局，把规模较小、性质相近的工会职工学校、干校、培训中心及技协所属培训点、再就业训练基地等组合到一起，通过工会内部资产整合、重组等形式，统筹安排教育资源，进一步改善办学条件，形成规模优势和工会特色。对部分实行自收自支的学校和有条件的单位，在不改变事业单位性质、编制的情况下，引入企业的管理经验和方法，实行聘任制、合同制；分配实行档案工资与实际工资分离，档案工资仅作为调资、交纳和享受养老保险金的依据，做到实际工资收入与单位的效益、个人的实绩挂钩。对少部分确实不具备办学条件和发展潜力的职工学校适时进行调整。对于那些拟被地方政府和教育部门兼并或划转的职工学校，应该按照《工会法》第四十六、四十七条的规定，由兼并的部门和单位给予同等额度经费补偿或资产补偿，确保工会资产不流失。对于与政府或行业、企业所属学校采取联合办学方式的学校，应保留工会干部教育和职业培训的功能，继续履行工会的教育职能。

（八）探索新形势下工会办学的多种实现形式。积极探索办学形式多样化，提倡学校与企业、学校与社区、学校与学校联合办学，建立开放型、综合型、职业型、技能型各类办学模式，形成多渠道、多层次、多规格的办学新格局。有条件的职工学校可以与本地、异地的工会职工院校或地方院校实现联合办学，跨地区招生。也可以采取与基层单位联办或共建的方式，以学校为中心，辐射周边地区和基层。可探索以下几种办学体制：一是混合所有制形式，即将不同隶属关系的学校，按照联合、合并、兼并等形式，组建新的混合所有制学校。二是组建职教集团，即通过各种类型的职工学校、职业学校和企业联合办学的形式，组建与各地支柱产业、基础产业相对应、以专业建设为龙头的职教集团或办学联合体。以各地资源优势、产业优势、行业优势与教育优势的充分发挥为特色，实行优势互补、共同发展。三是工（会）有民办，即学校的土地、校舍、设备等仍属工会资产，吸纳社会资金，学校完全按照民办机制运行。四是一校两制，即在同一学校中，校产工（会）有，一部分按现行体制运行，承担工会干部培训和工会其他培训任务，另一部分则改为民办体制，经费自筹，根据市场需求或用人单位委托办学。上述各种方式的办学体制，都要建立工会资产的出资人制度，履行好工会资产出资人各项职能。在履行工会教育职能的前提下，落实工会资产保值增值的责任。积极探索以工会资产为主导、产权清晰、多种所有制并存的办学体制。鼓励和支持工会系统职工学校在保证为企业和职工提供公益服务的前提下，利用设施和资源等优势为社会提供有偿服务。广泛吸纳企业、事业单位和民间资金，形成多元化筹措办学发展资金的渠道。在与政府共建、合作办学的过程中，主办工会应掌握原有学校资产的所有权和相应的管理权；对学校承担农民工培训和工会干部培训任务的，应在经费上适当给予补助。

（九）重点建设好一批示范性职工学校和培训基地。要按照统筹规划、合理调整、重点扶持、做优做强的原则，加大投入力度，拓宽投资渠道，今后三至五年，通过各级工会共同扶持，在全国工会系统有目标、有重点地办好一批基础条件较好、教育质量较高、办学规模较大、办学实力较强的综合性、多功能的职工学校和高技能人才实训基地。这些学校和基地一般设置在大城市和经济比较发达、工会办学实力较强的中心城市，通过走开放式、社会化融资道路实现快速发展，并建成为结构合理、灵活开放、特色鲜明、自主发展，受到社会和职工群众欢迎的新型职工教育培训中心，成为培养高素质职工队伍的大学校，担负起培养适应现代化建设需要的高技能专门人才和高素质劳动者的任务。对这部分学校，各级工会要加强领导，协助搞好领导班子和师资队伍建设，努力提高教育教学质量。

（十）加强职业指导和就业服务，拓宽学生就业渠道。工会各类职工学校要增强服务功能，按照本地的就业需求开展职业培训，努力提高针对性和实效性。要加强职业指导工作，引导学生转变就业观念，开展创业教育，鼓励学生到中小企业、小城镇、农村就业或自主创业。要从实际出发制定培训规划，量化目标要求，细化措施办法，确保培训计划的完成。同时要加强与就业服务机构和用人单位的联系，努力实现定向培训。通过开展“订单式培训”、“个性化培训”以及“一站式培训”等各种形式，积极开展自谋职业培训和集体创业培训，把培训就业技能与提供就业信息和咨询服务更好地结合起来，使更多的受训人员实现就业和再就业。

三、积极推进工会职工学校内部管理体制改革

（十一）建立和完善学校管理体制。工会系统职工学校原则上实行校长负责制，少数建立了党委的职工高等学校（或高职院）实行党委领导下的校长负责制。各级工会应选拔那些政治素质好、忠诚教育事业、热爱职工教育工作、教学经验丰富、年富力强、具有开拓创新精神的优秀人才担任校长。实行校长负责制的学校，应根据国家事业单位的改革方向、原则和要求，加快学校内部管理体制改革步伐。扩大职工学校的办学自主权，增强其自主办学和自我发展的能力。要依法保障职工学校在学校发展、专业设置、招生规模确定、教师聘任、人事分配制度改革及经费使用等方面享有充分的自主权，实现职工学校管理人、财、物“三权”到位，有效激活职工学校自身办学的积极性、主动性和创造性。

（十二）加强教师队伍建设，充分调动教职工参与改革的积极性。实施教师素质提高计划，努力建设与新时期职业教育需求相适应的师资队伍，积极开展以职业教育为主的教师全员培训，提高教师的职业道德素质、教学水平和实践能力，建设一支高素质、高质量、“双师型”的教师队伍，以满足职业教育和教学的需要。支持学校面向社会和企业聘用工程技术人员和高技能人才担任专业课教师或实习指导教师。要积极推进学校人事制度改革，不断增强教职员工的竞争意识，加快干部岗位聘任制、教师竞争上岗制的全面实施，激励全体教职员工提高管理和教学水平；深化学校内部分配制度改革，坚持奖优罚劣、奖勤罚懒的原则，实现多劳者多得、多贡献者多受益，实行分配形式多样化，进一步调动广大教职工参与学校建设发展的积极性。

（十三）强化实践性教学环节，提高学生的职业能力。鼓励和支持学校借助社会教学资源，建设一批设施先进、实用性强、相对稳定、特色鲜明的实习实训基地，提高学生的操作技能和动手能力。要把学校教学工作与社会实践、社区服务、技术咨询、技术推广与协作等结合起来。把职业能力培养与职业道德培养结合起来，保证实践教学时间，严格要求，培养学生的实践能力、专业技能、敬业精神和严谨求实作风。要大力开展远程教育、网络教育，充分运用多媒体等现代化教学手段，提高课堂教育质量和教学水平。要充分利用企业资源，开展校企合作、产教结合，构建以提高职业能力为前提，突出创新思维与培养实用能力的教学体系。

（十四）调整专业设置，努力办出特色。要适应经济结构调整、技术进步和劳动力市场变化，及时调整专业设置，拓宽专业领域，增设与经济建设和社会发展相关，适应劳动力市场需求，有发展潜力、有一定覆盖面的专业，把重点放在开拓新职业领域和第三产业的专业方面。积极发展面向新兴产业和现代服务业的专业，增强专业适应性，努力办出特色。要大力加强技术工人尤其是高级技术工人和技师的培养和培训，结合劳动预备制度和职业资格证书制度的实施，推动学校扩大教育培训的覆盖范围，开展多层次、多形式、多规格的职业教育培训，不断提高学员的岗位竞争能力、就业能力和创业能力。

（十五）认真贯彻党的教育方针，全面实施素质教育。要对学员加强“爱岗敬业，诚实守信，办事公道，服务群众，奉献社会”的职业道德教育，提高职业道德素质；加强德育教育和民主法制教育，引导学员树立与社会主义市场经济相适应的世界观、人生观、价值观和就业观，践行“八荣八耻”的社会主义荣辱观，不断提高学员的思想政治素质；加强文化基础教育和职业技能培养，提高学员的科学素质和职业素质。

四、加强领导，为工会职工学校改革与发展创造良好环境

（十六）以高度的政治责任感确保工会职工学校改革与发展的政治方向。各级主管、主办工会要提高对工会办学的认识，高度重视职工学校的改革工作。认真调查研究，结合当地经济与社会发展实际，切实加强对职工学校改革工作的领导，坚持依法治教、依法办学、依法管理。要站在全局的高度，领导和支持工会职工学校的改革调整工作，通过各种积极有效的政策手段和措施，进一步整合资源、盘活资产、挖掘潜力，探索一条职工学校发展与市场需求相结合、工会阵地建设与履行工会职能相一致的改革、创新、发展途径。

（十七）创造学校发展的良好外部环境。各级主管与主办工会要积极参与本地区有关办学政策的制定，协调有关方面为职工学校发展提供良好的外部环境。要重点加强政策协调，使工会职校与政府部门的同等级别学校享受同等待遇。同时，各主办工会应争取将所属职工学校列入当地社会发展计划，按照国家规定享受同类社会公益设施的待遇。在城市建设规划中不得任意侵占职工学校土地和设施，确需易地重建的，工会应协调政府或者有关部门确保迁建所需土地及资金补偿。各级工会要为职工学校改革发展创造条件，协调政府有关部门，对学校开展的就业培训、农民工培训、职业资格培训鉴定工作给予政策上的支持。对有能力承担职业技能培训鉴定工作任务的职工学校，应协调劳动保障部门对其培训资格优先给予认定，并大力扶持其开展职业资格培训鉴定工作。同时要把职工学校的培训计划和目标纳入本地区经济社会发展规划，建立与学校的联系制度，定期向学校提供就业预测分析资料以及劳动力市场需求信息状况。

（十八）加大对工会各类教育阵地的建设和扶持。各级主管工会和主办工会要结合本地区的经济发展和人才需求，有重点地培养和扶持一批示范性骨干职工学校。全国总工会将对在工会办学事业上有突出贡献的学校进行表彰奖励，促使这部分学校上档次、上水平。各主管工会也要对职工学校进行不定期评估，对真正有实力、有特色的学校突出重点、扶优扶强，形成优胜劣汰机制。对目前办学实力较弱，但当地确有社会需求，经过调整改革，仍能有所发展的学校应加大政策引导和扶持力度，促使其在职业教育和创业培训上有所作为。要保证学校正常办学经费投入，监督并保证职工学校按时足额发放教师工资，解决好教职工的养老保险、医疗保险等，解除他们的后顾之忧。要切实帮助学校解决改革中出现的困难和问题，对同时承担工会干部培训任务的职工学校，各级工会要按照总工发〔2001〕21 号文件的要求，保证工会干部培训所需的专项经费。职工学校要发扬艰苦创业、厉行节约、勤俭办学的优良作风，把这部分教育经费真正用于工会干部培训和完成各项培训任务上。对完成再就业培训任务的职工学校，各级工会应协调地方劳动保障部门从再就业专项资金中申领补助经费。

本意见适用于地方工会举办的各级各类职工学校、职业学校、职业技能培训鉴定中心、再就业培训中心以及文化宫、技协等举办的以职业教育为主的各类职业学校和培训机构等。

中华全国总工会关于进一步加强工会干部教育培训工作的意见

（总工发〔2014〕13号　2014年4月23日）

为了加强当前和今后一个时期工会干部教育培训工作，切实用中央精神特别是习近平总书记系列重要讲话精神武装头脑，培养造就高素质工会干部队伍，在全面建成小康社会、实现中华民族伟大复兴的中国梦的历史进程中充分发挥工会组织作用，提出如下意见。

一、充分认识加强工会干部教育培训工作的重要意义

加强工会干部教育培训是保持工会工作正确政治方向的内在要求。工会工作做得好不好、有没有取得明显成效，关键看有没有坚持正确政治方向。面对复杂的国际国内形势，必须将深入学习习近平总书记系列重要讲话精神作为重大政治任务，进一步加强工会干部教育培训工作，切实增强政治意识、大局意识、责任意识、忧患意识，始终做到在思想上政治上行动上与以习近平同志为总书记的党中央保持高度一致，自觉服从服务于党和国家工作大局，坚持走中国特色社会主义工会发展道路，确保工会工作始终沿着正确政治方向前进。

加强工会干部教育培训是做好新形势下职工群众工作的迫切需要。劳动关系和职工队伍的深刻变化，对工会干部的能力素质提出了新的更高要求。加强教育培训工作，能够有效解决工会干部的“本领恐慌”问题，提高干部的能力水平，使工会工作及时有效地回应职工需求，更好维护和发展职工群众利益，更好服务职工群众，有效调动职工群众的积极性主动性创造性，增强工会的吸引力、凝聚力，切实把职工群众凝聚在党的周围。

加强工会干部教育培训是推动工会工作改革创新的重要保证。推进全面深化改革，完善和发展中国特色社会主义制度，推动国家治理体系和治理能力现代化，给工会工作带来了新机遇，也对工会改革创新提出了新要求。加强教育培训工作，能够使工会干部更加深刻理解中央全面深化改革的精神，提高对工会工作改革创新重要性和紧迫性的认识，以职工群众满意不满意、工会作用发挥充分不充分作为标尺，积极破解工会组织体制、运行机制、活动方式、工作内容、工作制度等方面的突出问题，保障工会工作改革创新的有序推进。

二、进一步明确工会干部教育培训工作的主要内容

当前和今后一个时期，要把加强政治理论学习作为首要任务，深入学习党的十八大、十八届三中全会精神、习近平总书记系列重要讲话精神；拓展教育培训的广度，使广大工会干部掌握新理念、新知识和新方法；不断提高培训内容的针对性和实效性，着重解决培训与实践脱节问题。

加强对中国特色社会主义理论体系的教育培训。组织广大工会干部深入学习中国特色社会主义理论体系，深刻认识在当代中国，坚持中国特色社会主义理论体系，就是真正坚持马克思主义，教育干部深刻理解中国特色社会主义理论体系是与马克思列宁主义、毛泽东思想一脉相承又与时俱进的关系，牢固树立辩证唯物主义和历史唯物主义世界观和方法论，提高战略思维、创新思维、辩证思维、底线思维能力，增强辨别大是大非问题的本领，坚定对中国特色社会主义的道路自信、理论自信、制度自信。

加强对习近平总书记系列重要讲话精神的教育培训。教育引导工会干部全面系统掌握讲话的丰富内涵、精神实质和实践要求，掌握贯穿其中的立场、观点、方法和世界眼光、战略思维，掌握其中贯穿的坚定信仰追求、历史担当意识、真挚为民情怀和务实思想作风，把思想统一到党中央对形势的科学判断上来，把智慧和力量凝聚到党中央的战略部署上来，保持战略定力，不断开创工会工作新局面。

加强对中央关于全面深化改革精神的教育培训。深入学习党的十八大、十八届三中全会精神，深刻领会中央关于全面深化改革的整体部署，准确理解全面深化改革的战略重点、优先顺序、主攻方向、工作机制、推进方式和时间表、路线图，深入研究全面深化改革对工会工作提出的新要求，把思想和行动统一到中央精神上来，把职工群众的智慧和力量凝聚到为推动全面深化改革作贡献上来，围绕中心、服务大局，在推进改革开放伟大事业中谱写工会工作的新篇章。

加强对中国特色社会主义工会发展道路的教育培训。按照工会十六大的要求，引导工会干部准确把握工会发展道路的科学内涵、精神实质和理论实践要求，深刻理解探索和坚持工会发展道路的历史必然性和现实必要性，增强坚持和拓展工会发展道路的责任心和使命感，积极探索实践，及时总结经验，赋予其新的时代内涵，不断丰富其理论特色、实践特色和时代特色，努力使道路越走越宽广。

加强对工会业务知识及相关知识的教育培训。认真学习劳动关系、工会组建、集体协商、社会保障等工会工作业务知识以及经济、政治、社会、法律等方面知识，不断提高工作能力，真正成为工会工作的行家里手，努力推进学习型、服务型、创新型工会建设。

三、准确把握工会干部教育培训工作的目标要求

各级工会要按照政治强、业务精、作风好的要求，坚持脱产学习和业余自学相结合、实体培训和网络培训相结合、短期培训和中长期培训相结合的原则，突出抓好党的十八大和十八届三中全会精神以及习近平总书记系列重要讲话精神的学习培训，进一步推进工会干部理论武装、党性修养、能力培训、知识更新，教育引导工会干部积极践行习近平总书记关于各级领导干部都要既严以修身、严以用权、严以律己，又谋事要实、创业要实、做人要实的要求，切实加强作风建设，增进对职工群众的感情，提高做职工群众工作的能力，努力培养信念坚定、为民服务、勤政务实、敢于担当、清正廉洁的好干部，把工会干部锤炼成为听党话、跟党走、职工群众信赖的“娘家人”。

抓好省、市以上工会领导干部的教育培训。省、市以上工会领导干部工作涉及面广，政治性、政策性要求高，要按照培养“政治家、社会活动家、协调劳动关系专家”的要求，把学习党的科学理论、工运理论、党中央重大战略决策部署，与学习经济体制改革、经济结构战略性调整、保障和改善民生、加强和创新社会管理等方面知识结合起来，切实提高其把握正确政治方向，运用马克思主义立场、观点、方法分析问题、解决问题的能力，提高判断形势能力、适应市场经济能力、应对复杂局面能力、服务大局能力、依法办事能力，进一步推进中国特色社会主义工会发展道路的理论创新和实践创新。

加强对县级工会领导干部的教育培训。县级工会领导干部处于工会工作承上启下的重要环节，要按照加强理论培训、突出实践能力的要求，把理论学习与加强党性党风党纪、社会主义核心价值体系、党史国史工运史教育结合起来，深入学习掌握中国特色社会主义工会发展道路、工会十六大精神和工会重点业务知识，抓好工会工作所需新知识新技能的学习培训，进一步夯实理论基础、加强党性修养、拓展眼界思路，提升履职尽责能力，培养打造一支专业化、实践型工会干部队伍。

加强对基层工会干部的教育培训。基层工会干部是工会工作的具体实践者和推进者，要进一步加强理想信念教育、党性教育、社会主义核心价值观教育，学习掌握中国特色社会主义工会发展道路、工运史、工会基础理论、工会重点业务知识，切实提高其理论水平、业务能力和综合素质，提高其服务科学发展、服务职工群众的能力和水平。

四、切实加强对工会干部教育培训工作的组织领导

工会干部教育培训工作是建设高素质工会干部队伍的基础性、战略性工程，任务重，要求高。必须进一步健全领导体制、明确责任分工、完善制度机制、深化教学改革、加大培训投入、整合各类资源，为工会干部教育培训工作提供坚强保障。

健全领导体制。全国总工会要加强统筹规划和组织领导，认真抓好全国工会系统的教育培训工作。各级地方工会要建立健全工会干部教育培训工作领导小组，切实履行好整体规划、宏观指导、协调服务、督促检查的职能，推动形成职责明确、制度健全、保障有力的教育培训宏观管理体制，确保教育培训工作质量和效益的统一。

明确责任分工。全国总工会重点对省、市、县级工会主席、部分大型企业工会主席、工会干部院校师资以及全总机关干部等进行培训。省级总工会重点对所属地方工会专职干部，省属大中型企业工会干部进行培训。地市级以下工会负责组织实施本地区其他工会干部的培训。各级工会要切实履行主体责任，认真完成本级培训任务，努力实现对工会干部培训的全覆盖。

完善制度机制。贯彻落实中央《2013—2017 年全国干部教育培训规划》，按照《2011—2015 年全国工会干部教育培训规划》要求，建立健全办班归口管理审批和培训计划生成机制，健全完善教学管理评估、学习培训考核以及培训效果总结通报等机制，加强教材体系、教学大纲、师资队伍和学风建设，确保培训工作顺利实施。加强调研指导和督促检查，建立培训情况年度报备制度和定期通报制度，确保培训目标任务落到实处。

深化教学改革。以培训需求为导向，党和国家以及工运事业发展需要什么就培训什么，干部履职尽责和健康成长需要什么就培训什么。按照干部教育培训的内在规律和要求推进教学改革，鼓励开展案例教学、研讨式教学和体验式教学等互动教学方式，增加互动交流时间，促进教学相长、学学相长。理论联系实际，将课堂教学与现场教学、理论学习与工作交流结合起来，进一步提高教育培训的针对性、实效性。

加大培训投入。加大对中国劳动关系学院和全国工会干部教育培训示范校的政策支持和投入力度，打造新的全国工会干部教育培训基地，构建布局更加合理、功能更加完备的教育培训阵地新格局。通过加大人力、物力和资金投入，进一步提高教育培训的质量和水平。

整合各类资源。争取党委、政府和社会各界的重视支持，将工会干部纳入党政干部培训范围，把工会领导干部培训班列入党委干部培训统筹规划，逐步将工会工作内容引入国家级干部学院和各级党校培训课程。拓展网络培训，进一步扩大培训覆盖面。引进具备干部教育培训资质的高等院校等社会培训机构参与培训，形成实体培训和网络培训相结合、工会培训和社会培训相结合，开放竞争、优势互补、充满活力的工会干部教育培训格局。

中华全国总工会关于加强和规范工人文化宫管理的意见（试行）

（总工发〔2016〕21号　2016年9月9日）

为深入学习贯彻习近平总书记系列重要讲话精神特别是关于工人阶级和工会工作的重要论述，贯彻落实中央党的群团工作会议精神和《中共中央关于加强和改进党的群团工作的意见》，根据《全国总工会改革试点方案》的要求，加强和规范工人文化宫管理工作，突出工人文化宫公益性服务性，强化其服务职工功能，现提出以下意见。

一、坚持公益性发展方向

各级工会举办的工人文化宫是国家公共文化服务体系的有机组成部分，是弘扬社会主义先进文化的重要阵地，是工会组织维护职工精神文化权益的重要载体，是职工群众学习知识、培养才干、进行文化活动的重要场所。加强和规范工人文化宫管理工作，必须努力推动当地政府把工人文化宫纳入公共文化服务体系，保障工人文化宫充分履行公益性服务的职能，切实做到工人文化宫里有工人，工人文化宫里有文化，使工人文化宫真正成为职工的学校和乐园。

（一）推动纳入当地公共文化服务体系。贯彻落实《公共文化体育设施条例》，推动当地政府将工人文化宫建设纳入当地国民经济与社会发展规划、城乡建设规划和土地利用总体规划，推动当地政府将工人文化宫建设、维修、管理资金纳入同级政府投资项目基本建设计划和财政预算。推动工人文化宫享受公益性文化单位的水、电、气等公用服务价格优惠政策。针对工人文化宫功能、特点，积极开展公共文化服务，制定公共文化服务目录，加强公共文化服务品牌建设，打造具有鲜明特色和社会影响力的服务项目。与当地公共文化机构互联互通，参与区域文化共建共享。

（二）落实事业单位分类改革各项政策。推动当地政府将工人文化宫划入公益二类事业单位，有条件的划入公益一类事业单位，并推动落实相应的财政保障政策。划入公益一类的工人文化宫由财政全额保障，纳入公益二类的由财政给予经费补助，并通过政府购买服务等方式予以支持。推动政府有关部门落实相应的税收优惠政策，对工人文化宫开展公益性活动取得的收入免征增值税，对工人文化宫自用的房产和土地免征房产税、城镇土地使用税，对取得非营利组织免税优惠资格的工人文化宫免征企业所得税。

（三）建立政府财政资金支持为主的多渠道资金保障机制。对工人文化宫按照基本公共文化服务标准提供的基本公共文化服务项目，要积极推动落实财政保障政策，争取当地政府以政府购买服务、项目补贴、定向资助、贷款贴息等方式，对工人文化宫提供公共文化服务给予支持。在政府给予补助的同时，主管工会可以使用工会经费支持工人文化宫发展，上级工会也可根据情况给予适当补助。合理安排工人文化宫项目资金，通过工会购买服务的方式，支持工人文化宫为职工提供文化服务。

二、做优做强文化服务主业

工人文化宫要坚持正确的政治方向，聚焦文化服务主业，坚持围绕工会中心工作、立足基层和职工需求、适应社会多元化发展趋势开展各类文化服务，形成文化事业与文化产业共同发展、社会效益与经济效益协调统一的可持续发展格局。

（四）围绕工会中心工作开展文化服务。加强职工思想政治工作，积极传播和弘扬社会主义先进文化，引导职工培育和践行社会主义核心价值观，大力弘扬劳模精神、劳动精神、工匠精神，教育引导广大职工听党话、跟党走。有针对性地开展职工教育培训活动，不断提高职工队伍的整体素质。积极承接工会组织开展的职工素质建设工程、农民工职业技能提升计划、金蓝领工程、职工书屋、职工文艺创作培训基地、工会会员卡服务场所等重点文化教育服务项目，着力提供优质的服务。

（五）立足基层和职工需求开展文化服务。工人文化宫既要聚焦教育培训、文化创意、文艺创作、体育健身等传统领域，又要积极拓展网络视听、移动多媒体、动漫游戏等新兴领域，形成健全的文化服务网络。要根据基层和职工需求，推出文化服务菜单，采取“订单”服务方式，实现供需有效对接，增强服务的匹配度和职工的满意度。要合理确定工人文化宫服务项目的运行时间、服务价格，推动与互联网的融合，增强服务基层、服务职工的便捷性。

（六）适应社会多元化发展趋势开展文化服务。工人文化宫要培育发展有明显优势的文化产业项目，重点培育高质量的文化精品，打造文化服务品牌，满足社会多元化、个性化的文化消费需求，提高工人文化宫的市场竞争力。有条件的工人文化宫可以创办以文化产业服务为主的企业，企业经营收入要纳入工人文化宫预算管理，主要用于支持公益性文化事业发展。

三、加强阵地管理

坚持鼓励恢复重建、倡导维修改建、规范控制新建的工作方针，科学规划、统筹管理工人文化宫阵地建设。

（七）科学规划布局。各级工会要优化盘活存量，科学配置增量，推动形成布局合理、发展平衡、运行有效的阵地网络体系。重点扶持职工相对集中的省会城市和中心城市工人文化宫建设，使其成为导向正确、特色鲜明，设施先进、功能齐全，服务规范、经营有效，竞争实力强，社会效益和经济效益突出，深受职工群众欢迎的新型职工文化活动中心。

（八）加强阵地保护。各级工会要加强对工人文化宫阵地管理事项的审批管理，依法坚决制止以各种形式非法侵占、处置工人文化宫阵地的行为。全国总工会负责工会所属工人文化宫的不动产处置、新建项目的审批（备案）工作。工人文化宫被列入拆迁改造范围的，要坚持先建后拆、拆旧建新、拆小建大。拆迁补偿以原址重建、原区域迁建为主，货币补偿为辅；迁建的工人文化宫，地理位置应便于广大职工参加活动。工人文化宫的主管工会和上一级工会应参与拆迁补偿条件的前期协商，并督促、协调补偿方案的落实。对非法侵占、擅自处置工人文化宫资产，或不按批复执行造成工人文化宫资产流失的，由上一级工会负责纠正并追究责任。要加大工人文化宫品牌保护力度，未经上一级工会批准，不得撤销工人文化宫机构和编制；工会阵地承担工人文化宫功能、开展职工文体活动的，应加挂工人文化宫的牌子；以建设工人文化宫名义立项的，不得更改工人文化宫的名称和用途。

（九）增强阵地服务功能。围绕改善工人文化宫服务职工的环境和条件，积极做好工人文化宫维修改造和设施设备更新工作。重点加大对建成年限较长、社会效益较好、服务覆盖面较广的工人文化宫的维修改造力度，使其具备开展活动的基本条件。上级工会要加大对县级工会所属的工人文化宫维修改造工作的扶持力度，充分发挥其服务基层、服务职工的重要作用。

（十）规范控制新建项目。工人文化宫主要采取盘活存量、调整置换、集中利用等方式进行建设，不搞大拆大建，凡现有设施能够满足职工文化需求的，原则不再新建。严禁以建设工人文化宫为名，变相兴建楼堂馆所。对于职工人数多且文化活动阵地缺乏的地区，确有必要新建工人文化宫的，必须立项文件齐备、建设资金到位。工人文化宫可以独立兴建，也可以与当地政府公共文化服务项目整体规划一并兴建，但要依照《工会法》规定，保持工人文化宫的独立产权和运营管理权。职工人数相对较少的地区，可按照实用、方便的原则，创办职工文化活动站点。

四、加强资产管理

根据工人文化宫的职能定位，依法合规、积极稳妥地开展资产运营模式的清理规范工作。清理规范工作由主管工会负责，坚持精准识别、分类施策，整改为主、转类为辅，将绝大多数工人文化宫盘活。极少数工人文化宫在限期整改后仍不能恢复功能的，由主管工会报经上一级工会批准，可转入工会经营性资产序列管理。

（十一）清理出租、承包行为。工人文化宫不得整体出租、承包。各级工会要用 1 年时间集中清理工人文化宫的出租、承包行为，把工人文化宫从依靠出租、承包为主获取经营收益，转变到向为工会、职工和社会提供文化服务为主获取效益上来。

1. 工人文化宫一律不得新签出租、承包合同，凡已到期的出租、承包合同不得再续签，能够协商解除出租、承包合同的项目立即解除。已经整体对外出租、承包的，必须限期收回。因工人文化宫大面积出租、承包而基本丧失阵地功能的，在清理完成前，对外不得悬挂“工人文化宫”的牌子。

2. 经协商确实无法解除的局部场地出租合同，该出租项目必须从工人文化宫剥离。剥离办法为：出租场所与工人文化宫场所进行相对的物理隔离，通过出租场地置换等方式，将出租场所集中管理，原则上两类场所不允许互相混杂；出租项目与工人文化宫组织机构进行运作隔离，通过设立公司等方式，对出租项目进行集中管理，其出租收入纳入工人文化宫预算管理。待出租合同到期后，依法予以收回。

（十二）规范引导合作行为。主管工会要依法依规规范工人文化宫的合作行为，在合作中应坚持集体决策、服务主业、控制风险，坚决不得开展有损工人文化宫品牌形象的合作。支持工人文化宫通过宫宫联合、宫校结合、宫企联合等多种形式整合资源；鼓励和支持社会力量通过投资或捐助设施设备、兴办实体、资助项目、赞助活动、提供产品和服务等方式，参与工人文化宫的建设和发展。有条件的地方可探索通过委托或招投标等方式，吸引有实力的社会组织和企业参与工人文化宫的试点运营。

（十三）清理一些名存实亡的工人文化宫。各级工会要用 1 年时间集中开展对虽有事业单位的机构和编制，但无场地无人员无活动的工人文化宫的清理工作，逐步激活该类工人文化宫，恢复其服务职工的功能。工人文化宫资产被有关部门占用，或阵地在拆迁中流失的，要加强与当地政府的沟通协调，争取尽快归还场地、恢复重建；工人文化宫资产被主管工会占用，人员也已经分流到其他工作岗位的，主管工会要归还一部分场地用于开展职工文体活动，并安排专人负责。

五、落实管理主体责任

按照统一所有、分级监管和谁主管、谁负责的原则，各级主管工会要切实履行管好办好工人文化宫的主体责任。

（十四）理顺管理体制。主管工会要进一步明确工人文化宫的管理机构和管理职责，由资产监管部门负责工人文化宫资产监督管理和改革发展工作，由宣教部门实施业务指导和协调服务。上级工会下拨职工文体活动专项资金的分配使用时应吸收资产、宣教部门参与，强化专项资金的导向作用。推动会事分开、管办分离，探索建立以决策层和管理层为基本架构的法人治理结构，切实提高工人文化宫管理水平和服务效能。

（十五）搞好指导服务。主管工会要把工人文化宫的工作纳入工会工作特别是工会宣教工作总体部署，把工人文化宫作为满足职工文化需求的重要阵地。主管工会筹办的职工文化、体育、教育、展览等活动，要以购买服务等方式优先交由工人文化宫承办。要统筹制定本地区工人文化宫整体发展规划，做到工人文化宫有阵地、有经费、有人员、有活动。

（十六）健全考核和监督机制。主管工会要建立工人文化宫服务绩效考评制度，健全目标责任制考核机制，考核目标应涵盖党建工作、公益性服务、事业经营收入、制度建设、安全管理等方面，并把考核结果与领导班子职务任免、绩效工资等挂钩。建立上级工会对下级工会工人文化宫工作进行指导和监督检查的机制。主管工会每年应定期向上一级工会报告工人文化宫管理和运营情况，上一级工会每年应定期对主管工会落实主体责任及工人文化宫突出文化服务主业、严格资产处置、加强财务管理等情况进行指导和督查，对责任不落实的予以通报批评。建立工人文化宫重大决策事项终身责任追究制度和责任倒查机制。

（十七）探索建立工人文化宫服务职工满意度评价制度。主管工会要建立以增强职工获得感为目标的文化服务需求收集机制、服务效能动态监测机制和服务绩效评价反馈机制。要根据职工需求制定工人文化宫的发展规划，设定绩效目标与服务项目，并及时对服务项目的内容、形式进行调整、改进。在兴建工人文化宫等文化设施、制定重大艺术节庆创办等文化政策和项目时，要征求职工群众意见，让职工参与决策。研究制定职工满意度指标，把该类指标纳入工人文化宫的考核评价体系，通过问卷调查、定期走访服务对象、无记名投票和座谈会等多种形式确定职工满意度。探索引入社会第三方开展文化服务职工满意度测评，增强工人文化宫文化服务评价的客观性和科学性，对职工满意度较差的工人文化宫要进行通报批评，限期整改。

（十八）加强工人文化宫领导班子和人才队伍建设。主管工会要选好配强工人文化宫领导班子，把有事业心、熟悉文化领域工作、懂经营会管理的复合型人才选拔到工人文化宫领导岗位上来。完善工人文化宫班子成员交流制度，统筹推进工人文化宫与其他工会企事业单位之间、与主管工会机关之间的交流。切实加强党的领导和党的建设，认真落实“两个责任”，加强党风廉政建设和反腐败工作，推动打造忠诚、干净、担当的工人文化宫领导班子。深化工人文化宫人才管理体制机制改革，建立灵活的用人机制，推动实行岗位管理和全员聘用制度，实现从身份管理向岗位管理的转变；建立与整体效益、个人工作量、工作难易程度、工作实绩相挂钩的分配激励机制，激发工人文化宫的生机和活力。加强工人文化宫人才教育培训工作，逐步提高工人文化宫专业人才比例，为工人文化宫发挥应有作用提供人才支持和智力保障。

县级及县级以上工会要按照本意见要求对所属的工人文化宫、职工俱乐部和职工文体活动中心加强管理、严格规范。各省级总工会要结合本地区实际，研究制定具体实施细则，认真抓好落实。涉及清理工作的，要按季度向全总资产监督管理部报送进展情况。

中华全国总工会办公厅关于学习贯彻落实《中华人民共和国公共文化服务保障法》的通知

（厅字〔2017〕5号　2017年3月31日）

各省、自治区、直辖市总工会：

《中华人民共和国公共文化服务保障法》（以下简称《公共文化服务保障法》）已于2017年3月1日起施行，为了更加深入地学习贯彻落实《公共文化服务保障法》，切实按照法律有关要求，进一步加强工人文化宫、职工书屋等工会文化服务设施的管理工作，现就有关事项通知如下。

一、提高认识，深入学习领会法律精神

《公共文化服务保障法》是我国公共文化领域一部重要的综合性、全局性、基础性法律，对构建现代公共文化服务体系具有重要意义。该法将工人文化宫、职工书屋纳入公共文化设施范畴，并对公共文化设施建设与管理、公共文化服务提供、保障措施、法律责任做出了明确规定，对工人文化宫、职工书屋依法加强管理，切实履行公共文化服务职能提供了法律依据。各省级总工会要充分认识《公共文化服务保障法》出台的重要意义，把学习贯彻公共文化服务保障法作为当前的一项重要工作，采取各种形式组织所辖工会学习领会法律精神，主动参加地方文化主管部门组织的有关学习班、座谈会，深刻理解法律的各项规定，牢牢把握法律的各项要求，明确担负的责任和义务。要把学习贯彻落实《公共文化服务保障法》与贯彻落实《中华全国总工会关于加强和规范工人文化宫管理的意见（试行）》结合起来，突出工会资产公益性服务性。要依据法律，结合当地政府关于公共文化服务的相关政策，系统梳理应享有的权利和需承担的义务，认真分析研究该法对职工文化事业改革发展所带来的影响，并以贯彻落实该法为契机，把工人文化宫、职工书屋的建设和管理工作纳入工会工作全局统筹部署。

二、加强协调，积极推动落实工人文化宫作为公共文化设施的法律地位

《公共文化服务保障法》首次以法律形式明确了各级人民政府是承担

公共文化服务工作的责任主体，规定了政府在公共文化设施建设和公共文化服务组织、管理、提供、保障中的职责。各省级总工会要积极推动所辖工会加强与当地政府的沟通协调，落实工人文化宫作为公共文化设施的法律地位，推动政府履行公共文化服务的保障责任。要通过向党委汇报、召开工会与政府联席会议等形式，推动当地政府把工人文化宫真正纳入公共文化服务体系建设，落实工人文化宫提供公共文化服务所需的政策、资金、人才和资源保障，争取工人文化宫的人员经费、活动经费、基本运行经费和大型维修改造经费保障政策与政府系统文化馆（站）同等待遇。要充分利用各地已经建立的公共文化服务体系建设协调组（机制）等平台，加强与当地宣传、文化、教育、体育、人社、新闻出版等主管部门的沟通，积极争取把工人文化宫提供的服务纳入当地重大文化工程和项目，纳入基本公共文化服务实施标准及公共文化服务目录，纳入政府购买服务目录。政府保障措施暂不能落实的，主管工会要以购买服务等多种形式，保障工人文化宫按法律要求提供公共文化服务，上级工会要给予相应的政策引导和资金扶持。

三、严格管理，确保工人文化宫履行公共文化服务职能

《公共文化服务保障法》对公共文化设施管理单位加强管理，确保公共文化设施履行公共文化服务职能提出了明确要求。各省级总工会要依照法律和全总有关规定，推动所辖工会切实加强和规范工人文化宫的管理，确保工人文化宫按要求履行公共文化服务职能。在阵地建设和保护方面，依据法律规定，公共文化设施建设应纳入当地城乡规划，任何单位和个人不得擅自拆除，不得擅自改变其功能、用途或者妨碍其正常运行，不得侵占、挪用。工人文化宫已被侵占或拆迁的，要依法争取尽快归还场地、恢复重建；重建、改建的，设施配置标准、建筑面积等不得降低；被主管工会占用的，要归还部分场地用于职工文体活动，并安排专人负责，确保工人文化宫有阵地、有人员。在功能维护方面，依据法律规定，公共文化设施管理单位要按照国家规定的标准，配置和更新必需的服务内容和设备，加强经常性维护管理工作，保障其正常使用和运转。各级工会要把工人文化宫设施设备的配置、更新和维护纳入经费预算，并加强管理，确保其正常使用和运转。在收取费用方面，依据法律规定，公共文化设施应当按规定向公众免费或者优惠开放，收取费用应当按规定报批，收取的费用应当用于公共文化设施的维护、管理和事业发展，不得挪作他用。各级工会要严格规范工人文化宫的收费标准和程序，收取费用应用于工人文化宫维护、管理和职工文化事业发展，不得挪作他用；对于已经正常开展公益性文化活动的工人文化宫，主管工会不得收取资产占用费。在资产管理方面，依据法律规定，不得将公共文化设施用于与公共文化服务无关的商业经营活动。各级工会要抓紧清理工人文化宫的出租、承包项目，整体出租、承包的要坚决收回，有损工会形象的经营内容要坚决取缔。暂时无法收回的部分出租、承包项目，要按照《中华全国总工会关于加强和规范工人文化宫管理的意见（试行）》的要求，抓紧进行物理隔离和运作隔离，推动工人文化宫突出公益、聚焦主业。工人文化宫确需提供少量配套性质的准商业服务的，应当限制经营内容，主要开展与文化主业相关的经营项目，并严格遵循紧密配套、便利群众、相对低价、不以营利为目的的原则。

四、服务职工，切实提高工人文化宫、职工书屋的公共文化服务效能

《公共文化服务保障法》对公共文化设施管理单位提高公共文化服务效能做出了明确规定。各省级总工会要按照法律要求，推动所辖工会根据工人文化宫、职工书屋的功能、特点，针对地区特点和职工群体实际需求，实行精准、有效供给，提高服务效能，切实增强职工群众获得感。要建立健全管理制度和服务规范，依法公示服务项目和开放时间，建立资产统计报告制度和公共文化服务开展情况的年报制度，建立健全安全管理制度，开展公共文化设施及公众活动的安全评价，配合政府做好使用效能考核评价制度，并根据评价结果改进工作，提高服务质量，建立文化志愿服务机制，组织开展文化志愿服务活动。着力补齐服务“短板”，解决服务效能不高的问题。

中华全国总工会办公厅关于深入推进工人文化宫、工人疗休养院清理整改工作的意见

（总工办发〔2018〕28 号　2018 年 10 月 19 日）

为进一步突出工会资产公益性服务性，推动各级工会按照全总要求完成工人文化宫、工人疗休养院清理整改工作任务，进一步加强和规范工人文化宫、工人疗休养院管理，推动其回归公益、做优做强主业，现提出以下意见。

一、推动纳入公共服务体系，融入经济社会发展大局。工人文化宫、工人疗休养院是工会所属公益性事业单位，清理整改是保障工人文化宫、工人疗休养院发挥阵地作用的重要手段。各级工会要加强政策协调，推动落实《公共文化服务保障法》《关于提高技术工人待遇的意见》的规定，积极争取同级政府把工人文化宫、工人疗休养院纳入当地公共文化和公共卫生服务体系，落实政府对工人文化宫、工人疗休养院等工会公益类事业单位的保障政策，并积极争取工人文化宫与政府系统文化馆（站）同等待遇。各级工会要积极推动建立并充分利用公共文化服务体系建设协调机制，加强与当地宣传、文化、教育、体育、新闻出版等主管部门的沟通，积极争取对工人文化宫的政策支持，实现阵地共建、人才共育、资源共享。

二、严格落实工作责任制，形成清理整改工作合力。各主管工会按照“谁主管、谁负责”的原则，履行管好办好工人文化宫、工人疗休养院的主体责任，抓好清理整改任务的落实。各省级工会要加大政策协调和资金保障力度，加强督促、检查和指导，确保本辖区本系统按要求完成清理整改工作任务。全总重点抓好省级工会的清理整改工作。各级工会资产、宣教、保障、财务等相关部门要按照各自职责分工，落实好清理整改工作任务，形成工作合力。

三、依法依规，积极稳妥推进清理整改工作。各级工会要加大政策宣传力度，以《工会法》《中国工会章程》为依据，阐释工会资产的特殊性质和作用，争取各方面对清理整改工作的理解和支持。要按照《物权法》

《合同法》《公共文化服务保障法》等法律规定，合理利用法律手段，依法依规推进清理整改。

四、加强统筹规划，按照结构布局有序推进清理整改工作。各省级工会要研究制定本辖区本系统工人文化宫、工人疗休养院等工会资产阵地的功能布局，指导所属各级工会分类推进整改。各主管工会要立足盘活存量资产，在清理整改工作中同步抓好工人文化宫、工人疗休养院的功能定位和功能修复工作，尽快恢复其公益服务功能，真正把阵地用起来。

五、突出主责主业，充分发挥阵地作用。清理整改工作已经完成的，要把工人文化宫、工人疗休养院的规范稳定发展作为本级工会的重要工作来抓。各级工会要把工人文化宫的工作纳入工会宣教工作部署，组织开展的政治宣传、职工教育、文化、体育、展览展示等活动，要优先交由工人文化宫承办，使之成为宣传党的理论路线方针政策、全面提高职工队伍整体素质、丰富职工精神文化生活的重要阵地。各级工会组织开展的劳模、先进职工和一线职工的健康体检、疗休养活动，要优先交由工人疗休养院承办。通过承接工会工作任务，引导工人文化宫、工人疗休养院逐步做优做强主业，延伸工会服务职工手臂。

六、强化资金支持，确保完成清理整改工作任务。各省级工会可向全总申请项目补助，专项用于本辖区本系统清理整改工作，全总将结合实际予以适当安排。对于清理整改成效突出的，全总将在资金补助安排上予以适当倾斜。各级工会清理整改工作所需专项经费可以纳入本级工会年度预算。未纳入2018年预算的，经履行必要程序，可将工会经费结余资金用于清理整改工作支出。各级工会财务部门和资产监督管理部门应加强沟通协调，确保清理整改工作资金使用发挥应有作用。

七、建立稳定的经费保障机制，切实履行公益职能。各级工会要结合实际把工人文化宫的人员经费、日常运营费用、公益活动费用列入本级工会年度预算，保障其充分履行公益服务职能。探索建立工会购买工人文化宫、工人疗休养院等直属事业单位公益服务的机制，支持工人文化宫、工人疗休养院积极承接政府购买服务。

八、健全工作制度，加强和规范管理。各主管工会要加强工人文化宫、工人疗休养院的制度建设，实现资产配置、使用、收益、处置等各环节的全面规范管理，堵塞漏洞黑洞。要建立健全对工人文化宫、工人疗休养院的考核机制，把党建工作、“三重一大”决策情况、公益性服务、制度建设、安全管理纳入考核指标，并把考核结果与领导班子职务任免、绩效工资等挂钩。建立上级工会对下级工会工人文化宫、工人疗休养院工作进行指导和监督检查的机制。

九、加强干部队伍建设，切实提高干部队伍的能力和水平。各主管工会要选好配强工人文化宫、工人疗休养院的领导班子特别是一把手，始终突出政治标准，真正把善管理、勇改革、敢担责、专业素养强的人才选拔到工人文化宫、工人疗休养院领导岗位上来。要逐步提高工人文化宫、工人疗休养院专业人才比例，完善人才培养、吸引和使用机制，确保人才引得进、留得住、流得动、用得好。要把工人文化宫、工人疗休养院的干部队伍培训纳入工会干部培训计划，全面提升干部队伍整体素质。要按照中央关于事业单位分类改革的部署要求，积极稳妥推进工人文化宫、工人疗休养院的人事、用工、分配等制度改革，充分调动干部职工的积极性和创造性，增强发展活力。

十、强化政治引领，加强党的建设。加强党对工人文化宫、工人疗休养院的领导，始终把握正确的工作导向和发展方向。健全工人文化宫、工人疗休养院等基层党组织，选好书记，规范党员发展，加强党员管理，确保管党治党责任落实到位。严格执行工人文化宫、工人疗休养院等基层党组织换届制度，完善党支部议事规则，抓好“三会一课”、民主生活会和组织生活会、民主评议党员等制度的落实，建立健全有效的组织生活制度。建立工人文化宫、工人疗休养院的党组织研究讨论重大问题的机制，把党的领导融入经营管理各环节，充分发挥党组织政治核心作用，确保工人文化宫、工人疗休养院始终坚持公益性服务性。

中华全国总工会办公厅关于推进落实工人文化宫、工人疗休养院清理整改方案的通知

（厅字〔2020〕7号　2020年2月26日）

各省、自治区、直辖市总工会：

为深入学习贯彻习近平总书记关于工人阶级和工会工作的重要论述，进一步突出工会资产公益性服务性，落实工人文化宫、工人疗休养院清理整改方案，筑牢推动工人文化宫、工人疗休养院高质量发展的基础，现就推进有关工作通知如下。

一、进一步提高对落实清理整改方案重要性的认识

全总党组、书记处高度重视工人文化宫、工人疗休养院清理整改工作，多次提出明确要求，采取有效措施积极推进。各级工会认真贯彻落实全总党组、书记处决策部署，指导工人文化宫、工人疗休养院逐一制订清理整改方案，并积极抓好落实，清理整改工作取得显著成效。中央巡视组对全总党组进行巡视，中央审计委员会办公室、审计署派出审计组对全总主要领导干部进行经济责任审计期间，对清理整改工作十分关注，调查了解全国清理整改工作情况，并延伸调查部分省（区、市）清理整改工作进展。根据巡视、审计反馈意见，部分省市在清理整改工作中还存在整改方案落实不到位、公益性服务性不突出等问题。各级工会组织要以高度的政治责任感使命感，深刻认识落实工人文化宫、工人疗休养院清理整改方案的重要意义，坚决贯彻落实全总决策部署，切实抓好巡视、审计发现问题的整改工作，全面深入细致抓好清理整改方案的落实，确保清理整改取得实实在在的成效。

二、采取有力措施把清理整改方案落到实处

各级工会要按照“突出公益、聚焦主业、自主经营、依法监管”的要求，对照已经制订的清理整改方案，采取联合督查、专项督查等方式，对方案落实情况进行督促检查，逐一对账销号，切实做到真清实清、干净彻底。要坚持和完善清单动态管理制度，及时掌握、指导清理整改方案落实情况，做到底数清、问题清、办法清、进展清。要及时总结以建设促整

改、以发展促整改等好经验好做法，发挥典型引路作用。所有清理整改方案的进展情况都要有台账、有记录、有证明、有依据，经得起检查。

三、把解决无场地无人员无活动问题和出租承包问题放在突出位置

各级工会要把巡视、整改发现问题作为工作重点，按照《关于报送工人文化宫、工人疗休养院清理整改工作进展情况的通知》（工资发〔2018〕34号）要求，明确整改任务、整改时限、责任领导，最大力度解决无场地无人员无活动问题，最大限度收回出租承包项目，做到真改实改。拟采取恢复建设、异地置换等方式对“三无”工人文化宫、工人疗休养院进行整改的，要加大与政府有关部门的协调力度，推动在立项、土地、规划等方面取得实质进展。要结合实际采用实质性解决与过渡性场地有机结合等整改方式，坚决防止建设或置换方案停留在计划中、报表上。遇到实际困难需要上级工会协调解决的，上级工会要及时给予帮助、指导和支持。同时，要重点加强对到期收回、物理隔离等整改方案的落实力度。拟采取到期收回方式整改的，能提前解除出租、承包合同的要立即解除，杜绝到期后又续租、续包；拟采取隔离方式整改的，要尽快解除出租承包合同，坚决防止一隔了之、把隔离等同于整改完成。

四、把清理整改与功能恢复结合起来，防止出现资产闲置现象

各级工会要坚持边清理整改边恢复功能，加强统筹谋划，把清理整改与阵地修复、功能优化、队伍建设等工作结合起来，防止出现资产闲置现象。清理整改工作已经完成的，要按照《中华全国总工会关于推动工会资产实现高质量发展的指导意见》（总工办发〔2019〕18号）要求，把管好用好发展好工人文化宫、工人疗休养院作为本级工会的重要工作来抓，真正发挥工人文化宫、工人疗休养院服务职工的作用。要健全考核机制，把工人文化宫、工人疗休养院的社会效益和经济效益实现情况纳入本级工会对直属单位的考核指标，强化考核结果运用，提高资产使用效益。

五、建立健全清理整改方案落实情况季度报告制度

坚持和完善清理整改工作季度报告制度，突出工作重点，强化跟踪问效，实现季季有进展、件件有回音、事事有着落。各省级总工会要以2018年年底向全总报送的清理整改报表为底数，分别于2020年6月底、9月底、12月底向全总资产监督管理部报送工人文化宫清理整改方案落实情况统计表（见附件1）、工人疗休养院清理整改方案落实情况统计表（见附件2）以及清理整改工作进展情况说明。上述材料需同时报送电子版和纸质件（加盖省级总工会公章）。

六、切实履行落实清理整改方案的主体责任和领导责任

要按照《中华全国总工会办公厅关于深入推进工人文化宫、工人疗休养院清理整改工作的意见》（总工办发〔2018〕28号）要求，严格落实清理整改工作责任制。各省级总工会要切实承担起清理整改工作的领导责任，加强指导和督促、检查，加大政策协调和资金保障力度，确保本辖区落实清理整改方案。各主管工会按照“谁主管、谁负责”的原则，履行管好办好工人文化宫、工人疗休养院的主体责任，负责抓好清理整改任务的落实。各工人文化宫、工人疗休养院是具体落实清理整改方案的责任单位。各级工会资产监督管理部门作为牵头责任部门，负责组织协调工作，宣教、保障、财务等相关部门按照各自职责分工，落实好清理整改方案，形成工作合力，共同完成清理整改工作任务。

附件：1. 工人文化宫清理整改方案落实情况统计表

2. 工人疗休养院清理整改方案落实情况统计表

附件 1

______省（自治区、直辖市）工人文化宫清理整改方案落实情况统计表

填报单位（盖章）：______ 单位负责人（签字）：______

一、无场地、无人员、无活动 工人文化宫情况汇总

序号	工人文化宫名称	所属主管工会级别（选填省级、市级或县级）	三无问题产生原因（请在以下分类选项中选择一项打钩：）								“三无”问题产生年份	原场所占地面积（m^2）	原场所建筑面积（m^2）	原人员现状	主管工会整改方案（具体整改目标、整改期限、措施）	收回资产中已经恢复开展职工文体活动的建筑面积（m^2）	当前整改方案落实情况	上级工会是否实地督查指导	省（自治区、直辖市）总工会意见	备注
			整体出售	整体出让	整体拆迁	主管工会占用	其他单位占用（写明具体单位名称）	资产置换方案未落实	异地重建方案未落实	其他情况（请填写具体原因）										
1																				
2																				
3																				
…																				

二、对外出租、承包工人文化宫情况汇总

序号	工人文化宫名称	所属主管工会级别（选填省级、市级或县级）	占地面积（m^2）	房屋建筑物面积（m^2）	职工文体活动使用建筑面积（m^2）	对外出租、承包建筑面积（m^2）	开始对外出租承包的时间（某年某月）	出租、承包项目主要用途	出租、承包合同最晚截止时间	主管工会整改方案（具体整改目标、整改期限、措施）	整改措施类型（填写内容见表下说明2）	已收回出租承包场地的建筑面积（m^2）	计划全部收回出租承包面积时间（某年某月）	收回资产中已经恢复开展职工文体活动的建筑面积（m^2）	当前整改方案落实情况	上级工会是否实地督查指导	省（自治区、直辖市）总工会意见	备注
1																		
2																		
3																		
…																		

说明：1. 本表由省、自治区、直辖市总工会汇总填写。

2. 整改措施类型请按照本通知清理整改达标条件认定的类型填写。包括：恢复重建、异地置换、归还占用场地、提前收回、物理隔离和运作隔离、机构撤销、规范合作，等等。

附件 2

________省（自治区、直辖市）工人疗休养院清理整改方案落实情况统计表

序号	地区	疗养院名称	性质	占地面积（m^2）	建筑面积（m^2）	对外出租承包面积（m^2）	对外出租承包起止时间	对外出租承包项目主要用途	已收回出租承包面积（m^2）	主管工会整改方案或意见（包括整改目标、措施、期限等）	省（自治区、直辖市）总工会意见	当前整改方案落实情况	备注

填报单位（盖章）：________

填报人（姓名）：________　　（电话）：________

说明：

1. 本统计表由省（自治区、直辖市）总工会填报。
2. 性质包括：出租、承包、停业歇业、名存实亡。
3. 每家疗养院单独填表。

中华全国总工会办公厅关于印发《全国标准化工人文化宫指导标准（试行）》的通知

（总工办发〔2023〕5号　2023年2月22日）

各省、自治区、直辖市总工会，各全国产业工会：

《全国标准化工人文化宫指导标准（试行）》已经第十七届全总书记处第65次会议审议通过，现印发给你们，请结合实际认真贯彻落实。

全国标准化工人文化宫指导标准（试行）

为认真学习贯彻落实党的二十大精神，深入学习贯彻习近平总书记关于工人阶级和工会工作的重要论述，按照《中国工运事业和工会工作“十四五”发展规划》、《中华全国总工会关于推动工会资产实现高质量发展的指导意见》、《关于坚持公益性服务性方向　推进职工服务阵地社会化市场化运作的意见》相关要求，进一步提高工人文化宫建设、管理、运营、服务和保障水平，推动工人文化宫实现高质量发展，现制定《全国标准化工人文化宫指导标准（试行）》（以下简称《指导标准》）。

《指导标准》是开展全国标准化工人文化宫评价工作的基础指标，采取百分制计分，共分为5个一级指标，23个二级指标。

一、建设标准（20分）

（一）规划选址。（4分）

1. 地理位置优越，选址在城市中心位置（核心地带）或职工集聚区域。具体选址要求由省级工会根据实际确定。（2分）

2. 交通便利，邻近公交站、地铁站等公共交通站点。（1分）

3. 满足环境及地质条件，符合安全、卫生和环保标准，便于开展职工文化服务。（1分）

（二）建设方式。（2分）

1. 应独立建设。因政府规划要求，工人文化宫确需与其他公共文化设

施联合建设的，应相对独立，并设有专用出入口。(1 分)

2. 主要采取盘活存量、调整置换、集中利用等方式建设工人文化宫，鼓励恢复重建、倡导维修改建、规范控制新建。现有场地、设施能够满足职工文化需求的，以改造提升为主。(1 分)

（三）建设布局。(7 分)

1. 建设规模适度。根据服务人口规模、服务半径、所在区域经济社会发展程度、文化设施总体布局等因素，确定工人文化宫建设规模，确保财力可承受、服务可持续。省级工会根据实际，科学设定本地区本产业工人文化宫建设规模，合理规划大型宫、中型宫和小型宫的总体布局（详见表 1）。(3 分)

2. 建筑布局合理。工人文化宫建筑项目包括：房屋建筑、室外场地及建筑设备。房屋建筑区分为业务用房、管理用房和辅助用房（详见表 2）。其中，业务用房使用面积比例不低于房屋建筑面积的 70%。(2 分)

3. 有室外活动场地。大型宫、中型宫配备适量停车场地，同时满足城市规划的绿地率要求。(1 分)

4. 剧院、展览厅、排演厅等人流量大、聚散集中的用房宜设置在建筑首层。设置直接对外的安全出口或合理组织应急疏散通道，水电、燃气、消防、安保、供热、应急、急救等设施设备配置合理，经有关部门检验合格，符合正常使用要求。(1 分)

（四）功能设置。(5 分)

1. 各类功能用房设置兼顾当地经济社会发展水平、职工需求和自身特色综合确定。大型宫按照综合服务体进行功能设置，包含职工文化、体育、教育等基本项目用房，并根据实际适当增加种类。中型宫、小型宫围绕文化、体育、教育等基本项目的一类或几类进行功能用房设置。在满足基本项目用房的前提下，可根据场地实际使用情况，合理设置展览展示厅（馆）、剧场（院）、户外劳动者驿站、劳模创新工作室、劳动争议调解室、职工书屋、妈咪小屋、职工心理健康服务站点等用房。鼓励按照国家要求探索建设新型公共文化空间等新业态。(2 分)

2. 根据功能用房设置，基本的演出、培训、体育活动等设施设备应齐全，配备流动文化车等流动文化设备，以及网络和数字化服务设备。有条件的可合理配置智慧控制系统、数据运营中心、人机交互等智能化设备。(2 分)

3. 创建环境友好、能源与资源消耗较低的绿色建筑，体现节能、节地、节水、节材、保护环境的要求。有条件的可进行节能绿色建设或改

造，提高建筑节能水平。(1 分)

(五) 建筑标识。(2 分)

1. 建筑造型体现公共文化设施属性和工会属性，具有地方或民族风格和职工文化特色。有条件的可在文字、颜色、声音、标语、环境布置等方面打造有特色的形象识别系统。(1 分)

2. 在明显位置悬挂工会标识和工人文化宫标识。入口处设置场所布局图，各楼层、各功能用房有醒目的标识。(1 分)

二、管理标准 (20 分)

(六) 发展规划。(3 分)

1. 制定工人文化宫中长期发展规划。(2 分)

2. 每年有年度工作计划和年度工作总结。(1 分)

(七) 制度管理。(3 分)

具备健全的财务管理、资产管理、基建项目管理、业务管理、场地管理和内部控制制度，内容设置规范科学。各功能用房的场地管理制度上墙展示。

(八) 考核管理。(3 分)

制定内部经营业绩或绩效考核办法，明确考核指标、程序和结果使用等内容。

(九) 资产管理。(8 分)

1. 已办理不动产权登记，工会资产产权清晰。基本建设合法合规、手续齐全，有消防安全许可证。没有消防安全许可证的，“资产管理”指标下各项均不得分。(2 分)

2. 按规定履行工会资产管理事项的审批（备案）程序。未按规定审批（备案）工会资产建设、处置事项的，“资产管理”指标下各项均不得分。(2 分)

3. 定期进行资产盘点或清查，确保账账相符、账实相符，健全资产日常管理机制。(1 分)

4. 全部完成清理整改工作任务。尚未全部完成清理整改任务的，“资产管理”指标下各项均不得分。(3 分)

(十) 应急管理。(3 分)

1. 对可能发生的各类危及人身与财产安全的突发事件，有必要的安全应急管理制度，制定相应的应急预案，明确责任人员。(1 分)

2. 加强对饮食卫生、流行性和传染性疾病传播、环境污染等所引发的卫生安全事故的管理和防范，避免引发饮食安全和卫生安全事件。必要时

协调相关部门参与处置。发生重大安全责任事故的，“应急管理”指标下各项均不得分。（2 分）

三、运营标准（20 分）

（十一）运营模式。（4 分）

1. 坚持公益性服务性，运作过程体现工会在主业、资产、队伍等方面的主导权、管理权。（2 分）

2. 实施社会化运作的，落实全总相关制度规定，有健全规范的决策、运行、试点、考核评价、监督管理机制，有效防范运营风险。鼓励创新运营机制，为职工群众提供多样化服务，运作过程确保机构名称不变、产权关系不变、隶属关系不变、服务功能不变、主责主业不变。不得整体对外委托经营，不得以占有土地或房屋为对价换取建设资金，不得开展与主业无关的社会化合作。（2 分）

（十二）机制改革。（4 分）

1. 按照国家有关规定，探索建立健全事业单位法人治理结构，健全决策议事、民主管理和监督机制。鼓励根据公共文化机构法人治理结构改革的规定，探索成立工人文化宫理事会。（2 分）

2. 按照国家有关规定，深化事业单位劳动、人事、分配制度改革。绩效工资分配向关键岗位、高层次人才、业务骨干和做出突出成绩的工作人员倾斜。（2 分）

（十三）社会效益。（9 分）

1. 聚焦主责主业，服务活动覆盖面较广，职工普惠受益。覆盖职工比例由省级工会根据实际确定。（2 分）

2. 得到党委重视肯定和政府支持，受到上级工会或当地党委、政府和行业主管部门等表扬、表彰。（3 分）

3. 阵地枢纽作用发挥较好。牵头搭建区域工人文化宫合作机制、平台，或指导下级工人文化宫（基层文化阵地、服务站点等）开展工作，为基层提供培训、辅导或人才、资源、项目支持。（1 分）

4. 参与区域发展共建共享，具体包括但不限于以下方式：纳入当地公共文化服务清单，或承办当地重点公共文化、体育服务项目或活动，或服务项目纳入当地“公共文化服务云”建设，或获得当地人社部门认可的职业技能培训资质，或积极参与所在街道、社区精神文明建设等。（1 分）

5. 与上一年度相比，实现工会资产完全完整或保值增值。具体标准由省级工会根据工人文化宫的经费来源渠道和单位性质确定。（2 分）

（十四）经济效益。（3 分）

1. 与上一年度相比，占有土地面积不变或有所增加，土地房屋等不动产安全完整。（1 分）

2. 盘活利用存量资产，提高资产使用效率，不存在资产闲置现象。（1 分）

3. 上一年度实现收支基本平衡。（1 分）

四、服务标准（20 分）

（十五）服务导向。（3 分）

落实意识形态工作责任制，维护意识形态安全。意识形态工作责任落实不到位、政治导向出现问题的，“服务标准”指标下各项均不得分。

（十六）服务对象。（2 分）

以面向职工群众和基层工会提供服务为主，同时面向社会提供服务。对劳模、先进职工、在档困难职工有优惠措施。面向新就业形态劳动者、中小微企业职工等提供服务的，可适当加分。

（十七）服务内容。（7 分）

1. 做优做强文化服务主业，广泛开展包括职工思想政治工作、教育培训、职工文体活动在内的文化服务主业，积极承接工会组织开展的大型职工文体活动、工会会员卡服务场所等重点文化教育服务项目。服务内容、场次、数量等，由省级工会根据实际确定。（2 分）

2. 文化服务项目标准体系健全，服务内容、数量、流程明确规范，服务项目、开放时间、服务价格和流程向社会公布，职工满意度评价较高。可引入社会第三方开展职工满意度测评。（2 分）

3. 积极打造具有一定社会影响力和“工字”特色的职工文化服务品牌，培育创作“三工”题材的优秀文化活动和文艺作品。（3 分）

（十八）服务时间。（3 分）

合理确定运营时间。工作日晚间、公休日、国家法定节假日有适当开放时间。应错时、延时开放。

（十九）服务方式。（5 分）

1. 场馆服务、流动服务和数字服务兼备，建立上门服务、菜单服务机制，增强服务基层、联系职工的便捷性。（3 分）

2. 准确、详细记录活动日志和客户流量等，定期征集、统计、分析职工群众意见，改进服务工作。（2 分）

五、保障标准（20 分）

（二十）政策落实。（8 分）

1. 纳入当地公共文化服务体系，具体包括但不限于以下方式：纳入

《公共文化服务保障条例》，或纳入当地经济社会发展“十四五”规划，或纳入政府办实事工程、民心工程，或以工会与同级党委、政府相关部门联合发文等形式出台相应支持文件等。省级或市级工会统筹推动工人文化宫纳入当地公共文化服务体系，满足上述条件的，所属各级工人文化宫均可得分。(2 分)

2. 在事业单位分类改革中，被定性为公益类事业单位，且保留“工人文化宫”的机构名称，有与职能业务相匹配的编制。(1 分)

3. 建设（含新建、扩建、改建、维修改造）项目纳入同级政府投资项目基本建设计划等。土地（房屋）资产划拨、建设资金、税费减免等得到同级政府相应支持。(1 分)

4. 运维经费和人员经费享受相应财政保障。上一年度财政补助以及主管（上级）工会补助比例不低于总收入的 40%。其中，财政补助所占比例，由省级工会根据实际确定。(2 分)

5. 同等享受公益性文化单位的水、电、气等公用服务价格优惠政策。(1 分)

6. 人才队伍建设纳入当地党委、政府相关部门组织的公共文化服务人才培养、培训等规划或计划。(1 分)

（二十一）组织保障。(4 分)

1. 加强党的领导，健全工人文化宫党组织，加强党员管理，把党的领导融入经营管理各环节。(1 分)

2. 主管工会主席办公会或党组会每年至少研究一次工人文化宫工作。(1 分)

3. 主管工会把工人文化宫工作纳入工会重点工作予以安排，具体包括但不限于以下方式：列入工会代表大会报告，或列入工会工作要点，或列入与同级政府联席会议议题等。(1 分)

4. 主管工会把工人文化宫建设、管理、运营、服务工作情况纳入工会考核评价体系。(1 分)

（二十二）资金保障。(3 分)

1. 主管工会的宣传教育、技能提升、文体活动等优先在工人文化宫举办，并根据预算体制给予相应经费支持。(2 分)

2. 主管工会对工人文化宫的维修改造、数字化改造、设施设备更新维护等给予相应资金支持，使其具备服务职工的条件。(1 分)

（二十三）人才保障。(5 分)

1. 工人文化宫班子配备齐全，主要负责人综合素质强、懂经营管理、

专业能力较为突出。(2 分)

2. 有专职的工人文化宫工作人员。省级工会、市级工会所属工人文化宫专业技术人员占在职在编人员比例不低于 30%；县级工会所属工人文化宫占比不低于 15%。专业技术人员占比超过 70%的，可适当加分。(1 分)

专业技术人员是指符合下列条件之一的从事相关业务工作人员：(1) 在专业技术岗工作；(2) 具有助理馆员等各类初级及以上专业技术任职资格；(3) 具有文化、艺术、体育、教育等专业专科或以上学历；(4) 不符合以上条件，但经过大学院系举办的文化、艺术、体育、教育课程培训，培训课程不少于 360 学时并且成绩合格。

3. 拥有相对稳定并经常开展活动的职工业余文体团队，建立职工文化志愿者队伍。(1 分)

4. 制定实施针对工人文化宫工作人员的培训计划，开展集中脱产培训或者轮训。省级工会或市级工会统一组织开展工人文化宫人员培训的，参加培训的所属各级工人文化宫均可得分。(1 分)

《指导标准》主要适用于有机构有编制的县以上工人文化宫。职工文化（体育）活动中心、工人体育场（馆）可参照《指导标准》执行。

各省级工会要依据《指导标准》，结合实际研究制定本地区本产业的《实施标准》，积极组织开展省级标准化工人文化宫评价工作，发挥好标准化工人文化宫的引领作用。

《指导标准》由全国总工会资产监督管理部负责解释，并适时修订完善。

中华全国总工会办公厅
关于规范工人文化宫建设工作的通知

（总工办发〔2023〕17 号　2023 年 5 月 30 日）

各省、自治区、直辖市总工会：

工人文化宫是弘扬社会主义先进文化的重要阵地，是服务广大职工群众的重要场所。工人文化宫的建设，要严格按照《关于加强和规范工人文化宫管理的意见（试行）》和《全国标准化工人文化宫指导标准（试行）》要求，认真遵守“服务基层职工，力戒脱离大众的‘白富美’；量力而行，力戒不切实际的‘高大上’”的原则进行。在建设过程中，发现少数地方工会的工人文化宫建设偏离以上原则。为此，重申以下要求：

一、坚持服务基层职工，力戒脱离大众的“白富美”。工人文化宫的建设要立足工会主责主业，聚焦基层职工需求，围绕群众性文化服务，绝不能搞脱离基层职工群众的“宫殿式”建筑。

二、坚持量力而行，力戒不切实际的“高大上”。工人文化宫建设要坚持鼓励恢复重建、倡导维修改建、规范控制新建的工作方针，绝不能搞大拆大建、“形象工程”，甚至是变相建楼堂馆所；要坚持量力而行，建设规模和内容满足需求即可，切忌不切实际的“高大上”，更不能靠盲目举债建设。

各省级总工会要及时将本通知精神传达到市、县工会，组织对工人文化宫建设项目特别是在建、拟建项目开展全面排查，摸清底数，有针对性地抓好整改落实。整改落实情况请于 2023 年 6 月 30 日前报全总资产监督管理部。

四、职工疗休养服务事业

中华全国总工会 中华人民共和国卫生部 国家医药管理总局关于恢复与加强职工疗养事业管理工作的通知

(工发总字〔1979〕44号
(79) 卫医字第378号　　1979年5月17日
(79) 国药联字第80号)

各省、市、自治区总工会，卫生局，医药管理局：

建国以来，在党和毛主席的关怀下，随着劳动保险条例的实施，职工疗养事业有很大的发展。文化大革命以前，在卫生部门的大力协助下，全国县、市以上各级工会组织举办的疗（休）养院（所）已有三百多处，床位五万多张，每年大约有十五万职工进行疗养。这对治疗职工慢性病，增进职工身体健康，促进生产发展起了一定的作用。但是，由于林彪、“四人帮”修正主义路线的干扰破坏，工会举办的疗（休）养事业改变所有权、改做他用的现象相当严重。

为了适应新时期总任务的要求，根据邓付主席在工会“九大”致词中提出的“工会要努力保障工人福利”的精神，对职工疗（休）养事业的恢复、整顿和管理，提出如下意见：

一、凡县、市以上工会组织举办的疗（休）养事业均应恢复、整顿，加强管理。对被占用或改做他用的，应请示地方党委收回。如因特殊情况不能交还者，由使用单位给工会新建同等规模的疗（休）养院（所），或用数量、质量相当的房屋、设备抵偿。

二、凡属原疗（休）养院（所）的医务人员、医疗设备、交通工具、房屋宿舍，以及所有物资财产一律不得再调出。对已调出调入的医务人员、医疗设备、交通工具等，应本着继续办好疗（休）养院（所）的原则，由交接双方协商解决。

三、有关疗（休）养院（所）医务人员的配备、培训、晋升以及医药、医疗设备的分配等问题，由地方有关部门纳入计划统筹解决。

四、省、市、自治区总工会应加强对疗（休）养事业的领导和管理。根据本地区的实际情况，可设立专管机构或指定专人负责这项工作。

五、关于一九七九年疗养事业的经费已由国家财政拨款，具体分配数额，由全总核拨各省、市、自治区总工会掌握使用。

六、省、市、自治区总工会对收回的疗（休）养院（所），在恢复、整顿过程中，应本着勤俭建国、勤俭办一切事业的精神，少花钱、多办事，严防铺张浪费。

中华全国总工会办公厅关于印发《国际海员俱乐部工作条例》的通知

（工厅办字〔1992〕28号　1992年6月22日）

有关省、自治区、直辖市总工会，各国际海员俱乐部：

现将《国际海员俱乐部工作条例》印发给你们，请认真贯彻执行。

附件：

国际海员俱乐部工作条例

第一条　国际海员俱乐部（以下简称俱乐部）是中国工会管理的为国际海员、国内海员服务的文化福利涉外事业单位，是我国对外宣传的重要窗口，是社会主义精神文明建设和物质文明建设的重要阵地。

第二条　俱乐部的基本任务是：贯彻党和国家的方针、政策，做好对海员的友好、服务和宣传工作，团结广大中外海员，为维护世界和平，为发展我国航运和外贸运输事业，为我国社会主义现代化建设服务。

第三条　俱乐部服务对象主要是：进出我国港口的外籍商船、旅游船和其他民用船舶的海员，国内远洋、沿海和江河上的到港船舶的船员和随船家属或前来港口会亲的海员家属。

第四条　俱乐部要根据海员的特点，为海员提供生活服务，组织参观游览，积极开展文娱、体育、宣传教育、技术交流等方面的活动，努力把俱乐部办成“海员之家”。

第五条　俱乐部要坚持党的基本路线，积极做好对外籍海员和港澳台海员的宣传工作。要正确宣传党的十一届三中全会以来的方针、政策，宣传我国社会主义现代化建设成就，宣传我国对外政策和对国际重大问题的态度，宣传中国海员光荣革命历史和在社会主义建设中的作用。增进海员之间的相互了解、友谊与合作，充分发挥俱乐部和中国海员在对外民间交往中的作用。

第六条 俱乐部应设有适应中外海员要求的文化娱乐、体育、教育、技术交流等活动场所和客房、餐厅、酒吧、商店、邮电、外汇兑换、车队等生活服务项目，以及相应的设施。

第七条 俱乐部必须坚持为中外海员服务的方向，注重社会效益，提高经济效益。应对海员实行优先、优质、优惠和适当免费服务，在保证接待好中外海员的前提下，可向社会开放。

第八条 对外轮上的劳资纠纷及其海员之间的内部纠纷，一般不宜介入，要及时向当地有关部门反映。

第九条 中华全国总工会对俱乐部实行统一领导；确定俱乐部的服务方向和经营方针，对俱乐部的长远发展和建设规划提出建议与要求；制定俱乐部工作条例。中华全国总工会指定中国海员工会全国委员会为俱乐部工作的管理部门，其主要职责是：

（1）制定、修订、审批俱乐部主要规章制度；

（2）对俱乐部的服务方向、经营方针、对外宣传和财务工作等重大问题进行监督检查；

（3）协调解决开放港口新建俱乐部或扩建俱乐部事宜。审核俱乐部较大规模的改建、扩建计划；

（4）协调需要全国统一解决的问题；

（5）调查研究、反映情况、总结交流俱乐部工作经验；

（6）对俱乐部主要行政领导进行考察，可提出任免、调动、奖惩方面的建议；

（7）承办中华全国总工会交办的有关事宜。

第十条 俱乐部由所在地的省、自治区、直辖市总工会直接领导，或由省一级总工会在任免和管理俱乐部主要行政领导的条件下，再指定具体的领导和管理单位。其主要职责是：

（1）监督检查俱乐部工作条例和各项规章制度的贯彻执行情况；

（2）任免俱乐部领导成员（对俱乐部主要行政领导的任免、调动，事先须征求中国海员工会意见）；

（3）指导或协助俱乐部对工作人员的政治、业务培训和经常性的教育工作；

（4）审定俱乐部的财务年度预决算，改建、扩建项目和资金来源。必要时对俱乐部给予经费补助；

（5）协调俱乐部同当地有关方面的关系，解决工作中存在的问题；

（6）定期向全国总工会报告工作。及时向全国总工会报告在开放港口建设俱乐部的规划与方案。

第十一条 俱乐部一般应为县处级单位。其涉外事务要接受中华全国总工会国际部和地方外事办公室的业务指导。

第十二条 俱乐部实行主任负责制和职工大会制（具体办法另行制定）。

第十三条 新建俱乐部的建设规划与投资来源，应按照国发〔1985〕113号《国务院关于口岸开放的若干规定》办理；俱乐部的职工生活住房应根据国家有关规定解决；俱乐部的改建、扩建和较大设备购置费由政府和上级主管工会补助或用留用的发展基金、贷款等办法解决；俱乐部的日常经费和对外宣传费主要靠自己解决；有困难时由俱乐部的上级主管工会补助或商地方行政部门支持。

第十四条 俱乐部要建立健全科学管理程序和岗位责任制，提高接待水平和服务质量，增强吸引力和竞争力，使各项工作规范化、程序化和标准化。要贯彻勤俭办事业的方针，改善经营管理，实行独立核算，自负盈亏，要提高经济效益，努力发展事业。

第十五条 俱乐部在开展经营活动中，要严格遵守国家的法律、法规，接受财政、税务、工商行政等部门和国家银行的监督，接受工会审计部门的监督。

第十六条 俱乐部要与航运系统工会密切配合，定期征求航运系统工会组织的意见。航运系统工会要协助俱乐部做好工作。

第十七条 俱乐部要做好调查研究和登轮访问工作，建立船舶档案，熟悉船舶和海员情况。要办好“国际海员情况简报”。

第十八条 俱乐部要关心工作人员的思想和生活，组织他们努力学习文化、政治、管理和业务知识，教育他们遵守国家有关方针、政策、法律和外事纪律，做好本职工作。

第十九条 俱乐部的产权属于工会，任何组织和个人不得侵占、挪用和任意调拨俱乐部的财产和经营收入，无权改变其名称、性质和工作任务。

第二十条 本条例自公布之日起实行，其修订和解释权属于中华全国总工会。

中华全国总工会资产监督管理部关于工会举办的工人（职工）疗养院性质问题的函

（工资函字〔2009〕6号　2009年8月31日）

广西壮族自治区机构编制委员会：

得悉广西编委拟对广西事业单位进行重新分类，为便于贵编委对广西区总工会桂林工人疗养院、南宁工人疗养院和陆川温泉疗养院准确定位，我们特对我国工会系统的工人（职工）疗休养院的性质特点作如下说明：

一、工会组织创办的疗休养院不是一般性的疗休养机构，而是专门为提高广大职工身体健康服务的公益性、福利性疗休养院。新中国成立后，党和政府非常关心职工群众的身体健康，决定发展疗休养设施，并明确要求工会组织创办以一般职工为主要服务对象的工人疗休养院，作为一项重要的公益性、福利性事业。这在历次修订的宪法和劳动法中都有体现。尤其是一九五二年政务院的《中华人民共和国劳动保险条例》明确提出：要大力发展集体劳动保险事业。“集体劳动保险事业，由中华全国总工会统筹创办，但得委托各地方工会组织、各产业工会组织办理，其项目如下：疗养所；休养所……详细办法由中华全国总工会另定之”，“企业为工作的工人与职员均有享受集体劳动保险事业的权利”。这项规定包括两层含义，一是工会创办疗休养院是受政府委托的；二是这些疗休养院是公益性集体福利事业。

二、工会组织创办的疗休养院是非营利性疗休养机构，主要是靠政府政策和资金的支持创立、发展的。为了保证公益性功能的发挥，工人疗休养院的土地和设施基本上是由政府无偿提供的；工会疗休养事业发展的经费“文革”前由劳动保险总基金支出（见《劳动保险条例》第二十二条），“文革”后由国家财政预算拨款补助（见附件二）。由于国家的重视与关怀，保证了工人疗养院为劳动者开展公益性、福利性的疗休养活动。

三、建国几十年来，工会组织创办的疗休养院充分发挥公益性功能，为劳动模范和广大职工群众提供了多种形式的优质优惠甚至免费的疗休养活动，成为社会主义建设时期体现党和政府关怀工人阶级的重要阵地，成为构筑和谐社会、维护职工疗休养权益、促进职工身体健康的理想家园。

四、继续坚持工会组织创办的疗休养院的公益性，发挥其任何组织不可替代的为职工群众提供福利性的服务是党和国家的要求，是经济建设的需要，是亿万职工的需求，也是维持自身生存和发展的必要。

基于上述情况，请贵编委在对事业单位分类工作中予以充分考虑疗休养院的实际，以确保这些疗养院的性质功能不改变。

附件一：中华人民共和国劳动保险条例（略）

附件二：关于证明职工疗休养事业由中央财政拨款补助的函（略）

中华全国总工会办公厅关于印发《劳动模范疗休养基地管理办法》的通知

（总工办发〔2014〕41 号　2014 年 12 月 29 日）

各省、自治区、直辖市总工会：

现将《劳动模范疗休养基地管理办法》印发给你们，请结合实际，认真贯彻落实。

附件：

劳动模范疗休养基地管理办法

第一章　总　　则

第一条　为加强工会系统劳动模范疗休养基地（以下简称“劳模基地”）建设管理工作，促进劳模基地做强做优，组织好劳模疗休养活动，实现劳模疗休养工作制度化、组织规范化、服务精细化，推动工会疗休养事业健康发展，特制订本办法。

第二条　劳模基地是指经全国总工会命名并授予“劳动模范疗休养基地”称号的职工疗休养院所等单位。

第三条　劳模基地接待的重点对象是各级劳模、先进职工、优秀工会干部以及生产、工作在第一线的职工群众。

第四条　劳模基地建设和发展坚持为改革开放、发展社会生产力服务，为职工群众服务，为推进工运事业服务的宗旨，遵循设施完备、管理规范、服务优良、品牌引领、创新发展的原则，统筹规划，合理布局，集中优势资源打造工会服务劳模、服务职工群众的特色阵地。

第二章　管理机构职责

第五条　全国总工会资产监督管理部是劳模基地的监督管理机构，负责对劳模基地的建设和发展改革进行宏观指导，制定劳模基地有关规章制度，按有关规定和程序审核、审批劳模基地资产处置事项，会同全国总工会经济技术部共同开展劳模基地的命名和接待劳模工作。

第六条　各级工会疗休养事业主管部门负责本辖区内劳模基地的实地检查、组织管理和相关政策的落实，积极协调有关部门，制定并落实相应的扶持政策，保障劳模基地持续健康发展。

第七条　劳模基地主管总工会和有关部门要将劳模基地建设和管理工作纳入议事日程，明确分管领导，切实加强对劳模基地的领导。要加大投入力度，一方面，要协调有关部门，将劳模基地发展纳入当地公共服务体系建设规划中，争取财政资金和政策支持；另一方面，每年从工会经费中按一定的比例提取专项资金用于支持劳模基地的建设发展，从而建立起制度化、长效化的投入机制，改善劳模基地硬件设施，拓展服务项目，提高服务能力，保证为劳模和职工群众提供良好的环境和优质的服务。

第三章　劳模基地的运营管理

第八条　劳模基地不得改变为劳模和职工群众服务的方向，不得将主营业务实行出租、承包。

第九条　劳模基地须制定《劳模疗休养活动经费使用办法》，劳模疗休养补助经费要专款专用，并建有专门的科目。

第十条　劳模基地应建立高效规范的管理制度体系，在客房、餐饮、文娱、医疗、后勤保障和应急管理等方面制定科学完备的管理制度，明确员工工作和服务质量规范，推进劳模基地管理科学化、服务专业化。

第十一条　劳模基地应注重品牌建设，开拓资源、创新服务，努力实现业务经营特色化，把健康医疗和休养相结合，实现预防、体检、治疗、康复和休养等全覆盖，积极打造富有工会特色的“职工健康管理”品牌。

第十二条　劳模基地应加强信息化建设，充分运用电子商务平台拓宽营销渠道，建立完善的内部信息系统和智能管理系统，降低经营管理成本，提高劳模基地的工作效率和管理效能。

第十三条　劳模基地工作人员应加强学习培训，提升专业技术水平和职业道德素养，树立良好的团队合作精神，增强为劳模和职工群众服务的责任意识，不断提高工作能力和业务水平。

第四章　监 督 管 理

第十四条　全国总工会资产监督管理部对劳模基地实行动态管理，采取年度考核与实地抽查相结合的方法进行考核评估。对评估优良的劳模基地给予表扬，并纳入次年接待全国劳模休养活动的候选基地名单。对评估不合格的，责成限期整改；连续两年评估不合格，且整改后仍未达标的，撤销劳模基地称号并发布公告。

第十五条　劳模基地年度考核工作由省级总工会疗休养事业主管部门负责组织实施。按照《劳动模范疗休养基地年度考核评分表》（见附件）对本辖区内的劳模基地进行考核评分。全国总工会资产监督管理部对劳模基地开展实地抽查工作，综合年度考核评分情况及全国劳模休养活动中反馈的意见，最终确定劳模基地的评估等级。

第十六条　劳模基地主管工会要对劳模基地进行经常性监督检查，并广泛听取劳模的意见。对意见反映较多的，或因接待工作重大失误造成不良影响的以及因管理不善发生重大责任事故的，要及时上报省级总工会疗休养事业主管部门及全国总工会资产监督管理部按有关规定进行处理。

第十七条　各省级总工会疗休养事业主管部门每年 3 月 30 日前将劳模基地上一年度考核评分表及年度总结一并上报全国总工会资产监督管理部。

第五章　附　　则

第十八条　本办法由全国总工会资产监督管理部负责解释。

第十九条　本办法自公布之日起执行。

附件：劳动模范疗休养基地年度考核评分表

附件

劳动模范疗休养基地年度考核评分表

一级指标	二级指标	考核参考		得分
		考核标准	评分标准	
1. 基地硬件建设（12 分）	1-1 客房条件（3 分）	具有接待劳模休养需要的完善的硬件设施，包括床位数 150 张以上，客房温馨舒适，室内有电视、电话、空调、网络等必备设施，卫生间 24 小时有热水。	符合标准得 3 分。	
	1-2 餐厨条件（3 分）	餐厅卫生整洁，能同时容纳至少 150 人就餐；厨房符合卫生标准，管理规范。	符合标准得 3 分。	
	1-3 文娱辅助设施 （3 分）	会议、文娱设施齐备，具有可进行会议、文体活动的场所，有棋牌室、图书室和理发室等。	符合标准得 3 分。	
	1-4 医疗设施（3 分）	配备医务人员，原则上具备可进行常规体检的设备；暂不具备条件的，须提供附近符合条件的可对劳模进行体检的机构名单。	符合标准得 3 分。	
2. 基地组织管理（25 分）	2-1 体制机制（5 分）	具有完备合理的组织管理机构，管理职能明确，管理制度完善（须提供正式公布的管理制度文件）。	符合标准得 5 分。	

续表

一级指标	二级指标	考核参考		得分
		考核标准	评分标准	
2. 基地组织管理（25 分）	2-2 经费投入情况（13 分）	主管工会投入情况。	主管工会投入 1000 万元及以上，得 10 分；500 万元及以上，得 8 分；100 万元及以上，得 5 分；100 万元以下，得 2 分；不投入不得分。	
		争取政府有关部门补助情况。	争取到政府有关部门补助的得 3 分。	
	2-3 发展规划（4 分）	近几年主管工会出台了关于有组织地开展劳模及一线职工疗休养活动的指导性文件；基地制定了中长期发展规划，并能组织实施。	出台指导性文件得 2 分，制定发展规划得 2 分。	
	2-4 信息化管理（3 分）	具备信息化的办公管理系统，并建立自己的网站，搭建了宣传和业务推广平台。	具备信息化的办公系统得 2 分，有自己的网站得 1 分。	
3. 接待劳模休养情况（34 分）	3-1 组织领导机构（5 分）	成立劳模休养接待工作领导机构，制定和认真执行接待劳模活动的食宿、卫生、医疗、安全及投诉处理等各项管理制度，工作职责明确。	成立领导机构得 2 分，制定管理制度得 3 分。	
	3-2 年度接待计划制定及执行情况（2 分）	制定了年度接待计划，科学合理、切实可行，且认真完成，及时总结。	符合标准得 2 分。	
	3-3 年度接待劳模休养总体情况（10 分）	接待各级劳模人数。	接待各级劳模 1000 人及以上，得 10 分；500 人及以上，得 7 分；200 人及以上，得 5 分；100 人及以上，得 3 分；100 人以下，得 1 分；没接待倒扣 10 分。	
	3-4 接待劳模休养活动安排情况（2 分）	安排劳模体检、健康讲座、报告会及文体活动等情况。	安排两项及以上活动得 2 分，安排一项活动得 1 分，不安排不得分。	

续表

一级指标	二级指标	考核参考		得分
		考核标准	评分标准	
3. 接待劳模休养情况（34分）	3-5 接待劳模休养保障工作（7分）	制定劳模休养应急预案，争取当地公安、卫生等有关部门的支持，确保劳模休养任务顺利完成。	符合标准得 3 分。	
		确保食品安全，严把采购、储存、加工等环节，全国劳模休养期间每餐留样 48 小时。	符合标准得 2 分。	
		安排医务人员 24 小时值班，劳模集体外出时须有医务人员陪同。	符合标准得 2 分。	
	3-6 劳模满意度测评结果（8分）	劳模休养结束时，劳模填写接待服务满意度调查表，根据调查结果评定分数。	满意度 95%及以上，得 8 分；85%及以上，得 5 分；70%及以上，得 2 分；60%及以上，得 1 分；60%以下得 0 分。	
4. 基地经营管理（24分）	4-1 资产管理（5分）	未将主营业务实行出租、承包等。	符合标准得 3 分。	
		加强资产管理，按要求已办理土地证及房产证。	符合标准得 2 分。	
	4-2 日常管理（4分）	加强日常管理，全年无投诉或重大事故发生。	符合标准得 4 分。	
	4-3 财务管理（10分）	制定了《劳模疗休养活动经费使用办法》，劳模疗休养补助经费专款专用，并建有专门的科目。	符合标准得 5 分。	
		年度收支结余情况。	年度收支盈余或基本平衡得 5 分。	
	4-4 人员培训（5分）	加强工作人员的学习培训，对高层、中层、基层的工作人员开展有针对性的业务培训。	符合标准得 5 分。	

续表

一级指标	二级指标	考核参考		得分
		考核标准	评分标准	
5. 年度总结（5 分）	5-1 年度总结报告（5 分）	按时向省级疗休养事业主管部门提交考核期内的年度总结报告。报告应包含劳模基地上一年度发展情况、接待劳模情况及需要协调解决的问题。	年度总结报告优秀的，得 5 分；良好的，得 3 分；合格的，得 1 分。报告结果不合格或无故不上报的不得分。	
合计				

注：**评估等级标准** 总分95分以上为优秀，85—95分为良好，60—85分为合格，60分以下为不合格。

中华全国总工会关于加强和规范工人疗休养院管理的意见（试行）

（总工发〔2016〕22号　2016年9月9日）

为深入学习贯彻习近平总书记系列重要讲话精神特别是关于工人阶级和工会工作的重要论述，贯彻落实中央党的群团工作会议精神和《中共中央关于加强和改进党的群团工作的意见》，根据《全国总工会改革试点方案》的要求，加强和规范工人疗休养院管理工作，提升其服务职工的能力和水平，现提出以下意见。

一、坚持疗休养服务的正确方向

各级工会举办的工人疗休养院作为职工医疗保健机构，是工会维护广大职工疗休养权益、保护职工身心健康的重要阵地，是国家社会保障和医疗卫生事业的重要组成部分。工人疗休养院要按照突出公益性服务性的要求，聚焦发展疗休养主业，努力实现社会效益和经济效益的统一。

（一）坚持以疗为主、疗休结合的方针。工人疗休养院要以接待职工疗休养、降低职工患病率、恢复与增强职工的身心健康为主要任务，充分体现党和国家对职工的关怀和社会主义制度的优越性。为此，工人疗休养院必须坚持保护和促进职工身心健康的工作方向，积极做好疗养、休养、医疗、康复、体检以及养老等业务工作，切实担负起职工疗休养的政治社会责任。

（二）坚持为一线职工和劳模服务。工人疗休养院要坚持以基层职工群众为主要服务对象，重点是患慢性病、职业病和工伤等急需疗养康复的职工，长期从事有毒有害等特殊工种和苦脏累险工作的在职职工，以及各级各类劳模和先进工作者。建立重点行业和企业的职工、劳模健康信息数据库，为开展重点疗休养服务提供技术支撑。

（三）坚持公益性与市场运作的有机统一。工人疗休养院要在坚持公益性方向的前提下，适应经济社会发展水平和职工疗休养的需求，适应社会主义市场经济规律，推进工人疗休养院体制机制改革，在市场竞争中做优做强工会疗休养事业。在事业单位分类改革中纳入公益二类的工人疗休养院，要认真落实改革相关政策，增强自身活力和核心竞争力；划入生产经营类的，应按照有关规定进行转企改制，使工人疗休养院逐步成为自主经营、自负盈亏、自我积累、自我约束、自我发展的法人实体和市场经济主体。深化人事和用工制度改革，建立以合同管理为基础的用人机制，实现由固定用人向合同用人转变，由身份管理向岗位管理转变。深化分配制度改革，以岗定薪，同岗同酬，多劳多得，优劳优得，合理拉开收入分配差距，充分调动全体职工的积极性和创造性。

二、聚焦发展重点业务领域

按照因地制宜、分类施策、回归职能、做精做优的要求，找准业务定位，开展疗休养业务。要突出抓好劳模疗休养基地、职工医疗康复定点机构、职工健康管理中心等疗休养重点业务领域工作，恢复与强化疗养功能，促进工人疗休养院的健康发展。

（四）以打造劳模疗休养基地为标尺，大力发展职工和劳模疗休养业务。各级工会要重点扶持和发展全国劳模定点疗休养院所，体现工会关爱劳模的优良传统，使之成为弘扬劳模精神、劳动精神、工匠精神的重要窗口，发挥对本地区工人疗休养院的示范带动效应。要以创建劳模疗休养基地为契机，全面提升疗休养服务能力和水平，坚持走医养结合、疗休结合的特色发展之路，积极将服务对象从劳模拓展至更多职工群众，努力成为综合性的职工疗休养功能机构。

（五）以申办职工医疗康复定点机构为动力，恢复与强化疗养院的医疗功能。职工医疗康复定点机构是集工伤防治、医疗康复、职业康复和社会康复一体化的综合康复服务机构。此类工人疗养院要在当地政府的支持下，把职工医疗康复工作纳入当地公共卫生服务体系，重点打造特色专科优势，以专业优质的服务，使工伤职工和其他需要康复的职工得到治疗，在此基础上，逐步做精做强慢性病、职业病等疗养业务，努力形成疗养专科优势。

（六）以建设职工健康管理中心为抓手，为职工提供卫生健康服务。职工健康管理中心是在现有职工体检业务基础上，提供对职工个人健康和疾病进行监测、分析、评估以及健康维护和健康促进等延伸服务，致力于打造为职工提供全面的健康保障服务的专业机构。位于企业或职工较为集中的区域、环境优美的工人疗休养院，应以健康管理为突破口，面向亚健康人群，开展健康体检、健康休养和健康宣教等业务，从纯休养的同质竞争中脱颖而出。

三、加强资产管理

坚持依法合规、自主经营、盘活存量、积极稳妥的原则，进一步加强工人疗休养院资产管理，把工人疗休养院资产管住管严管好，充分发挥其应有的作用。

（七）清理整顿出租、承包和委托经营行为。工人疗休养院不得整体出租、承包、委托经营，不得新签出租、承包、委托经营合同。凡已到期或即将到期的出租、承包、委托经营合同不得续签。能够协商解除的合同协议立即解除。已经整体出租、承包、委托经营的工人疗休养院，必须限期收回，尽快恢复疗休养业务，实现自主经营、良性发展。整体出租、承包、委托经营的工人疗休养院在收回之前，暂时退出全国总工会疗休养事业管理体系，并暂停下拨国家财政工会疗养休养专项经费及工会经费补贴。各级工会要对所属工人疗休养院开展的资产经营行为进行一次全面清理，在 1 年内集中完成整改工作。

（八）规范对外合作行为。工人疗休养院开展对外合作，必须坚持周密论证决策，确保履行职责，服务主业发展，严格控制风险，严防资产流失。对合作对象的资质、诚信记录、技术管理水平和综合实力等情况进行考察评估，选择有实力、信用度高的合作对象。严禁以合作为由擅自输出工人疗休养院品牌。合作机构不得使用工人疗休养院的医疗文书、印章、票据和账户等。合作项目必须报经上级工会审批同意，达到一定规模的要按照规定上报全国总工会审批。合作期限原则上不超过 5 年。各级工会对所属工人疗休养院已经签订且在合作期限内有效的合作协议进行一次全面审查，对违反上述原则和要求的合作，协商中止协议或及时制定补充约定。

（九）妥善处理一些名存实亡的工人疗休养院。按照整改为主、转类为辅、慎重盘活、积极稳妥的要求，用 1 年时间，集中清理、恢复一些名存实亡的工人疗休养院的功能。

1. 对于已经整体出售出让的，由主管工会负责清理，撤销机构，注销工人疗休养院名称。

2. 对于资产置换、异地重建的，主管工会应加大政策协调力度，落实建设用地和资金，限期建成开业。

3. 对于长期闲置停业、歇业的，应进行全面评估，根据经营状况、困难成因和发展潜力等进行分类，对基础较好、仍有发展潜力的，由主管工会提出资产盘活方案；对扭亏无望、已不具备自生能力的，由主管工会提出退出方案。对地市级、县级总工会所属疗休养院无力盘活或无法恢复疗休养功能的，可由省级总工会直接管理。

（十）严格资产处置审批程序。地方工会对所属疗休养院改变性质、改变所有权以及关、停、合并或撤销事宜，由省级总工会上报全国总工会，经全国总工会批准后方可实施。地方工会对所属疗休养院进行转让开发，非经营性土地转为经营性土地等，要由省级总工会向全国总工会上报审批后方可实施。

（十一）严控异址新建行为。按照盘活存量、控制增量的要求，严格控制新建疗休养院的数量与规模。全国总工会原则上不再审批各地工会新建疗休养院。如需新建疗休养院，必须符合以下条件：一是主管工会所辖的现有疗休养院经营状况良好，近 3 年来收支平衡、略有盈余；二是严格进行市场调研论证，规模适度；三是坚持疗休养主业，严禁以工人疗休养院为名，搭车兴建楼堂馆所。

四、加强制度管理

要从疗休养院改革发展的实际出发，按照统一性、指导性、针对性、约束性的要求，建立健全各项管理制度，努力提高工人疗休养院管理水平。

（十二）建立生产经营管理指标考核制度。工人疗休养院要制定具体考核办法，将主营业务、财务资产、党建工建、行政后勤等方面的工作分解成多个指标，纳入考核内容，努力实现社会效益与经济效益的统一。考核结果要与疗休养院领导班子的薪酬挂钩。

（十三）建立职工和劳模疗休养满意度评价制度。工人疗休养院要以增强职工和劳模疗休养获得感为目标，建立疗休养服务需求收集机制、服务效能动态监测机制和服务绩效评价反馈机制。研究制定职工和劳模满意度指标，通过问卷调查、定期走访服务对象、无记名投票和座谈会等多种形式，确定职工和劳模满意度。探索引入社会第三方组织开展满意度测评，增强评价的客观性和科学性。

（十四）建立工人疗休养院重大问题查处通报制度。工人疗休养院有下列情形之一的，由主管工会负责查处，限期改正，并报全国总工会资产监督管理部备案。全国总工会资产监督管理部将定期对发现的有关重大问题予以通报。

1. 违反中央八项规定精神，存在“四风”问题，造成不良社会影响的；

2. 清理整改不力，疗休养院主营业务发展状况没有得到有效改善的；

3. 脱离主营业务，从事与疗休养院职能严重不符业务活动的；

4. 将工会疗休养事业经费挪作他用的；

5. 因管理失误造成《医疗机构执业许可证》《温泉水采矿许可证》等

被政府部门吊销的；

6. 发生重大医疗、安全事故的；

7. 因决策和工作失误造成工会资产重大损失的；

8. 虚报瞒报漏报工会统计数据的；

9. 受到当地政府主管部门行政处罚的；

10. 其他性质严重、造成恶劣影响的问题。

五、落实管理主体责任

工人疗休养院实行统一领导、分级管理、院所经营的管理体制。各级工会特别是工会主管部门要加强对工人疗休养院的领导，把管理监督的主体责任落到实处。

（十五）加强对工人疗休养院工作的领导。省级及省级以上总工会要加强对疗休养院工作的宏观指导，研究制定工人疗休养院发展规划和指导性文件；加大源头参与，争取在事业单位分类改革中将疗休养院纳入公益二类事业单位序列，并落实好相关优惠政策；优化工人疗休养院布局，推进工人疗休养院改革发展；管好用好国家财政工会疗养休养专项经费，做好监督检查，保证专款专用；发挥职工疗养协（学）会的作用，指导协（学）会做好业务推介、业务指导和技术研究推广等方面工作。建立上级工会对下级工会工人疗休养院工作考核监督机制。上一级工会每年应对下一级工会工人疗休养院管理工作进行综合考核评价，下一级工会每年应定期向上一级工会报告所属工人疗休养院经营业绩考核情况。

（十六）落实主管工会的主体责任。主管工会要重视工人疗休养院管理工作。要加强工人疗休养院班子建设，倡导和鼓励具有医疗专业资质的人员担任疗养院院长，疗休养院领导班子里至少要有一名具有医疗专业资质的成员。落实工人疗休养院的经营管理自主权和院长负责制。有条件的工人疗休养院可探索推行职业经理人制度。加强疗休养院党的领导和党的建设，坚持全面从严治党，选好配强党组织负责人，坚持“一岗双责”，落实党风廉政建设责任制。加大扶持力度，将工人疗休养院基础设施、设备更新改造费用列入主管工会经费预算。加强工人疗休养院资金资产管理，对工人疗休养院使用政府财政和工会经费情况进行绩效考评。加强审计监督工作。

（十七）加强医务人才队伍建设。医务人才是工人疗休养院立院之基、强院之本。要适应疗休养主业发展的需要，按照核定或批准的编制标准，指导工人疗养院配齐配足医务人员。在有《医疗机构执业许可证》的疗养院编制中，要确保医护保健人员比例占50%以上。指导工人疗养院制定医务人才发展规划和人才梯队建设计划，加强疗养医学科研，做好全国专业技术人员职称评聘工作，发挥学科带头人的引领作用。筹建全国工会疗休养人员培训基地，为工人疗休养院培训中高级人才。

（十八）组织开展职工疗休养活动。各级工会组织要从维护职工健康权益的高度，把开展职工疗休养活动与促进疗休养院的发展紧密结合起来。要指导企业工会将职工享有疗休养权利的内容写入集体合同。要把职工疗休养工作纳入工会开展的职工普惠性服务之中，有计划、分批次地将劳模和一线职工特别是从事苦脏累险工种及有毒有害工种的职工组织到疗休养活动中来。要统筹利用好现有的工人疗休养院，通过工会购买服务的方式，将职工疗休养活动优先交由工人疗休养院组织实施，充分发挥工人疗休养院的作用。

各级工会要按照本意见要求对举办的各类疗养院、休养院、职工医院、疗养所、休养所加强管理、严格规范。各省级总工会要结合本地区实际，研究制定具体实施办法，认真抓好落实。涉及清理工作的，要按季度向全总资产监督管理部报送进展情况。

中华全国总工会关于推进工人疗休养院改革发展的指导意见

（总工发〔2017〕4号　2017年2月6日）

为深入学习贯彻党的十八大和十八届三中、四中、五中、六中全会精神，深入学习贯彻习近平总书记系列重要讲话精神特别是关于工人阶级和工会工作的重要论述，深入学习贯彻中央党的群团工作会议精神，坚持问题导向，立足工会实际，加快工人疗休养院改革，推动工人疗休养院健康发展，现提出如下意见：

一、充分认识推进工人疗休养院改革发展的重要意义

（一）工人疗休养院承担了党和国家赋予工会组织的重要政治使命。党和国家始终高度重视和关心一线工人的身体健康，多年来，在政策和资金等方面给予工人疗休养院大力支持，鼓励开展劳模、职工群众的疗休养活动。工人疗休养院已成为国家社会保障事业和医疗卫生事业的组成部分，是工会组织传递党和政府对工人阶级的关怀、保障职工休息休假权利、维护职工健康权益的重要阵地。

（二）工人疗休养院改革发展是工会改革发展的重要组成部分。中央党的群团工作会议和《中共中央关于加强和改进党的群团工作的意见》为工会组织改革发展指明了方向，对加强工人疗休养院等工会服务职工阵地建设提出了明确要求。全国总工会改革试点方案做出相关部署，要求工人疗休养院深化改革，突出其公益性服务性，增强其自我发展和服务职工能力。

（三）推进工人疗休养院改革发展是实现其自身发展的迫切需要。当前，职工队伍不断发展壮大，职工的健康和保健意识越来越强，对疗休养的需求更加迫切，呈现出多元化、多层次、个性化的发展趋势。国家大力推进健康中国建设，为工人疗休养院的发展带来了前所未有的机遇。面对新的形势和任务，工人疗休养院的改革发展相对滞后。主要表现在：功能定位不清，阵地建设滞后，偏离疗休养主业；体制机制僵化，资源闲置浪费，人才流失严重，自身缺乏活力；工会领导机关对工人疗休养院领导缺失，资产监督管理薄弱等。这些问题制约了工人疗休养院的健康持续发展，迫切需要通过改革创新加以解决。

二、工人疗休养院改革发展的工作目标和原则

（四）工作目标。到2020年，工人疗休养院公益性服务性明显增强；一批具备核心竞争力的市场主体呈现，自我发展能力增强，健全的管理体制和灵活的用人及薪酬机制形成；劳模疗休养基地、职工健康管理中心、职工医疗康复定点机构等三大业务品牌做优做强，在社会上形成较强的影响力；基本形成疗养、休养、职业病防治、工伤康复和健康管理等融合发展的业务格局。

（五）基本原则。

——坚持为职工群众服务的宗旨。工人疗休养院要面向基层，面向劳模和一线职工，特别是从事苦、脏、累、险工种及工伤、患职业病和慢性病的职工，增强职工群众的获得感。

——坚持以疗休养为主业。以劳模和职工群众疗养、休养、医疗、保健、体检、康复为主业，恢复和增强疗休养功能；保持和发展在医疗、康复、健康管理等领域的特色与专长，在此基础上拓展其他业务，实现业务格局从盲目多元向相关多元转变。

——坚持公益服务导向与市场化运作机制相统一。以坚持职工疗休养服务主业、切实惠及职工为公益服务导向，把满足职工群众疗休养服务需求、提高疗休养服务水平、增强职工群众获得感作为工作的出发点和落脚点。主动适应职工和社会需求，深化体制机制改革，引入市场化运作机制，增强自身活力，提高市场竞争力。

——坚持激发活力与加强监管相结合。依法保障工人疗休养院的法人财产权和经营自主权，充分激发其发展活力和创造力。完善工人疗休养院法人治理结构，健全内部控制机制。强化资产监管，防止工会资产流失。

三、聚焦疗休养主业，做优做强三大业务品牌

（六）加强劳模疗休养基地建设管理，打造综合性的职工疗休养机构。劳模疗休养基地是各级工会重点扶持和发展的全国劳模定点疗休养院所，对本地区工人疗休养院具有良好的示范带动作用，是工会关爱劳模、弘扬劳模精神、劳动精神、工匠精神的重要窗口。劳模疗休养基地要坚持服务劳模、服务职工群众的方向，坚持医养结合、疗休结合的原则，把提高服务能力和服务质量放在第一位。提供接待休养服务的疗休养院，要因地制宜，充分利用海滨、矿泉、自然生态等疗养因子和浓厚的疗养文化，拓展健康体检、养生保健、医疗康复等健康疗养业务，打造富有工会特色的职工健康综合服务品牌。

已由全总命名为劳模疗休养基地的工人疗休养院要按照全国总工会《劳动模范疗休养基地管理办法》（总工办发〔2014〕41号）的要求，完善设施、健全制度、强化管理、规范运营，提供优质服务。未命名为劳模疗休养基地的工人疗休养院，应以创建劳模疗休养基地为方向，明确发展战略，改善软硬件设施，全面提升管理水平和服务质量。

加大劳模疗休养基地品牌的维护和提升。全总对全国劳动模范疗休养基地实行动态管理，每年进行考核评估，对于连续两年评估不合格且整改仍不达标的，撤销全国劳动模范疗休养基地称号；对于优秀疗休养院，经过审核验收并命名，纳入全国劳动模范疗休养基地序列。各省级工会命名的本地区劳动模范疗休养基地必须是工会系统工人疗休养院，主管工会要加强指导和管理，保持劳模疗休养基地品牌的先进性。

（七）培育职工健康管理中心，打造职工健康服务专业机构。职工健康管理中心是以健康体检业务为基础，对职工个人健康进行监测、分析、评估以及进行健康维护和健康促进等延伸服务的专门机构。位于企业或职工较为集中区域的工人疗休养院可以在充分调研市场需求基础上，结合自身实际情况和资源优势，开拓健康管理业务，将职工从一次体检的健康体验者转变为终身健康管理的受益者。

培育和发展职工健康管理中心，要以健康体检信息的采集、健康状态评估和跟踪服务为重点。要利用信息化平台，为每一位体检者建立永久电子健康档案，做好咨询跟踪服务。要重点做好基层单位团体会员体检和健康管理服务，根据不同行业提供针对性的评估指导，同时将健康管理与职工疗休养有机结合，根据不同职工群体的健康状况，制订个性化疗休养方案并提供相关服务。到2017年底，所有开展健康体检业务的疗休养院都要建立电子档案，为升级为健康管理中心奠定基础。全总将在全国选择5家疗休养院作为健康管理中心建设试点单位，积极探索发展健康管理产业。

要积极参与职业病防治工作。在现有的体检中心和健康管理中心的基础上，争取申办“职业卫生技术服务机构”，取得国家职业健康检查的资质，参照国家有关规定，对从事接触职业病危害作业的劳动者进行上岗前、在岗期间、离岗时的健康检查，强化工会组织依法开展职业病防治工作、维护劳动者合法权益的职能，拓展服务群体。

（八）申办职工医疗康复定点机构，建设综合康复服务机构。职工医疗康复定点机构是集职业病防治、医疗康复、职业康复和社会康复于一体的综合康复服务机构。作为工人疗养院，应以医疗康复为基础，以职业康复为核心，以促进患病职工回归社会、劳动岗位及家庭为目的，最大限度地恢复和提高职工的生活和劳动能力。

已经申办成为各级各类医疗、工伤康复定点机构的疗休养院，要努力为患者提供全面、系统的康复医学专业诊疗服务。要严格按照国家和本地区卫计部门、人社部门的要求，配备与其功能和任务相适应的诊疗场所、专业人员、设备设施，以保障康复医疗工作的有效开展。拟申办职工医疗康复定点机构的地区，要准确评估本区域的服务对象、服务半径以及本院的康复资源、专科人才队伍、临床技术特色等，确定办院方向和规模。要综合评估自身优势，不宜以“大而全”为建院目标，可以凭借专家或特殊的疗法及先进的设备，在某一专科方向或某个病种的治疗上形成优势，走专科立院、专科强院之路。

（九）围绕疗休养主业，探索发展新的业务形态。立足工人疗休养院职能定位，适应未来医学从疾病医学向健康医学转变、医学模式从生物医学向生物—心理—社会模式转变的发展趋势，因地制宜、因院施策，充分利用工人疗休养院的矿泉、海洋、森林、中医药等资源，运用智能、仿生、互联网+等先进科技与理念，创新服务模式和服务内容，探索疗休养与文化、旅游、餐饮、健身休闲等融合发展的新业态，打造新的职工疗休养业务品牌。结合国家社会养老服务体系建设，适度开展劳模养老等业务。

四、深化改革，增强工人疗休养院的生机活力

（十）积极争取协调，把工人疗休养院纳入国家公益二类事业单位序列。各级总工会要高度重视工人疗休养院的分类改革工作，按照《中华全国总工会关于做好工会事业单位分类改革工作的指导意见》（总工发〔2012〕65 号）的要求，加强领导，明确责任，主动协调。要落实领导责任，明确工作职责，建立工作机制，切实加强对本地区工人疗休养院分类改革工作的组织领导与沟通协调。要积极做好与本地区机构编制、财政和人社等部门的沟通，阐明工人疗休养院的特殊性和以社会公益服务为主的功能属性，取得有关部门的理解和支持，为工人疗休养院未来的发展争取有利条件。

（十一）深化体制机制改革，激发工人疗休养院发展活力。进一步落实工人疗休养院法人自主权。积极探索建立适合工人疗休养院特点的法人治理结构，形成科学高效的决策、执行和监督机制，提高运行效率。不宜建立法人治理结构的，要继续完善现行管理模式。坚持加强党的领导，完善院长负责制，发挥党组织的领导核心作用和职工代表大会的民主监督作用，实行院务公开。“三重一大”等事项必须经集体讨论决定，并按管理权限和规定程序报批。深入推进人事、分配制度改革。建立以聘用制和岗位管理为基础的人事制度，实行按需设岗、竞聘上岗、按岗聘用、合同管理，实现人员由身份管理向岗位管理转变。建立以岗位责任为重点，以绩效考核为核心的收入分配激励机制，健全以岗位工作量、服务质量、技术能力、行为规范和职工满意度为重要指标的内部绩效考核体系，坚持工资薪酬与绩效挂钩，体现优绩优酬，重点向临床一线、关键岗位、业务骨干和有突出贡献的人员倾斜，合理拉开收入差距。

（十二）对于已定为生产经营类事业单位的工人疗休养院，要按照国家和全总关于生产经营类事业单位改革的总体要求，适时进行转企改制。做好资产清查、财务审计、资产评估和资产处置工作，确保工会资产不流失。做好人员安置和社会保障衔接工作，切实维护干部职工的合法权益。把改革与发展、管理、稳定有机结合起来，以体制机制改革为契机，加快发展，加强管理，努力打造成为自主经营、自负盈亏、自我发展、自我约束的市场主体，增强市场竞争力。

（十三）深入开展工人疗休养院清理整顿工作。按照《中华全国总工会关于加强和规范工人疗休养院管理的意见（试行）》，根据工人疗休养院的功能定位，对全国工人疗休养院进行调整改革，优化结构布局。

对于已经整体出售出让的工人疗休养院，由主管工会负责清理，撤销机构，注销工人疗休养院名称。未经机构编制部门批准的，应予以撤销。职能已经丧失，严重亏损或长期闲置停业的，经全面评估，由主管工会提出资产盘活方案或退出方案。对于整体出租、承包和委托经营的工人疗休养院，要限期收回，尽快恢复疗休养业务。地市级、县级总工会所属工人疗休养院无力盘活或无法恢复疗休养功能的，可由省级总工会直接管理。对于疗休养职能已经丧失且现主要经营业态为酒店的，以及康复医院以外的纯专科医院，不能再称为工人疗休养院，可在注销工人疗休养院名称后，纳入酒店类、医院类工会企事业进行管理。

工人疗休养院撤销、整合、转型等深化改革事项，应严格按照工会资产处置程序审批。

五、加快信息化建设，推进工人疗休养院实现发展转型

（十四）加强疗休养院的信息系统建设与应用。要将信息化建设作为工人疗休养院改革与发展的驱动力，建立支撑工人疗休养院创新和转型的信息化体系和工作机制。全面提高信息化对主要业务的覆盖面，重点加强集约化人财物管理、辅助分析决策和全面风险管控等业务信息系统的建设和应用。建设企业资源计划、供应链、客户关系等管理信息系统，并持续开展信息系统功能完善、性能优化和应用评价等工作，使其与工人疗休养院的运营实际密切贴合。积极开展网络采购和销售。适应移动终端发展的趋势，加大研究开发力度，努力为职工提供移动智能服务，改善职工的入住体验，增进与职工之间的互动交流，全面提升服务的有效性、便捷性和及时性。

（十五）加快搭建职工疗休养事业工作平台和电子商务平台。全总牵头搭建统一的职工疗休养工作信息平台，宣传职工疗休养政策，交流工作经验，实现各级工会职工疗休养工作以及工人疗休养院的信息共享。抓住“互联网+”发展机遇，加强职工疗养协会等信息平台建设，拓展各工人疗休养院所之间的业务合作和信息共享，积极推进电子办公和网上互动交流，以工人疗休养院信息库、电子化商务结算为基础，建设完整的电子商务系统，实现疗休养产品的在线发布和销售，高效对接市场资源，降低销售成本，扩大预定消费群体，提高运营效率。

六、发挥工人疗休养院的阵地作用，积极组织职工参加疗休养活动

（十六）加强政策协调，做好组织动员工作。各级工会要把职工疗休养工作纳入国家全民健康和工会维权服务工作大局，积极与政府有关部门沟通协调，研究制定本地区职工疗休养制度文件，依托各工人疗休养院，规范开展职工疗休养活动。要指导企业工会将“职工享有疗休养权利”纳入平等协商内容，写入集体合同，保障职工的疗休养权益。要逐步建立制度化的职工疗休养经费保障机制，将组织职工疗休养作为长效工作机制延续下去。

（十七）疗休养活动由各级地方工会牵头组织实施，基层工会共同参与。各地职工疗休养活动地点优先选择全国总工会和本省（区、市）工会所属的工人疗休养院，也可选择异地工人疗休养院协作开展职工疗休养活动。要多渠道筹措资金，各级工会积极争取财政对职工疗休养活动给予支持；在工会年度经费预算中，专门设立劳模和职工疗休养项目，加大对疗休养活动的补贴力度；各派员单位在单位职工福利费中提取足额的疗休养费用。

各级工会要把组织职工参加疗休养活动列入年度工会工作任务。要明确责任部门，根据本区域职工整体情况、行业分布情况和职工的实际需要制订好活动计划、实施细则和操作办法，并规划好中长期工作目标，分期分批牵头组织实施。各工人疗休养院要主动与各级工会组织联系，配合落实工会组织的职工疗休养计划，同时要主动与基层单位工会联系，承接各单位的职工疗休养任务。要精心设计和安排形式多样的疗休养服务项目，加强自身管理，周密组织实施，确保接待服务质量、交通安全和食宿安全，保障活动的顺利开展。

七、加强组织领导，为工人疗休养院改革发展创造良好条件

（十八）加强工人疗休养院党的建设和领导班子建设。充分发挥党组织的政治核心和战斗堡垒作用，在工人疗休养院改革发展中坚持党的建设同步谋划、党的组织及工作机构同步设置、党组织负责人及党务工作人员同步配备、党的工作同步开展，保证党组织工作机构健全、党务工作者队伍稳定、党组织和党员作用得到有效发挥。工人疗休养院党组织要切实承担好、落实好管党治党责任，建立健全党建工作责任制，做到守土有责、守土负责、守土尽责。主管工会要选择政治素质过硬、管理经验丰富、服务和责任意识强、具有改革创新精神的干部担任疗休养院院长，并为其履职创造良好条件。要重视对院领导班子的培养和教育，努力打造政治坚定、务实创新、清正廉洁的领导集体。加强对工人疗休养院领导班子尤其是主要领导人员的日常监督管理和综合考核评价，及时调整不胜任、不称职的领导人员。全总命名的劳模基地主要负责人的任命和调整，要向全总资产监督管理部备案。

（十九）加强宏观指导和协调服务。各级工会要加大政策协调力度，积极向政府有关部门争取和协调有利于职工疗休养事业发展的政策和资金支持。要以工会疗休养三大业务品牌为重点，加大调查研究、经验交流力度。要充分发挥职工疗养协会的平台作用，积极开展决策咨询、学术研究、行业服务、业务培训、交流交往活动，组织评选职工最满意疗休养院，提升职工疗休养院服务水平和服务质量。

（二十）改进资金投入方式，建立工人疗休养院可持续发展的资金保障机制。各级工会要按照有关政策和以事定费的原则，结合工人疗休养院的业务特点和财务收支情况，采取经费补助、购买服务等不同的投入和支持方式，引导工人疗休养院坚持公益性服务性，促进工人疗休养院健康发展。各级工会要按照管好本级工人疗休养院的原则，加大对工人疗休养院建设的支持力度，每年在工会经费预算中安排一定的资金，用于所辖地区工人疗休养院基础设施更新改造、设施设备升级等，提高工人疗休养院服务职工的能力。除上述资金项目以外，对于工会组织的劳模和职工群众疗休养活动以及其他公益性活动项目，可采取购买服务的方式提供资金保障。对工人疗休养院的投入应建立资金使用绩效评价制度和机制，确保专款专用，提高资金使用效益。同时，工人疗休养院要立足自身优势，积极参与市场竞争，承接社会疗休养活动。

中华全国总工会资产监督管理部关于印发《工会疗休养事业经费使用管理办法》的通知

（工资发〔2018〕44 号　2018 年 12 月 21 日）

各省、自治区、直辖市总工会疗休养事业主管部门：

经全总书记处领导同志同意，现将《工会疗休养事业经费使用管理办法》印发给你们，请认真贯彻执行。

附件：

工会疗休养事业经费使用管理办法

第一条　为加强和规范工会疗休养事业经费管理，提高工会疗休养事业经费使用效益，根据财政部和全国总工会有关规定，结合工会疗休养工作实际，制定本办法。

第二条　本办法所称工会疗休养事业经费，是指中央财政按年度纳入预算，用于补助工会所属工人疗休养院承接职工疗休养活动，支持职工疗休养事业发展的项目资金。

第三条　本办法所称职工疗休养活动，是指工人疗休养院接待企事业、机关单位工会组织开展的，周期不低于四天，以职工职业病康复、慢性病康复、伤残康复、体检、健身休养、健康讲座、文体活动、思想教育以及困难职工诊疗等为主要内容的疗休养活动。

第四条　工会疗休养事业经费补助要坚持以下原则。

（一）普遍受益。纳入全国总工会管理体系、承接职工疗休养活动的工会系统工人疗休养院，原则上均为工会疗休养事业经费的补助对象。

（二）合理引导。通过合理划分补助档次，适度集中使用工会疗休养事业经费，支持和鼓励优秀工人疗休养院，充分发挥工会疗休养事业经费的引导作用。

（三）专款专用。工会疗休养事业经费以疗休养床位补贴形式，用于补助工人疗休养院与职工疗休养活动相关的日常支出。工会疗休养事业经费不得用于工资福利、对个人和家庭的补助以及各类工程、设备购置支出。

（四）因停业、歇业或出租、承包等原因导致职能作用不能有效发挥的工人疗休养院，在恢复运营或整改完成之前，不得作为工会疗休养事业经费补助对象。

第五条 工会疗休养事业经费统一由各省（自治区、直辖市）总工会组织申报。

第六条 各省级总工会于每年 11 月底前，申请下一年度工会疗休养事业经费，将下一年度符合申请条件的各工人疗休养院的核定床位数、申请报告，经省级总工会党组会或主席办公会审议通过后，报送全国总工会资产监督管理部。

工人疗休养院的核定床位数为工人疗休养院在经费使用年度内，可用于承接职工疗休养活动的床位，由各省级总工会负责核定，全国总工会资产监督管理部进行抽查。

申请报告的内容须包括工人疗休养院的主管工会和上级工会重视支持情况、服务设施条件、运营管理情况、主营业务开展情况、收支情况以及申报当年实际开放床位数、申报当年实际接待和下一年度计划接待职工疗休养人次等。

第七条 全国总工会资产监督管理部对各省级总工会上报的申请材料进行审核，根据各工人疗休养院核定床位数、硬件设施条件、承接职工疗休养活动情况等，研究提出补助档次及各档次补助标准，拟订工会疗休养事业经费分配方案，报全国总工会书记处审定。

第八条 根据全国总工会书记处审定的工会疗休养事业经费分配方案，全国总工会财务部门将经费拨付各省级总工会，由各省级总工会负责拨付本地区工人疗休养院。

第九条 各省级总工会须明确工会疗休养事业经费责任部门，负责工会疗休养事业经费的管理，并协调疗休养事业主管部门、财务、经审等部门，做好工会疗休养事业经费的申报、分配、使用和监督检查等工作。

第十条 各省级总工会要建立和完善工会疗休养事业经费监督检查机制。各省级总工会及疗休养院的主管工会，要不定期检查工会疗休养事业经费的分配、拨付、使用和管理情况。下一级工会应向上一级工会报告所属工人疗休养院的工会疗休养事业经费使用管理情况。各省级总工会于每年3月底前，将上年度本地区工会疗休养事业经费使用情况上报全国总工会资产监督管理部。

第十一条 工会疗休养事业经费实行专款专用、专项管理。收到工会疗休养事业经费的工人疗休养院，应单独设置明细科目对工会疗休养事业经费进行收支核算。

第十二条 各级工会不得瞒报虚报，严禁截留、挤占、挪用工会疗休养事业经费。全国总工会资产监督管理部对工会疗休养事业经费的使用情况进行检查指导，发现问题，及时纠正，并视情节给予通报批评以及终止当年经费补助、取消下年度经费补助的处罚。

第十三条 本办法自印发之日起执行。《关于工会疗休养事业经费的使用意见》（工资字〔2009〕27号）同时废止。

中华全国总工会办公厅关于印发《关于深入开展优秀技术工人休疗养活动的意见》的通知

（总工办发〔2023〕12号　2023年4月28日）

各省、自治区、直辖市总工会，各全国产业工会，中央和国家机关工会联合会，全总各部门、各直属单位：

《关于深入开展优秀技术工人休疗养活动的意见》已经中华全国总工会第十七届书记处第69次会议审议通过，现印发给你们，请结合实际抓好贯彻落实。

关于深入开展优秀技术工人休疗养活动的意见

为贯彻落实中办、国办《关于提高技术工人待遇的意见》、《关于加强新时代高技能人才队伍建设的意见》和全国总工会制定的《中国工运事业和工会工作“十四五”发展规划》，深入开展优秀技术工人休疗养活动，促进产业工人队伍建设改革，制定本意见。

一、总体要求

（一）指导思想。以习近平新时代中国特色社会主义思想为指导，全面学习贯彻党的二十大精神，贯彻落实习近平总书记关于工人阶级和工会工作的重要论述，弘扬劳模精神、劳动精神、工匠精神，通过深入开展优秀技术工人休疗养活动，切实维护优秀技术工人休疗养权益，保护优秀技术工人身心健康，营造尊重技能、尊重劳动的社会氛围，教育引导广大职工听党话、感党恩、跟党走，为全面建设社会主义现代化国家、全面推进中华民族伟大复兴贡献智慧和力量。

（二）工作原则。

——坚持把职工思想政治引领贯穿休疗养活动全过程。切实增强休疗养活动的政治性、先进性、群众性，充分发挥休疗养工作在提高职工思想政治觉悟、调动职工生产积极性方面的重要作用，实现职工思想政治教育工作与优秀技术工人休疗养活动的相互融合。

——坚持以职工为中心的工作导向。紧紧围绕履行工会基本职责，准确把握职工休疗养公益性服务性方向，坚持面向基层一线，面向优秀技术工人，集中资源和力量，高质量开展优秀技术工人休疗养活动。

——坚持规范有序开展。健全完善优秀技术工人休疗养工作制度，确保优秀技术工人休疗养活动定期组织、分级实施，促进优秀技术工人休疗养工作制度化、规范化。

——坚持统筹休疗养活动与安全管理。强化安全意识，明确安全责任，健全安全管理制度，做好休疗养活动期间医疗、住宿、餐饮、交通等的安全工作和医疗防护工作。

二、明确休疗养工作目标和任务

（一）聚焦优秀技术工人。《关于提高技术工人待遇的意见》提出，建立优秀技术工人休疗养制度，定期组织、分级实施休疗养活动。《关于加强新时代高技能人才队伍建设的意见》提出，建立高技能人才休假疗养制度，鼓励支持分级开展高技能人才休假疗养、研修交流和节日慰问等活动。各级工会要按照上述要求，坚持面向基层和一线，积极组织优秀技术工人、高技能人才参加休疗养，逐步扩大优秀技术工人参与休疗养活动的覆盖范围。

（二）明确工作任务。按照《中国工运事业和工会工作“十四五”发展规划》要求，从现在起到 2025 年底，全国工会每年组织劳模、职工疗休养达到 500 万人次，其中技术工人疗休养达到 100 万人次。各省（区、市）总工会要根据全国优秀技术工人休疗养工作目标任务，结合本地区技术工人队伍发展现状和实际，落实各年度工作目标任务，实现组织优秀技术工人休疗养人次逐年稳步提升。

（三）建立示范带动机制。县级以上工会重点面向一线优秀技术工人，组织开展优秀技术工人休疗养示范活动，充分发挥示范引领作用。上级工会通过直接组织开展优秀技术工人休疗养活动，完善工作机制，强化资金保障，创新组织形式，优化活动内容，为下一级工会特别是基层工会组织开展优秀技术工人休疗养活动提供政策指导、活动示范和优质服务。

三、规范组织开展休疗养活动

（一）休疗养活动内容。优秀技术工人休疗养活动应以休养、疗养为主要内容，鼓励开展形势政策宣讲、技术技能交流活动。参照《全国总工会关于进一步加强和规范劳模疗休养工作的意见》，严格控制外出参观学习时间、地点和相关费用支出。优秀技术工人休疗养活动原则上不少于四天（不含往返时间），具体时间由组织开展休疗养活动的工会与优秀技术工人所在单位协商确定。优秀技术工人参加工会组织的休疗养活动按出勤对待。优秀技术工人参加休疗养不得携带家属。从严安排随队服务工作人员，原则上组织10名以下优秀技术工人休疗养不安排工作人员，组织20名以内优秀技术工人休疗养可安排1名工作人员，每超过20名可增加1名工作人员，最多不得超过5名。

（二）休疗养活动地点。优秀技术工人休疗养活动应优先选择全国总工会和本省（区、市）工会所属的工人疗养院。优秀技术工人休疗养活动规模超出本地区工人疗养院接待能力的，由各省（区、市）总工会统一采取招投标等方式，经集体研究确定符合条件的休疗养机构作为本地区休疗养活动地点的补充，并制定相应的使用管理办法，加强监督管理，建立准入退出机制。可选择异地工人疗养院协作开展休疗养活动。同一批次休疗养活动，只能由一个休疗养机构承办，活动期间住宿地点不变。

（三）休疗养活动费用。优秀技术工人休疗养费用原则上由优秀技术工人所在单位职工福利费承担。各级工会按照全国总工会《县级以上工会支出管理暂行办法》、《基层工会经费收支管理办法》和省（区、市）总工会制定的实施细则或实施办法，明确补助内容、标准，对优秀技术工人休疗养活动予以补助。积极争取地方财政对优秀技术工人休疗养活动的支持。工人疗养院要参照本地区劳动模范休疗养接待标准，合理确定优秀技术工人休疗养期间的诊疗、伙食、住宿、交通、外出参观学习及其他休疗养费用，平均每人每天不超过1000元；要加强财务预算管理，严格执行《党政机关厉行节约反对浪费条例》等有关规定，节约费用开支，降低运行成本。

四、推动落实企业主体责任

（一）健全工作制度。企业是保障和落实职工休疗养权益的责任主体。各级工会要按照深入推进产业工人队伍建设改革要求，高度重视发挥企业在组织优秀技术工人休疗养中的主体作用。积极推动企业建立和完善组织一线优秀技术工人休疗养的制度，指导企业优先组织技术技能水平高、社会贡献大、职工群众认可的优秀技术工人参加休疗养活动，激励企业职工提高技能水平，实现优秀技术工人休疗养工作与企业高质量发展的相互促进。

（二）构建长效机制。各级工会要指导企业提高职工福利待遇，将职工疗养列入国家规定的企业职工集体福利项目，给予经费保障和工作支持。上级工会要指导企业工会将优秀技术工人休疗养纳入集体协商，将参加休疗养的范围、人数、标准等内容写入集体合同，制定年度休疗养工作计划，分批组织实施，努力扩大优秀技术工人休疗养活动的参与面和受益面。每年职工代表大会要听取企业组织优秀技术工人休疗养活动情况汇报，研究提升休疗养活动质量，实现优秀技术工人休疗养活动组织的经常化、制度化、规范化。

（三）加大支持力度。各级工会要深入企业，调研了解企业和优秀技术工人需求、企业组织优秀技术工人休疗养遇到的困难和问题等，加大对企业组织优秀技术工人休疗养的支持力度，在工作安排、政策制定、经费补助、人员培训等方面予以支持，帮助企业解决实际困难，激发企业积极性，形成企业和工会开展工作的合力。企业工会要做好优秀技术工人休疗养活动的支持配合工作，主动承担企业交办的休疗养工作任务。

五、发挥工人疗养院主阵地作用

（一）聚焦主责主业。工人疗养院要突出公益性服务性，巩固拓展清理整改工作成果，坚持以保护和促进职工身心健康为目的，聚焦休疗养主业，做好休养、疗养、医疗、康复、体检等业务工作，担负起职工休疗养的政治社会责任。工人疗养院主管工会组织开展优秀技术工人休疗养活动，通过购买服务的方式，优先交由工人疗养院组织实施，充分发挥工人疗养院的作用。

（二）改善接待条件。工人疗养院的主管工会要加大工人疗养院的软硬件建设投入，实施工人疗养院设施设备升级改造，提升工人疗养院接待服务功能，满足优秀技术工人休疗养需求。要加强信息化建设，以数字化、智能化运行增进与优秀技术工人的互动交流，改善优秀技术工人休疗养体验，提升休疗养服务的有效性、便捷性和及时性。

（三）提升服务水平。工人疗养院要加强与各级工会、企业的联系，深入企业开展休疗养政策宣讲，发挥自身特长特色，积极参与市场竞争。要根据参加休疗养的优秀技术工人所在产业特点和需求，充分发挥劳模疗休养基地、职工医疗康复定点机构、职工健康管理中心等不同业务类型工人疗养院的特色和优势，科学合理设计休疗养方案。要建立优秀技术工人休疗养满意度反馈评价机制，认真听取优秀技术工人的意见建议，持续改进和优化休疗养服务。

六、加强对休疗养活动的组织领导

（一）压实工作责任。各级工会要把组织开展优秀技术工人休疗养活动纳入产业工人队伍建设改革工作进行部署。坚持在党委领导下，主动争取政府支持，构建党委重视、政府支持、工会牵头、企业组织、职工参与的工作格局。各省（区、市）总工会要明确责任部门，健全工作制度，完善工作机制，加强统筹协调，给予资金保障，研究制定年度工作目标任务，做好动员部署、推进实施、考核评价等工作。市（地）总工会加强对县（市、区）总工会的指导，广泛发动县（市、区）及企业等基层单位组织优秀技术工人开展休疗养。县（市、区）总工会要落实上级工会部署，切实把工作重心放到基层，指导推动基层单位组织优秀技术工人开展休疗养。

（二）严肃工作纪律。各级工会要深入贯彻落实全面从严治党要求，严格遵守中央八项规定及其实施细则精神，加强对优秀技术工人休疗养活动和工人疗养院的监督管理。在工会组织的优秀技术工人休疗养活动中，不得开展与优秀技术工人休疗养主题无关的活动，严禁到纯娱乐性场所、高消费场所、私人会所等组织活动，严禁以休疗养名义发放钱物、变相组织旅游和培训等。上级工会要加强对下级工会组织优秀技术工人休疗养活动的监督检查，对违规违纪问题应依规依纪严肃处理。

（三）做好宣传报道。各级工会要做好宣传策划，综合运用报刊、广播、电视、网络等媒体，以职工群众喜闻乐见的方式，加强对优秀技术工人休疗养活动、优秀技术工人以及工人疗养院的宣传报道，在全社会弘扬劳模精神、劳动精神、工匠精神，努力营造劳动光荣、技能宝贵、创造伟大的时代风尚和社会氛围。

各级工会组织优秀技术工人中的劳模开展休疗养，同时按照《全国总工会关于进一步加强和规范劳模疗休养工作的意见》（总工办发〔2019〕21 号）执行。各级工会组织开展的一线职工休疗养活动参照本意见执行。

中华全国总工会办公厅关于印发《职工疗休养基地命名管理办法（试行）》的通知

（总工办发〔2024〕2 号　2024 年 1 月 22 日）

各省、自治区、直辖市总工会，各全国产业工会，中央和国家机关工会联合会，全总各部门、各直属单位：

《职工疗休养基地命名管理办法（试行）》已经中华全国总工会第十八届书记处第 5 次会议审议通过，现印发给你们，请遵照执行。

职工疗休养基地命名管理办法（试行）

第一章　总　　则

第一条　为规范职工疗休养基地命名管理，维护职工疗休养权益，推动职工疗休养事业实现高质量发展，提升职工生活品质，依据《关于深入开展优秀技术工人休疗养活动的意见》等制度，制定本办法。

第二条　职工疗休养基地是指工会组织在开展职工疗休养活动过程中为广大职工遴选并命名的疗休养场所，是工人疗休养院功能的补充和拓展。

第三条　各省级（含）以上总工会可根据工作需要命名职工疗休养基地。

第四条　职工疗休养基地命名坚持以下原则：

（一）立足功能定位，突出疗休养功能。职工疗休养基地应服务于工会疗休养工作，积极承接职工疗休养活动，维护职工疗休养权益，恢复与增强职工身心健康。

（二）利用社会资源，服务职工群众。正确处理职工疗休养基地命名工作与发挥工人疗休养院主阵地作用的关系，实行社会化、市场化运作，利用优质社会资源，为广大职工疗休养提供更多的选择、更好的服务。

（三）坚持质量优先，严格准入条件。根据职工疗休养有效需求，合理规划，明确总量，分批命名，从严掌握，使基地数量和质量与职工疗休养实际需求相适应。

（四）压实主体责任，依法依规管理。坚持谁命名、谁考察、谁监管原则，明确主管责任部门。已开展命名相关工作的工会组织，按照本办法规定，有序组织开展现有职工疗休养基地复核清理工作，对经复核通过的机构予以确认，规范新命名职工疗休养基地的管理工作。

第二章　命名条件

第五条　职工疗休养基地一般是各地的疗休养机构、教育基地、宾馆饭店等社会公共接待场所。

第六条　职工疗休养基地须满足以下条件：

（一）基本资质。具有独立的企事业法人资格，能够开具疗休养票据，合法经营，工会组织健全。

（二）基础设施。有一定规模的住宿、餐饮、活动接待能力，自有床位 200 张以上，至少可同时容纳 100 人用餐；环境优美、交通便利。

（三）疗养和教育资源。拥有自然疗养因子，如森林、海水、江河湖泊、温泉等；周边有革命传统教育基地、博物馆、纪念馆或先进企业等便于组织职工参观学习的场所。

（四）公益理念。拥有区别于社会休闲旅游的疗休养服务设施设备和项目，所在景区、景点向职工疗休养活动免费开放，提供优惠服务。

（五）健康服务。拥有医疗资质和医疗设备，或与医疗机构有稳定合作关系，能够为职工提供健康检查、康复理疗等服务。

（六）管理能力。自觉接受各级工会的指导和监督，研究制订职工疗休养接待方案，为职工提供优质、优惠的疗休养服务。

第三章　命名程序

第七条　制定制度。各省级总工会依据本办法，制定本辖区职工疗休养基地命名管理制度、工作规划，报党组会议或主席办公会议研究决定。

第八条　组织申报。命名主体单位应制定工作方案，明确申报条件、申报名额、申报材料等，组织符合条件的机构进行申报，也可以由下一级总工会按照要求进行推荐。命名主体单位对申报名额应有总量控制目标，坚决防止过多、过滥，一哄而起。

第九条　基层推报。各基层工会按照上级总工会的管理制度、工作方案，组织选定符合条件的机构完成推报工作。

第十条　审核命名。命名主体单位对申报机构进行实地考察、审核，确定拟命名名单，提交党组会议或主席办公会议审议通过，履行公示程序，确定命名结果并向社会发布。被命名的机构可以根据主管工会的要求悬挂“职工疗休养基地”匾牌。

第四章 规范管理

第十一条 各级总工会对所命名的基地履行监管主体责任。主管责任部门负责具体实施。上一级总工会负责对下一级总工会职工疗休养基地命名工作进行指导和监督管理。

第十二条 充分发挥职工疗休养基地在开展职工疗休养活动中的积极作用。命名主体单位健全管理制度，加强对职工疗休养基地服务能力的监管。指导监督职工疗休养基地把接待职工疗休养放在优先安排的位置，主动承接、规范开展职工疗休养活动。

第十三条 建立健全职工疗休养基地考核评价机制，实施动态管理。命名主体单位制定考核评价标准，对基地的软硬件建设、接待数量和质量、职工满意度评价等指标实施量化管理，进行年度考核评价，根据评价等级实施动态管理。建立退出机制，定期对基地进行复核，不符合条件的予以清退。设置否决事项，采取随机抽查、第三方评估、网上评价、暗访等方式进行动态评价，发现问题要求基地立即整改，发现存在否决事项的予以清退。各省级总工会要积极稳妥地做好市、县级总工会已命名的职工疗休养基地清理清退工作。

第十四条 职工疗休养基地承接职工疗休养活动，应严格贯彻执行中央八项规定及其实施细则精神，严禁组织开展与职工疗休养业务无关的活动。

第五章 监督检查

第十五条 各省级（含）以上总工会对本辖区职工疗休养基地定期开展监督检查，凡出现不符合本办法规定的条件和要求，或因管理不善导致接待工作产生重大事故、重大失误，造成不良影响的，取消其职工疗休养基地资格。

第十六条 全国总工会资产监督管理部对各省级总工会职工疗休养基地命名工作进行检查或抽查，总结推广工作经验，发现问题及时处理。

第六章 附 则

第十七条 本办法由全国总工会资产监督管理部负责解释。

第十八条 本办法自印发之日起施行。

五、职工服务中心和职工互助保障事业

中华全国总工会办公厅关于工会组织不准从事商业保险宣传、销售活动的通知

（总工办发〔2006〕13号　2006年3月4日）

各省、自治区、直辖市总工会，各全国产业工会，中共中央直属机关工会联合会，中央国家机关工会联合会，全总各部门：

采取多种形式开展以职工医疗互助为主要内容的职工互济互助活动，是积极推进职工互助保障事业，提高职工保障水平和增强抵御风险能力的重要措施。但在开展职工互助互济活动中，也发现一些工会组织与商业保险机构合作，协助其从事商业保险的宣传、销售等业务推广活动，有的还给下级工会下达销售指标、组织开展销售竞赛，接受保险公司的奖励或变相奖励等。这些活动既影响了工会组织的社会形象，也不利于职工医疗互助等互助互济活动的健康发展。职工购买商业保险属于其个人行为，应由其自主选择保险公司及所需险种，今后工会组织不应进行任何相关的宣传和动员等工作。为此，特作如下通知：

一、各级工会组织及其所属部门不准以任何名义直接或间接为商业保险公司、保险经纪公司以及保险代理机构等商业保险机构进行商业宣传，不准组织动员职工参加投保等销售活动。

二、已经开展此类活动的工会组织，应立即予以纠正，并对已经开展的有关工作及费用收支等情况进行检查清理。

中华全国总工会关于印发《中央财政专项帮扶资金使用管理办法》的通知

（总工发〔2015〕20号　2015年5月8日）

各省、自治区、直辖市总工会：

为进一步规范中央财政专项帮扶资金的分配、使用和管理，现将《中央财政专项帮扶资金使用管理办法》印发给你们，请遵照执行。

附件：

中央财政专项帮扶资金使用管理办法

第一条　为加强中央财政专项帮扶资金（以下简称帮扶资金）管理，提高资金使用效能，确保资金规范安全运行，依据《财政部关于印发〈困难职工帮扶中心专项资金管理办法〉的通知》（财建〔2006〕468号）制定本办法。

第二条　本办法所称中央财政专项帮扶资金，是指中央财政拨付的，用于支持各级工会困难职工帮扶中心开展困难职工（含困难农民工，下同）帮扶救助活动的专项资金。

第三条　帮扶资金发放和使用，应当坚持“依档帮扶”，“先建档、后帮扶、实名制”的原则。各地工会应根据全国总工会制定的困难职工档案管理办法，准确核查困难职工家庭状况，建立困难职工档案并动态管理。

第四条　帮扶资金使用对象是已纳入工会档案的困难职工家庭，主要包括：

（一）家庭人均收入低于当地最低生活保障线，经政府救助后仍生活困难的职工家庭。

（二）家庭人均收入虽略高于当地最低生活保障线，但由于患病、子女上学、残疾、单亲及其他特殊原因造成生活困难的职工家庭。

（三）因职工本人或家庭成员遭遇突发事件、意外伤害、重大疾病或其他特殊原因导致生活困难的职工家庭。

困难农民工应符合（一）至（三）款所规定条件且加入工会组织。

第五条 帮扶资金适用于生活救助、医疗救助、子女助学、法律援助、职业培训、职业介绍等帮扶项目。

（一）用于生活救助的资金，每户每年不得超过当地低保标准年度总和。

（二）用于医疗救助的资金，不得超过医疗费用个人自付部分。

（三）用于助学救助的资金，每生每年不得超过十个月基本生活费用总和。

（四）用于职业培训、职业介绍的资金，执行当地政府人力资源和社会保障部门制定的同类工种标准。

（五）用于法律援助的资金，执行当地政府司法行政部门制定的法律援助补贴标准。

帮扶资金不得用于下列支出：支付帮扶中心工作人员工资或办公经费；发放各种奖金、津贴和福利补助；购买车辆、手机等交通工具及通讯设备；帮扶中心基本建设投资；其他与困难职工群体帮扶无关的支出。

第六条 帮扶资金的分配由各省、自治区、直辖市总工会参照地市级工会上一年度资金使用情况，依据各地经济社会发展总体状况、最低生活保障标准和建档困难职工户数、自然灾害发生情况以及绩效评价结果等因素制定，并经领导班子集体审议后报全国总工会。

第七条 帮扶资金的预算、决算按照全国总工会预算管理办法要求执行，纳入县以上工会预算、决算统一管理。帮扶资金根据预算于本年度使用完毕，不得结转下年度。

第八条 帮扶资金使用应采取非现金支付形式，用于困难职工生活救助、医疗救助、子女助学的，应当通过银行卡（存折）发放，帮扶中心应及时将帮扶项目、金额、次数和具体时间通知困难职工家庭，并将银行对账单存档备查。用于其他帮扶项目的，采取银行转账方式结算，属于政府采购范围的，执行政府采购有关规定。

帮扶资金使用情况应当在 30 个工作日内录入全国工会帮扶工作管理系统。

第九条 帮扶资金实行独立核算、专账管理、专款专用。核算单位应当按照工会会计制度要求设置会计科目，建立总账、明细账和其他辅助台账。

第十条 各级工会应加强帮扶资金管理监督。

（一）保障部门负责制定困难职工建档和帮扶标准，对帮扶资金的管理和使用进行指导督查，编制资金分配和使用方案。帮扶中心负责建立和管理困难职工档案，开展具体帮扶活动。

（二）财务部门负责帮扶资金的接收、拨付等财务管理，规范会计核算，加强财务指导和检查。

（三）经审部门负责帮扶资金管理使用的审计监督。

第十一条 帮扶资金专款专用，任何单位和个人不得截留、挤占、挪用。对违反规定弄虚作假、骗取资金、挤占挪用的，上级工会应根据情况减拨或停拨资金、追回违规所得资金。

第十二条 各省、自治区、直辖市总工会根据本办法的规定，结合本地实际，制定具体实施细则，报全国总工会备案。各省、自治区、直辖市总工会筹集的配套资金参照本办法执行，其中地方财政专项帮扶资金根据当地财政批复执行。

第十三条 本办法自下发之日起执行，《中华全国总工会关于困难职工帮扶中心专项资金使用管理办法（暂行）》（总工发〔2009〕36 号）同时废止。

第十四条 本办法由全国总工会负责解释。

中华全国总工会关于加强
职工互助保障活动规范和管理的意见

（总工发〔2018〕28号　2018年9月12日）

工会开展的职工互助保障活动是国家多层次社会保障体系的重要组成部分，是工会服务职工的传统特色工作。多年以来，各级工会组织积极开展不同层次、不同形式的职工互助保障活动，坚持公益性、非营利性的方向，在维护职工保障权益、密切工会与职工联系、促进社会和谐稳定等方面发挥了重要作用。为进一步规范管理，促进职工互助保障事业持续健康发展，结合职工互助保障活动的管理现状和发展需求，提出以下意见。

一、坚持正确的发展方向

职工互助保障活动是各级工会职工互助保障组织为维护职工医疗、健康等保障权益而开展的职工互助互济活动。加强规范职工互助保障活动管理，必须坚持以习近平新时代中国特色社会主义思想为指引，深入贯彻落实党的十九大和中央党的群团工作会议精神，围绕保持和增强工会组织和工会工作的政治性、先进性、群众性，坚守服务职工的公益属性，坚持互助的组织特色，坚持发挥补充保障作用，将职工互助保障事业打造成党政放心、职工满意、社会认可的品牌工程。

（一）坚守服务职工的公益属性。开展职工互助保障活动要坚守服务职工的初心，坚持公益性方向，充分了解职工需求，为职工提供低成本、低收费的普惠性保障服务，增强广大职工的获得感和幸福感。坚持公益性、非营利的发展原则，不得以开展职工互助保障活动为由从事商业保险产品宣传、销售及集资、融资活动。

（二）坚持互助的组织特色。职工互助保障活动采取会员制运作模式，遵循大数法则。职工的广泛参与是活动可持续发展的根本保证。各级工会组织要尊重职工互助保障活动规律，大力弘扬互助互济精神，教育倡导职工积极参与、个人缴费，努力实现缴费义务与保障权利的统一。要激发会员的主体意识，引导会员主动参与建设管理，坚持公平、公开、公正的原则，接受会员监督。

（三）坚持发挥补充保障作用。各级工会开展活动要在全民医保的整体框架下，加强与政府基本医疗保险、大病保险和工会帮扶工作的有效衔接，根据本地区经济发展水平、医疗保障状况、职工队伍规模科学开展活动。坚持适度补偿原则，合理设计保障项目，发挥补充保障作用，防止出现保障不足或过度补偿。

二、改革和完善治理体系

以统一监管、分级管理为原则，理顺职工互助保障活动治理体系，明确主办工会的主体责任、各级工会的监管职责，落实职工互助保障组织的运营管理权限，建立职工互助保障活动行业自律组织，提升自我管理能力。

（四）明确主办工会的主体责任。按照稳中求进的原则，在有能力、有条件的地区工会系统开展职工互助保障活动。坚持省级统筹或省级管理、市级统筹，提高抗风险能力。主办工会作为本级职工互助保障活动的主管单位，要科学制定本级活动发展规划，根据职工需求和社会保障状况实际，合理设立活动项目，规范活动内容。要严格准入和退出机制，举办或停办职工互助保障活动、设立或撤销职工互助保障组织须经本级工会审批。要积极争取政府支持，协调社会资源，为开展职工互助保障活动营造环境、创造条件。

（五）明确各级工会的监管职责。全国总工会对各级工会开展的职工互助保障活动实行统一监管，全总资产监督管理部是全国职工互助保障活动的监管和业务指导部门，负责职工互助保障活动的发展规划、政策制定，以及职工互助保障活动的业务备案、运营行为和资金监管；省级总工会资产监督管理部门要认真履行统一监管工会资产的职责，切实做好职工互助保障组织资产监督管理工作。未实行省级统筹的地区，省级总工会也要对辖区市级总工会开办的职工互助保障活动负起监管责任，落实对本级和下级职工互助保障活动的监管职责，对决策行为、活动内容、经营行为、资金使用、风险控制等实施有效监管。坚持一级抓一级，分级落实监管责任，健全监管制度，完善监管方式，提升监管水平。严格对关键岗位、关键人员的配备管理。市级总工会要主动配合上级工会监管部门工作，上下级工会监管部门要建立协同监管机制，加强联络沟通和信息传递，提升监管效率和质量。

（六）落实职工互助保障组织管理运营自主权。逐步推动职工互助保障组织成为权责明确、依法自治、运转高效的法人主体。职工互助保障组织作为本级工会领导下的独立法人，依法依规依章程自主运营，独立承担相应的管理运营责任。要建立健全职工互助保障组织的内部管理机构、管理制度、议事规则和办事程序，促进职工互助保障组织的规范化建设。

（七）建立健全全国职工互助保障行业自律机制。行业自律是对行政监管的有益补充和有力支撑。适时成立面向全国的职工互助保障活动协会，吸纳职工互助保障组织成为会员，履行组织协调、自律监督、交流培训、咨询评估等职能。通过行业内部协作、调节与监督，增强职工互助保障组织自我约束、自我管理、自我监督能力，引导职工互助保障组织规范开展活动，提升整体管理服务水平。

三、规范运营管理体系

加强职工互助保障活动运营管理的规范化、制度化建设，提升风险管理能力，逐步形成科学、规范、专业、高效的职工互助保障活动运营管理体系。

（八）建立管理体系，规范运营行为。制订修订活动章程，明确开展活动的资质，加强产品研发、业务管理、业务流程、财务核算、偿付能力监管等方面的工作，建立健全职工互助保障活动规范化运营管理体系，引导职工互助保障组织合规运营。

（九）建立健全运营管理制度。强化职工互助保障活动顶层制度设计，研究确立职工互助保障组织运营管理制度体系建设标准，指导职工互助保障组织参照标准，结合自身实际建立包括决策计划、组织流程、业务流程、内控风险、财务资金、人力资源、绩效考核等涵盖全部业务领域的配套管理制度，提高制度的可操作性与合规性，严格用制度约束日常经营管理行为。各主办工会要指导职工互助保障组织抓好制度建设，夯实管理基础。

（十）建立风险防控机制。增强风险防控意识，分类、识别、量化和评估职工互助保障活动存在的各类风险，重点掌握在资金、管理、信息安全等方面存在的风险状况，建立风险排查、监测预警、协调联动机制。通过内控、稽核、审计等手段及时查找漏洞，化解风险隐患。提高风险管控的信息化水平，按照管理权限为各级管理者提供相关数据和风险预警信息。建立风险准备金制度，防范发生系统性和区域性给付风险。

（十一）建立信息化管理平台。加强职工互助保障活动信息化管理平台建设，运用互联网技术等手段，推进核心业务、会员管理、财务管理、风险管理等系统建设，实施全面动态管理，加强服务过程监督和服务效果评价。加强网络和信息安全管理，完善会员个人信息保护制度和技术措施。建立信息共建共享机制，充分挖掘数据资源，为分析决策提供依据，提高职工互助保障活动科学化管理水平。

四、强化资金管理使用

各级工会要加强职工互助保障活动资金的安全、规范管理。坚持专款专用，加强预算管理和决策管理，严格执行财务制度，控制好资金管理的各个环节，建立多层次资金监管体系，落实监督职责，确保资金管理使用合法合规。

（十二）严格控制资金使用范围。职工互助保障活动资金属于全体会员所有，主要用于给付会员的互助金，任何组织、个人不得侵占和挪用。职工互助保障活动资金不得用于兴建、改建办公场所。活动资金、结余资金可用于银行存款、购买国债等低风险固定收益类产品，不得购买股票、基金、债券、期货、理财等金融产品，不得违规投资运营，资金增值部分要全部纳入互助资金收入管理。在正常互助金给付外开展的会员活动、帮扶救助等，要建立相应的资金管理制度，严格审批、合理使用，接受会员监督，并在一定范围内向会员公示。规范职工互助保障活动管理费提取工作，严格控制比例，降低费用开支。

（十三）规范资金管理使用。按照集中、统一的原则，提高资金管理统筹层级，避免多头分散管理，控制资金合理结余，提高资金使用效率。要加强财务基础工作，建立健全资金使用管理制度和内控机制，分离不相容岗位，明确各业务环节、岗位的衔接方式及操作标准，健全资金收支管理，坚持收支两条线，减少不必要的资金流转环节。规范账户、账目管理，原则上要设立独立账户，各项保障活动分别建账，分账核算。积极推行全面预算管理，合理编制、有效控制预算，年度预算执行情况要纳入考核体系。严格资金使用决策程序，规范资金使用流程，大额资金使用必须集体决策并保留记录。

（十四）建立多层次资金监管体系。发挥会员监督、工会组织内部和外部共同监督作用。提高职工互助保障活动资金管理透明度，维护会员知情权，接受会员监督。各级工会监管部门要严格履行资金监管职责，依据国家法律法规和全总相关规定，制定职工互助保障活动资金监管办法，督促职工互助保障组织研究制定内部资金管理和风险管理办法，建立职工互助保障资金监督检查机制，对职工互助保障组织进行督查，掌握资金流动状况，对资金风险作出评估。职工互助保障组织要自觉接受工会财务、经审和相关行政部门审计监督。被检查和审计的单位要主动配合，据实提供各种凭单、账册、报表和资料。发现资金管理违规违纪问题必须追究当事人责任，严肃处理，确保资金安全运行。

五、加强组织领导工作

加强职工互助保障活动规范和管理是深入推进工会改革的一项重要内容。规范和管理工作关系到职工互助保障事业的发展、关系到广大职工的切身利益，各级工会要从思想上高度重视，从行动上保持一致，加强党的领导和队伍建设，搞好指导服务，确保规范和管理工作落到实处。

（十五）加强党的领导。职工互助保障活动是传递党和政府对职工关心关爱的一项重要工作，具有很强的政治性。各级工会要坚持党对职工互助保障活动的领导，把加强党的建设与做好职工互助保障工作有机结合起来，推动全面从严治党落到实处。各省级总工会要明确责任分工，切实强化本地区职工互助保障活动的规划管理、监督检查职责，完善落实监管制度，结合区域实际制定具体实施方案。市级总工会要配合省级总工会加强对职工互助保障活动组织的规范和管理，确保各项工作落到实处。要把职工互助保障活动纳入职工保障工作体系，充分发挥权益保障部门等工会职能部门在指导做好职工互助保障活动中的重要作用。

（十六）加强人才队伍建设。建立职工互助保障组织主要负责人员选拔任用制度，明确任职资格，将政治素质高、事业心强、专业本领过硬的干部选派至关键岗位。加大人才培养、选拔、引进、使用、管理工作力度，推进专业化人才队伍建设，为事业发展提供智力支持。建立职工互助保障工作培训体系，注重理论和实操相结合、工会特色和专业特性相融合，通过培训提升队伍整体能力素质。建立健全人员聘用管理、岗位管理和薪酬管理制度，完善干部考核评价和激励机制，优绩优酬，激发队伍整体活力。

（十七）加强廉洁风险防控。织牢织密制度笼子，完善监管制度，突出针对性、指导性和操作性，查找薄弱环节、堵住监管漏洞。加强协同监督，充分发挥纪检组织和工会经审、资产监督管理部门以及相关职能部门作用，促进监督力量互补，增强监督合力。严把选人用人的政治关、廉洁关，加强对职工互助保障活动主要责任人的监督和管理，对互助保障组织负责人任期内、离任时进行审计，确保履职尽责。

全总资产监督管理部根据本意见制定相关配套管理办法，各省级总工会按照本意见加强本省职工互助保障活动规范和管理。中华全国铁路总工会、中国民航工会全国委员会、中国金融工会全国委员会、新疆生产建设兵团工会开展职工互助保障活动参照本意见执行。

中华全国总工会办公厅关于印发《职工互助保障组织监督管理办法》的通知

（总工办发〔2020〕6 号　2020 年 2 月 26 日）

各省、自治区、直辖市总工会，各全国产业工会，中央和国家机关工会联合会，全总各部门、各直属单位：

《职工互助保障组织监督管理办法》已经第十七届中华全国总工会党组第 42 次会议审议通过，现印发给你们，请遵照执行。

职工互助保障组织监督管理办法

为加强职工互助保障组织的监督管理，规范职工互助保障组织的运营行为，根据国家法律法规和《中国工会章程》《中华全国总工会关于加强职工互助保障活动规范和管理的意见》，制定本办法。

第一章　总　　则

第一条　职工互助保障组织是指依托各级工会组织，以互助互济方式为职工提供保障服务的非营利性法人组织。

职工互助保障活动是指各级工会职工互助保障组织为维护职工医疗、健康等保障权益而开展的职工互助互济活动。

第二条　职工互助保障组织应当坚持服务职工的公益属性，坚持互助的组织特色，坚持发挥对社会保障的补充作用。遵循依法独立承担责任，成本、风险可控的原则，切实维护职工和会员权益。

第三条　职工互助保障组织开展职工互助保障活动，必须遵守法律、法规及本办法规定，接受本级和上级监管部门（机构）监督。职工互助保障组织不得以职工互助保障活动为由从事营利性活动。

第二章　监督管理体制

第四条　全国总工会制定全国职工互助保障组织管理制度，负责中国职工保险互助会有关审批事宜；全总资产监督管理部和全总组织部、财务部、机关党委、经费审查委员会办公室等部门按照职责分工，共同做好中国职工保险互助会管理工作。

第五条　全总资产监督管理部对全国职工互助保障组织进行资产监督管理和业务指导，行使以下职责：

（一）监督全国职工互助保障组织管理制度实施，沟通协调相关政策。

（二）对中国职工保险互助会开展的互助保障活动项目实施备案管理。

（三）指导各级工会资产监督管理部门做好互助保障组织资产的日常监督管理工作。

（四）指导全国职工互助保障组织自律工作。

第六条　省级、市级工会负责对本区域内职工互助保障组织的管理，研究拟定本级职工互助保障组织管理制度，对本级或下级职工互助保障组织的成立、变更、撤销进行审批或报备，对本级职工互助保障活动正常开展所需的工作人员、工作经费等予以适当保障；指导和支持中国职工保险互助会所在地办事处工作。

第七条　省级、市级工会资产监督管理机构和职工互助保障组织业务指导部门，负责对本区域内职工互助保障组织资产监督管理和业务管理，监督本级职工互助保障组织管理制度实施，沟通协调相关政策。

第八条　建立健全全国职工互助保障行业自律组织，由中国职工保险互助会承担其职能，行使以下职责：

（一）促进职工互助保障组织间的沟通交流，积极开展教育培训，提升职工互助保障活动从业人员队伍专业能力。

（二）统筹推进职工互助保障活动宣传和品牌建设。

（三）为地方职工互助保障组织提供咨询、服务。

地方职工互助保障组织应作为团体会员，加入中国职工保险互助会。

第三章　设立及撤销

第九条　省级、市级工会可以根据本地区经济发展水平和职工保障实际设立职工互助保障组织、开展职工互助保障活动。

第十条　设立职工互助保障组织应当经本级工会批准，在相关部门登记注册并依法取得法人资格。

第十一条 设立职工互助保障组织应当具备以下条件：

（一）合法财产和经费来源。

（二）符合法律法规及本办法规定的活动章程或规则。

（三）健全的组织机构和管理制度。

（四）固定工作场所和必要的业务设施。

（五）具备任职所需专业知识和业务工作经验的管理人员。

第十二条 职工互助保障组织设立时，主办工会应当明确本级职工互助保障组织的业务管理部门（机构），指导职工互助保障组织依法依规开展工作。

第十三条 职工互助保障组织的停办、撤销需经主办工会同意并依据相关法律法规及规定办理，确保资金、资产安全完整，切实维护入会职工权益。

第四章 运营规则

第十四条 职工互助保障活动内容是指具有共同保障需求的职工，依据章程及有关规定自愿成为职工互助保障组织会员，并缴纳会费形成互助基金，由该基金对会员发生约定的事故给付互助金，并开展普惠性会员服务。职工互助保障活动主要面向在职职工。

第十五条 职工互助保障活动项目保障期限一般控制在三年（含）以内，保障项目设计必须进行科学测算，并经本级和上级工会职工互助保障活动监管部门（机构）备案。

第十六条 职工互助保障组织应当在活动章程或规则中明确会员的权利和义务，维护会员权益、加强对会员的管理和服务。

第十七条 职工互助保障组织应当根据组织性质和业务特点，依照国家相关制度进行会计核算，建立符合职工互助保障活动特色的财务制度，不同保障活动项目单独核算。

第十八条 职工互助保障组织应当运用信息化手段建立符合职工互助保障活动的业务运营流程，建立完整的统计分析制度。

第十九条 职工互助保障组织应当建立健全偿付能力管理、稽核审计、合规管理等内部控制制度。

第二十条 职工互助保障组织应当建立适合职工互助保障组织运营特点的信息披露制度，并定期在适当范围内向全体会员进行信息披露。

第二十一条 职工互助保障组织应当自觉接受工会经审、财务和相关行政部门审计监督和检查，被审计和检查的单位要主动配合，据实提供各种凭单、账册、报表和资料。

第五章　财 务 管 理

第二十二条　职工互助保障组织资金属于全体会员所有，任何组织、个人不得侵占和挪用。

第二十三条　职工互助保障资金应当由具有法人资格的职工互助保障组织集中统一管理。资金管理应遵循合法合规性、安全性、流动性原则，根据资金性质实行资产负债管理和全面风险管理，做好资产保值增值。

第二十四条　职工互助保障组织资金来源：

（一）会员自愿缴纳的职工互助保障活动会费。

（二）社会各界的捐赠。

（三）政府、行政和工会的资助或补助。

（四）在核准业务范围内开展活动和服务的收入。

（五）利息及其他合法收入。

第二十五条　职工互助保障组织的资金主要用于服务会员。支出范围包括：

（一）给付会员的互助金。

（二）开展与会员保障服务和促进事业发展的相关支出，包括救助慰问、健康管理、文体活动、宣传培训、法律服务等。

（三）日常管理、工作人员工资福利和行政办公支出。

第二十六条　职工互助保障组织应当对资金实行全面预算管理，严格控制和规范管理费用支出；职工互助保障组织负责预算编制和执行；主管工会对职工互助保障组织编制的预算进行审核、备案。

第二十七条　职工互助保障组织应当建立健全资金管理制度，完善资金收付转流程管理，规范资金审批权限。

第二十八条　职工互助保障组织资金只能用于银行存款、购买国债等低风险固定收益类产品，不得用于兴建、改建办公场所，不得购买股票、基金、债券、期货、理财等金融产品，不得违规投资运营。

第二十九条　职工互助保障组织应当依法规范资金账户管理，建立健全资金账户管理制度，资金账户的开设、变更、撤销必须依法依规履行相关程序，严格执行收支两条线管理，确保资金安全。

第三十条　职工互助保障组织应当明确资金运用职责，规范资金运用决策程序，大额资金使用必须集体决策并保留记录。

第三十一条　加强财务管理基础，健全岗位责任制，分离不相容岗位，明确各业务环节、岗位的衔接方式及操作标准，定期检查和评估制度执行情况，做到权责分明、相对独立和相互制衡。

第三十二条 职工互助保障组织应当建立健全内部稽核和外部审计制度。每年至少一次对职工互助保障活动资金管理情况进行内部稽核。职工互助保障组织应当聘请专业外部审计机构对职工互助保障资金管理情况进行年度审计。内部稽核和外部审计结果应当向相关机构和本级监管部门报告。

第六章 监督管理

第三十三条 工会资产监督管理机构和职工互助保障组织业务管理部门（机构）对职工互助保障组织的监督管理主要采取现场监督管理与非现场监督管理相结合的方式。应根据检查情况，定期对职工互助保障组织运营状况进行评估。

第三十四条 建立健全监督审计制度，将职工互助保障活动资金管理情况、偿付能力状况等列入重点监督检查范围。

第三十五条 职工互助保障组织应按规定及时报送偿付能力报告、业务统计报告、年度审计报告及其他有关报告、报表文件和资料。各级工会资产监督管理机构和职工互助保障组织业务管理部门（机构）应向上一级工会汇总上报本地区互助保障组织上述报告。

第三十六条 职工互助保障组织违反本办法，造成不良影响的，工会资产监督管理机构和职工互助保障组织业务管理部门（机构）可以采取以下措施：

（一）责令改正。

（二）监管谈话。

（三）将其违规行为记入履职记录。

职工互助保障组织违反国家法律、法规的，依据国家相关法律、法规进行处罚。

第七章 附 则

第三十七条 本办法适用于省级、市级工会主办的职工互助保障组织。中华全国铁路总工会、中国民航工会全国委员会、中国金融工会全国委员会、新疆生产建设兵团总工会、中央和国家机关工会联合会开展的职工互助保障活动参照本办法执行。

第三十八条 本办法由全总资产监督管理部负责解释。

第三十九条 本办法自印发之日起执行。

中国职工保险互助会关于加强自身建设推进职工互助保障活动创新发展实施方案

为深入学习贯彻习近平新时代中国特色社会主义思想和党的十九大精神，深入学习贯彻习近平总书记关于工人阶级和工会工作的重要论述，贯彻落实中国工会十七大精神，依据全总《深化工会改革创新实施方案》《中华全国总工会关于加强职工互助保障活动规范和管理的意见》和《职工互助保障组织监督管理办法》，结合中国职工保险互助会（以下简称“中互会”）发展现状和职工互助保障活动开展情况，进一步明确中互会当前和今后一个时期的发展思路、目标任务和工作举措，积极推进职工互助保障活动创新发展，更好地适应新时代职工对互助保障活动的新需求，制定本实施方案。

一、总体目标和要求

（一）总体要求。

坚持以人民为中心的发展理念，在促进全面建成覆盖全民、统筹城乡、权责清晰、保障适度、可持续的多层次社会保障体系中，充分发挥职工互助保障活动的补充保障作用；坚持公益性和互助性，大力弘扬工人阶级团结友爱、互助互济精神，拓宽工会服务职工的途径和手段，使职工互助保障活动成为工会密切与职工联系、强化服务职工职能的有力抓手；坚持以职工多样化保障需求为导向，做好“强监管、抓服务、树品牌、防风险、促发展”各项工作，不断提高职工互助保障活动的质量和水平，为职工构筑一道抵御风险的有效屏障，切实提高广大职工的保障能力和水平。

（二）职能定位。

党的十九届四中全会提出“注重加强普惠性、基础性、兜底性民生建设，保障群众基本生活”，“完善覆盖全民的社会保障体系，强化提高人民健康水平的制度保障”，“坚决打赢脱贫攻坚战，建立解决相对贫困的长效机制”等要求，为职工互助保障事业指明了发展方向，也为职工互助保障活动创新发展提供了基本遵循。

根据全总要求和中互会职能任务，明确职工互助保障活动的定位是：

国家社会保障的有益补充，工会服务职工的有力抓手，职工抵御风险的有效屏障。

中互会作为全总创办的唯一全国性职工互助保障组织，要充分发挥规模大、覆盖广的特点和专业化强、地位特殊的优势，努力成为促进我国多层次社会保障体系建设的重要参与者，成为构建联系广泛、服务职工的工会工作体系的重要实践者，成为以职工为中心构建和谐劳动关系的重要推进者，成为职工互助保障活动规范运营的重要示范者，成为推进职工互助保障活动创新发展的重要引领者。

（三）工作原则。

1. 坚持积极稳妥发展。认真探索和遵循职工互助保障活动发展的规律和特点，以改革创新工作方法注入发展动力，以规范运营管理控制风险，稳中求进，创新推动，使职工互助保障活动既积极又稳妥地持续健康发展。

2. 坚持以需求为导向。紧紧围绕医疗保障这个职工关心、社会关注的热点问题，构建低成本、低缴费、广覆盖、广受益的普惠性职工医疗互助保障服务，着重减轻职工患病、遭受意外时的经济负担，在助力城市职工解困脱贫、防止职工因重大疾病和意外伤害而造成的因病致贫、因病返贫中发挥积极作用。

3. 坚持公益性互助性。弘扬工人阶级团结友爱、互助互济光荣传统，坚守公益组织服务理念，开展保障活动不以营利为目的，结余资金采取救助帮扶、健康管理等多种方式继续开展会员服务，彰显公益性互助性特色。突出会员主体地位，激发职工自我保障意识，形成会员自主缴费、工会适当补助、行政给予支持合力发展的局面。

4. 坚持依托工会组织。紧密依托全国工会组织体系，建立健全职工互助保障活动运营监管体系和工作平台，在工会组织领导和支持下，充分发挥工会组织的政治优势和组织优势，广泛开展组织、宣传、发动工作，切实做好承保、理赔、健康管理等各项服务职工会员的工作。

5. 坚持走专业化发展道路。在遵循职工互助保障组织基本属性基础上，研究把握职工互助保障活动类保险运营的专业性特点，学习借鉴保险业成熟的运营机制和监管模式，完善体制、健全制度、优化流程、规范运行，提高经营管理队伍专业化素养，提升保障服务能力和风险防控能力，将职工互助保障活动纳入专业化发展轨道运行。

（四）发展目标。

根据党的十九届四中全会完善覆盖全民的社会保障体系的战略部署，

按照全总党组、书记处的工作要求，中互会力争经过不懈的努力，发展成为治理体系比较完善、运营管理比较规范、服务能力比较突出、覆盖范围比较广泛的全国职工互助保障组织，把职工互助保障活动做大做优做强、打造成具有较强知名度的精品品牌，大力提高活动的吸引力和覆盖面，让职工互助保障活动惠及更多的职工群众。

到 2023 年，在中互会成立 30 周年之际，职工互助保障活动治理体系、制度建设和信息化建设比较完善；力争使参加中互会职工互助保障活动的会员突破 2200 万人次，会员受益面和保障程度不断提高，职工互助保障活动服务职工和促进社会发展的作用得到较好的发挥，职工的获得感、满意度和社会影响力进一步提升。

到 2025 年，在中华全国总工会成立 100 周年之际，职工互助保障活动治理体系、制度建设和信息化建设更加完善；力争使参加中互会职工互助保障活动的会员突破 2700 万人次，即参加中互会职工互助保障活动的会员在现有基础上增加 1000 万人次，会员受益面和保障程度同步提高，职工互助保障活动服务职工和促进社会发展的作用得到有效发挥，成为工会服务职工重要品牌和社会知名品牌，形成持续稳定健康发展的良好态势。

二、重点任务和举措

（一）创新监管体系，理顺体制机制，完善治理结构。

1. 推进省级统筹，提高统筹层级。实现省级统筹是完善职工互助保障事业治理结构、理顺监管体制机制的重要抓手。采取新建省级、理顺地市级和撤并县级互助保障组织的方式提高统筹层级。中互会现有省级办事处 8 家，各地方工会现有自办业务实施省级统筹的省份 13 家，推动 5 个省份省会城市办事处代行省级统筹管理，推动并协助未形成省级统筹的 5 个省份尽快成立中互会省级办事处或建立省级自办机构，实现省级统筹全覆盖。逐步解决地市级及以下互助保障组织未纳入省级互助保障组织统筹、与其并存的现象。

2. 压实省级责任，强化双重监管。压实省级责任是保证职工互助保障事业有效监管、规范健康发展的重要环节。一是进一步明确各级工会主办、主管、监管职责边界。二是进一步明确中互会办事处所在地省级工会监管方式、监管责任。三是在进一步发挥中互会地方工会管委会监管作用的基础上，以强化省级监管为目标，对中互会办事处构建中互会管理监督与省级工会监督管理相结合的双重监管责任体系。

3. 开展行业自律，规范行业行为。开展行业自律是规范职工互助保障组织行为、促进行业发展的创新举措。中互会要认真履行全国职工互助保障行业自律组织职责。一是完善中互会组织体系。将各地方职工互助保障组织以团体会员的方式纳入中互会，强化组织联系。二是建立行业信息平台。了解掌握全国职工互助保障组织基本情况、运营状况，加强动态分析。三是明确相应工作内容。引导全国职工互助保障组织增强自律意识，强化自我约束；规范有序做好促进沟通交流、开展教育培训、统筹活动宣传、推进品牌建设、提供咨询服务等各项工作。

（二）创新服务举措，聚焦主责主业，提高服务能力。

1. 贴近职工需求，丰富保障内容。加强互助保障供给能力建设，为职工提供更多更好的产品和服务。一是创新保障活动产品。根据不同地域、不同职业群体特点等因素，设计开发多层次、精细化的互助保障产品，有效对接职工多元化保障需求。做好产品精算，科学确定赔付标准，最大限度地提高职工会员的受益程度。二是创新会员服务方式。推进项目制管理，整合形成统一规范、认可度高和操作性强的会员活动项目，不断提高会员服务水平。三是扩大会员服务领域。优先发展普惠式会员服务项目，鼓励开展差异化会员服务活动，以普惠式、特色化会员服务提升职工会员的获得感和满意度。

2. 依托工会组织，扩大保障范围。开展职工互助保障动应紧密依托工会组织，积极扩大保障范围。一是推动和引导未开展互助保障活动的工会组织开展互助保障工作，逐步实现地域覆盖。二是稳步推进参保率低的非公企业职工互助保障活动的开展，探索开展“八大群体”（家政人员、护工护理员、商场信息员、房产中介人员、快递员、送餐员、保安员、货车司机）互助保障，逐步实现领域覆盖。三是依托设立在各级工会的办事处和开展互助保障工作的代办处、基层代办点，构建互助保障服务网络，建立联系紧密、保障精准、内容丰富的运营与服务体系，将职工互助保障工作深入到基层单位和职工家庭，把服务会员活动延伸到职工身边，逐步实现活动内容覆盖。

3. 服务中心大局，助力解困脱困。职工互助保障活动是助力城市困难职工解困脱困的重要途径。当前脱贫攻坚战进入关键时期，城市职工中还有一部分未解困脱困职工，其中大部分是因病致贫、因病返贫的。职工互助保障工作要借助会员大数据资源，实现困难职工会员信息与互助保障精准对接，充分利用结余资金，采取救助、慰问和健康管理服务等多种形式，加大对尚未解困脱贫职工会员、特别是因病致贫和因病返贫职工会员的保障力度，在助力打赢脱贫攻坚战中发挥工会职工互助保障组织的作用。

（三）创新传播推广，加大宣传力度，树立精品品牌。

1. 借助外部资源，广泛进行宣传。要统筹协调、广泛运用外部资源开展宣传活动。充分利用工人报刊社、出版社及其附属媒体机构等工会系统宣传资源开展宣传工作。在运用广播、电视、宣传栏等传统媒体宣传的同时，大力采用网站、公众号、头条号、APP 等新兴媒体形式，开发建设宣传服务平台，开设专栏专题等进行广泛宣传。开展与国外工会职工互助保障组织及相关国际机构的交流互访活动，大力宣传中国工会开展的职工互助保障工作，讲好中国工会故事。

2. 做好顶层设计，打造特色品牌。由中互会统筹推进职工互助保障活动品牌建设，对品牌进行顶层设计、整体规划，设计推出职工互助保障活动统一品牌标识，强化职工互助保障活动特色鲜明的品牌概念，出台相应的规章制度和工作流程，把品牌塑造工作制度化、常态化。

3. 植入品牌概念，塑造品牌形象。通过开展形式多样的会员活动、互助活动等对互助保障性质理念、业务特色等进行宣讲，督导执行机构在活动中植入互助保障品牌概念。通过利用多种宣传载体和宣传方式全过程、全方位、多层次的宣传，着力塑造职工互助保障收费低、保障高、服务优的精品品牌形象，不断提升广大职工对职工互助保障活动的知晓率、参与率和满意率，不断提高职工互助保障活动社会认知度和影响力。

（四）创新管理制度，提高风险意识，强化风险管控。

1. 完善风险准备金制度，防范意外风险。完善以科学的保障计划为基础，以会员利益最大化为目标的风险准备金制度。运营过程中坚持按一定比例提取风险准备金，防范职工互助保障活动突发意外风险。

2. 健全内控制度，保证资金安全。建立符合职工互助保障活动特色的财务制度，健全偿付能力管理、稽核检查、合规管理等内部控制制度。以资金安全为前提，加强资金运营管理，提升全面预算管理能力，做好预算执行管理。对项目资金使用建立专项审核、督导实施、按实施进度划款、总结项目成效报告的管理控制流程，对结余资金全部采用银行存款或购买国债等固定收益类产品的方式运作，不搞风险投资。

3. 推进合规审核，筑牢“三道防线”。建立风险防控机制，对本级及各办事处“两金”（互助互济金、事业发展基金）使用、合同签订、重要资金开支等重要事项，通过业务部门事前自查、合规部门事中核查、审计部门事后审查的流程进行合规审核，使“三道防线”落到实处。对发现的问题及时分析原因并提出反馈意见及风险提示，实现事中风险防控和预警，使合规审核、风险防控工作进一步走深走实。

4. 外审内检结合，加强风险防范。坚持由第三方机构进行外部审计，中互会内部合规部门对本级及各办事处加强稽核检查，自觉接受工会经审会审查监督。外审注重标准规范，内检强调风险防控，通过外审内检结合，提高对职工互助保障活动合规合法性监督。

（五）创新技术手段，提升管理水平，促进健康发展。

1. 加强信息化平台建设，提高运营监管能力。按照“互联网+互助保障”发展模式，积极推动“中国职工互助保障信息化平台项目”建设，打造全国统一的、安全高效扩展能力强的职工互助保障专业化信息系统平台，不断提升运营和监管能力。一是通过平台规范互助保障业务操作流程，实现运营管理标准化、业务流程标准化和服务质量标准化。二是通过平台实现统一监管和分级监管有机配合，满足不同层级监管要求，在活动项目、大额资金管理、风险防控等方面提供技术监管手段。三是通过平台实现动态管理、过程监督和效果评价，有效防范和化解潜在风险。

2. 改善保障服务方式，提升保障服务质量。一是利用信息化平台对接医保数据信息，为职工提供精准、高效、便捷的保障服务；方便职工通过网络进行参保和理赔申请，实现职工对参保项目、理赔进展和资金赔付等情况的实时查询。二是利用信息化平台立足医疗互助领域，以会员健康管理服务为切入点，集中优势资源开展线上健康指导、医学诊疗和运动健身等服务。三是利用信息化平台加强工会系统资源相互联动，为职工提供多元化服务，有效延伸服务内容，普惠职工群众。

3. 加强大数据分析应用，推动事业良性发展。加强职工互助保障活动大数据分析应用工作，重点做好职工医疗健康专题研究，为及时调整产品内容、防控风险、制定政策提供全面的数据支持，不断推动职工互助保障活动改革创新，使职工互助保障活动更好、更实、更受职工欢迎，实现职工互助保障事业良性发展。

三、组织领导和保障

（一）加强党的领导。

职工互助保障活动是传递党和政府对职工关心爱护的一项重要工作，具有很强的政治性。要坚持党对职工互助保障活动的领导，把加强党的建设与做好职工互助保障工作有机结合起来，推动全面从严治党落到实处。要坚持以党的政治建设为统领，增强“四个意识”，坚定“四个自信”，做到“两个维护”，把中互会党的建设与互助保障业务工作紧密联系、相互融合，突出职工互助保障活动的政治属性，落实“三重一大”（重大决策、重要干部任免、重要项目安排、大额度资金的使用）事项集体讨论决定制度。要加强中互会党支部标准化规范化建设，严格履行全面从严治党的政治责任，严格遵守党的政治纪律和政治规矩，落实党风廉政建设主体责任和“一岗双责”要求，落实中央八项规定及其实施细则精神，持之以恒正风肃纪，营造风清气正的事业发展环境。

（二）强化组织建设。

加强职工互助保障组织建设，建立健全决策、执行、监督、激励机制，强化内控管理，规范运营行为，形成权责明确、运转协调、制衡有效的职工互助保障组织法人治理体系和运营主体。坚持和完善中互会会员代表大会制度，进一步明确会员代表大会、理事会、监事会和执行机构职责，发挥理事会、常务理事会审议决策等职责作用，确保依法合规开展工作；发挥监事会监督作用，定期检查中互会财务报告及业务开展等情况，及时纠正存在的问题。

（三）争取各方支持。

各方的支持可以为职工互助保障事业发展提供有利条件。跟踪关注国家社会保障发展动态、国家医疗卫生制度改革进展情况，跟踪关注社会保险、商业保险及相关行业发展，加强与国家社会保障、医疗保险、卫生健康、保险监管等相关部门的联系，加强与社会各界的沟通交流，争取政府相关部门的政策、资源支持和社会各界的信息、合作支持，形成推进职工互助保障活动创新发展的工作合力。

（四）加强队伍建设。

建立一支稳定的、专业化程度高的经营管理队伍是做好工作的前提和基础。要按照政治素质好、业务水平高、服务意识强的标准，结合职工互助保障活动专业性强的工作特点，切实加强职工队伍建设。要做好教育培养，建立培训体系，制定培训计划，完善培训内容，创新培训方式，提高培训成效。要做好人才引进，根据工作岗位需要，积极引进保险、管理、法律、风控、网络等专业人才充实队伍。要做好考核激励，建立与事业发展相匹配的激励机制和绩效考核体系，调动职工干事创业的积极性，为事业发展凝聚智慧和力量。

图书在版编目（CIP）数据

工会资产制度文件选编：2024 版 / 中华全国总工会资产监督管理部编 . —北京：中国工人出版社，2024.3

ISBN 978-7-5008-8327-2

Ⅰ . ①工… Ⅱ . ①中… Ⅲ . ①工会工作 - 资产管理 - 文件 - 汇编 - 中国 -2024 Ⅳ . ① D412.6

中国国家版本馆 CIP 数据核字（2024）第 051458 号

工会资产制度文件选编（2024版）

出 版 人	董 宽
责任编辑	赵晨羽 李若昕
责任校对	张 彦
责任印制	栾征宇
出版发行	中国工人出版社
地 址	北京市东城区鼓楼外大街45号 邮编：100120
网 址	http://www.wp-china.com
电 话	（010）62005043（总编室） （010）62005039（印制管理中心） （010）62382916（工会与劳动关系分社）
发行热线	（010）82029051 62383056
经 销	各地书店
印 刷	天津中印联印务有限公司
开 本	710毫米×1000毫米 1/16
印 张	26.25
字 数	430千字
版 次	2024年4月第1版 2025年3月第3次印刷
定 价	66.00元